新疆经济高质量发展

蓝皮书

（2009~2019年）

孙 慧 闫 敏◎著

BLUE BOOK OF LOW CARBON DEVELOPMENT IN
XINJIANG, CHINA(2009~2019)

经济管理出版社

ECONOMY & MANAGEMENT PUBLISHING HOUSE

图书在版编目（CIP）数据

新疆经济高质量发展蓝皮书：2009~2019年/孙慧，闫敏著 . —北京：经济管理出版社，2023.5

ISBN 978-7-5096-9020-8

Ⅰ.①新… Ⅱ.①孙… ②闫… Ⅲ.①区域经济发展—研究报告—新疆—2009-2019 Ⅳ.①F127.45

中国国家版本馆 CIP 数据核字（2023）第 118100 号

组稿编辑：丁慧敏
责任编辑：丁慧敏
责任印制：许 艳
责任校对：张晓燕

出版发行：经济管理出版社
　　　　　（北京市海淀区北蜂窝 8 号中雅大厦 A 座 11 层　100038）
网　　址：www. E-mp. com. cn
电　　话：（010）51915602
印　　刷：唐山昊达印刷有限公司
经　　销：新华书店
开　　本：880mm×1230mm/16
印　　张：18.75
字　　数：480 千字
版　　次：2023 年 12 月第 1 版　　2023 年 12 月第 1 次印刷
书　　号：ISBN 978-7-5096-9020-8
定　　价：198.00 元

《新疆经济高质量发展蓝皮书（2009~2019年）》研究组

组　长：

　　孙　慧　新疆大学经济与管理学院　教授　博士生导师
　　　　　　新疆维吾尔自治区普通高等学校人文社科重点
　　　　　　研究基地"新疆创新管理研究中心"主任

成　员：

　　闫　敏　新疆大学经济与管理学院2018级博士研究生
　　原伟鹏　新疆大学经济与管理学院2018级博士研究生
　　邓又一　新疆大学经济与管理学院2019级硕士研究生
　　靳春丽　新疆大学经济与管理学院2020级硕士研究生
　　孙　勇　新疆大学经济与管理学院2021级硕士研究生
　　张瀚月　新疆大学经济与管理学院2021级硕士研究生
　　唐　静　新疆大学经济与管理学院2021级硕士研究生
　　邱朝乐　新疆大学经济与管理学院2021级硕士研究生

目　录

第一篇　总论篇

第一章　新疆经济发展主要成就/003

第一节　新疆经济规模高速增长/003

一、新疆经济高速增长/003

二、新疆人均国内生产总值快速增长/006

第二节　新疆经济结构趋于合理/009

一、产业结构合理化水平提高/009

二、产业结构高级化进程加快/013

第三节　新疆经济效率显著提升/016

一、新疆劳动生产率增长明显/016

二、新疆能源生产率整体上升/020

第四节　新疆对外贸易水平总体上升/023

第二章　中国省域经济发展质量评价与时空演变特征/027

第一节　文献回顾/027

第二节　数据来源/029

第三节　模型构建/029

一、熵权法权重的确定/029

二、综合评价法/030

三、指标贡献度分析/030

四、时空特征分析方法/030

五、ArcGIS 标准椭圆空间格局分析/030

第四节　评价指标体系构建/031

第五节　结果分析/033

一、新疆经济发展质量时空变化特征/033

二、全国层面：新疆经济发展质量空间演变/035

第六节　结论与建议/036

一、结论/036

二、建议/037

第三章　新疆经济发展动态演变与空间非均衡性研究/039

第一节　引言/039

第二节　研究方法/040

一、从静态视角分析空间非均衡性——Dagum 基尼系数/040

二、从动态视角分析空间非均衡性的固化效应——Markov 链方法/042

第三节　地、州、市层面：新疆经济发展质量时空演变特征/043

第四节　新疆经济发展水平空间非均衡性及固化效应研究/044

一、新疆经济发展水平空间非均衡性及其来源分解/044

二、新疆经济发展水平空间非均衡性及其固化效应/047

第五节　小结/049

第二篇　地、州、市篇

第四章　新疆各地、州、市经济高质量发展分析/053

第一节　研究设计/053

一、地、州、市经济高质量发展水平测度指标体系/053

二、县域经济高质量发展水平测度指标体系/054

第二节　新疆 14 地、州、市经济发展质量分析/055

第三节　新疆前 15 地、县级市经济发展质量分析/056

一、新疆前 15 地、县级市经济发展质量排名/056

二、小结/058

第四节　新疆县域经济发展质量分析/059

一、新疆前 20 县域经济发展质量排名/059

二、新疆县域经济发展空间格局与演变/060

三、小结/061

第五章　新疆 14 地、州、市经济高质量发展评价/062

第一节　乌鲁木齐市经济高质量发展评价/062

一、乌鲁木齐市概况/062

二、乌鲁木齐市经济发展的主要成就/063

三、乌鲁木齐市经济发展质量时序特征/071

四、乌鲁木齐市经济高质量发展对策与建议/072

五、小结/073

第二节　克拉玛依市经济高质量发展评价/073

一、克拉玛依市概况/073

二、克拉玛依市经济发展主要成就/074

三、克拉玛依市经济发展质量时序特征/083

四、克拉玛依市经济高质量发展对策与建议/084

五、小结/084

第三节　吐鲁番市经济高质量发展评价/085

一、吐鲁番市概况/085

二、吐鲁番市经济发展主要成就/086

三、吐鲁番市经济发展质量时序特征/095

四、吐鲁番市经济发展空间格局与演变/098

五、吐鲁番市经济高质量发展对策与建议/098

六、小结/098

第四节　哈密市经济高质量发展评价/099

一、哈密市概况/099

二、哈密市经济发展主要成就/100

三、哈密市经济发展质量时序特征/109

四、哈密市经济发展空间格局与演变/112

五、哈密市经济高质量发展对策与建议/112

六、小结/112

第五节　昌吉回族自治州经济高质量发展评价/113

一、昌吉回族自治州概况/113

二、昌吉回族自治州经济发展主要成就/114

三、昌吉回族自治州经济发展质量时序特征/121

四、昌吉回族自治州经济发展空间格局与演变/125

五、小结/125

第六节　伊犁州直属县（市）经济高质量发展评价/126

一、伊犁州直属县（市）概况/126

二、伊犁州直属县（市）经济发展主要成就/127

三、伊犁州直属县（市）经济发展质量时序特征/136

四、伊犁州直属县（市）经济发展空间格局与演变/140

五、伊犁州直属县（市）经济高质量发展对策与建议/140

六、小结/140

第七节　塔城地区经济高质量发展评价/141

一、塔城地区概况/141

二、塔城地区经济发展主要成就/142

三、塔城地区经济发展质量时序特征/149

四、塔城地区经济发展空间格局与演变/153

五、塔城地区经济高质量发展对策与建议/153

六、小结/153

第八节　阿勒泰地区经济高质量发展评价/154

一、阿勒泰地区概况/154

二、阿勒泰地区经济发展主要成就/155

三、阿勒泰地区经济发展质量时序特征/163

四、阿勒泰地区经济发展空间格局与演变/167

五、阿勒泰地区经济高质量发展对策与建议/167

六、小结/167

第九节　博尔塔拉蒙古自治州经济高质量发展评价/168

一、博尔塔拉蒙古自治州概况/168

二、博尔塔拉蒙古自治州经济发展主要成就/169

三、博尔塔拉蒙古自治州经济发展质量时序特征/177

四、博尔塔拉蒙古自治州经济发展空间格局与演变/181

五、博尔塔拉蒙古自治州经济高质量发展对策与建议/181

六、小结/181

第十节　巴音郭楞蒙古自治州经济高质量发展评价/182

一、巴音郭楞蒙古自治州概况/182

二、巴音郭楞蒙古自治州经济发展主要成就/183

三、巴音郭楞蒙古自治州经济发展质量时序特征/192

四、巴音郭楞蒙古自治州经济发展空间格局与演变/196

五、巴音郭楞蒙古自治州经济高质量发展对策与建议/196

六、小结/196

第十一节　阿克苏地区经济高质量发展评价/197

一、阿克苏地区概况/197

二、阿克苏地区经济发展主要成就/198

三、阿克苏地区经济发展质量时序特征/207

四、阿克苏地区经济发展空间格局与演变/211

五、阿克苏地区经济高质量发展对策与建议/211

六、小结/212

第十二节　克孜勒苏柯尔克孜自治州经济高质量发展评价/213

一、克孜勒苏柯尔克孜自治州概况/213

二、克孜勒苏柯尔克孜自治州经济发展主要成就/213

三、克孜勒苏柯尔克孜自治州经济发展质量时序特征/221

四、克孜勒苏柯尔克孜自治州经济发展空间格局与演变/224

五、克孜勒苏柯尔克孜自治州经济高质量发展对策与建议/224

六、小结/224

第十三节　喀什地区经济高质量发展评价/225

一、喀什地区概况/225

二、喀什地区经济发展主要成就/226

三、喀什地区经济发展质量时序特征/233

四、喀什地区经济发展空间格局与演变/238

五、喀什地区经济高质量发展对策与建议/238

六、小结/239

第十四节　和田地区经济高质量发展评价/240

一、和田地区概况/240

二、和田地区经济发展主要成就/240

三、和田地区经济发展质量时序特征/248

四、和田地区经济发展空间格局与演变/252

五、和田地区经济高质量发展对策与建议/252

六、小结/252

第三篇　专题篇

第六章　新疆旅游业高质量发展研究/257

第一节　新疆旅游经济运行特征与空间格局/257

一、新疆旅游经济发展"趋稳向好"/257

二、新疆旅游三大市场稳步上升/258

三、新疆旅游经济全国排序分析/261

四、旅游经济发展空间格局/262

第二节　新疆旅游经济高质量指数分析/263

一、研究方法/263

二、新疆旅游经济高质量指数排序及空间/266

三、新疆各地、州、市旅游高质量指数排序及空间特征/267

第三节　新疆旅游经济高质量发展对策建议/268

一、改善旅游投资营商环境/268

二、多措并举切实提升新疆旅游目的地接待服务水平/268

三、刺激消费，充分发挥高品质旅游消费对旅游经济的拉动作用/269

四、加强旅游就业带动性研究/269

五、全面激发新疆旅游兴疆的政策效应，推动新疆旅游经济高质量一体化发展/269

六、加快旅游新业态的培育与创新/270

七、设立旅游业促进专项基金，加强政、产、学、研联动/270

第七章　新疆企业高质量发展研究/271

第一节　研究设计/271

　　　　一、企业规模/272

　　　　二、企业能力/272

　　　　三、企业结构/273

　　第二节　新疆上市公司发展现状/273

　　　　一、上市公司总量特征/273

　　　　二、上市公司空间分布特征/274

　　　　三、上市公司产业分布特征/276

　　　　四、上市公司行业分布特征/278

　　第三节　新疆企业高质量发展评价/281

　　　　一、上市公司高质量发展研究/281

　　　　二、上市公司企业规模发展研究/283

　　　　三、上市公司企业能力发展研究/284

　　　　四、上市公司企业结构发展研究/285

　　　　五、小结/287

参考文献/288

第一篇

总论篇

第一章
新疆经济发展主要成就

1999~2020 年，中国经济取得了飞速的发展，新疆经济也取得了一系列成就。本章主要从规模、结构、效率、对外贸易四个视角对新疆经济发展成就进行论述，并通过时间和空间两个维度，从全国视角看待新疆经济的发展。除此之外，为了更深入地分析新疆经济的发展，本章对 2010~2019 年新疆经济发展情况进行了详细分析。

第一节　新疆经济规模高速增长

一、新疆经济高速增长

1. 时间演变分析

表 1-1-1 和表 1-1-2 分别展示了全国各省份（不含港澳台地区）及新疆的国内生产总值（GDP）变化情况以及相应的增长速度。由表 1-1-1 可知，1999~2019 年，全国国内生产总值从 1999 年的 90564.40 亿元增长到 2019 年的 990865.10 亿元，实现了 994.10% 的增长速度。而对于国内生产总值，所有省份均呈现出上升趋势。其中，增长速度最快的省份是贵州，从 1999 年的 937.50 亿元增长到 2019 年的 16769.34 亿元，增长了 1688.73%；其次是陕西，从 1999 年的 1592.64 亿元增长到 2019 年的 25793.17 亿元，增长了 1519.52%；西藏增长速度位列第三，从 1999 年的 105.98 亿元增长到 2019 年的 1697.82 亿元，实现了 1502.02% 的增长速度。然而，1999~2019 年，增长速度较慢的省份依次是黑龙江、辽宁和吉林：黑龙江从 1999 年的 2866.30 亿元增长到 2019 年的 13612.70 亿元，增长了 374.92%；辽宁从 1999 年的 4171.69 亿元增长到 2019 年的 24909.50 亿元，增长了 497.11%；吉林从 1999 年的 1672.96 亿元增长到 2019 年的 11726.82 亿元，增长了 600.96%。

表 1-1-2 和图 1-1-1 更加清晰地展示了新疆 20 年的发展情况。1999~2019 年，新疆国内生产总值呈现出直线上升的态势。在 20 年的发展过程中，新疆国内生产总值从 1999 年的 1163.17 亿元增长到 2019 年的 13597.11 亿元，增长了 1068.97%。其中，新疆在第十个五年规划（2001~2005 年）以及第十一个五年规划（2006~2010 年）中发展较快，阶段增长速度分别为 90.98% 和 108.80%，而在第十二个五年规划（2011~2015 年）和第十三个五年规划（2016~2019 年）期间，增长速度有所减缓。由新疆国内生产总值占全国的比重可以发现，在 20 年的发展过程中，新疆占比整体呈现出上升趋势，从 1999

年的 1.28% 上升到 2019 年的 1.37%，其中最大值出现在 2005 年，为 1.39%。新疆的国内生产总值全国的排名较为稳定。

表 1-1-1   1999~2019 年全国各省份国内生产总值数据   单位：亿元

省份	1999 年	2000 年	2005 年	2010 年	2015 年	2019 年	增长速度（%）
北京	2678.82	3161.66	6969.52	14113.58	23014.59	35371.30	1220.41
天津	1500.95	1701.88	3905.64	9224.46	16538.19	14104.28	839.69
河北	4514.19	5043.96	10012.11	20394.26	29806.11	35104.50	677.65
山西	1667.10	1845.72	4230.53	9200.86	12766.49	17026.68	921.34
内蒙古	1379.31	1539.12	3905.03	11672.00	17831.51	17212.50	1147.91
辽宁	4171.69	4669.06	8047.26	18457.27	28669.02	24909.50	497.11
吉林	1672.96	1951.51	3620.27	8667.58	14063.13	11726.82	600.96
黑龙江	2866.30	3151.40	5513.70	10368.60	15083.67	13612.70	374.92
上海	4188.73	4771.17	9247.66	17165.98	25123.45	38155.32	810.90
江苏	7697.82	8553.69	18598.69	41425.48	70116.38	99631.52	1194.28
浙江	5443.92	6141.03	13417.68	27722.31	42886.49	62351.70	1045.35
安徽	2712.34	2902.09	5350.17	12359.33	22005.63	37114.00	1268.34
福建	3414.19	3764.54	6554.69	14737.12	25979.82	42395.00	1141.73
江西	1853.65	2003.07	4056.76	9451.26	16723.78	24757.50	1235.61
山东	7493.84	8337.47	18366.87	39169.92	63002.33	71067.50	848.35
河南	4517.94	5052.99	10587.42	23092.36	37002.16	54259.20	1100.97
湖北	3229.29	3545.39	6590.19	15967.61	29550.19	45828.31	1319.15
湖南	3214.54	3551.49	6596.10	16037.96	28902.21	39752.12	1136.63
广东	9250.68	10741.25	22557.37	46013.06	72812.55	107671.07	1063.93
广西	1971.41	2080.04	3984.10	9569.85	16803.12	21237.14	977.26
海南	476.67	526.82	918.75	2064.50	3702.76	5308.94	1013.76
重庆	1663.20	1791.00	3467.72	7925.58	15717.27	23605.77	1319.30
四川	3649.12	3928.20	7385.11	17185.48	30053.10	46615.80	1177.45
贵州	937.50	1029.92	2005.42	4602.16	10502.56	16769.34	1688.73
云南	1899.82	2011.19	3462.73	7224.18	13619.17	23223.75	1122.42
西藏	105.98	117.80	248.80	507.46	1026.39	1697.82	1502.02
陕西	1592.64	1804.00	3933.72	10123.48	18021.86	25793.17	1519.52
甘肃	956.32	1052.88	1933.98	4120.75	6790.32	8718.30	811.65
青海	239.38	263.68	543.32	1350.43	2417.05	2965.95	1139.01
宁夏	264.58	295.02	612.61	1689.65	2911.77	3748.48	1316.77
新疆	1163.17	1363.56	2604.19	5437.47	9324.80	13597.11	1068.97
全国	90564.40	100280.10	187318.90	412119.30	688858.20	990865.10	994.10

资料来源：《中国统计年鉴》（2000~2020 年）。

表 1-1-2　1999~2019 年新疆国内生产总值情况

年份	1999	2000	2005	2010	2015	2019
新疆国内生产总值（亿元）	1163.17	1363.56	2604.19	5437.47	9324.80	13597.11
增长速度（%）	—	17.23	90.98	108.80	71.49	45.82
占全国比重（%）	1.28	1.36	1.39	1.32	1.35	1.37
排名	25	25	25	25	26	25
排名变化	—	不变	不变	不变	下降	不变

资料来源：《新疆统计年鉴》（2000~2020 年）。

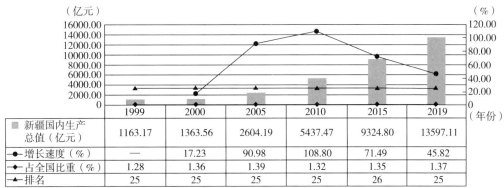

图 1-1-1　1999~2019 年新疆国内生产总值情况

资料来源：根据《新疆统计年鉴》（2000~2020 年）测算。

2. 空间分析

本节把地区生产总值在 100.00 亿~5000.00 亿元的定义为低水平地区，5000.01 亿~50000.00 亿元的定义为中低水平地区，在 50000.01 亿~70000.00 亿元的定义为中高水平地区，在 70000.01 亿~110000.00 亿元的定义为高水平地区。

由表 1-1-1 可知，从整体上看，全国国内生产总值呈现出东高—西低、沿海高—内陆低、南高—北低的态势。1999 年，只有沿海几个省份（山东、浙江、江苏、广东）的国内生产总值处于中低水平，其余地区的国内生产总值处于低水平。随着经济的发展，在第十一个五年规划末期，山东、江苏和广东三个沿海地区的国内生产总值达到中高水平，其余大部分地区国内生产总值上升到中低水平。2019 年，部分地区的国内生产总值进一步增加，山东、江苏和广东仍处于领先地位，成为高水平地区，一些内陆省份（如河南等）国内生产总值也快速增长，成为中高水平地区，而青海和西藏仍处于低水平地区。

2010 年，新疆国内生产总值上升一个梯度，从低水平地区上升到中低水平地区，而 2019 年并未发生梯度的变化。这说明近几年与中部和沿海地区相比，新疆发展速度相对缓慢，与其他地区的差距拉大。

3. 2012~2019 年期间分析

为了更深入地了解新疆近几年的发展状况，本节以 2010~2019 年为研究区间，对新疆的变化进行深入分析，具体结果如图 1-1-2 所示。

由图 1-1-2 可知，从整体上看，新疆和全国国内生产总值在 10 年间均有所增长，但增长速度缓慢。在第十二个五年规划期间（2011～2015 年），新疆和全国的国内生产总值增长速度呈现出急速下降态势，且新疆的下降幅度大于全国。其中，新疆国内生产总值增长速度从 2011 年的 21.56% 下降到 2015 年的 0.55%，全国国内生产总值增长速度从 2011 年的 18.40% 下降到 2015 年的 7.04%。在第十三个五年规划期间（2016～2019 年），新疆国内生产总值增长速度有所反弹，在 2018 年达到 17.71%，但在 2019 年又出现下降态势；全国国内生产总值增长速度也出现了一定程度的反弹，但反弹力度远小于新疆的反弹力度，且在 2018 年就出现了下降态势。

产生这种情况可能是由于我国为保护环境、节约能源、调整经济发展方式而减缓了经济发展速度，提出绿色发展，力争做到经济高质量发展，为 2030 年碳达峰、2060 年碳中和做准备。

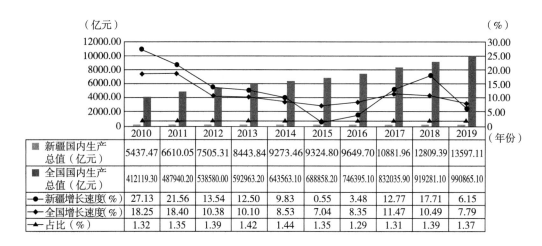

（亿元）	2010	2011	2012	2013	2014	2015	2016	2017	2018	2019
■ 新疆国内生产总值（亿元）	5437.47	6610.05	7505.31	8443.84	9273.46	9324.80	9649.70	10881.96	12809.39	13597.11
■ 全国国内生产总值（亿元）	412119.30	487940.20	538580.00	592963.20	643563.10	688858.20	746395.10	832035.90	919281.10	990865.10
●新疆增长速度（%）	27.13	21.56	13.54	12.50	9.83	0.55	3.48	12.77	17.71	6.15
◆全国增长速度（%）	18.25	18.40	10.38	10.10	8.53	7.04	8.35	11.47	10.49	7.79
▲占比（%）	1.32	1.35	1.39	1.42	1.44	1.35	1.29	1.31	1.39	1.37

图 1-1-2　2010～2019 年新疆和全国国内生产总值变化

资料来源：根据《新疆统计年鉴》（2010～2020 年）测算。

二、新疆人均国内生产总值快速增长

1. 时间演变分析

表 1-1-3 和表 1-1-4 分别展示了全国各省份（不含港澳台地区）及新疆的人均国内生产总值变化情况。1999～2019 年，全国人均国内生产总值从 1999 年的 7229.00 元增长到 2019 年的 70892.00 元，实现了 880.66% 的增长速度。各省份的人均国内生产总值均呈现出上升趋势。其中，增长速度最快的省份是贵州，从 1999 年的 2545.00 元增长到 2019 年的 46433.00 元，增长了 1724.48%；其次是陕西，从 1999 年的 4415.00 元增长到 2019 年的 66649.00 元，增长了 1409.60%；重庆位列第三，从 1999 年的 5207.00 元增长到 2019 年的 75828.00 元，实现了 1356.27% 的增长速度。然而，1999～2019 年，增长速度较慢的省份依次是黑龙江、辽宁、天津：黑龙江从 1999 年的 7578.00 元增长到 2019 年的 36183.00 元，增长了 377.47%；辽宁从 1999 年的 10086.00 元增长到 2019 年的 57191.00 元，增长了 467.03%；天津从 1999 年的 15405.06 元增长到 2019 年的 90371.00 元，增长了 486.63%。

表 1-1-3　1999~2019 年全国各省份人均国内生产总值数据　　　　单位：元

省份	1999 年	2000 年	2005 年	2010 年	2015 年	2019 年	增长速度（%）
北京	21397.00	24122.00	45444.00	73856.00	106497.00	164220.00	667.49
天津	15405.06	17353.36	35783.00	72994.00	107960.09	90371.00	486.63
河北	6848.50	7591.75	14782.00	28668.00	40255.00	46348.00	576.76
山西	5229.00	5722.00	12495.00	26283.00	34918.71	45724.00	774.43
内蒙古	5860.94	6501.99	16331.00	47347.00	71100.54	67852.00	1057.70
辽宁	10086.00	11177.00	18983.00	42355.00	65354.41	57191.00	467.03
吉林	6381.87	7351.29	13348.00	31599.00	51086.00	43475.00	581.23
黑龙江	7578.00	8294.00	14434.00	27076.00	39461.56	36183.00	377.47
上海	26526.90	29671.46	52060.00	76074.00	103795.54	157279.00	492.90
江苏	10694.68	11765.42	24559.82	52840.00	87995.00	123607.00	1055.78
浙江	12214.31	13415.81	27703.00	51711.00	77643.69	107624.00	781.13
安徽	4495.47	4779.46	8669.50	20888.00	35996.56	58496.00	1201.22
福建	10323.00	11194.00	18646.00	40025.00	67965.52	107139.00	937.87
江西	4402.00	4851.00	9440.00	21253.00	36724.00	53164.00	1107.72
山东	8483.00	9325.97	20096.00	41106.00	64168.30	70653.00	732.88
河南	4831.50	5449.73	11346.00	24446.00	39122.61	56388.00	1067.09
湖北	5452.46	6293.41	11431.00	27906.00	50653.85	77387.00	1319.30
湖南	4932.55	5425.00	10426.00	24719.00	42753.86	57540.00	1066.54
广东	11415.00	12736.00	24438.09	44736.00	67503.00	94172.00	724.98
广西	4444.00	4652.00	8788.00	20219.00	35190.00	42964.00	866.79
海南	6293.74	6797.79	10997.86	23831.00	40818.00	56507.00	797.83
重庆	5207.00	5616.00	10982.00	27596.00	52321.00	75828.00	1356.27
四川	4540.33	4955.72	9060.00	21182.00	36775.00	55774.00	1128.41
贵州	2545.00	2759.00	5052.00	13119.00	29847.25	46433.00	1724.48
云南	4558.00	4769.00	7835.00	15752.00	28806.00	47944.00	951.86
西藏	4180.00	4572.00	9114.00	17027.00	31999.00	48902.00	1069.90
陕西	4415.00	4968.00	10161.00	27133.00	47626.00	66649.00	1409.60
甘肃	3778.47	4129.38	7476.53	16113.00	26165.26	32995.00	773.24
青海	4728.12	5138.41	10045.00	24115.00	41252.00	48981.00	935.95
宁夏	4900.24	5375.66	10238.78	26860.00	43805.00	54217.00	1006.42
新疆	6443.00	7372.00	13108.00	25034.00	40036.00	54280.00	742.46
全国	7229.00	7942.00	14368.00	30808.00	50237.00	70892.00	880.66

资料来源：《中国统计年鉴》（2000~2020 年）。

　　表 1-1-4 和图 1-1-3 更加清晰地展示了新疆 20 年的发展情况。1999~2019 年，新疆人均国内生产总值呈现出直线上升的态势。在 20 年的发展过程中，新疆人均国内生产总值从 1999 年的 6443.00 元增长到 2019 年的 54280.00 元，增长了 742.46%。其中，新疆在第十个五年规划（2001~2005 年）以及第十一个五年规划（2006~2010 年）中发展较快，阶段的增长速度分别为 77.81% 和 90.98%，而在第十二个五年规划（2011~2015 年）和第十三个

五年规划（2016~2019年）期间，增长速度有所减缓。由新疆人均国内生产总值占全国的比重可以发现，在20年的发展过程中，新疆占比整体呈现出下降趋势，从1999年的89.13%下降到2019年的76.57%，其中最大值出现在2000年，为92.82%。由新疆在全国各地区的排名可以发现，在20年的发展过程中，新疆排名整体呈现出下降趋势，从1999年的第12名下降到2019年的第19名，其中最近10年来新疆排名在第19名上下波动。

表1-1-4 1999~2019年新疆人均国内生产总值情况

年份	1999	2000	2005	2010	2015	2019
新疆人均国内生产总值（元）	6443.00	7372.00	13108.00	25034.00	40036.00	54280.00
增长速度（%）	—	14.42	77.81	90.98	59.93	35.58
占全国比重（%）	89.13	92.82	91.23	81.26	79.69	76.57
排名	12	12	14	19	20	19
排名变化	—	不变	下降	下降	下降	上升

资料来源：《中国统计年鉴》（2000~2020年）。

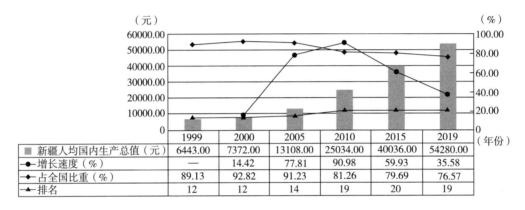

图1-1-3 1999~2019年新疆人均国内生产总值情况

资料来源：《中国统计年鉴》（2000~2020年）。

2. 空间分析

为了了解全国各地区人均国内生产总值在空间上的分布，本节运用ArcGIS软件对1999年、2010年以及2019年的人均国内生产总值进行了分析。

本节把地区人均国内生产总值在2500.00~10000.00元的定义为低水平地区，在10000.01~50000.00元的定义为中低水平地区，在50000.01~100000.00元的定义为中高水平地区，在100000.01~165000.00元的定义为高水平地区。

从整体上看，全国人均国内生产总值呈现出东高—西低、沿海高—内陆低、南高—北低的态势。1999年，只有东部及沿海几个省份（辽宁、北京、天津、江苏、上海、浙江、福建和广东）的人均国内生产总值处于中低水平，其余地区的人均国内生产总值处于低水平。随着经济的发展，在第十一个五年规划末期，北京、天津、江苏、浙江和上海五个地区的人均国内生产总值达到中高水平，其余大部分地区人均国内生产总值上升到中低水平；2019年，各地区的人均国内生产总值进一步增长，北京、江苏、上海和浙江仍处于领先地位，成为高水平地区，福建快速发展，也成为高水平地区，大部分省份人均国内生产总值也快速增加，成为中高水平地区，而西藏、青海、甘肃、云南、贵州、广西、山西、河北、吉林和黑龙江仍处于中低水平地区。

2005 年，新疆人均国内生产总值上升一个梯度，从低水平地区上升到中低水平地区，2019，新疆发展速度放缓，但也上升到中高水平地区。

3. 2010~2019 年分析

为了更深入地了解新疆近几年的发展状况，本节以 2010~2019 年为研究区间，对新疆的变化进行深入分析，具体结果如图 1-1-4 所示。

由图 1-1-4 可知，从整体上看，新疆和全国人均国内生产总值在 10 年间有所增长，但增长速度缓慢。在第十二个五年规划期间（2011~2015 年），新疆和全国的人均国内生产总值增长速度呈现出急速下降态势，且新疆的下降幅度大于全国。其中，新疆人均国内生产总值增长速度从 2011 年的 20.18%下降到 2015 年的−1.51%，全国人均国内生产总值增长速度从 2011 年的 17.83%下降到 2015 年的 6.50%。在第十三个五年规划期间（2016~2019 年），新疆人均国内生产总值增长速度有所反弹，在 2017 年达到 10.79%，但在 2018 年又出现下降态势；全国人均国内生产总值增长速度，也出现了一定程度的反弹，但反弹力度小于新疆的反弹力度。

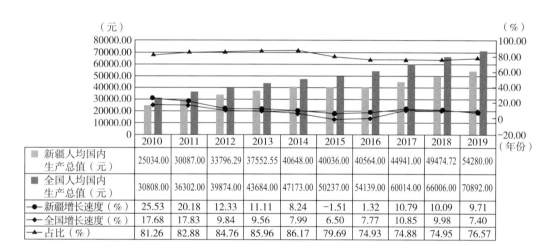

	2010	2011	2012	2013	2014	2015	2016	2017	2018	2019
新疆人均国内生产总值（元）	25034.00	30087.00	33796.29	37552.55	40648.00	40036.00	40564.00	44941.00	49474.72	54280.00
全国人均国内生产总值（元）	30808.00	36302.00	39874.00	43684.00	47173.00	50237.00	54139.00	60014.00	66006.00	70892.00
新疆增长速度（%）	25.53	20.18	12.33	11.11	8.24	−1.51	1.32	10.79	10.09	9.71
全国增长速度（%）	17.68	17.83	9.84	9.56	7.99	6.50	7.77	10.85	9.98	7.40
占比（%）	81.26	82.88	84.76	85.96	86.17	79.69	74.93	74.88	74.95	76.57

图 1-1-4　2010~2019 年新疆和全国人均国内生产总值变化

资料来源：《中国统计年鉴》（2011~2020 年）。

第二节　新疆经济结构趋于合理

一、产业结构合理化水平提高

本节运用泰尔指数对产业结构合理化指数进行测度，具体测度结构如式（1-1）所示：

$$T = \sum_{i=1}^{n} \left(\frac{Y_i}{Y}\right) \ln\left(\frac{Y_i}{L_i} \Big/ \frac{Y}{L}\right) \tag{1-1}$$

在式（1-1）中，T 为产业结构合理化指数；Y 为产值；L 为就业人数；i=1，2，…，n 代表具体产业；n=3，为产业数量。从式（1-1）可以看出，产业结构合理化指数是一个逆指数，即 T 值越大，产业结构合理化水平越低。

1. 时间演变分析

表1-2-1 和表1-2-2 分别展示了全国各省份（不含港澳台地区）及新疆的产业结构合理化指数变化情况。由表1-2-1 可知，1999～2019 年，全国产业结构合理化指数从 1999 年的 0.73 减少到 2019 年的 0.18，下降了 75.34%，说明从全国层面来看，我国产业结构合理化水平逐渐上升，产业布局越来越合理。而对于各省份的产业合理化水平，只有 7 个省份（辽宁、上海、广东、浙江、天津、北京和江苏）呈现出下降趋势，其他 24 个省份呈现出上升趋势。其中，产业结构合理化指数下降速度最快的省份是安徽，从 1999 年的 1.34 下降到 2019 年的 0.05，下降了 96.27%；其次是河南，从 1999 年的 1.56 下降到 2019 年的 0.06，下降了 96.15%；排名第三的是四川，从 1999 年的 1.24 下降到 2019 年的 0.05，下降了 95.97%。然而，1999～2019 年，增长速度较快的省份依次是辽宁、上海、广东：辽宁从 1999 年的 0.01 增长到 2019 年的 0.12，增长了 1100.00%；上海从 1999 年的 0.61 增长到 2019 年的 2.00，增长了 227.87%；广东从 1999 年的 0.28 增长到 2019 年的 0.47，实现了 67.86% 的增长。

由此可见，安徽、河南和四川等省份的产业结构越来越合理，而辽宁、上海、广东等省份产业结构不合理程度较高。

表1-2-1　1999～2019 年全国各省份产业结构合理化指数数据

省份	1999 年	2000 年	2005 年	2010 年	2015 年	2019 年	增长速度（%）
北京	0.48	0.49	0.64	0.62	0.68	0.71	47.92
天津	0.42	0.43	0.51	0.63	0.61	0.64	52.38
河北	0.61	0.63	0.35	0.13	0.01	0.05	−91.80
山西	0.66	0.65	0.52	0.36	0.01	0.03	−95.45
内蒙古	0.86	0.92	1.48	0.99	0.48	0.53	−38.37
辽宁	0.01	0.03	0.13	0.13	0.04	0.12	1100.00
吉林	0.64	0.85	0.81	0.85	0.41	0.18	−71.88
黑龙江	0.81	0.99	0.86	0.84	0.30	0.26	−67.90
上海	0.61	0.63	0.66	0.73	0.85	2.00	227.87
江苏	0.36	0.34	0.11	0.32	0.37	0.46	27.78
浙江	0.27	0.05	0.23	0.39	0.46	0.42	55.56
安徽	1.34	1.28	0.66	0.38	0.09	0.05	−96.27
福建	0.56	0.52	0.14	0.15	0.25	0.28	−50.00
江西	0.37	0.36	0.24	0.14	0.05	0.17	−54.05
山东	0.87	0.90	0.24	0.07	0.12	0.18	−79.31
河南	1.56	1.68	1.02	0.38	0.19	0.06	−96.15
湖北	0.80	0.83	0.72	0.79	0.41	0.16	−80.00
湖南	0.93	1.32	0.61	0.48	0.40	0.29	−68.82
广东	0.28	0.29	0.03	0.26	0.44	0.47	67.86

省份	1999年	2000年	2005年	2010年	2015年	2019年	增长速度（%）
广西	2.08	2.05	1.82	1.14	1.07	0.75	-63.94
海南	1.14	1.15	1.23	1.07	0.56	0.47	-58.77
重庆	1.22	1.20	0.73	0.61	0.01	0.07	-94.26
四川	1.24	1.07	0.83	0.47	0.23	0.05	-95.97
贵州	7.02	6.83	5.85	2.94	1.57	0.95	-86.47
云南	4.63	4.05	3.33	2.27	1.63	1.03	-77.75
西藏	4.00	3.54	1.82	1.75	1.18	0.49	-87.75
陕西	1.43	1.38	1.09	0.38	0.96	1.11	-22.38
甘肃	1.24	1.35	2.09	1.99	1.36	1.13	-8.87
青海	1.51	2.03	1.23	0.65	0.42	0.30	-80.13
宁夏	1.33	1.34	0.75	1.39	0.97	0.88	-33.83
新疆	1.31	1.74	1.34	1.52	1.02	0.91	-30.53
全国	0.73	0.76	0.55	0.15	0.12	0.18	-75.34

资料来源：《中国统计年鉴》（2000~2020年）。

表1-2-2和图1-2-1更加清晰地展示了新疆20年来产业结构的发展情况。

表1-2-2 1999~2019年新疆产业结构合理化指数情况

年份	1999	2000	2005	2010	2015	2019
新疆产业结构合理化指数	1.31	1.74	1.34	1.52	1.02	0.91
增长速度（%）	—	32.82	-22.99	13.43	-32.89	-10.78
占全国比重（%）	179.45	228.95	243.64	1013.33	850.00	505.56
排名	22	26	25	27	26	26
排名变化	—	下降	上升	下降	上升	不变

资料来源：《中国统计年鉴》（2000~2020年）。

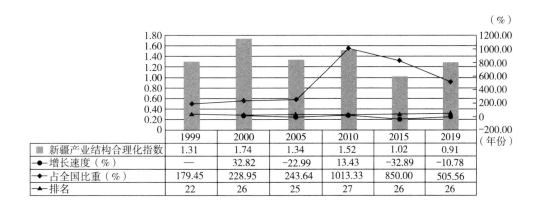

图1-2-1 1999~2019年新疆产业结构合理化指数情况

资料来源：根据《新疆统计年鉴》（2000~2020年）测算。

由表 1-2-2 和图 1-2-1 可知，1999~2019 年，新疆产业结构合理化指数呈现出下降的态势，说明产业结构合理化水平提高。在 20 年的发展过程中，新疆产业结构合理化指数从 1999 年的 1.31 下降到 2019 年的 0.91，下降了 30.53%。其中，新疆在第十个五年规划（2001~2005 年）以及第十二个五年规划（2011~2015 年）中产业结构合理化指数下降最快，分别下降 22.99% 和 32.89%，而在第十一个五年规划（2006~2010 年）和第十三个五年规划期间（2016~2019 年），下降速度有所减缓。

从新疆产业结构合理化指数占全国的比重可以发现，在 20 年的发展过程中，新疆占比整体呈现出上升趋势，从 1999 年的 179.45% 上升到 2019 年的 505.56%，其中最大值出现在 2010 年，为 1013.33%。这说明新疆产业结构合理化水平与全国产业结构合理化水平仍存在较大差距。

由新疆在全国各地区的排名可以发现，新疆的产业结构合理化水平排名整体呈下降态势，2019 年排在第 26 名。

2. 空间分析

为了了解全国各地区产业结构合理化指数在空间上的分布，本节运用 ArcGIS 软件对 1999 年、2010 年以及 2019 年的产业结构合理化指数进行了分析。

本节把产业结构合理化指数值在 0.01~1.00 的定义为低水平地区，在 1.01~2.00 的定义为中低水平地区，在 2.01~4.00 的定义为中高水平地区，在 4.01~6.00 的定义为高水平地区。由于产业结构合理化指数是逆指数，因而产业结构合理化水平与其指数呈现出相反的变化趋势。

从整体上看，全国产业结构合理化指数呈现出西高—东低、内陆高—沿海低、北高—南低的态势。1999 年，只有东部大部分省份的产业结构合理化指数处于低水平，其余地区的产业结构合理化指数都较高，其中，西藏和广西产业结构合理化指数处于中高水平，云南产业结构合理化指数处于高水平。随着经济的发展，在第十一个五年规划末期，云南和贵州的产业结构合理化指数从高水平降至中高水平，新疆、甘肃、宁夏、西藏、广西和海南产业结构合理化指数为中低水平，其他省份产业结构合理化指数为低水平。2019 年，各地区的产业结构合理化指数进一步下降，仅甘肃、陕西和云南产业结构合理化指数处于中低水平，其他省份的产业结构合理化指数均为低水平。

因而，可以看出，在全国范围内，各地区产业结构合理化水平有所提高，我国产业结构发展趋向合理。

对于新疆而言，2010 年，并未发生梯度的变化，而 2019 年，新疆产业结构合理化指数下降一个梯度，从中低水平地区变成低水平地区。这说明近几年与中部和沿海地区相比，新疆产业结构合理化指数降低，产业结构逐渐合理，与其他地区的差距缩小。

3. 2010~2019 年分析

为了更深入地了解新疆近几年的发展状况，本节以 2010~2019 年为研究区间，对新疆的变化进行深入分析，具体结果如图 1-2-2 所示。

由图 1-2-2 可知，从整体上看，新疆产业结构合理化指数在 10 年间有所下降，且下降速度加快。这说明新疆产业结构加速向合理化状态转变。在第十二个五年规划期间（2011~2015 年），新疆和全国的产业结构合理化指数增长速度呈现出缓慢下降态势，且新疆的下降幅度大于全国。其中，新疆产业结构合理化指数增长速度从 2011 年的 3.95% 下降到 2015 年的-6.42%，全国产业结构合理化指数增长速度从 2011 年的 0.00% 上升到 2015 年的 33.33%。在第十三个五年规划期间（2016~2019 年），新疆产业结构合理化指数增长速度快速下降，在 2019 年达到-30.00%；全国产业结构合理化指数增长速度，也出现了一定程度的反弹，且在 2016 年就出现了上升态势。

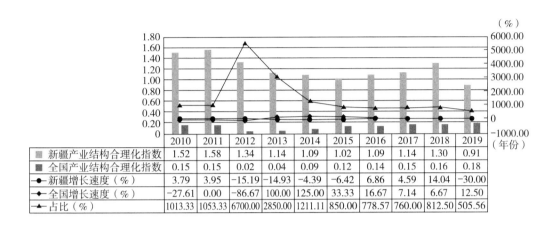

	2010	2011	2012	2013	2014	2015	2016	2017	2018	2019
新疆产业结构合理化指数	1.52	1.58	1.34	1.14	1.09	1.02	1.09	1.14	1.30	0.91
全国产业结构合理化指数	0.15	0.15	0.02	0.04	0.09	0.12	0.14	0.15	0.16	0.18
新疆增长速度（%）	3.79	3.95	-15.19	-14.93	-4.39	-6.42	6.86	4.59	14.04	-30.00
全国增长速度（%）	-27.61	0.00	-86.67	100.00	125.00	33.33	16.67	7.14	6.67	12.50
占比（%）	1013.33	1053.33	6700.00	2850.00	1211.11	850.00	778.57	760.00	812.50	505.56

图 1-2-2　2010~2019 年新疆产业结构合理化指数变化

资料来源：根据《新疆统计年鉴》（2011~2020 年）测算。

二、产业结构高级化进程加快

本节运用第三产业与第二产业的比值对产业结构高级化指数进行测度。比值越高，说明一国或地区的产业结构在向服务化方向发展，即产业结构处于升级进程。

1. 时间演变分析

表 1-2-3 和表 1-2-4 分别展示了全国各省份（不含港澳台地区）及新疆的产业结构高级化指数变化情况。由表 1-2-3 可知，1999~2019 年，全国产业结构高级化指数从 1999 年的 0.85 增长到 2019 年的 1.38，增长了 62.35%。而对于各地区的产业结构高级化指数，只有 2 个省份（福建和西藏）呈现出下降趋势，其他 29 个省份呈现出上升趋势。其中，增长速度最快的是北京，从 1999 年的 1.48 增长到 2019 年的 5.17，增长了 249.32%；其次是黑龙江，从 1999 年的 0.59 增长到 2019 年的 1.89，增长了 220.34%；上海位列第三，从 1999 年的 1.02 增长到 2019 年的 2.69，实现了 163.73% 的增长速度。然而，1999~2019 年，下降最快的省份是西藏，从 1999 年的 1.99 下降到 2019 年的 1.45，下降了 27.14%；其次是福建，从 1999 年的 0.94 下降到 2019 年的 0.93，下降了 1.06%。

表 1-2-3　1999~2019 年全国各省份产业结构高级化指数数据

省份	1999 年	2000 年	2005 年	2010 年	2015 年	2019 年	增长速度（%）
北京	1.48	1.53	2.35	3.13	4.04	5.17	249.32
天津	0.94	0.91	0.75	0.88	1.12	1.80	91.49
河北	0.68	0.67	0.64	0.67	0.83	1.32	94.12

省份	1999 年	2000 年	2005 年	2010 年	2015 年	2019 年	增长速度（%）
山西	0.77	0.77	0.66	0.65	1.31	1.17	51.95
内蒙古	0.80	0.89	0.86	0.66	0.80	1.25	56.25
辽宁	0.82	0.78	0.80	0.69	1.02	1.38	68.29
吉林	0.86	0.78	0.89	0.69	0.78	1.52	76.74
黑龙江	0.59	0.55	0.62	0.74	1.59	1.89	220.34
上海	1.02	1.06	1.04	1.36	2.13	2.69	163.73
江苏	0.71	0.70	0.63	0.79	1.06	1.15	61.97
浙江	0.63	0.69	0.75	0.84	1.08	1.27	101.59
安徽	0.69	0.78	0.98	0.65	0.79	1.23	78.26
福建	0.94	0.92	0.79	0.78	0.83	0.93	-1.06
江西	0.98	1.17	0.74	0.61	0.78	1.07	9.18
山东	0.74	0.71	0.56	0.68	0.97	1.33	79.73
河南	0.67	0.65	0.58	0.50	0.83	1.10	64.18
湖北	0.70	0.70	0.94	0.78	0.94	1.20	71.43
湖南	0.96	0.99	1.02	0.87	1.00	1.42	47.92
广东	0.75	0.78	0.85	0.90	1.13	1.37	82.67
广西	1.01	1.02	1.09	0.75	0.84	1.52	50.50
海南	2.17	2.14	1.70	1.67	2.25	2.85	31.34
重庆	0.98	0.99	1.07	0.66	1.06	1.32	34.69
四川	0.78	0.80	0.92	0.70	0.99	1.41	80.77
贵州	0.85	0.86	0.95	1.21	1.14	1.39	63.53
云南	0.75	0.80	0.96	0.90	1.13	1.54	105.33
西藏	1.99	1.98	2.20	1.68	1.47	1.45	-27.14
陕西	0.90	0.89	0.75	0.68	0.81	0.99	10.00
甘肃	0.75	0.80	0.94	0.77	1.34	1.68	124.00
青海	1.02	0.97	0.81	0.63	0.83	1.30	27.45
宁夏	0.88	0.83	0.90	0.85	0.94	1.19	35.23
新疆	0.95	0.83	0.80	0.68	1.16	1.46	53.68
全国	0.85	0.87	0.88	0.95	1.24	1.38	62.35

资料来源：《中国统计年鉴》（2000～2020 年）。

表 1-2-4 和图 1-2-3 更加清晰地展示了新疆 20 年来产业结构高级化的发展情况。

由表 1-2-4 和图 1-2-3 可知，1999～2019 年，新疆产业结构高级化指数呈现出"V"形上升的态势。在 20 年的发展过程中，新疆产业结构高级化指数从 1999 年的 0.95 上升到 2019 年的 1.46，增长了 53.68%。其中，新疆在第十二个五年规划（2011～2015 年）以及第十三个五年规划期间（2016～2019 年）中产业结构高级化指数上升较快，阶段增长速度分别为 70.59% 和 25.86%，而在第十个五年规划（2001～2005 年）和第十一个五年规划（2006～2010 年）期间，增长速度变为负值，呈现负增长。

由新疆产业结构高级化指数占全国的比重可以发现，在 20 年的发展过程中，新疆占比整体呈现出下降趋势，从 1999 年的 111.76% 下降到 2019 年的 105.80%，其中最大值出现在 1999 年，为 111.76%。

由新疆在全国各地区的排名可以发现，新疆排名呈波动持平的态势，从 1999 年的第 10 名下降到 2010 年的第 21 名，随后上升到 2015 年的第 8 名，2019 年又下降至第 10 名。

表 1-2-4　1999~2019 年新疆产业结构高级化指数情况

年份	1999	2000	2005	2010	2015	2019
新疆产业结构高级化指数	0.95	0.83	0.80	0.68	1.16	1.46
增长速度（%）	—	−12.63	−3.61	−15.00	70.59	25.86
占全国比重（%）	111.76	95.40	90.91	71.58	93.55	105.80
排名	10	15	19	21	8	10
排名变化	—	下降	下降	下降	上升	下降

资料来源：根据《新疆统计年鉴》（2000~2020 年）测算。

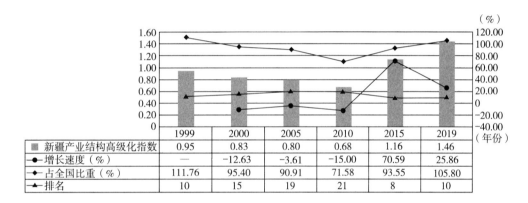

图 1-2-3　1999~2019 年新疆产业结构高级化指数情况

资料来源：根据《新疆统计年鉴》（2000~2020 年）测算。

2. 空间分析

为了了解全国各地区产业结构高级化指数在空间上的分布，本节运用 ArcGIS 软件对 1999 年、2010 年以及 2019 年的产业结构高级化指数进行了分析。

本节把产业结构高级化指数值在 0.00~1.00 的定义为低水平地区，在 1.01~1.50 的定义为中低水平地区，在 1.51~2.50 的定义为中高水平地区，在 2.51~5.50 的定义为高水平地区。

从整体上看，全国产业结构高级化指数呈现出少数城市快速增长，大部分城市增长速度一致的态势。1999 年，只有西藏和海南这两个省份的产业结构高级化指数处于中高水平，北京、上海、青海和广西这四个省市的产业结构高级化指数处于中低水平，其余 25 个省份的产业结构高级化指数处于低水平。随着经济的发展，在第十一个五年规划末期，北京的产业结构高级化指数从中高水平升至高水平，西藏和海南产业结构高级化指数仍维持中高水平，上海和贵州产业结构高级化指数为中低水平，其余 26 个省份的产业结构高级化指数处于低水平；2019 年，各地区的产业结构高级化指数进一步提升，北京、上海和海南产业结构高级化指数处于高水平，黑龙江、吉林、天津、甘肃、云南和广西产业结构高级化指数处于中高水平，陕西和福建产业结构高级化指数仍处于低水平，其余20个省份的产业结构高级化指数处于中低水平。

对于新疆，2010年，并未发生梯度的变化，而2019年，新疆产业结构高级化指数上升一个梯度，从低水平地区变成中低水平地区。这说明近几年与中部和沿海地区相比，新疆产业结构高级化指数提高，产业结构逐渐合理，与其他地区的差距缩小。

3. 2010~2019年分析

为了更深入地了解新疆近几年的发展状况，本节以2010~2019年为研究区间，对新疆的变化进行深入分析，具体结果如图1-2-4所示。

由图1-2-4可知，从整体上看，新疆和全国产业结构高级化指数在10年间有所上升，但上升速度逐渐减慢。在第十二个五年规划期间（2011~2015年），新疆和全国的产业结构高级化指数增长速度呈现出缓慢上升态势，且新疆的上升幅度大于全国。其中，新疆产业结构高级化指数增长速度从2011年的2.94%上升到2015年的20.83%，全国产业结构高级化指数增长速度从2011年的0.00%上升到2015年的10.71%。在第十三个五年规划期间（2016~2019年），新疆产业结构高级化指数增长快速下降，2019年达到5.04%；全国产业结构高级化指数增长速度，也出现了一定程度的下降，且于2019年达到2.99%。

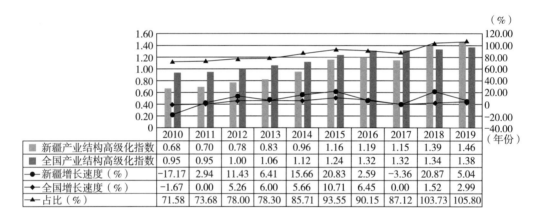

	2010	2011	2012	2013	2014	2015	2016	2017	2018	2019
▨ 新疆产业结构高级化指数	0.68	0.70	0.78	0.83	0.96	1.16	1.19	1.15	1.39	1.46
▨ 全国产业结构高级化指数	0.95	0.95	1.00	1.06	1.12	1.24	1.32	1.32	1.34	1.38
● 新疆增长速度（%）	-17.17	2.94	11.43	6.41	15.66	20.83	2.59	-3.36	20.87	5.04
◆ 全国增长速度（%）	-1.67	0.00	5.26	6.00	5.66	10.71	6.45	0.00	1.52	2.99
▲ 占比（%）	71.58	73.68	78.00	78.30	85.71	93.55	90.15	87.12	103.73	105.80

图1-2-4　2010~2019年新疆产业结构高级化指数变化

资料来源：根据《新疆统计年鉴》（2000~2020年）测算。

第三节　新疆经济效率显著提升

一、新疆劳动生产率增长明显

1. 时间演变分析

表1-3-1和表1-3-2分别展示了全国（不含港澳台地区）各省份及新疆的劳动生产率变化情况。由表1-3-1可知，1999~2019年，全国劳动生产率从1999年的1.27万元/人增

长到 2019 年的 13.13 万元/人，实现了 933.86% 的增长速度。而对于各地区的劳动生产率，所有省份均呈现出上升趋势。其中，增长速度最快的省份是湖北，从 1999 年的 0.96 万元/人增长到 2019 年的 13.58 万元/人，增长了 1314.58%；其次是重庆，从 1999 年的 0.98 万元/人增长到 2019 年的 13.85 万元/人，增长了 1313.27%；陕西位列第三，从 1999 年的 0.88 万元/人增长到 2019 年的 12.24 万元/人，实现了 1290.91% 的增长速度。然而，1999~2019 年，增长速度较慢的省份依次是黑龙江、山西、上海：黑龙江从 1999 年的 1.73 万元/人增长到 2019 年的 7.66 万元/人，增长了 342.77%；山西从 1999 年的 1.92 万元/人增长到 2019 年的 9.66 万元/人，增长了 403.13%；上海从 1999 年的 5.35 万元/人增长到 2019 年的 27.73 万元/人，增长了 418.32%。

表 1-3-1　1999~2019 年全国各省份劳动生产率数据　　　　单位：万元/人

省份	1999 年	2000 年	2005 年	2010 年	2015 年	2019 年	增长速度（%）
北京	4.33	5.11	7.94	13.68	19.40	27.79	541.80
天津	2.95	3.50	7.20	12.66	18.44	15.73	433.22
河北	1.36	1.49	2.81	5.28	7.08	8.39	516.91
山西	1.92	2.31	6.43	12.13	14.07	9.66	403.13
内蒙古	1.31	1.45	3.75	9.85	12.18	13.53	932.82
辽宁	2.09	2.28	3.80	7.96	11.90	10.97	424.88
吉林	1.49	1.68	2.92	6.61	9.50	8.05	440.27
黑龙江	1.73	1.97	3.15	5.37	7.49	7.66	342.77
上海	5.35	6.08	9.74	15.74	18.45	27.73	418.32
江苏	1.75	1.97	4.06	8.71	14.73	21.00	1000.00
浙江	2.00	2.25	4.33	7.62	11.49	16.53	726.50
安徽	0.80	0.84	1.46	3.05	5.07	8.47	958.75
福建	2.09	2.27	3.51	6.57	9.38	19.18	817.70
江西	0.89	0.97	1.78	3.78	6.39	9.41	957.30
山东	1.41	1.53	3.14	6.12	9.50	11.87	741.84
河南	0.87	0.91	1.87	3.82	5.58	8.27	850.57
湖北	0.96	1.05	1.86	4.38	8.08	13.58	1314.58
湖南	0.89	0.99	1.74	4.03	7.26	10.84	1117.98
广东	2.44	2.69	4.49	7.84	11.71	15.39	530.74
广西	0.82	0.92	2.66	5.68	8.97	7.44	807.32
海南	1.46	1.57	2.42	4.70	6.66	9.90	578.08
重庆	0.98	1.08	2.38	5.15	9.21	13.85	1313.27
四川	0.78	0.84	1.57	3.60	6.20	9.53	1121.79
贵州	0.68	0.81	1.84	2.60	5.40	8.18	1102.94
云南	0.85	0.88	1.41	2.61	4.63	7.77	814.12
西藏	0.86	0.95	1.73	2.93	4.37	6.62	669.77
陕西	0.88	1.00	1.99	4.88	8.70	12.24	1290.91
甘肃	0.64	0.71	1.39	2.75	4.42	5.63	779.69

续表

省份	1999年	2000年	2005年	2010年	2015年	2019年	增长速度（%）
青海	0.84	0.92	1.82	4.34	7.52	8.98	969.05
宁夏	0.97	1.07	2.04	5.18	8.04	9.73	903.09
新疆	1.16	1.28	2.45	6.08	7.80	10.22	781.03
全国	1.27	1.39	2.51	5.42	8.89	13.13	933.86

资料来源：《中国统计年鉴》（2000~2020年）。

表1-3-2和图1-3-1更加清晰地展示了新疆20年来劳动生产率的发展情况。1999~2019年，新疆劳动生产率呈现出上升的态势。在20年的发展过程中，新疆劳动生产率从1999年的1.16万元/人上升到2019年的10.22万元/人，增长了781.03%。其中，新疆在第十个五年规划（2001~2005年）和第十一个五年规划期间（2006~2010年）劳动生产率上升较快，阶段的增长速度分别为90.41%和148.16%，而在第十二个五年规划（2011~2015年）以及第十三个五年规划期间（2016~2019年），增长速度有所减缓。

从新疆劳动生产率占全国的比重可以发现，在20年的发展过程中，新疆占比整体呈现出下降趋势，从1999年的91.34%下降到2019年的77.84%，其中最大值出现在2010年，为112.18%。

由新疆在全国各地区的排名可以发现，新疆排名呈波动下降的趋势，从1999年的第16名下降到2019年的第15名。

表1-3-2 1999~2019年新疆劳动生产率情况

年份	1999	2000	2005	2010	2015	2019
新疆劳动生产率（万元/人）	1.16	1.28	2.45	6.08	7.80	10.22
增长速度（%）	—	10.34	91.41	148.16	28.29	31.03
占全国比重（%）	91.34	92.09	97.61	112.18	87.74	77.84
排名	16	16	16	13	18	15
排名变化	—	不变	不变	上升	下降	上升

资料来源：根据《新疆统计年鉴》（2000~2020年）测算。

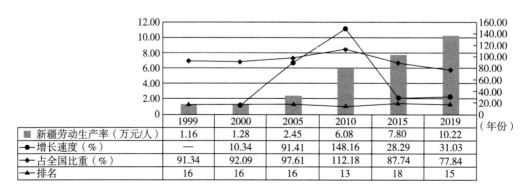

	1999	2000	2005	2010	2015	2019
新疆劳动生产率（万元/人）	1.16	1.28	2.45	6.08	7.80	10.22
增长速度（%）	—	10.34	91.41	148.16	28.29	31.03
占全国比重（%）	91.34	92.09	97.61	112.18	87.74	77.84
排名	16	16	16	13	18	15

图1-3-1 2019年新疆劳动生产率情况

资料来源：根据《新疆统计年鉴》（2000~2020年）测算。

2. 空间分析

为了了解全国各地区劳动生产率在空间上的分布，本节运用 ArcGIS 软件对 1999 年、2010 年以及 2019 年的劳动生产率进行了分析。

本节把劳动生产率在 0.00~3.00 的定义为低水平地区，在 3.01~9.00 的定义为中低水平地区，在 9.01~13.00 的定义为中高水平地区，在 13.01~28.00 的定义为高水平地区。

从整体上看，全国劳动生产率呈现出多省快速发展、沿海高于内陆、东部高于西部的格局。1999 年，只有北京和上海两地的劳动生产率处于中低水平，其余 29 个省份的劳动生产率均处于低水平。随着经济的发展，在第十一个五年规划末期，北京和上海的劳动生产率从中低水平升至高水平，内蒙古、山西和天津的劳动生产率仍维持中高水平，西藏、甘肃、云南和贵州的劳动生产率处于低水平，其余 22 个省份的劳动生产率处于中低水平。2019 年，各地区的劳动生产率进一步提升，内蒙古、北京、天津、江苏、上海、湖北、重庆、浙江、福建和广东的劳动生产率处于高水平，新疆、宁夏、山西、辽宁、山东、陕西、四川、湖南、海南和江西的劳动生产率处于中高水平，其余 11 个省份的劳动生产率处于低水平。

2010 年，新疆劳动生产率上升一个梯度，从低水平地区变成中低水平地区，2019 年，新疆劳动生产率上升一个梯度，从中低水平地区变成中高水平地区。这说明近几年与中部和沿海地区相比，新疆劳动生产率有所提高，与其他地区的差距缩小。

3. 2010~2019 年分析

为了更深入地了解新疆近几年的发展状况，本节以 2010~2019 年为研究区间，对新疆的变化进行深入分析，具体结果如图 1-3-2 所示。

由图 1-3-2 可知，从整体上看，新疆和全国的劳动生产率在 10 年间有所上升，但上升速度减慢。在第十三个五年规划期间（2016~2019 年），新疆和全国的劳动生产率增长速度呈现出缓慢上升态势，且新疆的上升幅度大于全国。其中，新疆劳动生产率增长速度从 2016 年的 -2.05% 上升到 2019 年的 4.07%，全国劳动生产率增长速度从 2016 年的 8.21% 上升到 2019 年的 8.24%。

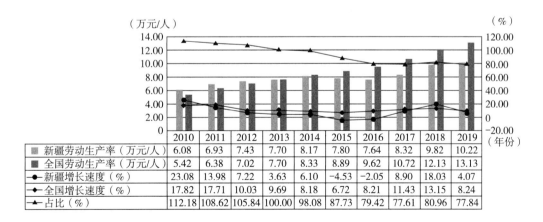

	2010	2011	2012	2013	2014	2015	2016	2017	2018	2019
新疆劳动生产率（万元/人）	6.08	6.93	7.43	7.70	8.17	7.80	7.64	8.32	9.82	10.22
全国劳动生产率（万元/人）	5.42	6.38	7.02	7.70	8.33	8.89	9.62	10.72	12.13	13.13
新疆增长速度（%）	23.08	13.98	7.22	3.63	6.10	-4.53	-2.05	8.90	18.03	4.07
全国增长速度（%）	17.82	17.71	10.03	9.69	8.18	6.72	8.21	11.43	13.15	8.24
占比（%）	112.18	108.62	105.84	100.00	98.08	87.73	79.42	77.61	80.96	77.84

图 1-3-2　2010~2019 年新疆劳动生产率变化

资料来源：根据《新疆统计年鉴》（2011~2020 年）测算。

二、新疆能源生产率整体上升

1. 时间演变分析

表 1-3-3 和表 1-3-4 分别展示了全国各省份（不含西藏和港澳台地区）及新疆的能源生产率变化情况。由表 1-3-3 可知，1999~2019 年，全国能源生产率从 1999 年的 0.64 万元/吨标准煤增长到 2019 年的 2.03 万元/吨标准煤，实现了 217.19% 的增长速度。而对于各地区的能源生产率，除海南、宁夏、江西和天津 4 个省市呈现出下降趋势外，其余 26 个省份均呈现出上升趋势。其中，增长速度最快的省份是广西，从 1999 年的 0.80 万元/吨标准煤增长到 2019 年的 9.38 万元/吨标准煤，增长了 1072.50%；其次是广东，从 1999 年的 1.06 万元/吨标准煤增长到 2019 年的 9.55 万元/吨标准煤，增长了 800.94%；辽宁位列第三，从 1999 年的 0.44 万元/吨标准煤增长到 2019 年的 3.49 万元/吨标准煤，实现了 693.18% 的增长速度。然而，1999~2019 年，增长速度较慢的省份依次是海南、宁夏、江西：海南从 1999 年的 1.11 万元/吨标准煤减少到 2019 年的 0.60 万元/吨标准煤，下降了 45.95%；宁夏从 1999 年的 0.31 万元/吨标准煤减少到 2019 年的 0.20 万元/吨标准煤，下降了 35.48%；江西从 1999 年的 0.87 万元/吨标准煤减少到 2019 年的 0.60 万元/吨标准煤，下降了 31.03%。

表 1-3-3　1999~2019 年全国各省份能源生产率数据　单位：万元/吨标准煤

省份	1999 年	2000 年	2005 年	2010 年	2015 年	2019 年	增长速度（%）
北京	0.67	0.76	1.26	2.03	3.36	4.29	540.30
天津	0.59	0.61	0.96	1.35	2.00	0.43	-27.12
河北	0.48	0.45	0.50	0.74	1.01	1.68	250.00
山西	0.26	0.27	0.33	0.55	0.66	0.67	157.69
内蒙古	0.36	0.43	0.40	0.69	0.94	0.72	100.00
辽宁	0.44	0.44	0.59	0.88	1.32	3.49	693.18
吉林	0.45	0.52	0.68	1.04	1.73	1.01	124.44
黑龙江	0.47	0.51	0.68	0.92	1.24	1.16	146.81
上海	0.80	0.87	1.12	1.53	2.21	1.17	46.25
江苏	0.94	0.99	1.08	1.61	2.32	4.45	373.40
浙江	1.00	0.94	1.12	1.64	2.19	4.50	350.00
安徽	0.58	0.59	0.82	1.27	1.78	2.71	367.24
福建	1.23	1.09	1.07	1.50	2.13	4.39	256.91
江西	0.87	0.80	0.95	1.49	1.98	0.60	-31.03
山东	0.83	0.73	0.76	1.13	1.66	3.19	284.34
河南	0.61	0.64	0.72	1.08	1.60	3.13	413.11
湖北	0.54	0.57	0.65	1.05	1.80	2.86	429.63
湖南	0.79	0.87	0.68	1.08	1.87	1.16	46.84

省份	1999 年	2000 年	2005 年	2010 年	2015 年	2019 年	增长速度（%）
广东	1.06	1.14	1.26	1.71	2.42	9.55	800.94
广西	0.80	0.78	0.82	1.21	1.72	9.38	1072.50
海南	1.11	1.10	1.12	1.52	1.91	0.60	-45.95
重庆	0.45	0.74	0.70	1.01	1.76	1.14	153.33
四川	0.57	0.60	0.63	0.96	1.51	4.47	684.21
贵州	0.23	0.24	0.36	0.56	1.01	1.38	500.00
云南	0.58	0.58	0.57	0.83	1.16	3.20	451.72
陕西	0.60	0.66	0.71	1.14	1.54	3.30	450.00
甘肃	0.33	0.35	0.44	0.70	0.90	2.06	524.24
青海	0.25	0.29	0.33	0.53	0.58	0.39	56.00
宁夏	0.31	0.25	0.24	0.46	0.54	0.20	-35.48
新疆	0.36	0.41	0.47	0.66	0.60	1.02	183.33
全国	0.64	0.68	0.72	1.14	1.59	2.03	217.19

资料来源：根据《中国统计年鉴》（2000~2020 年）测算。

表 1-3-3 和图 1-1-3 更加清晰地展示了新疆 20 年来能源生产率的发展情况。

由表 1-3-4 和图 1-3-3 可知，1999~2019 年，新疆能源生产率呈现出上升的态势。在 20 年的发展过程中，新疆能源生产率从 1999 年的 0.36 万元/吨标准煤上升到 2019 年的 1.02 万元/吨标准煤，增长了 183.33%。其中，新疆在第十一个五年规划（2001~2010 年）以及第十三个五年规划（2016~2019 年）中能源生产率上升较快，阶段增长速度分别为 40.43% 和 70.00%，而在第十二个五年规划期间（2011~2015 年），能源生产率却有所下降，从 2010 年 0.66 万元/吨标准煤下降到 2015 年的 0.60 万元/吨标准煤，阶段增长速度为 -9.09%。

由新疆能源生产率占全国的比重可以发现，在 20 年的发展过程中，新疆占比整体呈现出下降趋势，从 1999 年的 56.25% 下降到 2019 年的 50.25%，其中最大值出现在 2005 年，为 65.28%。

由新疆在全国各地区的排名可以发现，新疆排名呈波动上升的趋势，从 1999 年的第 25 名下降到 2015 年的第 28 名，2019 年又上升至第 22 名。

表 1-3-4　1999~2019 年新疆能源生产率情况

年份	1999	2000	2005	2010	2015	2019
新疆能源生产率（万元/吨标准煤）	0.36	0.41	0.47	0.66	0.60	1.02
增长速度（%）	—	13.89	14.63	40.43	-9.09	70.00
占全国比重（%）	56.25	60.29	65.28	57.89	37.74	50.25
排名	25	25	24	26	28	22
排名变化	—	不变	上升	下降	下降	上升

资料来源：根据《中国统计年鉴》（2000~2020 年）测算。

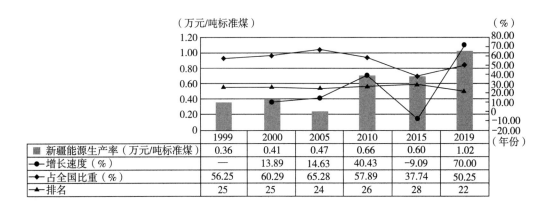

	1999	2000	2005	2010	2015	2019
▓ 新疆能源生产率（万元/吨标准煤）	0.36	0.41	0.47	0.66	0.60	1.02
● 增长速度（%）	—	13.89	14.63	40.43	-9.09	70.00
◆ 占全国比重（%）	56.25	60.29	65.28	57.89	37.74	50.25
▲ 排名	25	25	24	26	28	22

图 1-3-3　1999~2019 年新疆能源生产率情况

资料来源：根据《中国统计年鉴》（2000~2020 年）测算。

2. 空间分析

为了了解全国 30 个省份能源生产率在空间上的分布，本节运用 ArcGIS 软件对 1999 年、2010 年以及 2019 年的能源生产率进行了分析。

本节把能源生产率在 0.00~1.00 的定义为低水平地区，在 1.01~2.00 的定义为中低水平地区，在 2.01~4.00 的定义为中高水平地区，在 4.01~10.00 的定义为高水平地区。

从整体上看，全国能源生产率呈现出东高—西低、内陆高—沿海低、北高—南低的态势。1999 年，只有福建、广东和海南三个省份的能源生产率处于中低水平，其余省份的能源生产率都较低，均处于低水平。随着经济的发展，在第十一个五年规划末期，中东部省份能源生产率提高，北京的能源生产率处于中高水平，吉林、天津、陕西、河南、山东、重庆、湖北、安徽、江苏、上海、浙江、江西、湖南、福建、广东、广西和海南的能源生产率处于中低水平，其余省份的能源生产率处于低水平。2019 年，大部分地区的能源生产率进一步提高，北京、江苏、四川、浙江、福建、广东和广西的能源生产率处于高水平，辽宁、甘肃、陕西、河南、山东、湖北、安徽和云南的能源生产率处于中高水平，上海、新疆、黑龙江、吉林、河北、重庆、贵州和湖南的能源生产率处于中低水平，海南、内蒙古、青海、宁夏、山西、天津和江西的能源生产率处于低水平。

新疆 2010 年并未发生梯度的变化，而 2019 年，新疆能源生产率上升一个梯度，从低水平地区变成中低水平地区。这说明近几年与中部和沿海地区相比，新疆能源生产率提高，与其他地区的差距缩小。

3. 2010~2019 年分析

为了更深入地了解新疆近几年的发展状况，本节以 2010~2019 年为研究区间，对新疆的变化进行深入分析，具体结果如图 1-3-4 所示。

由图 1-3-4 可知，从整体上看，新疆和全国的能源生产率在 10 年间有所上升，但新疆的上升速度较快。在第十二个五年规划期间（2011~2015 年），新疆和全国的能源生产率增长速度呈现出缓慢下降态势，且新疆的下降幅度大于全国。其中，新疆能源生产率增长速度从 2011 年的 1.52% 下降到 2015 年的 -3.23%，全国能源生产率增长速度从 2011 年的 10.53% 下降到 2015 年的 6.00%。在第十三个五年规划期间（2016~2019 年），新疆能源生产率增长速度快速上升，在 2019 年达到 41.67%；全国能源生产率增长速度，呈现出波动下降态势，且在 2018 年开始下降。

　　产生这种情况的原因可能是我国为保护环境、节约能源、调整经济发展方式而减缓了经济发展速度，提出绿色发展，力争做到经济高质量发展，为 2030 年碳达峰、2060 年碳中和做准备。

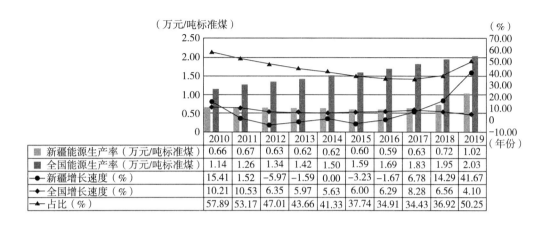

	2010	2011	2012	2013	2014	2015	2016	2017	2018	2019
新疆能源生产率（万元/吨标准煤）	0.66	0.67	0.63	0.62	0.62	0.60	0.59	0.63	0.72	1.02
全国能源生产率（万元/吨标准煤）	1.14	1.26	1.34	1.42	1.50	1.59	1.69	1.83	1.95	2.03
新疆增长速度（%）	15.41	1.52	-5.97	-1.59	0.00	-3.23	-1.67	6.78	14.29	41.67
全国增长速度（%）	10.21	10.53	6.35	5.97	5.63	6.00	6.29	8.28	6.56	4.10
占比（%）	57.89	53.17	47.01	43.66	41.33	37.74	34.91	34.43	36.92	50.25

图 1-3-4　2010~2019 年新疆能源生产率变化

资料来源：根据《新疆统计年鉴》（2011~2020 年）测算。

第四节　新疆对外贸易水平总体上升

1. 时间演变分析

　　表 1-4-1 和表 1-4-2 分别展示了全国各省份（不含西藏和港澳台地区）及新疆的进出口总额变化情况。由表 1-4-1 可知，1999~2019 年，全国进出口总额从 1999 年的 29854.03 亿元增长到 2019 年的 315627.00 亿元，实现了 957.23% 的增长速度。而对于各地区的进出口总额，所有省份均呈现出上升趋势。其中，增长速度最快的省份是重庆，从 1999 年的 100.07 亿元增长到 2019 年的 5792.78 亿元，增长了 5688.73%；其次是河南，从 1999 年的 144.78 亿元增长到 2019 年的 5711.63 亿元，增长了 3845.04%；四川位列第三，从 1999 年的 204.35 亿元增长到 2019 年的 6765.92 亿元，实现了 3210.95% 的增长速度。然而，1999~2019 年，增长速度较慢的省份依次是青海、辽宁、天津：青海从 1999 年的 8.93 亿元增长到 2019 年的 37.25 亿元，增长了 317.13%；辽宁从 1999 年的 1135.64 亿元增长到 2019 年的 7255.10 亿元，增长了 538.86%；天津从 1999 年的 1043.14 亿元增长到 2019 年的 7346.03 亿元，增长了 604.22%。

表 1-4-1　1999~2019 年全国各地区进出口总额数据　　　　　　单位：亿元

省份	1999 年	2000 年	2005 年	2010 年	2015 年	2019 年	增长速度（%）
北京	2844.38	4107.90	10281.11	20425.04	19896.00	28663.50	907.72

续表

省份	1999 年	2000 年	2005 年	2010 年	2015 年	2019 年	增长速度（%）
天津	1043.14	1420.08	4364.28	5557.76	7117.99	7346.03	604.22
河北	379.14	433.67	1316.44	2847.28	3208.48	4001.61	955.44
山西	106.58	146.06	454.28	851.35	914.41	1541.40	1346.24
内蒙古	107.13	217.06	399.45	590.96	792.95	1097.80	924.74
辽宁	1135.64	1575.50	3359.68	5463.81	5975.97	7255.10	538.86
吉林	183.14	212.79	534.73	1140.33	1175.76	1302.17	611.02
黑龙江	181.98	247.22	783.62	1727.27	1308.71	1865.90	925.33
上海	3196.92	4528.95	15264.15	24976.11	27980.51	34046.82	964.99
江苏	2587.58	3777.96	18670.75	31532.26	33979.69	43379.70	1576.46
浙江	1515.39	2304.10	8797.04	17163.03	21599.08	30832.00	1934.59
安徽	219.25	277.06	747.03	1643.19	2979.95	4481.20	1943.88
福建	1458.57	1756.71	4457.20	7364.08	10516.40	13307.35	812.36
江西	108.76	134.45	332.96	1463.51	2640.82	3509.97	3127.26
山东	1512.20	2068.75	6285.97	12804.94	14986.02	20420.90	1250.41
河南	144.78	188.99	632.80	1207.10	4595.35	5711.63	3845.04
湖北	221.66	266.80	741.74	1755.47	2837.20	3640.33	1542.30
湖南	161.88	207.97	491.52	992.16	1825.03	4342.20	2582.36
广东	11617.97	14081.47	35057.61	53133.54	63685.12	101324.22	772.13
广西	145.15	168.37	424.45	1200.84	3182.12	4432.22	2953.54
海南	100.75	106.61	208.26	585.47	869.92	905.87	799.13
重庆	100.07	147.84	351.66	841.25	4638.09	5792.78	5688.73
四川	204.35	210.70	647.31	2213.21	3188.23	6765.92	3210.95
贵州	45.33	54.64	114.98	213.02	761.20	453.57	900.60
云南	137.43	150.07	388.57	909.15	1525.41	2013.16	1364.86
陕西	166.04	177.16	374.92	819.22	1899.57	3515.75	2017.41
甘肃	33.63	47.15	215.46	501.14	495.28	379.90	1029.65
青海	8.93	13.22	33.86	53.41	120.49	37.25	317.13
宁夏	26.32	36.67	79.18	132.68	232.90	240.62	814.21
新疆	146.14	187.43	650.46	1159.62	1225.09	1365.62	834.46
全国	29854.03	39264.20	116478.27	201325.00	246210.69	315627.00	957.23

资料来源：《中国统计年鉴》（2000~2020 年）。

表 1-4-2 和图 1-4-1 更加清晰地展示了新疆 20 年来对外贸易的发展情况。1999~2019 年，新疆进出口总额呈现出直线上升的态势。在 20 年的发展过程中，新疆进出口总额从 1999 年的 146.14 亿元增长到 2019 年的 1365.62 亿元，增长了 834.46%。其中，新疆在第十个五年规划（2001~2005 年）以及第十一个五年规划（2006~2010 年）中发展较快，阶段的增长速度分别为 247.04% 和 78.28%，而在第十二个五年规划（2011~2015 年）和第十三个五年规划期间（2016~2019 年），增长速度有所减缓。

从新疆进出口总额占全国的比重可以发现，在 20 年的发展过程中，新疆占比整体呈现出波动下降趋势，先从 1999 年的 0.49% 上升到 2010 年的 0.58%，随后下降到 2019 年的 0.43%。

从新疆在全国各地区的排名可以发现，新疆排名呈波动下降的态势，从 1999 年的第 18 名上升到 2005 年的第 14 名，随后逐渐下降至 2019 年的第 23 名。

表 1-4-2　1999~2019 年新疆进出口总额情况

年份	1999	2000	2005	2010	2015	2019
新疆进出口总额（亿元）	146.14	187.43	650.46	1159.62	1225.09	1365.62
增长速度（%）	—	28.25	247.04	78.28	5.65	11.47
占全国比重（%）	0.49	0.48	0.56	0.58	0.50	0.43
排名	18	19	14	18	22	23
排名变化	—	下降	上升	下降	下降	下降

资料来源：《中国统计年鉴》（2000~2020 年）。

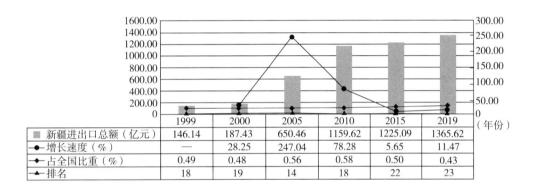

图 1-4-1　1999~2019 年新疆进出口总额情况

资料来源：《中国统计年鉴》（2000~2020 年）。

2. 空间分析

为了了解全国各地区进出口总额在空间上的分布，本节运用 ArcGIS 软件对 1999 年、2010 年以及 2019 年的进出口总额进行了分析。

本节把地区生产总值在 7.00 亿~500.00 亿元的定义为低水平地区，在 500.01 亿~10000.00 亿元的定义为中低水平地区，在 10000.01 亿~50000.00 亿元的定义为中高水平地区，在 50000.01 亿~110000.00 亿元的定义为高水平地区。

从整体上看，全国进出口总额呈现出东高—西低、沿海高—内陆低、南高—北低的态势。1999 年，广东的进出口总额处于中高水平，辽宁、北京、天津、山东、江苏、上海、浙江和福建的进出口总额处于中低水平，其余 21 个省份的进出口总额处于低水平；随着经济的发展，在第十一个五年规划末期，广东的进出口总额处于高水平，北京、山东、江苏、上海和浙江的进出口总额处于中高水平，青海、宁夏和贵州的进出口总额处于低水平，其余 21 个省份地区的进出口总额处于中低水平；2019 年，各地区的进出口总额进一步增加，广东仍处于领先地位，仍为高水平地区，福建进出口总额也快速增加，成为中高水平地区，而甘肃的进出口总额下降，与青海、宁夏和贵州一同处于低水平。

2005年，新疆进出口总额上升一个梯度，从低水平地区上升为中低水平地区，而2019年，并未发生梯度的变化。这说明近几年与中部和沿海地区相比，新疆发展速度相对缓慢，与其他地区的差距拉大。

3. 2010~2019年分析

为了更深入地了解新疆近几年的发展状况，本节以2010~2019年为研究区间，对新疆的变化进行深入分析。

由图1-4-2可知，从整体上看，新疆和全国进出口总额在10年间有所增长，但增长速度缓慢。在第十二个五年规划期间（2011~2015年），新疆和全国的进出口总额增长速度呈现出急速下降态势，新疆的下降幅度大于全国。其中，新疆进出口总额增长速度从2011年的11.27%下降到2015年的-30.24%，全国进出口总额增长速度从2011年的27.10%下降到2015年的-27.93%。在第十三个五年规划期间（2016~2019年），新疆进出口总额增长速度有所反弹，在2017年达到57.50%，但在2019年又出现下降态势，达到-85.09%；对于全国进出口总额增长速度，也出现了一定程度的反弹，但反弹力度远小于新疆的反弹力度。

产生这种情况的原因可能是由于我国为保护环境、节约能源、调整经济发展方式而减缓了经济发展速度，提出绿色发展，力争做到经济高质量发展，为2030年碳达峰、2060年碳中和做准备。

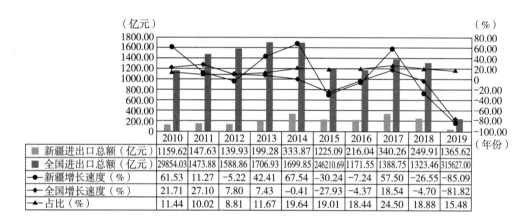

	2010	2011	2012	2013	2014	2015	2016	2017	2018	2019
新疆进出口总额（亿元）	1159.62	147.63	139.93	199.28	333.87	1225.09	216.04	340.26	249.91	1365.62
全国进出口总额（亿元）	29854.03	1473.88	1588.86	1706.93	1699.85	246210.69	1171.55	1388.75	1323.46	315627.00
新疆增长速度（%）	61.53	11.27	-5.22	42.41	67.54	-30.24	-7.24	57.50	-26.55	-85.09
全国增长速度（%）	21.71	27.10	7.80	7.43	-0.41	-27.93	-4.37	18.54	-4.70	-81.82
占比（%）	11.44	10.02	8.81	11.67	19.64	19.01	18.44	24.50	18.88	15.48

图1-4-2 2010~2019年新疆进出口总额空间分布

资料来源：《新疆统计年鉴》（2011~2020年）。

第二章
中国省域经济发展质量评价与时空演变特征

改革开放 40 多年以来，中国经济发展开始由单纯依靠"物质要素投入性生产"的数量型高速增长，逐渐转向"以人民为中心"的美好生活需要的高质量发展，从投资、消费、出口拉动经济的"三驾马车"增长方式，转向追求效率、创新、质量、协调、绿色、开放、共享发展的可持续发展模式，迫切需要综合评价与归纳近年来经济高质量发展的特征、规律与脉络趋势，探究影响新时代经济高质量发展的主要因素，培育经济高质量的新动能势在必行。

2017 年 10 月中国共产党第十九次全国代表大会，提出我国经济已由高速增长阶段转向高质量发展阶段。经济高质量发展以"创新、协调、绿色、开放和共享"五大发展理念为引领，通过优化经济结构、产业供给结构，以提高供给质量为核心，更好地满足人民日益增长的美好生活需要。经济高质量发展相对于经济高速增长的不同点在于，是否以 GDP 为唯一核心抑或最重要指标。经济高速增长侧重于解决经济总量问题；经济高质量发展解决的主要矛盾是供给侧方面的结构调整优化问题。因此，阻碍经济高质量发展的主要根源在于供给侧的结构性和体制机制矛盾，可以通过政策创新、市场化、法制化等巧妙结合的直接或间接手段，"医治"结构性失衡的供给侧"慢性病"，着力解决供给体系适配于需求结构变化的主要矛盾。

第一节　文献回顾

目前，学术界很多学者对高质量发展评价从内涵、视角、表征、方法、维度等多个方面展开研究。受 Solow（1956）[①]、Jorgenson 和 Griliches（1967）[②] 经济理论、模型的影响与启发，国外学者一般使用经济全要素生产率[③]衡量经济增长水平并进行测度[④]（Zhang and Kong，2010；Mei and Chen，2016）。在国内高质量内涵与评价维度方面，陈雅妮和陆斌

[①]　Solow R M. A Contribution to the Theory of Economic Growth［J］. The Quarterly Journal of Economics，1956，70（1）：65-94.

[②]　Jorgenson D W，Griliches Z. The Explanation of Productivity Change［J］. The Review of Economic Studies，1967，34（3）：249-283.

[③]　Changzheng Z，Jin K. Effect of Equity in Education on the Quality of Economic Growth：Evidence from China［J］. Journal of Human Sciences，2010，7（1）：47-69.

[④]　Mei L，Chen Z. The Convergence Analysis of Regional Growth Differences in China：The Perspective of the Quality of Economic Growth［J］. Journal of Service Science and Management，2016，9（6）：453-476.

（1993）提出市场化改革推动了经济的高质量运行①。中国特色社会主义进入了新时代，应以新发展理念为引领，引导经济从高速增长向高质量发展，构建新时代现代化经济体系，通过技术创新和效率提升实现更高效、更公平和可持续的经济发展目标②，经济高质量也广泛出现于农业经济、外向开放型经济、旅游经济、环境经济等领域。立足经济高质量发展评价维度，安淑新（2018）认为，高质量发展的评价体系尚处在起步阶段，科学评价指标体系需体现动态性、多维性③；任保平和李禹墨（2018）认为，经济高质量发展评价体系应包含有效性、协调性、创新性、持续性、稳定性和分享性等层面④。丁涛和顾金亮（2018）运用灰色关联理论构建"五大发展理念"的经济高质量发展评价指标体系，并对科技创新和经济发展质量的关联度进行了深入分析⑤。

关于经济高质量发展评价视角与方法，基于生态系统、生产率、供给侧、静态与动态相结合等综合视角，研究方法主要有熵权法、因子分析、模糊分析、生态位、灰色关系等系统评价方法。魏敏和李书昊（2018）运用熵权 TOPSIS 方法对全国 30 个省份的经济高质量发展水平、发展规律和格局进行测度，并进行了区域发展水平分类⑥；黄涛（2016）采用柯布—道格拉斯生产函数测算 30 年间新疆向西开放水平对经济增长质量的贡献，得出投资仍是主动力、向西开放与经济增长质量互为因果的结论⑦。孟祥兰和邢茂源（2019）通过加权因子分析法从经济发展、创新发展、绿色发展、协调发展和民生发展五个维度构建高质量综合评价体系，发现不同区域间发展存在不平衡不充分的问题⑧。华坚和胡金昕（2019）基于灰色关联分析，构建科技创新系统与经济高质量发展系统间耦合协调度评价模型，探索了两者协调度的时空特征⑨。方大春和马为彪（2019）结合地理信息系统与探索性空间数据分析方法，考察了经济高质量发展时空格局演变规律⑩。对于促进经济高质量发展的路径与对策建议，任保平和李禹墨（2018）认为主体创新能力培育、战略性新兴产业发展和创新激励机制是主要路径⑪。

因此，国内外专家、学者关于经济高质量发展的概念内涵、研究视角、评价维度、评价方法、特征规律、影响因素、政策启示等方面的诸多研究，为本书的研究主题提供了丰富的研究铺垫、理论参考和实践借鉴。本书基于前人的研究成果，以全国 30 个省份为研究区域，

---

① 陈雅妮，陆斌．市场化改革带来经济高质量运行——上海经济发展态势观察之二［J］．中国经济体制改革，1993（8）：28-31.

② 张军扩，侯永志，刘培林，等．高质量发展的目标要求和战略路径［J］．管理世界，2019，35（7）：1-7.

③ 安淑新．促进经济高质量发展的路径研究：一个文献综述［J］．当代经济管理，2018，40（9）：11-17.

④ 任保平，李禹墨．新时代我国高质量发展评判体系的构建及其转型路径［J］．陕西师范大学学报（哲学社会科学版），2018，47（3）：105-113.

⑤ 丁涛，顾金亮．科技创新驱动江苏地区经济高质量发展的路径研究［J］．南通大学学报（社会科学版），2018，34（4）：41-46.

⑥ 魏敏，李书昊．新时代中国经济高质量发展水平的测度研究［J］．数量经济技术经济研究，2018，35（11）：3-20.

⑦ 黄涛．新疆向西开放水平与经济增长质量关系的实证研究——基于全要素生产率视角［J］．新疆大学学报（哲学·人文社会科学版），2016，44（3）：20-23.

⑧ 孟祥兰，邢茂源．供给侧改革背景下湖北高质量发展综合评价研究——基于加权因子分析法的实证研究［J］．数理统计与管理，2019，38（4）：675-687.

⑨ 华坚，胡金昕．中国区域科技创新与经济高质量发展耦合关系评价［J］．科技进步与对策，2019，36（8）：19-27.

⑩ 方大春，马为彪．中国省际高质量发展的测度及时空特征［J］．区域经济评论，2019（2）：61-70.

⑪ 任保平，李禹墨．新时代背景下高质量发展新动能的培育［J］．黑龙江社会科学，2018（4）：31-36.

基于系统科学理论，以创新、协调、绿色、开放和共享"五大发展理念"为核心，立足2009~2019年的时间尺度构建经济高质量发展评价指标体系，评价中国经济高质量发展时空发展分异水平，并测度其主要维度影响因素，探析2009~2019年中国经济发展质量的总体规律与未来形势。本书研究对于总结发展成功实践经验，实现新时代"全国一盘棋"的经济高质量发展新理念和新格局，施行区域重大战略具有一定的借鉴意义。

第二节　数据来源

综合考量数据可得性问题，本书将2003~2018年全国30个省份作为研究对象（不包括西藏、港澳台地区）。本书数据主要来源于《中国统计年鉴》（1981~2018年）、《中国环境统计年鉴》（1998~2018年）、《中国能源统计年鉴》（1986~2017年）、《中国社会统计年鉴》（2006~2018年）、《中国农村统计年鉴》（1985~2018年）、《中国统计摘要》（1983~2018年）、国家统计局以及30个省份各省统计局网站，缺失数据值运用插值法、均值法运算填补。

第三节　模型构建

一、熵权法权重的确定

首先，假设有 m 个评价指标、n 个评价对象，建立数据矩阵 X，其中 x_{ij} 为第 i 个对象第 j 个指标。

$$X = \begin{bmatrix} x_{11} & x_{12} & \cdots & x_{1m} \\ x_{21} & x_{22} & \cdots & x_{2m} \\ \vdots & \vdots & \vdots & \vdots \\ x_{n1} & x_{n2} & \cdots & x_{nm} \end{bmatrix} \tag{2-1}$$

其次，利用熵权法计算权重。运用极差法进行各指标数据标准化处理。

$$\text{对于正向指标，} y_{ij} = \frac{x_{ij} - x_j^{min}}{x_j^{max} - x_j^{min}} \tag{2-2}$$

$$\text{对于负向指标，} y_{ij} = \frac{x_j^{max} - x_{ij}}{x_j^{max} - x_j^{min}} \tag{2-3}$$

在式（2-2）、式（2-3）中：y_{ij} 为评价指标标准化值；x_{ij} 为指标的初始值；x_j^{min} 为第 j 列的最小值，x_j^{max} 是第 j 列的最大值。

将 Y 矩阵中 y_{ij} 列向量与所有值之和进行比值处理：

$$Y_{ij} = \frac{y_{ij}}{\sum_{i=1}^{n} Y_{ij}}, \quad (j = 1, 2, \cdots, m) \tag{2-4}$$

计算评价指标熵权值，Y_{ij} 为第 i 个评价单元第 j 个指标的标准化值，公式如下：

$$H(x_j) = -k \sum_{i=1}^{n} Y_{ij} \ln Y_{ij}, \quad j = 1, 2, \cdots, m \tag{2-5}$$

确定评价指标权重，式（2-5）中 $k = \frac{1}{\ln n}$，k 为调节系数。

$$W_j = \frac{1 - H(x_j)}{m - \sum_{j=1}^{m} H(x_j)}, \quad j = 1, 2, \cdots, m \tag{2-6}$$

其中，$0 \leqslant d_j \leqslant 1$，$\sum_{j=1}^{m} d_j = 1$。

二、综合评价法

通过先对多个评价指标进行单独计算分值，然后与对应权重相乘进行加权求和，得到经济发展质量综合指数。具体公式如下：

$$M_j = 100 \times \sum_{j=1}^{n} W_j Y_{ij} \tag{2-7}$$

M_j 为某年某地区经济高质量发展的综合指数，W_j 是 j 项指标的组合权重，Y_{ij} 是第 j 项指标的标准化值。

三、指标贡献度分析

通过构建全国 30 个省份经济高质量发展评价指标体系，分别计算分维度评价指标以及各个省份的贡献度 G 的模型如下：

$$G = \frac{100 \times \sum_{i=1}^{n} Y_{ij} W_j}{M_j} \tag{2-8}$$

四、时空特征分析方法

本节依托 Excel 工具分析研究区域经济高质量发展的时空分布特征与演进趋势。

五、ArcGIS 标准差椭圆空间格局分析

基于空间数据独立性假设，空间随机试验广泛应用于空间经济学，标准差椭圆本质为大

数据空间抽样的随机试验。按照 Lefever（1926）[1]、白冰等（2021）[2] 等国内外学者的研究，通过空间椭圆的[3]中心性、展布性[4]、方向性[5] 密集性等变化形态定量揭示地理要素在二维空间格局的时序演变特征，广泛应用于自然科学和社会科学的多个研究领域[6]。

标准差椭圆是定量描述研究对象空间分布整体特征及时空演变的空间统计方法。通过 ArcGIS 软件的标准差椭圆可以分析一定区域社会经济发展空间格局的描述和动态演变，并科学制定适合未来经济格局的发展方向。

标准差椭圆是定量描述研究对象空间分布整体特征及时空演变的空间统计方法。通过 ArcGIS 软件的标准差椭圆可以分析一定区域社会经济发展空间格局的动态演变，并科学制定适合未来经济格局的发展方向。

$$\text{平均中心：} \bar{X} = \frac{\sum_{i=1}^{n} W_i X_i}{\sum_{i=1}^{n} W_i} ; \quad \bar{Y} = \frac{\sum_{i=1}^{n} W_i Y_i}{\sum_{i=1}^{n} W_i}$$

$$\text{方位角：} \tan\theta = \frac{\left(\sum_{i=1}^{n} W_i^2 \tilde{X}_i^2 - \sum_{i=1}^{n} W_i^2 \tilde{Y}_i^2\right) + \sqrt{\left(\sum_{i=1}^{n} W_i^2 \tilde{X}_i^2 - \sum_{i=1}^{n} W_i^2 \tilde{Y}_i^2\right)^2 + 4\sum_{i=1}^{n} W_i^2 \tilde{X}_i^2 \tilde{Y}_i^2}}{\sum_{i=1}^{n} W_i^2 \tilde{X}_i^2 \tilde{Y}_i^2}$$

$$\text{X 轴标准差：} \sigma_x = \sqrt{\frac{\sum_{i=1}^{n} (w_i \tilde{x}_i \cos\theta - w_i \tilde{y}_i \sin\theta)^2}{\sum_{i=1}^{n} w_i^2}}$$

$$\text{Y 轴标准差：} \sigma_y = \sqrt{\frac{\sum_{i=1}^{n} (w_i \tilde{x}_i \sin\theta - w_i \tilde{y}_i \cos\theta)^2}{\sum_{i=1}^{n} w_i^2}}$$

其中，(x_i, y_i) 为城市的地理中心经纬度；w_i 为每个城市经济要素的属性值；$(\bar{x}_w, \bar{y}_w)$ 为加权平均中心；θ 为正北顺时旋转到长轴的椭圆方位角，$(\tilde{x}_i, \tilde{y}_i)$ 分别为城市到平均中心的坐标偏差；σ_x、σ_y 分别为沿 X 轴和 Y 轴的标准差。

第四节　评价指标体系构建

为顺应中国特色社会主义进入新时代，推动经济更有效率、更具动力、更可持续的高质

① Lefever D W. Measuring Geographic Concentration by Means of the Standard Deviational Ellipse [J]. American Journal of Sociology, 1926, 32 (1): 88-94.

② 白冰, 赵作权, 张佩. 中国南北区域经济空间融合发展的趋势与布局 [J]. 经济地理, 2021, 41 (2): 1-10.

③ 郑德凤, 徐文瑾, 姜俊超, 等. 中国水资源承载力与城镇化质量演化趋势及协调发展分析 [J]. 经济地理, 2021, 41 (2): 72-81.

④ 夏晓圣, 汪军红, 宋伟东, 等. 2000~2019 年中国 PM2.5 时空演化特征 [J]. 环境科学, 2020, 41 (11): 4832-4843.

⑤ 李衡, 韩燕. 黄河流域 PM2.5 时空演变特征及其影响因素分析 [J]. 世界地理研究, 2021, 30 (5): 1-14.

⑥ 刘华军, 王耀辉, 雷名雨. 中国战略性新兴产业的空间集聚及其演变 [J]. 数量经济技术经济研究, 2019, 36 (7): 99-116.

量发展，参考学术界的研究成果，界定经济高质量发展评价以创新、协调、绿色、开放和共享的五大发展理念为核心，以经济增长为基础，参考中国知网中检索"经济高质量发展评价""指标体系"精确主题词下载和引用频次较高的核心文献，将涉及的所有指标进行高频次的综合统计筛选，并通过向相关专家多次咨询与讨论，在高质量的数据连续且可得的前提下，结合本书研究目的，构建中国省域经济高质量发展评价指标体系。本套评价体系共涉及 10 个一级指标、25 个二级指标和 44 个三级指标，使用改进的熵权—突变级数法，从经济结构优化、创新驱动发展、资源配置高效、市场机制完善、经济增长稳定、区域协调共享、产品服务优质、基础设施完善、生态文明建设和经济成果惠民 10 个方面构建评价指数，如表 2-4-1 所示。

表 2-4-1　中国经济高质量发展评价指标体系

一级指标	二级指标	三级指标	属性
经济结构优化	产业结构	产业高级化指数	+
		产业合理化指数	−
	投资消费结构	投资结构	+
		消费结构	−
	经济外向结构	外资开放度	+
		外贸开放度	+
		对外投资水平	+
创新驱动发展	创新投入	R&D 经费投入强度	+
	创新产出	人均专利占有量	+
		技术市场成交额占比	+
	创新贡献	创新产品增利度	+
		高新技术创收度	+
资源配置高效	资本效率	资本生产率	+
	劳动效率	劳动生产率	+
	能源效率	能源生产率	+
	土地效率	土地生产率	+
市场机制完善	政府消费	政府消费比重	−
	要素市场化	资本要素市场化程度	+
		劳动要素市场化程度	+
经济增长稳定	价格稳定	消费者物价指数	−
		生产者物价指数	−
	就业稳定	失业率	−
区域协调共享	地区共享水平	地区收入共享水平	+
		地区消费共享水平	+
	城乡协调发展	城乡收入协调水平	−
		城乡消费协调水平	−
产品服务优质	服务质量	服务产业重视度	+
		服务产品高级度	+

一级指标	二级指标	三级指标	属性
基础设施完善	硬件设施完善	交通设施完善度	+
		医疗设施完善度	+
		环卫设施完善度	+
	软件设施完善	教育设施完善度	+
		文化设施完善度	+
		网络设施完善度	+
生态文明建设	绿化环保	森林覆盖率	+
		自然保护区覆盖率	+
		建成区绿化覆盖率	+
	污染排放	单位 GDP 废水排放	−
		单位 GDP 废气排放	−
		单位 GDP 固废排放	−
经济成果惠民	休闲福利	人均公园绿地面积	+
	收入福利	人均可支配收入	+
	健康福利	人口死亡率	−
	教育福利	人均受教育年限	+

注：+表示正向指标，−表示负向指标。

资料来源：根据文献整理。

第五节　结果分析

一、新疆经济发展质量时空变化特征

通过测度 2009～2019 年全国 30 个省份经济高质量发展水平，从时序趋势和空间演化视角探讨其演变特征与规律，将全国平均水平、东部、中部、西部和东北地区在考察期经济发展质量的综合均值作为参考对照，以更好地评价区域经济高质量发展水平，如图 2-5-1 所示。

第一，全国经济发展质量综合水平总体呈现持续上升趋势，由 2009 年的 0.28 上升到 2019 年的 0.56，经济发展质量平均指数为 0.43，东部、中部、西部和东北地区与全国经济高质量发展综合均值上升趋势总体趋同。

第二，从"四大板块"的时间趋势看，东部地区经济发展质量由 2009 年的 0.38 上升到 2019 年的 0.69，研究期经济发展质量平均指数为 0.56；中部地区经济发展质量由 2009 年的 0.22 上升到 2019 年的 0.48，研究期平均指数为 0.35；西部地区经济发展质量由 2009 年的 0.23 上升到 2019 年的 0.49，研究期平均指数为 0.36；东北地区经济发展质量由 2009 年的 0.27 上升到 2019 年的 0.50，研究期平均指数为 0.38。新疆经济发展质量由 2009 年的 0.22 上升到2019年的0.41，研究期平均指数为0.33，2016~2019年新疆经济发展质量水平由0.40稳定提高到0.41，社会经济保持持续向好发展趋势。因此，自2009年19省市对口支援政策施行以来，新疆经济发展质量虽低于全国平均水平，但在保持刚性增长的同时相对差距有所缩小。

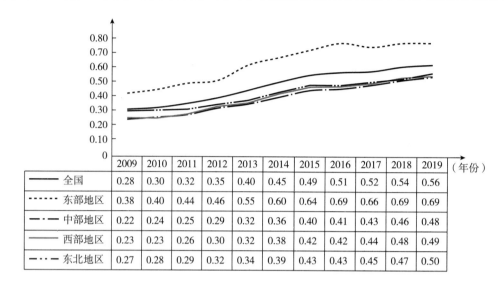

	2009	2010	2011	2012	2013	2014	2015	2016	2017	2018	2019
全国	0.28	0.30	0.32	0.35	0.40	0.45	0.49	0.51	0.52	0.54	0.56
东部地区	0.38	0.40	0.44	0.46	0.55	0.60	0.64	0.69	0.66	0.69	0.69
中部地区	0.22	0.24	0.25	0.29	0.32	0.36	0.40	0.41	0.43	0.46	0.48
西部地区	0.23	0.23	0.26	0.30	0.32	0.38	0.42	0.42	0.44	0.48	0.49
东北地区	0.27	0.28	0.29	0.32	0.34	0.39	0.43	0.43	0.45	0.47	0.50

图 2-5-1　2009~2019 年全国及四大区域经济发展质量水平

资料来源：《中国统计年鉴》（2010~2020年）。

第三，横向视角，参考许宪春等的做法①，可以将我国分为南方地区和北方地区②。从"南北地区"时间趋势看，南方地区与北方地区经济发展质量相对差距呈现先变大后变小再逐渐拉大的演进过程，尤其是2016年以后，南方地区经济发展质量逐渐高于全国平均水平，与北方地区经济发展质量的差距变大。南方地区经济发展质量由2009年的0.29上升到2019年的0.60，考察期经济发展质量平均指数为0.44；北方地区经济发展质量由2009年的0.28上升到2019年的0.51，考察期平均指数为0.42。所以，从研究期均值看，南北方经济发展质量水平总体上相差不大，但区域布局上存在差异。北方主要以北京、天津、山东和陕西等省市为代表，北方地区省份之间的发展差距较大；南方地区经济发展质量的差距相对较为均衡，主要以长江经济带的省份为主（见图2-5-2）。

第四，分区域来看，我国"四大板块"经济高质量发展平均水平由高到低排序依次为：东部地区>东北地区>西部地区>中部地区。经济发展质量较高区域主要位于东部沿海发达省份和"长江经济带"省域③，发展水平较低区域主要位于西部地区和资源型省份，表明经济质量发展水平整体上存在"不协调不均衡"的空间分布格局。2009年经济发展质量最高的为北京（0.72），最低的为甘肃（0.17）；2012年经济发展质量最高的为北京（0.72），最低的为甘肃（0.17）；2016年经济发展质量最高的为北京（1.15），最低的为贵州（0.35）；

① 许宪春，雷泽坤，窦园园，等. 中国南北平衡发展差距研究——基于"中国平衡发展指数"的综合分析［J］. 中国工业经济，2021（2）：5-22。

② 南方地区包括上海市、江苏省、浙江省、安徽省、福建省、江西省、湖北省、湖南省、广东省、广西壮族自治区、海南省、重庆市、四川省、贵州省、云南省、西藏自治区（数据缺失）；北方地区包括北京市、天津市、河北省、山西省、内蒙古自治区、辽宁省、吉林省、黑龙江省、山东省、河南省、陕西省、甘肃省、青海省、宁夏回族自治区、新疆维吾尔自治区。

③ 长江经济带主要覆盖上海、江苏、浙江、安徽、江西、湖北、湖南、重庆、四川、云南、贵州11个省市。

2019 年经济发展质量最高的为北京（0.94），最低的为山西（0.40）。因此，从空间演变视角看，东部地区相比其他地区率先实现经济高质量发展和共同富裕，新疆与全国、东部地区的差距较大，需要国家政策上的大力支持与发达省份的援助帮扶。

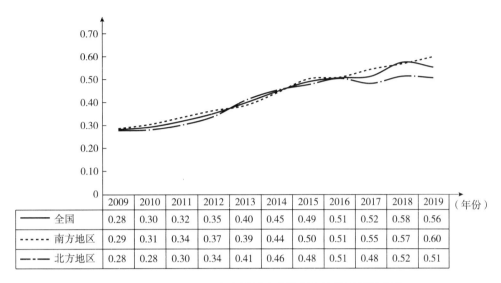

	2009	2010	2011	2012	2013	2014	2015	2016	2017	2018	2019	（年份）
—— 全国	0.28	0.30	0.32	0.35	0.40	0.45	0.49	0.51	0.52	0.58	0.56	
……… 南方地区	0.29	0.31	0.34	0.37	0.39	0.44	0.50	0.51	0.55	0.57	0.60	
—·— 北方地区	0.28	0.28	0.30	0.34	0.41	0.46	0.48	0.51	0.48	0.52	0.51	

图 2-5-2　2009~2019 年全国及南北地区经济发展质量水平

资料来源：根据《中国统计年鉴》（2010~2020 年）测算。

第五，以 2019 年经济发展质量的自然断裂点为统一参考，对比中国 2009 年、2012 年、2016 年和 2019 年经济发展的空间分布。结果显示，2009~2019 年中国各省份的经济发展质量稳中有升，东部地区高于中、西部地区，南方地区高于北方地区，长江经济带周边省份的经济发展质量优于黄河流域周边的省份。具体而言，2009 年和 2012 年，北京、上海的经济发展质量较高，大于 0.51，广东和江苏经济发展质量在 2012 年有较大提高，其他省份的经济发展质量相对较低。2016 年，北京、天津、江苏、上海、浙江、广东、重庆和宁夏的经济发展质量较高，其他省份的经济发展质量相对较低。2019 年，经济发展质量较高的有北京、江苏、上海、浙江、广东、海南、天津等东部地区，以及山东、吉林、福建、安徽、江西、湖北、重庆、四川、陕西、广西等中、西部地区，其中山西的经济发展质量最低，大多数西部地区的经济发展质量有待提高。

二、全国层面：新疆经济发展质量空间演变

本书主要采用加权标准差椭圆和加权标准距离方法，基于 2009~2019 年 30 个省份的空间区位（经纬度），计算 2009 年、2012 年、2016 年、2019 年全国 30 个省份经济发展质量的标准差椭圆、中心。

1999~2019 年，以 3~4 年为间隔。1999~2019 年中国经济发展质量空间分布总体呈现"东（略偏北）—西（略偏南）"的格局，分布形状呈椭圆形，长轴远大于短轴，呈现出由东北向西南方向展布。长轴逐渐变长，标准差椭圆的方位角逐年减小，呈顺时针旋转，而中心位置向着西南方向移动，呈现区域分异明显的空间格局。空间分布标准差椭圆内部的地区主要是以河南为中心的东、中部地区，主要分布于以胡焕庸线（"黑河—腾冲"）为界的

东部省份，与我国经济发展、人口分布的总体格局基本一致。总体而言，研究区域经济发展质量的标准差椭圆整体向南方移动，经济中心向南迁移，空间范围先变小后有所扩大。

在分布重心变化方面，1999~2019年，比较4个时期的标准差椭圆数据发现，中心纬度向赤道移动，中心经度向西小幅移动，中国经济发展质量的中心位置一直位于河南，在南北方向上进行小幅移动。1999~2012年，中国经济发展质量的中心先向西南方向偏移；2012~2016年，中国经济发展质量的中心又向东北方向稍微偏移，与1999年的中心基本重合；2016~2019年，中国经济发展质量的中心又向西南方向进一步偏移。

在分布范围变化方面，1999~2019年，中国经济发展质量空间分布范围在波动中呈现出明显的扩大趋势，椭圆面积波动范围为 $34.68 \times 10^5 km^2 \sim 35.66 \times 10^5 km^2$。其中，1999~2016年空间分布范围缩小趋势显著，但2016~2019年空间分布范围逐渐扩大（见表2-5-1）。

表2-5-1　1999~2019年中国经济发展质量空间分布标准差椭圆数据

年份	椭圆面积（$10^5 km^2$）	中心经度	中心纬度	长半轴（km）	短半轴（km）	旋转角（度）	重心位置
1999	35.37	113.38	34.20	11.47	9.82	24.05	河南
2012	34.83	113.21	34.03	11.35	9.77	22.92	河南
2016	34.68	113.28	34.23	11.19	9.87	23.45	河南
2019	35.66	113.05	33.62	11.61	9.77	19.66	河南

资料来源：根据AreGIS测算数据整理。

第六节　结论与建议

一、结论

第一，1999~2019年我国经济发展质量水平呈现逐年递增态势，由2009年的0.28上升到2019年的0.56，经济发展质量平均指数为0.43，增长率处于1.27%~12.91%，整体呈现稳中有增的变化趋势，增长率表现出上升—下降—稳定的波动变化。从时间变化看，东部、中部、西部和东北地区与全国经济发展质量综合均值上升趋势总体趋同。新疆经济发展质量由2009年的0.22上升到2019年的0.41，研究期平均指数为0.33，2016~2019年新疆经济发展质量水平由0.40稳定提高到0.41，社会经济保持持续向好发展趋势。自2009年19省市对口支援政策施行以来，新疆经济发展质量虽低于全国平均水平，但在保持刚性增长的同时相对差距有所缩小。

第二，从"南北地区"时间趋势看，南方地区与北方地区经济发展质量相对差距呈现先变大后变小再逐渐拉大的演进过程，尤其是2016年以后，南方地区经济发展质量逐渐高于全国平均水平，与北方地区经济发展质量的差距逐渐变大。北方主要以北京、天津、山东和陕西等省市为代表，北方地区各省份之间的发展差距较大；南方地区经济发展质量的差距相对较为均衡，主要以长江经济带的省份为主。此外，长江经济带周边省份的经济发展质量优于黄河流域周边省份。

第三，分区域来看，我国"四大板块"经济发展质量平均水平由高到低排序依次为：东部地区>东北地区>西部地区>中部地区。经济发展质量较高区域主要位于东部沿海发达省份和"长江经济带"省域，发展水平较低区域主要位于西部地区和资源型省份，表明经济发展质量水平整体上存在"不协调不均衡"的空间分布格局。2009年经济发展质量最高的为北京（0.72），最低的为甘肃（0.17）；2019年经济发展质量最高的为北京（0.94），最低的为山西（0.40）。

第四，通过采用标准差椭圆的方法，对中国30个省份经济发展质量1999~2019年的时空演进进行分析，发现空间分布总体呈现"东（略偏北）—西（略偏南）"的空间格局，在南—北方向上呈由北向南扩张状态，在东—西方向上呈由西向东收缩状态，且南—北向的扩张趋势强于东—西向的收缩趋势，相对于中、西部地区省份，位于东部沿海发达地区的省份对经济发展质量的空间分布的拉动作用更强。

二、建议

随着经济由粗放外延式发展转向内涵式高质量发展，为促进中国经济高质量发展，根据前文研究结论，提出以下几点建议：

第一，通过供给侧结构性改革，推动经济高质量发展，构建以国内大循环为主体的国内国际双循环相互促进的新发展格局。充分利用我国改革开放40多年来经济快速发展所积累的丰厚物质基础，立足超大规模消费市场总需求，将经济发展重心定位于国内市场，建设现代化经济体系。从投资视角出发，提高自主创新能力，快速推进以高新技术产业为核心的新型基础设施建设，形成巨大的投资空间。从供给侧视角出发，利用规模庞大、结构完整的制造业体系，加之丰富的高素质劳动力资源，为供给能力的持续提高奠定基础。

第二，新发展格局为推动经济高质量发展提供强大的内生动力。新发展格局要求致力于更高层次的对外开放，利用好国内国际两个市场、两种资源，提高经济增长潜力，增强经济发展对外部环境的适应性，降低不确定性带来的冲击，从而促进国内经济循环的通畅运转，促进经济体系对国内需求适配性的提升。在提高消费水平、加快新型基础设施建设、优化产业结构、增强自主创新能力、提高公共服务水平、改善生态环境、防控经济运行风险等方面均产生积极作用，可有力推动经济高质量发展。

第三，加快全国经济"一盘棋"的区域协调发展，释放相对落后地区发展需求，增强高质量发展新动力。新发展格局下，进一步释放内需成为促进经济高质量发展的重要潜力，加快区域协调发展，提高经济欠发达地区的发展水平，既能够扩大内需，又有助于解决发展不平衡不充分的问题。区域协调发展应完善空间布局，构建优势互补的区域经济格局，使不同地区形成科学分工、各具特色的高质量发展路径。另外，合理推进城市群建设，使中心城市与周边城市群之间建立起通畅的经济循环和功能互动。通过"一带一路"建设、新一轮西部大开发、国家财政转移支付、对口支援等政策倾斜，实现全国区域一体化协调协同发展，健全社会的利益表达方式和保护机制。改革政府规制方式与行政区划体制，配合中央政策顶层设计，科学调节发挥市场配置资源的决定性作用，以"一盘棋"的长远协调发展策略实现"两个一百年"奋斗目标的蓝图。

第四，以供给侧结构性改革为主线转变经济增长方式，提升供给效率和供给质量，重构供应链、产业链、价值链到经济高质量绿色发展的内生路径。加快适应以国内大循环为主体的产业发展模式，使供给能力在更高质量水平上满足国民经济内在需求。推动新型基础设施建设，促进数字经济与传统产业的融合发展，以数字化、智能化等先进技术提高传统行业的产出效能，并逐步淘汰落后产能。通过提高我国产业基础能力和技术水平，使产业链、供应链更加畅通，增强产业竞争力和抗风险能力。地方政府可以采取环境规制政策、新能源税制补贴、市场准入门槛设定、激励型投融资等多重联合举措促进资源型产业转型升级和绿色低碳发展，以质量变革、效率变革、动力变革实现资源的优化利用、配置效率的提升、动能转换和经济结构的变革。大力发展基于自身资源禀赋优势的特色低碳绿色产业体系，比如，以旅游产业发展作为牵动一产、托举二产和带动三产发展的突破口，推动区域经济的高质量发展。

第五，以更高层次的对外开放，推动形成新发展格局，促进经济高质量发展。在新发展格局下，应在更高水平上继续坚持对外开放，充分利用多边贸易体系争取发展空间，并积极参与全球治理体系改革，推动形成更加科学公正的国际经济治理机制，争取国际合作和竞争新优势，为经济高质量发展创造良好的国际环境。建立亚欧大陆开放包容性的金融市场，以"一带一路"构建人类命运共同体，促进"一带一路"建设高质量发展。建立与欧洲、俄罗斯、中亚、西亚和南亚地区多层次、多功能的金融市场。通过开拓畅通多样化的资产投资融资渠道，满足国内外跨国企业投资需求与家庭资产多样化的金融环境，在充分支持"一带一路"倡议的基础上，成立区域互利、共赢、共享的人类命运共同体发展联盟，牵引区域高水平对外开放格局，撬动区域经济的高质量发展。

第六，推进西北地区地方政府治理体系和治理能力的现代化建设，完善以人民为中心的社会参与治理、发展成果共享体系。继续深化公共服务领域改革，持续推动科教文卫体等现代服务业的升级，逐渐解决不平衡不充分的供给侧短板问题。不断通过社会保障制度和公共服务体系建设，完善住房、养老、医疗、就业等民生制度保障体系及保险制度和相应市场服务体系，建立综合政府、社会、法治和公众角色的社会一体化治理体系，形成治理规范、人人参与的科学管理机制，重塑社会行为习惯和价值观念。以保障人民的美好生活质量与福利需求为宗旨，更好地实现全民参与、红利共享的共建共治网络化治理体系。

第三章
新疆经济发展动态演变与空间非均衡性研究

第一节　引言

　　新疆经济高质量发展是自治区党委和人民政府贯彻党的十九大和十九届二中、三中、四中、五中、六中全会精神，贯彻落实第三次中央新疆工作座谈会精神的重要部署，也是聚焦新疆工作总目标的重要发展目标。自西部大开发以来，新疆凭借资源禀赋优势，逐步实现了由"一黑一白"到以油气资源开采与加工为主体的"彩色经济"转变，促进新疆经济由1978年的39.07亿元增长至2019年的13597.11亿元，年均实际增速高达12.71%，高于中国同期平均水平的9.5%，新疆经济发展进入快车道。在新疆经济发展步入提质增效的攻坚阶段，区内资源禀赋的差异化分布和非均质性发展是否引起区内经济发展质量的空间非均衡，新疆经济发展的内部动态演进过程又是怎样的，是当前亟待明晰的关键问题。由此，本章所探讨的新疆经济发展的空间非均衡特征及演进，对新疆经济高质量发展具有重要的现实和理论意义。鉴于此，本章尝试借助 Dagum 基尼系数和 Markov 链方法，进一步探讨新疆经济贡献的空间非均衡程度和时序演进趋势。

　　综上所述，已有文献对区域经济发展空间非均衡性进行了研究，为本书探讨各地、州、市经济发展非均衡性特征奠定了理论和研究方法的基础。

　　综合以往研究，本书从以下几个方面进行深入分析：首先，结合空间可视化技术，应用ArcGIS 的分层展示和标准差椭圆可视化呈现新疆经济发展的区域差异，更直观地展示其空间非均衡性；其次，采用 Dagum 基尼系数及其分解方法，测算新疆各地、州、市经济发展水平和东疆、北疆、南疆三大地区①经济发展水平的空间非均衡程度，从而揭示新疆经济发展的空间非均衡构成及其来源；最后，采用 Markov 链方法考察新疆经济发展质量的内部动态演进过程。本书选取西部边疆省份的新疆为研究对象，考察新疆各地、州、市经济发展质量差异及空间非均衡特征，对推进新疆工作总目标的实现、区域经济高质量发展有着重要的现实意义。

---

　　①　本书按地理区域划分，北疆包括乌鲁木齐市、昌吉回族自治州、伊犁州直属县（市）、克拉玛依市、塔城地区、博尔塔拉蒙古自治州、阿勒泰地区7个地区；南疆包括克孜勒苏柯尔克孜自治州、和田地区、喀什地区、巴音郭楞蒙古自治州、阿克苏地区5个地区；东疆包括吐鲁番市、哈密市2个地区。

第二节　研究方法

一、从静态视角分析空间非均衡性——Dagum 基尼系数

相较于泰尔指数和传统基尼系数，Dagum 基尼系数能够有效分解子群体的分布情况，从而有助于探索和识别空间非均衡性的来源，其在静态视角下分析样本空间非均衡性方面具有独特优势。本书采用 Dagum 基尼系数及按子群的分解方法考察中国民族地区与非民族地区经济发展水平的空间非均衡性的来源。Dagum 基尼系数的定义（Dagum，1997）如下：

根据洛伦兹曲线，结合联合国对基尼系数等级划分标准，基尼系数在 0~1 取值，0.4 是分布不均的"警戒线"，超过警戒线表明财富过度集中在少数人手中，贫富差距较大会造成内需与消费萎靡，带来经济风险，基尼系数等级划分如表 3-2-1 所示。

表 3-2-1　基尼系数等级分类

序号	基尼系数阈值范围	类别等级
1	0.0~0.2	高度平均
2	0.2~0.3	相对平均
3	0.3~0.4	比较合理
4	0.4~0.5	差距偏大
5	0.5 以上	高度不平均

Dagum 在 1997 年提出基尼系数的分解方法以后，其不能被分解的神话最终被攻破[1]。在不平等方面的研究，Dagum 基尼系数的分解方法给广大学者带来了巨大便利，因此在众多领域得到广泛应用（马越越和王维国[2]，2015；王慧慧等[3]，2016）。其计算公式如式（3-1）所示，且满足条件式（3-2）：

$$G = \frac{\sum_{j=1}^{k} \sum_{h=1}^{k} \sum_{i=1}^{n_j} \sum_{r=1}^{n_k} |y_{ji} - y_{hr}|}{2\mu n^2} \tag{3-1}$$

$$Y_1 \leq Y_2 \leq \cdots \leq Y_j \leq \cdots \leq Y_k \tag{3-2}$$

其中，y_{ji}、y_{hr} 分别表示 j 地区和 h 地区的经济发展水平，n 代表所考察的省域总数，k 表示划分地区个数，μ 表示新疆经济发展总体平均水平，Y_i 表示 i 地区内经济发展水平均

——————————

[1] Dagum C. A New Approach to the Decomposition of the Gini Income Inequality Ratio [J]. Empirical Economics, 1997, 22 (1)：515-531.

[2] 马越越，王维国. 中国物流业碳排放的空间非均衡与极化研究 [J]. 社会科学辑刊，2015 (1)：103-110.

[3] 王慧慧，刘恒辰，何霄嘉，等. 基于历史累计碳排放视角的碳排放公平性研究 [J]. 中国人口·资源与环境，2016，26 (S1)：22-25.

值。Dagum 基尼系数可以分解为地区内差异贡献 G_w、地区间差异的净贡献 G_b 以及超变密度差异来源 G_t，这三者反映交互影响由各样本交叠（Overlapping）产生，是地区间交错程度对总体差距的影响或贡献，代表的是空间异质性特征所产生的叠加交错影响。并且三者满足如下条件：$G = G_w + G_b + G_t$，其中，G_b 和 G_t 相加之和为地区间差异的总贡献，具体计算过程如式（3-3）至式（3-10）所示。

区域 P_j 内的经济发展水平基尼系数 G_{jj} 为：

$$G_{jj} = \frac{\sum_{i=1}^{n_j} \sum_{r=1}^{n_h} |y_{ji} - y_{jr}|}{2\mu n^2} \tag{3-3}$$

则区域内部差异对总体基尼系数的净贡献率为：

$$G_w = \sum_{j=1}^{k} G_{jj} P_j S_j \tag{3-4}$$

式中，$P_j = n_j/n$，$S_j = n_j\mu_j/n\mu$，其中 $\sum P_j = \sum S_j = 1$，且 $\sum_{j=1}^{k}\sum_{h=1}^{k} P_j S_h = 1$。

区域 P_j 和区域 P_h 之间的基尼系数为 G_{jh}，其中 $G_{jh} = G_{hj}$：

$$G_{jh} = \frac{\sum_{i=1}^{n_j} \sum_{r=1}^{n_j} |y_{ji} - y_{hr}|}{n_j n_h (\mu_j + \mu_h)} \tag{3-5}$$

区域间基尼系数可以分解为两部分：当 $\mu_j > \mu_h$ 时，区域 j 和区域 h 中 $y_{ji} > y_{hr}$ 的差异，称为区域间经济发展水平净差异，对总体经济发展水平基尼系数的净贡献为：

$$G_b = \sum_{j=2}^{k} \sum_{h=1}^{j-1} G_{jh} D_{jh} (P_j s_h + P_h S_j) \tag{3-6}$$

当 $\mu_j < \mu_h$ 时，区域 j 和区域 h 中 $y_{ji} < y_{hr}$ 的差异，称为区域间经济发展水平逆差异（超变密度），对总体经济发展水平基尼系数的净贡献为：

$$G_t = \sum_{j=2}^{k} \sum_{h=1}^{j-1} G_{jh} (1 - D_{jh}) (P_j s_h + P_h S_j) \tag{3-7}$$

式中，$D_{jh} = \dfrac{d_{jh} - p_{jh}}{d_{jh} + p_{jh}}$ 为区域 P_j 和 P_h 间经济发展水平的相对影响，其中：

$$d_{jh} = \int_{0}^{\infty} dF_j(y) \int_{0}^{y} (y - x) dF_h(x) \tag{3-8}$$

$$p_{jh} = \int_{0}^{\infty} dF_h(y) \int_{0}^{y} (y - x) dF_j(x) \tag{3-9}$$

$$0 < d_{jh} - p_{jh} \leqslant d_{jh} + p_{jh} \tag{3-10}$$

式中，F_j（F_h）分别为 j（h）地区的累计密度分布函数，其中，将 d_{jh} 定义为区域经济发展水平差值，即理解为 j（h）地区中所有 $y_{ji} - y_{hr} > 0$ 的样本值加总的数学期望；p_{jh} 定义为超变一阶矩，即理解为 j（h）地区中所有 $y_{hr} - y_{ji} > 0$ 的样本值加总的数学期望。因此，Dagum 基尼系数的分解的最后结果为：

$$G = \sum_{j=1}^{k} G_{jj} P_j S_j + \sum_{j=2}^{k} \sum_{h=1}^{j-1} G_{jh} D_{jh} (p_j s_h + p_h s_j) + \sum_{j=2}^{k} \sum_{h=1}^{j-1} G_{jh} (1 - D_{jh}) (p_j s_h + p_h s_j) \tag{3-11}$$

Mookherjee 和 Shorrocks 在 1982 年也对基尼系数进行组群分解，其表达式为：

$$G = \sum_{j=1}^{k} G_{jj}P_jS_j + \sum_{j=1}^{k}\sum_{h=1}^{k} p_jp_h \mid \frac{\overline{y}_j}{\overline{y}} - \frac{\overline{y}_h}{\overline{y}} \mid + R \qquad (3-12)$$

式中，R 是剩余项，表示地区间分布的交错程度，也可以表示各子群交叠的分层性（R越小，分层程度就越高，R 越大，分层程度就越低），洪兴建（2009）证明 Dagum 和Mookherjee、Shorrocks 的两种不同基尼系数分解法在数值上分别相等①。因此，式（3-12）中的第三项是对剩余项的另外一种诠释。

二、从动态视角分析空间非均衡性的固化效应——Markov 链方法

Markov 链由 Quah②（1996）提出，主要用来刻画变量的内部动态性及其演变过程。本书应用 Markov 链来研究中国经济发展水平的内部动态演变过程。基本原理：Markov 链是一个随机过程 $\{X(t), t \in T\}$ 的状态空间，如果对于时间 t 的任意 n 个数值，Markov 链满足：

$$P\{X(t_n) \leq x_n \mid X(t_1) = x_1, X(t_2) = x_2, \cdots, X(t_{n-1}) = x_{n-1}\} =$$
$$P\{X(t_n) \leq x_n \mid X(t_{n-1}) = x_{n-1}\}, x_n \in R \qquad (3-13)$$

式中，$X(t_n)$ 是在条件 $X(t_i) = x_i$ 下的条件分布函数，假设转移概率只与状态 i 和状态 j 有关，与 n 无关，就可以得到时齐的 Markov 链。对式（3-13）进行变形之后得到：

$$P\{X_{n+1}=j \mid X_0=i_0, X_1=i_1, \cdots, X_{n-1}=i_{n-1}, X_n=i_n\} = P\{X_{n+1}=j \mid X_n=i\} \qquad (3-14)$$

式（3-14）刻画了 Markov 链的特性，表明随机变量从一种状态空间转变为另一种状态空间的概率分布。如果中国经济发展水平划分为 N 种类型，通过 Markov 链，就可以得到一个 N×N 维的状态转移概率矩阵 P，如式（3-15）所示：

$$P = p_{ij} = \begin{bmatrix} p_{11} & p_{12} & \cdots & p_{1j} & \cdots \\ p_{21} & p_{22} & \cdots & p_{2j} & \cdots \\ \vdots & \vdots & & \vdots & \\ p_{i1} & p_{i2} & \cdots & p_{ij} & \cdots \\ \vdots & \vdots & & \vdots & \end{bmatrix} \qquad (3-15)$$

$$p_{ij} \geq 0, i, j \in N \qquad (3-16)$$

$$\sum_{j \in N} p_{ij} = 1, i, j \in N \qquad (3-17)$$

式（3-17）中的任意状态转移概率 p_{ij}，指由经济发展水平状态 i 转移到经济发展水平状态 j 的概率，通常采用极大似然法进行估计，如式（3-18）所示。通过状态转移概率矩阵 P，则可以判断出中国经济发展水平的内部动态演进特征。

$$p_{ij} = n_{ij}/n_i \qquad (3-18)$$

式中，n_{ij} 表示考察期内由状态 i 转移到状态 j 的出现次数；n_i 表示第 i 种状态出现的总次数。

① 洪兴建. 一个新的基尼系数子群分解公式——兼论中国总体基尼系数的城乡分解 [J]. 经济学（季刊），2009，8（1）：307-324.

② Quah D T. Twin Peaks: Growth and convergence in models of distribution dynamic [J]. Economic Journal, 1996（106）：1045-1055.

第三节　地、州、市层面：新疆经济发展质量
时空演变特征

结合 ArcGIS 软件，对新疆经济发展质量进行可视化呈现。从新疆经济发展空间分布看，各地、州、市经济发展质量呈现明显的空间非均衡特征。具体而言，新疆各地、州、市经济发展质量北疆高于东疆和南疆，表现为"北高—东低—南低"，其中，新疆经济发展质量高的核心节点有克拉玛依市、乌鲁木齐市、伊犁州直属县（市）（以下简称伊犁州直）、博尔塔拉蒙古自治州（以下简称博州）、吐鲁番市等地、州、市。具体分析如下：

2009 年，新疆各地、州、市在考虑了五大发展理念后，对地、州、市进行经济发展质量评价显示：经济发展质量最高的是克拉玛依市，其次是乌鲁木齐市、吐鲁番市、伊犁州直、博州和克孜勒苏柯尔克孜自治州（以下简称克州）等地、州、市，整体呈现"北高—东低—南低"的空间格局特征。

与 2009 年相比，2012 年经济高质量发展的第一梯队仍然是克拉玛依市，第二梯队只有乌鲁木齐市，但是第三梯队的地、州、市增多，有伊犁州直、昌吉回族自治州（以下简称昌吉州）、吐鲁番市、博州、阿勒泰地区、克州和和田地区，第四梯队的是塔城地区、哈密市、巴音郭楞蒙古自治州（以下简称巴州）、阿克苏地区和喀什地区。整体上，"北高—南低"的空间格局没有变化，但经济发展集聚趋势显现。

与 2012 年相比，2016 年经济高质量发展的第一梯队是乌鲁木齐市和克拉玛依市，第二梯队是克州和和田地区，第三梯队有伊犁州直、昌吉州、吐鲁番市、博州、阿勒泰地区和喀什地区，第四梯队是塔城地区、哈密市、巴州和阿克苏地区。

与 2016 年相比，2019 年经济高质量发展的第一梯队是乌鲁木齐市，第二梯队是克拉玛依市、昌吉州、博州、克州和和田地区，第三梯队有伊犁州直、巴州、阿勒泰地区和喀什地区，第四梯队是塔城地区、吐鲁番市、哈密市和阿克苏地区。

首先，2009~2019 年新疆经济发展质量时空迁移显示，重心向东北方向偏移、标准差椭圆展布面积变化不大。新疆经济发展质量的标准差椭圆的迁移与形状的变化也反映出新疆经济发展质量长期存在空间非均衡性特征，随着经济贡献的偏移，其空间非均衡性加剧。具体地，2001~2019 年经济发展质量标准差椭圆大致呈东北—西南走向，表明新疆经济高质量发展主要为东北—西南方向，如乌鲁木齐市、昌吉州、伊犁州直至南疆喀什地区、巴州等地。其次，新疆经济发展质量的椭圆形状变化不大，椭圆的长轴有向西南延展的趋势，短轴有向东南延展的趋势，表明东北—西南方向的贡献分布发生明显变化，这与近几年新疆整体加大南疆经济发展的政策倾斜有关。最后，标准差椭圆重心向南偏移，同样反映出新疆党委和人民政府近年来加大南疆扶持力度的政策效应驱动了南疆各地、州、市的经济高质量发展。

第四节　新疆经济发展水平空间非均衡性及固化效应研究

一、新疆经济发展水平空间非均衡性及其来源分解

本节采用基尼系数及其子群分解方法，分别从静态角度测算出2009~2019年新疆经济发展水平总体基尼系数及东疆、北疆和南疆的分解结果，具体如表3-4-1所示。

表3-4-1　中国经济发展水平总体基尼系数及其分解

年份	总体	地区内差距			地区间差距			贡献率（%）		
		东疆	北疆	南疆	东疆—北疆	东疆—南疆	北疆—南疆	组内	组间	超变密度
2009	0.20	0.11	0.24	0.07	0.25	0.12	0.22	40.27	18.89	41.30
2010	0.24	0.15	0.28	0.12	0.24	0.16	0.25	41.27	20.34	36.93
2011	0.25	0.08	0.29	0.13	0.29	0.12	0.27	41.37	15.14	44.28
2012	0.24	0.10	0.27	0.13	0.27	0.13	0.27	40.29	19.54	40.81
2013	0.19	0.06	0.27	0.10	0.24	0.10	0.22	38.65	18.88	43.54
2014	0.20	0.06	0.22	0.12	0.22	0.12	0.23	39.40	16.24	45.18
2015	0.19	0.13	0.19	0.12	0.16	0.20	0.22	36.23	36.77	25.42
2016	0.15	0.02	0.17	0.11	0.10	0.10	0.17	39.88	15.29	44.82
2017	0.18	0.08	0.20	0.11	0.25	0.13	0.20	38.27	5.38	57.74
2018	0.16	0.09	0.18	0.09	0.25	0.15	0.16	37.86	5.60	69.55
2019	0.16	0.02	0.19	0.08	0.22	0.11	0.16	39.27	3.34	57.39
均值	0.20	0.11	0.24	0.07	0.25	0.12	0.22	40.27	18.89	41.30

资料来源：根据《新疆统计年鉴》（2010~2020年）测算。

1. 新疆经济发展水平总体空间非均衡性及其演变趋势

图3-4-1刻画了新疆经济发展水平总体基尼系数及其演变趋势，反映了新疆各地、州、市之间经济发展水平总体呈现出空间非均衡性，可以看出样本观察期间新疆经济发展水平的总体基尼系数整体呈现下降趋势，但有小幅波动；总体上，从2009年的0.20下降至2019年的0.16，呈现较为明显的下降趋势，表明全省经济发展水平总体空间非均衡性在逐渐缩小，究其原因，主要是新疆深入推进区域协调发展战略，加快城镇化发展和供给侧改革，使各地、州、市经济发展水平有所提高，差距有所缩小；另外，2013年和2016年出现小幅波动，其中2013年较2012年下降了20.83%；2016年调整下降后，2017年升高至0.18，较2016年上升了20.00%。

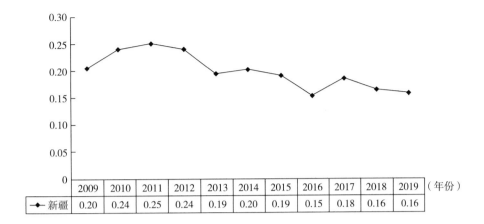

图 3-4-1　新疆经济发展质量贡献总体基尼系数及其演变趋势

资料来源：根据《新疆统计年鉴》（2010~2020 年）测算。

2. 新疆经济发展水平地区内差距及其演变趋势

图 3-4-2 描述了新疆经济发展水平的组内差距演变趋势。可以发现：新疆的东疆、北疆、南疆三大地区经济发展质量的地区内差距总体上呈波动变化趋势；东疆明显上升，北疆和南疆略有下降，至 2018 年，东疆地区内差距大于北疆和南疆。具体分析看，2012 年之前，北疆差距最大；2012 年之后，东疆地区内差距大幅上升，至 2018 年，东疆地区内差距最大，北疆其次，南疆最小。从演变过程看，北疆地区内差距在考察期内波动下降，由 2001 年的 0.38 下降至 2018 年的 0.37。东疆地区内差距波动最显著，大致分为两个阶段：第一阶段 2001~2006 年平稳上升，从 2001 年的 0.05 上升至 2006 年的 0.11；第二阶段 2007~2018 年呈现波动上升趋势，上升幅度明显，从 2007 年的 0.02 大幅上升至 2018 的 0.09，达到最大值。南疆地区内差距大致分为两个阶段：第一阶段从 2001 年的 0.23 平稳上升至 2007 年的 0.26；第二阶段 2008~2018 年呈 "W" 形变化趋势，谷底值出现在 2013 年，为 0.10；最高值出现在 2017 年，为 0.29，2018 年调整下降至 0.09。

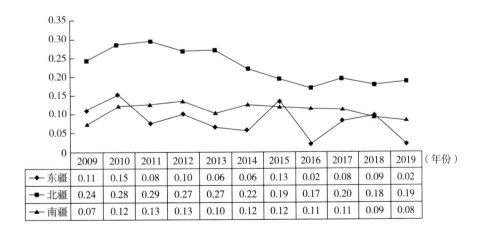

图 3-4-2　新疆地区内基尼系数变化趋势

资料来源：根据《新疆统计年鉴》（2010~2020 年）测算。

3. 新疆经济发展水平地区间差距及其演变趋势

图 3-4-3 描述了新疆地区间经济发展质量基尼系数变化趋势。从总体上看，三大地区间差距分层明显，大致可分为三个阶段：第一阶段，2001～2008 年，三大地区之间差距层次显著，且呈较为平稳的间距，其中北疆—南疆的组间差距最大，为 0.339，东疆—北疆差距次之，组间差距最小的是东疆—南疆，反映了在 2008 年之前新疆经济高质量发展主要在北疆，南疆和东疆相对滞后，差距相对小。第二阶段，2009～2013 年，三大地区组间差距经历了由大到小再拉大的过程，并在 2010 年最为接近，平均差距为 0.01。2008 年金融危机后，新疆旅游业受到较大的影响，致使本来发展较快的北疆地区发展速度放缓，三大地区之间差距出现短暂均衡。第三阶段，2014～2018 年，三大地区组间差距又出现拉大趋势，其中东疆—南疆差距最大，为 0.630，其次是北疆—南疆，差距为 0.612，东疆—北疆差距最小，为 0.440。从整体上看，地区间的差距呈明显增长态势，东疆—南疆的差距变化增长最明显，从 2001 年的 0.182 增长至 2018 年的 0.630，增长了 2.46 倍；北疆和南疆差距增长了 0.78 倍，东疆和北疆差距增长了 0.57 倍。

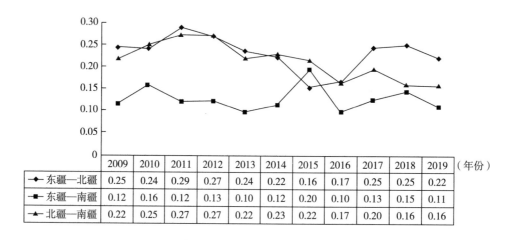

	2009	2010	2011	2012	2013	2014	2015	2016	2017	2018	2019	（年份）
东疆—北疆	0.25	0.24	0.29	0.27	0.24	0.22	0.16	0.17	0.25	0.25	0.22	
东疆—南疆	0.12	0.16	0.12	0.13	0.10	0.12	0.20	0.10	0.13	0.15	0.11	
北疆—南疆	0.22	0.25	0.27	0.27	0.22	0.23	0.22	0.17	0.20	0.16	0.16	

图 3-4-3 新疆地区间基尼系数变化趋势

资料来源：根据《新疆统计年鉴》（2010～2020 年）测算。

4. 新疆经济发展水平空间非均衡性的来源与贡献

图 3-4-4 报告了新疆经济发展质量空间非均衡性分解为地区内差距、地区间差距和超变密度的演变趋势，三者增长率占当年空间非均衡性增长率的百分比即为各自的贡献率。整体而言，2009～2019 年，新疆经济发展质量组内差距贡献波动下降，超变密度的贡献上升，组间差距贡献呈波动下降，成为新疆经济发展质量空间非均衡的主要来源。从演变过程看，2009～2019 年，组内差距的贡献率变化较为平稳，从 2009 年的 40.27% 下降至 2019 年的 39.27%，超变密度的贡献率波动较为明显，自 2012 年后，组间贡献成为新疆经济发展质量空间非均衡的最大来源，2015 年上升至最高值；2016～2019 年有所下降，至 2019 年下降至 3.34%。

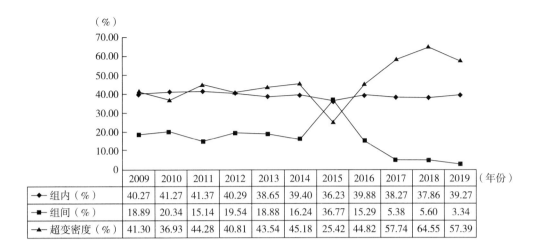

	2009	2010	2011	2012	2013	2014	2015	2016	2017	2018	2019 (年份)
组内（%）	40.27	41.27	41.37	40.29	38.65	39.40	36.23	39.88	38.27	37.86	39.27
组间（%）	18.89	20.34	15.14	19.54	18.88	16.24	36.77	15.29	5.38	5.60	3.34
超变密度（%）	41.30	36.93	44.28	40.81	43.54	45.18	25.42	44.82	57.74	64.55	57.39

图 3-4-4　新疆经济发展质量空间非均衡性来源贡献率演变趋势

资料来源：根据《新疆统计年鉴》（2010~2020 年）测算。

二、新疆经济发展水平空间非均衡性及其固化效应

本书借鉴 Quah（1996）提出的 Markov 链，将所有省份的经济发展水平状况划分为五种类型，深入考察不同类型之间的转移概率从而识别出空间非均衡性的固化效应，进一步探讨中国经济发展水平非均衡性的固化效应。对于这五种类型的划分，具体地，低于新疆平均值 50% 的为类型 Ⅰ，称为低水平，区间为（0，0.209]；位于新疆平均值 50%~100% 的为类型 Ⅱ，称为中低水平，区间为（0.209，0.418]；位于新疆平均值 100%~150% 的为类型 Ⅲ，称为中等水平，区间为（0.418，0.627]；位于新疆平均值 150%~200% 的为类型 Ⅳ，称为中高水平，区间为（0.627，0.836]；位于新疆平均值 150%~200% 的为类型 Ⅴ，称为高水平，区间为（0.836，1.2]。

表 3-4-2 为新疆经济发展质量的 Markov 链转移概率的最大似然估计结果，研究发现：

第一，转移概率矩阵主对角线上的转移概率远高于非主对角线上的转移概率，这说明新疆经济发展质量状态流动性较低，不同类型的经济发展质量水平间状态相对稳定。换言之，对于同一类型而言，其固化效应非常显著，特别是对于经济发展质量水平高的区域，该固化效应尤为明显，即经济发展质量高的区域始终保持在较高的水平上，而经济发展质量较低的区域很难提升至更高一级的贡献水平，即存在所谓的"富者越富"的"马太效应"。第二，不同类型间的转移主要发生在相邻区间，跨区间转移的概率较小，这反映了经济发展及经济贡献是一个逐渐发生和累积的过程，突变型的大幅度变动概率较小。可见，新疆经济发展对区域经济的贡献在相邻类型间也表现出一定程度的固化效应。具体而言，样本期内，期初为低水平贡献率的区域有 87.5% 维持在原有水平，有 12.5% 上升至上一级的中低贡献率水平；期初为中低水平贡献率的区域有 79% 维持在原有水平，14% 上升至中等水平贡献率，1% 上升至中高水平；期初为中等水平的有 54.5% 维持原有水平，12.1% 上升至中高水平，15.2% 上升至高水平，同时有 18.2% 下降至中低水平；期初为中高水平的有 28.6% 维持在原有水平，42.9% 上升至高水平，同时有 28.6% 的下降至中等水平；期初为高水平的有 83.3% 维持

在原有水平，8.3%下降至中高水平，8.3%下降至中等水平。第三，总的来看，高水平与低水平更稳定，这反映出不同类型的固化效应具有明显差异，高水平与低水平的区域固化效应更显著。中等水平和中高水平转移概率更高、更活跃；特别是中高水平向高水平发展概率为42.9%，也更进一步印证了"马太效应"的存在，也说明了发展需要有较好的基础才能更好发挥对区域经济发展的拉动效应。

表 3-4-2　Markov 链转移概率矩阵

t/t+1	观测值	类型 I	类型 II	类型 III	类型 IV	类型 V
类型 I	18	0.1111	0.8889	0.0000	0.0000	0.0000
类型 II	180	0.0056	0.8278	0.1444	0.0056	0.0167
类型 III	54	0.0000	0.1852	0.7037	0.0741	0.0370
类型 IV	11	0.0000	0.0000	0.2727	0.5455	0.1818
类型 V	7	0.0000	0.0000	0.0000	0.1429	0.8571

资料来源：根据《新疆统计年鉴》（2010~2020 年）测算。

此外，考虑到 Markov 链中类型和区间划分具有一定的随机性，而这两者的变动可能影响到 Markov 链转移概率矩阵，从而可能对研究结论造成一定影响，因此对上述 Markov 链分析结果进行稳健性检验。①不改变个数仍将所有省份的经济发展水平划分为五种类型，但改变的类型的区间范围。具体而言，低于新疆平均值 50% 的为类型 I，称为低水平，区间为（0，0.209]；位于新疆平均值 50%~75% 的为类型 II，称为中低水平，区间为（0.209，0.314]；位于新疆平均值 75%~125% 的为类型 III，称为中等水平，区间为（0.314，0.523]；位于新疆平均值 125%~175% 的为类型 IV，称为中高水平，区间为（0.523，0.732]；位于新疆平均值 175% 以上的为类型 IV，称为高水平，区间为（0.732，1.2]，具体如表 3-4-3 所示。

表 3-4-3　稳健性检验 I：基于五种类型的 Markov 链转移矩阵

t/t+1	观测值	类型 I	类型 II	类型 III	类型 IV	类型 V
类型 I	18	0.111	0.889	0.000	0.000	0.000
类型 II	78	0.000	0.577	0.423	0.000	0.000
类型 III	141	0.007	0.035	0.844	0.078	0.035
类型 IV	21	0.000	0.000	0.238	0.619	0.143
类型 V	12	0.000	0.000	0.000	0.083	0.917

资料来源：根据《新疆统计年鉴》（2010~2020 年）测算。

②改变类型个数，将经济发展水平分为六种类型和四种类型，同时改变区间范围。具体而言，六种类型：低于新疆平均值 25% 的为类型 I，称为低水平，区间为（0，0.105]；位于新疆平均值 50%~75% 的为类型 II，称为中低水平，区间为（0.105，0.314]；位于新疆平均值 75%~125% 的为类型 III，称为中等水平，区间为（0.314，0.523]；位于新疆平均值 125%~175% 的为类型 IV，称为中高水平，区间为（0.523，0.732]，位于新疆平均值 175%~200% 的为类型 V，称为高水平，区间为（0.732，0.936]，位于新疆平均值 200% 以

上的为类型Ⅵ，区间为（0.936，1.2］，具体如表3-4-4所示。四种类型：低于新疆平均值75%的为类型Ⅰ，称为低水平，区间为（0，0.318］；位于新疆平均值75%~125%的为类型Ⅱ，区间为（0.318，0.523］；位于新疆平均值125%~175%的为类型Ⅲ，称为中等水平，区间为（0.523，0.732］；位于新疆平均值175%以上的为类型Ⅳ，称为高水平，区间为（0.732，1.2］，具体如表3-4-5所示。经过稳健性分析，改变区间及改变类型后重新计算得到Markov链转移矩阵所展现的结论与前文高度一致，即Markov链分析的研究结论是稳健的。

表3-4-4　稳健性检验Ⅱ：基于六种类型的Markov链转移矩阵

t/t+1	观测值	类型Ⅰ	类型Ⅱ	类型Ⅲ	类型Ⅳ	类型Ⅴ	类型Ⅵ
类型Ⅰ	12	0.0833	0.9167	0.0000	0.0000	0.0000	0.0000
类型Ⅱ	167	0.0000	0.8024	0.1737	0.0060	0.0000	0.0180
类型Ⅲ	71	0.0000	0.1831	0.7042	0.0845	0.0000	0.0845
类型Ⅳ	11	0.0000	0.0000	0.2727	0.5455	0.0000	0.1818
类型Ⅴ	4	0.0000	0.0000	0.0000	0.0000	1.0000	0.0000
类型Ⅵ	5	0.0000	0.0000	0.0000	0.0000	0.4000	0.6000

资料来源：根据《新疆统计年鉴》（2010~2020年）测算。

表3-4-5　稳健性检验Ⅱ：基于四种类型的Markov链转移矩阵

t/t+1	观测值	类型Ⅰ	类型Ⅱ	类型Ⅲ	类型Ⅳ
类型Ⅰ	81	0.6543	0.3457	0.0000	0.0000
类型Ⅱ	169	0.0178	0.9112	0.0414	0.0296
类型Ⅲ	13	0.0000	0.2308	0.6154	0.1538
类型Ⅳ	7	0.0000	0.0000	0.1429	0.8571

资料来源：根据《新疆统计年鉴》（2010~2020年）测算。

第五节　小结

本章考察了新疆经济发展水平，基于2009~2019年14个地、州、市面板数据，通过构建新疆各地、州、市经济高质量发展水平评价指标体系，基于定级级差熵权法对各地、州、市经济发展水平进行评价研究，对比分析了东疆、北疆、南疆经济发展水平差异并进行评价；为进一步考察新疆经济水平的空间非均衡性及固化效应，本章使用Dagum基尼系数，从静态视角分析新疆14个地、州、市2009~2019年经济发展水平的空间非均衡性，并分别讨论该空间非均衡性的来源。在此基础上，还运用Markov链方法考察了新疆经济发展水平空间非均衡性的固化效应，并通过对东疆、北疆、南疆的空间非均衡分析，深入探讨新疆经济发展的空间非均衡性及其固化效应。

从时空演变分析发现：新疆各地、州、市经济发展质量呈现明显的空间非均衡性特征。

具体而言，在新疆各地、州、市经济发展质量中，北疆高于东疆和南疆，表现为"北高—东低—南低"。其中，新疆经济发展质量高的核心节点有克拉玛依市、乌鲁木齐市、伊犁州直、博州、吐鲁番市等。

从静态视角分析空间非均衡性（Dagum 基尼系数）发现：新疆各地、州、市之间经济发展水平总体呈现出空间非均衡性，可以看出样本观察期间新疆经济发展水平的基尼系数整体呈现下降趋势，但有小幅波动；从组内差距看，新疆的东疆、北疆、南疆三大地区经济发展质量的地区内差距总体呈波动变化趋势，东疆明显上升，北疆和南疆略有下降；从组间差距看，地区间的差距呈明显增长态势，东疆和南疆的差距变化增长最明显，从2001年的0.182增长至2018年的0.630，增长了3.46倍；北疆和南疆差距增长了0.78倍，东疆和北疆差距增长了0.57倍。

从动态视角分析空间非均衡性的固化效应（Markov 链分析）发现：经济发展水平较高的区域始终保持在较高的水平上，而较低发展水平的区域很难提升至更高一级的发展水平，即所谓的"富者越富"的"马太效应"；不同类型间的转移发生在相邻区间，跨区间转移的概率较小，这反映了经济发展水平是一个逐渐发生和累积的过程，突然大幅度变动的可能性较小。可见，新疆分区域经济发展水平在相邻类型间也表现出一定程度的固化效应。高水平与中低水平更稳定，这反映出不同类型的区域的固化效应具有明显差异，中等和高水平的区域固化效应更显著。经济发展低水平的区域更容易提升至中低水平，但继续向中等水平攀升则较难。

第二篇

地、州、市篇

第四章
新疆各地、州、市经济高质量发展分析

第一节 研究设计

一、地、州、市经济高质量发展水平测度指标体系

表4-1-1汇总了地、州、市经济高质量发展评价指标体系构建情况。从表中可以看出，创新子系统由创新成果、创新人才、创新投入衡量。其中，创新成果由有效发明专利数和人口之比衡量；创新人才由研究与试验发展人员数和人口之比衡量；创新投入由研究与实验发展经费和GDP之比衡量。协调子系统由投资结构、消费结构、产业结构、制度协调衡量。其中，投资结构由全社会固定资产投资额和GDP之比衡量；消费结构由城镇销售品零售总额和GDP之比衡量；产业结构由第三产业增加值和第二产业增加值之比衡量；制度协调由一般公共预算和GDP之比衡量。绿色子系统由环境绿色、碳强度、能源消耗强度衡量。其中，环境绿色由每万人森林面积衡量；碳强度由碳排放量和GDP之比衡量；能源消耗强度由能源消耗总量和GDP之比衡量。开放子系统由经济开放、市场开放、金融开放衡量。其中，经济开放由海关总额和GDP之比衡量；市场开放由社会销售品零售总额和GDP之比衡量；金融开放由各项目贷款余额和GDP之比衡量。共享子系统由资源共享、医疗服务共享、就业机会共享、区域收入共享衡量。其中，资源共享由人均用水量衡量；医疗服务共享由每万人床数衡量；就业机会共享由城镇登记失业率衡量；区域收入共享由平均工资差距和最高平均工资之比衡量。

表4-1-1　地、州、市经济高质量发展评价指标体系[①]

	一级指标	二级指标	指标表征	方向
地、州、市经济发展质量评价指标体系	创新	创新成果	有效发明专利数/人口	正
		创新人才	研究与试验发展人员数/人口	正
		创新投入	研究与实验发展经费/GDP	正
	协调	投资结构	全社会固定资产投资额/GDP	正
		消费结构	城镇销售品零售总额/GDP	负

---

① 由于数据的限制，根据省级指标体系的构建思路，参考已有文献构建地、州、市和县域的指标体系。

一级指标	二级指标	指标表征	方向
协调	产业结构	第三产业增加值/第二产业增加值	正
	制度协调	一般公共预算/GDP	正
绿色	环境绿色	每万人森林面积	正
	碳强度	碳排放量/GDP	负
	能源消耗强度	能源消耗总量/GDP	负
开放	经济开放	海关总额/GDP	正
	市场开放	社会销售品零售总额/GDP	正
	金融开放	各项目贷款余额/GDP	正
共享	资源共享	人均用水量	正
	医疗服务共享	每万人床数	正
	就业机会共享	城镇登记失业率	负
	区域收入共享	平均工资差距/最高平均工资	正

(一级指标最左侧合并单元格：地、州、市经济发展质量评价指标体系)

二、县域经济高质量发展水平测度指标体系

表4-1-2汇总了县域经济高质量发展评价指标体系构建情况。从表中可以看出，创新子系统由劳动生产效率、生产效率、投资效率衡量。其中，劳动生产效率由全员劳动生产率衡量；生产效率由规上企业工业总产值和GDP之比衡量；投资效率由固定资产投资额和GDP之比衡量。协调子系统由产业结构协调、区域消费协调、城乡消费协调、城乡收入协调衡量。其中，产业结构协调由第三产业增加值和第二产业增加值之比衡量；区域消费协调由各县销售品零售总额和所在地、州、市平均水平之比衡量；城乡消费协调由城镇销售品零售总额和GDP之比衡量；城乡收入协调由在岗职工平均工资和人均GDP之比衡量。绿色子系统由林业规模、碳强度、草原规模衡量。其中，林业规模由林业产值和人口之比衡量；碳强度由碳排放量和GDP之比衡量；草原规模由牧业产值和人口之比衡量。开放子系统由市场开放水平、金融发展水平、交通通达程度衡量。其中，市场开放水平由一般公共预算支出和GDP之比衡量；金融发展水平由年末各项金融机构贷款余额和GDP之比衡量；交通通达程度由交通运输、邮政和仓储与GDP之比衡量。共享子系统由服务共享水平、消费福利共享、公共服务共享、医疗福利共享衡量。其中，服务共享水平由第三产业增加值和GDP之比衡量；消费福利共享由社会消费品零售总额和GDP之比衡量；公共服务共享由固定电话数和人口之比衡量；医疗福利共享由医院床位和人口之比衡量。

表4-1-2 县域经济高质量发展评价指标体系

	一级指标	二级指标	指标表征	方向
县域经济发展质量评价指标体系	创新	劳动生产效率	全员劳动生产率	正
		生产效率	规上企业工业总产值/GDP	正
		投资效率	固定资产投资额/GDP	正

	一级指标	二级指标	指标表征	方向
县域经济发展质量评价指标体系	协调	产业结构协调	第三产业增加值/第二产业增加值	正
		区域消费协调	各县销售品零售总额/所在地、州、市平均水平	正
		城乡消费协调	城镇销售品零售总额/GDP	负
		城乡收入协调	在岗职工平均工资/人均GDP	正
	绿色	林业规模	林业产值/人口	正
		碳强度	碳排放量/GDP	负
		草原规模	牧业产值/人口	正
	开放	市场开放水平	一般公共预算支出/GDP	负
		金融发展水平	年末各项金融机构贷款余额/GDP	正
		交通通达程度	交通运输、邮政和仓储/GDP	正
	共享	服务共享水平	第三产业增加值/GDP	正
		消费福利共享	社会消费品零售总额/GDP	正
		公共服务共享	固定电话数/人口	正
		医疗福利共享	医院床位/人口	正

第二节　新疆14地、州、市经济发展质量分析

　　表4-2-1汇报了2009年、2015年、2019年新疆各地、州、市经济发展质量得分情况。从表中可以看出，2009年克拉玛依市经济高质量发展指数为0.7055；乌鲁木齐市经济高质量发展指数为0.2660；克孜勒苏柯尔克孜自治州经济高质量发展指数为0.2509。2015年博尔塔拉蒙古自治州经济高质量发展指数为0.6873；克拉玛依市经济高质量发展指数为0.5286；吐鲁番地区经济高质量发展指数为0.5244。2019年乌鲁木齐市经济高质量发展指数为0.8111；克拉玛依市经济高质量发展指数为0.4490；和田地区经济高质量发展指数为0.4286。从整体来看，2009~2019年各地、州、市经济高质量发展指数得分呈上升态势的有：乌鲁木齐市、克孜勒苏柯尔克孜自治州、伊犁州直属县（市）、吐鲁番地区、博尔塔拉蒙古自治州、阿勒泰地区、塔城地区、和田地区、喀什地区、昌吉回族自治州、阿克苏地区、巴音郭楞蒙古自治州、哈密地区。

表4-2-1　2009年、2015年、2019年各地、州、市经济质量发展指数

地、州、市	2009年		2015年		2019年	
	分值	次序	分值	次序	分值	次序
克拉玛依市	0.7055	1	0.5286	2	0.4490	2
乌鲁木齐市	0.2660	2	0.5192	4	0.8111	1
克孜勒苏柯尔克孜自治州	0.2509	3	0.3447	7	0.3796	6
伊犁州直属县（市）	0.2414	4	0.3589	6	0.3448	8
吐鲁番地区	0.2355	5	0.5244	3	0.2953	11
博尔塔拉蒙古自治州	0.2285	6	0.6873	1	0.4255	4
阿勒泰地区	0.2092	7	0.3242	8	0.3284	9

续表

地、州、市	2009年		2015年		2019年	
	分值	次序	分值	次序	分值	次序
塔城地区	0.2045	8	0.2280	14	0.2643	14
和田地区	0.1960	9	0.4142	5	0.4286	3
喀什地区	0.1863	10	0.2697	11	0.3136	10
昌吉回族自治州	0.1781	11	0.3199	9	0.3988	5
阿克苏地区	0.1777	12	0.2536	12	0.2823	12
巴音郭楞蒙古自治州	0.1714	13	0.2333	13	0.3477	7
哈密地区	0.1491	14	0.3015	10	0.2704	13

资料来源：根据《新疆统计年鉴》（2010~2020年）测算。

第三节　新疆前15地、县级市经济发展质量分析

一、新疆前15地、县级市经济发展质量排名

如表4-3-1所示，2009年克拉玛依市的经济高质量发展指数在15个地、县级市的经济高质量发展指数中排名第一，和田市排名第二，阿图什市排名第三。其中，克拉玛依市的创新、绿色、开放子系统得分在15个地、县级市中排名靠前，创新、开放子系统的得分在15个地、县级市中排名第一，协调、共享子系统的得分较低，在15个地、县级市中排名靠后；和田市的协调、共享子系统得分在15个地、县级市中排名靠前，创新、绿色、开放子系统的得分较低，在15个地、县级市中排名靠后；阿图什市的协调、开放子系统得分在15个地、县级市中排名靠前，创新、绿色、共享子系统的得分较低，在15个地、县级市中排名靠后；阜康市的创新、绿色子系统得分在15个地、县级市中排名靠前，绿色子系统的得分在15个地、县级市中排名第一，协调、开放、共享子系统的得分较低，在15个地、县级市中排名靠后；乌苏市的绿色子系统得分在15个地、县级市中排名中上，创新、协调、开放、共享子系统的得分较低，在15个地、县级市中排名靠后，其中开放子系统的得分在15个地、县级市中排名最后。

表4-3-1　2009年前15地、县级市经济高质量发展指数

次序	地区	创新	协调	绿色	开放	共享	总指数
1	克拉玛依市	0.4959	0.0140	0.0344	0.1060	0.0552	0.7055
2	和田市	0.0325	0.1542	0.0256	0.0378	0.0898	0.3400
3	阿图什市	0.0215	0.1866	0.0125	0.0592	0.0530	0.3328
4	昌吉市	0.0517	0.0931	0.0310	0.0599	0.0934	0.3292
5	博乐市	0.0223	0.1573	0.0193	0.0660	0.0587	0.3236
6	喀什市	0.0175	0.1275	0.0139	0.0645	0.0886	0.3119
7	库尔勒市	0.0834	0.1199	0.0129	0.0222	0.0478	0.2863

次序	地区	创新	协调	绿色	开放	共享	总指数
8	阿克苏市	0.0343	0.1030	0.0184	0.0528	0.0693	0.2779
9	伊宁市	0.0260	0.0920	0.0088	0.0506	0.0920	0.2695
10	乌鲁木齐市	0.0590	0.0287	0.0219	0.0811	0.0752	0.2660
11	阿勒泰市	0.0236	0.1087	0.0163	0.0476	0.0617	0.2579
12	塔城市	0.0161	0.0778	0.0228	0.0471	0.0687	0.2324
13	奎屯市	0.0537	0.0335	0.0050	0.0578	0.0633	0.2134
14	阜康市	0.0534	0.0351	0.0433	0.0274	0.0497	0.2089
15	乌苏市	0.0288	0.0511	0.0345	0.0236	0.0328	0.1708

资料来源：根据《新疆统计年鉴》（2010~2020 年）测算。

如表 4-3-2 所示，2015 年克拉玛依市的经济高质量发展指数在 15 个地、县级市的经济高质量发展指数中排名第一，乌鲁木齐市排名第二，昌吉市排名第三。其中，克拉玛依市的创新、绿色子系统得分在 15 个地、县级市中排名靠前，创新子系统的得分在 15 个地、县级市中排名第一，协调、开放、共享子系统的得分较低，在 15 个地、县级市中排名靠后；乌鲁木齐市的创新、绿色、开放子系统得分在 15 个地、县级市中排名靠前，协调、共享子系统的得分较低，在 15 个地、县级市中排名靠后；昌吉市的创新、绿色、开放、共享子系统得分在 15 个地、县级市中排名靠前，其中开放子系统在 15 个地、县级市中排名第一，协调子系统的得分较低，在 15 个地、县级市中排名中下；奎屯市的创新、绿色、开放子系统得分在 15 个地、县级市中排名中等，协调、共享子系统的得分较低，在 15 个地、县级市中排名靠后，共享子系统的得分在 15 个地、县级市中排名最后；乌苏市的创新、协调、共享子系统得分在 15 个地、县级市中排名中等，绿色、开放子系统的得分较低，在 15 个地、县级市中排名最后。

表 4-3-2　2015 年前 15 地、县级市经济高质量发展指数

次序	地区	创新	协调	绿色	开放	共享	总指数
1	克拉玛依市	0.3406	0.0470	0.0871	0.0228	0.0311	0.5286
2	乌鲁木齐市	0.2255	0.0659	0.1020	0.0904	0.0354	0.5192
3	昌吉市	0.0946	0.0806	0.0519	0.0918	0.0799	0.3988
4	库尔勒市	0.1716	0.1083	0.0230	0.0607	0.0193	0.3829
5	阜康市	0.1295	0.0330	0.0299	0.0437	0.1273	0.3633
6	阿图什市	0.0712	0.1463	0.0400	0.0551	0.0254	0.3379
7	阿克苏市	0.0621	0.1307	0.0483	0.0676	0.0224	0.3311
8	博乐市	0.0640	0.1389	0.0324	0.0591	0.0283	0.3227
9	和田市	0.0352	0.1449	0.0352	0.0873	0.0191	0.3218
10	阿勒泰市	0.0495	0.1180	0.0443	0.0704	0.0299	0.3120
11	塔城市	0.0257	0.0937	0.0461	0.0591	0.0858	0.3103
12	喀什市	0.0477	0.1095	0.0449	0.0724	0.0255	0.3001
13	伊宁市	0.0350	0.1104	0.0405	0.0685	0.0134	0.2678
14	奎屯市	0.0780	0.0420	0.0545	0.0733	0.0089	0.2567
15	乌苏市	0.0540	0.0495	0.0278	0.0413	0.0772	0.2498

资料来源：根据《新疆统计年鉴》（2010~2020 年）测算。

如表 4-3-3 所示，2019 年乌鲁木齐市的经济发展高质量指数在 15 个地、县级市的经济高质量发展指数中排名第一，克拉玛依市排名第二，库尔勒市排名第三。其中，乌鲁木齐市的创新、绿色、开放、共享子系统得分在 15 个地、县级市中排名第一，协调子系统的得分较低，在 15 个地、县级市中排名靠后；克拉玛依市的创新、绿色、开放子系统得分在 15 个地、县级市中排名靠前，协调、共享子系统的得分较低，在 15 个地、县级市中排名靠后，协调子系统的得分在 15 个地、县级市中排名最后；库尔勒市的创新、协调、共享子系统得分在 15 个地、县级市中排名靠前，绿色、开放子系统的得分较低，在 15 个地、县级市中排名靠后；奎屯市的创新子系统得分在 15 个地、县级市中排名靠前，协调、绿色、开放、共享子系统的得分较低，在 15 个地、县级市中排名靠后，绿色子系统的得分在 15 个地、县级市中排名最后；乌苏市的创新子系统得分在 15 个地、县级市中排名中等，协调、绿色、开放、共享子系统的得分较低，在 15 个地、县级市中排名靠后，开放、共享子系统的得分在 15 个地、县级市中排名最后。

表 4-3-3　2019 年前 15 地、县级市经济高质量发展指数

次序	地区	创新	协调	绿色	开放	共享	总指数
1	乌鲁木齐市	0.3682	0.0685	0.0735	0.1737	0.1273	0.8111
2	克拉玛依市	0.2008	0.0274	0.0470	0.1410	0.0328	0.4490
3	库尔勒市	0.1670	0.1353	0.0193	0.0253	0.0902	0.4370
4	喀什市	0.0434	0.1680	0.0180	0.0410	0.1211	0.3916
5	阿克苏市	0.0583	0.1353	0.0292	0.0529	0.1034	0.3791
6	昌吉市	0.0770	0.1204	0.0332	0.0625	0.0799	0.3731
7	博乐市	0.0666	0.1636	0.0302	0.0409	0.0680	0.3693
8	阿勒泰市	0.0420	0.1354	0.0445	0.0451	0.0946	0.3616
9	阿图什市	0.0842	0.1442	0.0240	0.0432	0.0652	0.3609
10	和田市	0.0288	0.1852	0.0232	0.0319	0.0855	0.3546
11	伊宁市	0.0585	0.1081	0.0133	0.0449	0.1122	0.3370
12	阜康市	0.1395	0.0386	0.0514	0.0264	0.0565	0.3125
13	塔城市	0.0374	0.1154	0.0409	0.0248	0.0894	0.3079
14	奎屯市	0.1034	0.0327	0.0112	0.0625	0.0646	0.2745
15	乌苏市	0.0708	0.0632	0.0399	0.0241	0.0320	0.2300

资料来源：根据《新疆统计年鉴》（2010～2020 年）测算。

二、小结

综上所述，由表 4-3-1、表 4-3-2、表 4-3-3 可知，2009 年 15 个地、县级市中经济高质量发展指数排名前五的依次是克拉玛依市、和田市、阿图什市、昌吉市、博乐市；2015 年 15 个地、县级市中经济高质量发展指数排名前五的依次是克拉玛依市、乌鲁木齐市、昌吉市、库尔勒市、阜康市，与 2009 年相比，和田市、阿图什市、博乐市掉出前五，乌鲁木齐市、库尔勒市、阜康市挤进前五；2019 年 15 个地、县级市中经济高质量发展指数排名前五的依次是乌鲁木齐市、克拉玛依市、库尔勒市、喀什市、阿克苏市，与 2015 年相比，昌吉市、阜康市掉出前五，喀什市、阿克苏市挤进前五。

第四节　新疆县域经济发展质量分析

一、新疆前 20 县域经济发展质量排名

表 4-4-1 汇报了 2009 年、2015 年、2019 年新疆经济发展质量得分排名前 20 的县域。从表中可以看出，2009 年和田市经济高质量发展指数排名第一，为 0.3400；新和县经济高质量发展指数排名第二，为 0.3383；阿图什市经济高质量发展指数排名第三，为 0.3328。2015 年伊吾县经济高质量发展指数排名第一，为 0.7150；乌鲁木齐县经济高质量发展指数排名第二，为 0.5080；阿合奇县经济高质量发展指数排名第三，为 0.4431。2019 年昌吉市经济高质量发展指数排名第一，为 0.7368；昭苏县经济高质量发展指数排名第二，为 0.5533；拜城县经济高质量发展指数排名第三，为 0.5156。从整体来看，2009~2019 年各县域经济高质量发展指数得分均呈上升态势。

表 4-4-1　2009 年、2015 年、2019 年经济高质量发展指数前 20 的县域

2009 年		2015 年		2019 年	
地区	分值	地区	分值	地区	分值
和田市	0.3400	伊吾县	0.7150	昌吉市	0.7368
新和县	0.3383	乌鲁木齐县	0.5080	昭苏县	0.5533
阿图什市	0.3328	阿合奇县	0.4431	拜城县	0.5156
昌吉市	0.3292	吉木萨尔县	0.4207	布尔津县	0.5013
博乐市	0.3236	奇台县	0.4011	鄯善县	0.4825
伊吾县	0.3214	昌吉市	0.3988	柯坪县	0.4823
喀什市	0.3119	吉木乃县	0.3854	阿克苏市	0.4570
塔什库尔干塔吉克自治县	0.3075	库尔勒市	0.3829	阜康市	0.4370
库尔勒市	0.2863	阜康市	0.3633	库尔勒市	0.4334
阿克苏市	0.2779	焉耆回族自治县	0.3555	木垒哈萨克自治县	0.4115
库车县	0.2706	新源县	0.3532	吉木乃县	0.3916
伊宁市	0.2695	玛纳斯县	0.3487	莎车县	0.3868
青河县	0.2591	阿图什市	0.3379	焉耆回族自治县	0.3791
阿勒泰市	0.2579	库车县	0.3377	吉木萨尔县	0.3731
布尔津县	0.2528	阿克苏市	0.3311	奇台县	0.3693
和田县	0.2490	呼图壁县	0.3281	温宿县	0.3661
叶城县	0.2366	塔什库尔干塔吉克自治县	0.3274	库车县	0.3616
鄯善县	0.2351	博乐市	0.3227	阿合奇县	0.3609
塔城市	0.2324	和田市	0.3218	伊吾县	0.3546
于田县	0.2300	和静县	0.3209	喀什市	0.3503

资料来源：根据《新疆统计年鉴》（2010~2020 年）测算。

二、新疆县域经济发展空间格局与演变

1. 空间分布分析

分析 2009~2019 年新疆各县域经济发展质量得分，可知新疆各县域 20 多年来经济发展质量的空间分布格局，新疆各县域在 2009 年、2012 年、2016 年以及 2019 年这 4 个年份县域经济发展质量变动情况。

第一个时间点为 2009 年，新疆县域经济发展质量得分在 0.08~0.24 的县域有 65 个，得分在 0.25~0.30 的县域有 8 个，得分在 0.31~0.39 的县域有 8 个，分别为塔什库尔干塔吉克自治县、喀什市、伊吾县、博乐市、昌吉市、阿图什市、新和县、和田市。

第二个时间点为 2012 年，新疆县域经济发展质量得分在 0.08~0.24 的县域有 40 个，得分在 0.25~0.30 的县域有 21 个，得分在 0.31~0.39 的县域有 15 个，得分在 0.40~0.55 的县域有 4 个，得分在 0.56~1.00 的县域有 1 个。与 2009 年相比，减少了 25 个得分在 0.08~0.24 的县域，增加了 13 个得分在 0.25~0.30 的县域，增加了 7 个得分在 0.31~0.39 的县域，新增 4 个得分在 0.40~0.55 的县域，新增 1 个得分在 0.56~1.00 的县域。

第三个时间点为 2016 年，新疆县域经济发展质量得分在 0.08~0.24 的县域有 30 个，得分在 0.25~0.30 的县域有 27 个，得分在 0.31~0.39 的县域有 21 个，得分在 0.40~0.55 的县域有 2 个，得分在 0.56~1.00 的县域有 1 个。与 2012 年相比，减少了 10 个得分在 0.08~0.24 的县域，增加了 6 个得分在 0.25~0.30 的县域，增加了 6 个得分在 0.31~0.39 的县域，减少了 2 个得分在 0.40~0.55 的县域，得分在 0.56~1.00 的县域为伊吾县。

第四个时间点为 2019 年，新疆县域经济发展质量得分在 0.08~0.24 的县域有 18 个，得分在 0.25~0.30 的县域有 31 个，得分在 0.31~0.39 的县域有 22 个，得分在 0.40~0.55 的县域有 9 个，得分在 0.56~1.00 的县域有 1 个。与 2016 年相比，减少了 12 个得分在 0.08~0.24 的县域，增加了 4 个得分在 0.25~0.30 的县域，增加了 1 个得分在 0.31~0.39 的县域，增加了 7 个得分在 0.40~0.55 的县域，得分在 0.56~1.00 的县域仍为伊吾县。

2. 椭圆分布分析

本书主要采用加权标准差椭圆和加权标准距离方法，基于新疆县域的空间区位（经纬度），用各个时间点各县域经济发展质量指数值表示相应的权重，计算 2009~2019 年新疆各县域经济发展质量空间分布的标准差椭圆和标准距离。

2009~2019 年新疆县域经济发展质量空间分布总体呈现"东（略偏北）—西（略偏南）"的空间格局。2009 年、2012 年、2016 年、2019 年新疆县域经济发展质量空间分布均以库车市为中心。总的来说，新疆县域经济发展质量空间分布格局表现出明显的演化特征，可概括为向南移动，且空间缩小。

在分布重心变化方面，2009~2019 年，比较 4 个年份的标准差椭圆数据，发现中心经纬度并没有发生较大变动，新疆县域经济发展质量重心空间位置一直在库车市；在东—西方向上，自 2009 年，新疆县域经济发展质量重心基本保持向东移动的趋势，在南—北方向上，2009~2019 年，新疆县域经济发展质量重心基本保持向北移动的趋势。

在分布范围变化方面，2009~2019 年，新疆县域经济发展质量空间分布范围在波动中呈现出明显的缩小趋势，椭圆面积波动范围为 $5.6179 \times 10^5 km^2 \sim 6.5470 \times 10^5 km^2$。

　　表4-4-2进一步展示了标准差椭圆数据。由表4-4-2可知，在2009~2019年，新疆各县域经济发展质量空间分布标准差椭圆长轴总体减小，短轴总体缩短。其中，2009~2012年，长轴保持扩大趋势，短轴也呈扩大趋势，这表明新疆各县域经济发展质量在南—北方向上呈由北向南扩张状态，在东—西方向上呈由西向东扩张状态，且东—西向的扩张趋势强于南—北向的扩张趋势。2012~2016年，长轴保持扩大趋势，短轴呈缩短趋势，这表明新疆各县域经济发展质量在南—北方向上呈由北向南扩张状态，在东—西方向上呈由西向东收缩状态。2016~2019年，长轴保持缩小趋势，短轴也呈缩小趋势，这表明新疆各县域经济发展质量在南—北方向上呈由北向南收缩状态，在东—西方向上呈由西向东收缩状态，且南—北向的收缩趋势强于东—西向的收缩趋势。

表4-4-2　新疆各县域经济发展质量空间分布标准差椭圆数据

年份	椭圆面积 （$10^5 km^2$）	中心经度	中心纬度	长半轴 （km）	短半轴 （km）	旋转角 （度）	重心位置
2009	6.3705	83.1390	42.0916	7.4100	3.2006	61.0938	库车市
2012	6.5470	83.5429	42.1939	7.4116	3.2948	61.8488	库车市
2016	6.4936	83.8374	42.3829	7.4999	3.2409	64.2251	库车市
2019	5.6179	83.6087	42.4618	6.8828	3.0598	61.9186	库车市

　　资料来源：根据ArcGIS测算整理。

　　在分布方向变化方面，2009~2019年，新疆各县域经济发展质量空间分布标准差椭圆旋转角在波动中整体呈现增大的趋势。其变化主要可分为以下两个阶段：2009~2016年和2016~2019年。旋转角增大表明，相对于西北部城市，位于天山北坡城市群中的东南部城市对新疆各县域经济发展质量空间分布的拉动作用更强。

三、小结

　　通过采用标准差椭圆的方法，对新疆各县域经济发展质量2009~2019年的空间区位进行分析，发现新疆各县域经济发展质量空间分布总体呈现"东（略偏北）—西（略偏南）"的空间格局；相对于西北部城市，位于天山北坡城市群中的东南部城市对新疆各县域经济发展质量空间分布的拉动作用更强。

第五章
新疆 14 地、州、市经济高质量发展评价

第一节　乌鲁木齐市经济高质量发展评价

一、乌鲁木齐市概况①

　　乌鲁木齐市地处天山山脉中段北麓、准噶尔盆地南缘，是新疆维吾尔自治区首府。市区三面环山，平均海拔 800 米。属中温带半干旱大陆性气候，年均降水 236 毫米。现辖 7 区 1 县、3 个国家级开发区和 1 个综合保税区，总面积 1.38 万平方千米，其中建成区 522 平方千米；常住人口 405 万人，是全疆唯一一座大型城市，也是中亚地区最大、最繁华的城市。

　　2020 年，乌鲁木齐市实现国内生产总值（GDP）3337.32 亿元，按可比价计算，比上年增长 0.3%。完成一般公共预算收入 392.64 亿元，下降 16.9%。全年固定资产投资比上年增长 0.3%。实现社会消费品零售总额 1043.51 亿元，比上年下降 19.8%。城镇居民人均可支配收入 42770 元，比上年增长 0.2%。农村居民人均可支配收入 22827 元，比上年增长 6.4%。城区绿化覆盖面积 3.60 万公顷，比上年增长 2.6%；绿地面积 3.32 万公顷，增长 2.6%；人均公园绿地面积 10.82 平方米。建成区绿化覆盖率达 40.5%，建成区绿地率 37.4%。

　　乌鲁木齐市曾是古丝绸之路上的重镇，古代世界四大文明在这里汇流，东西方文化在这里交融。改革开放以来，乌鲁木齐市经济社会蓬勃发展，人民的生活发生了巨大变化。党的十八大以来，在习近平新时代中国特色社会主义思想的指引下，在党中央亲切关怀和自治区党委坚强领导下，市委团结带领全市各族干部群众，紧紧围绕社会稳定和长治久安总目标，全面贯彻落实新时代党的治疆方略和自治区党委一系列决策部署，深入贯彻创新、协调、绿色、开放、共享发展理念，全力维护社会稳定，全力推动经济发展，全力打造首善之城，各项事业取得了新的成就，呈现出欣欣向荣、朝气蓬勃的发展景象。现已成为中国向西开放的陆路桥头堡和对外经济文化交流的重要门户，全疆最大的商贸服务业和工业制造业中心，与世界上 150 多个国家和地区建立经贸合作关系。先后被评为中国优秀旅游城市、国家园林城市、全国文明城市、全国民族团结进步示范市。

---

　　① 资料来源：乌鲁木齐市人民政府官网 http://www.urumqi.gov.cn/。

二、乌鲁木齐市经济发展的主要成就

（1）经济发展方面：乌鲁木齐市国内生产总值（GDP）从 2009 年的 1087.50 亿元，增至 2019 年的 3413.26 亿元，增长了 2.14 倍，年均增长率为 12.12%，呈"M"型变化趋势。值得关注的是，2016~2019 年乌鲁木齐市 GDP 出现逐年上升趋势，从 2458.98 亿元增长至 3413.26 亿元，年均增长率为 11.55%，实现了连续三年高速增长。乌鲁木齐市人均 GDP 从 2009 年的 38249 元，增至 2019 年的 96723 元，增长了 1.53 倍，年均增长率为 9.72%，呈"M"型变化趋势。值得关注的是，2017~2019 年乌鲁木齐市人均 GDP 呈现逐年上升趋势，从 77756 元增长至 96723 元，年均增长率为 11.53%，实现了连续三年快速增长。

（2）投资方面：乌鲁木齐市全社会固定资产投资从 2009 年的 598.03 亿元，增至 2019 年的 2042.92 亿元，增长了 2.42 倍，年均增长率为 13.07%，呈倒"N"型变化趋势。值得关注的是，2012~2019 年乌鲁木齐市全社会固定资产投资呈现上升趋势，从 827.63 亿元增长至 2042.92 亿元，年均增长率为 13.78%。

（3）金融发展方面：乌鲁木齐市各项目贷款余额从 2011 年的 2533.98 亿元，增至 2019 年的 7817.82 亿元，增长了 2.06 倍，年均增长率为 15.12%，呈倒"N"型变化趋势。值得关注的是，2017~2019 年乌鲁木齐市各项目贷款余额呈现上升趋势，从 6235.78 亿元增长至 7817.82 亿元，年均增长率为 11.97%。

（4）对外贸易方面：乌鲁木齐市进出口贸易总额从 2009 年的 251.59 亿元，增至 2019 年的 513.12 亿元，增长了 1.04 倍，年均增长率为 7.39%，呈现波动变化趋势。值得关注的是，2014~2019 年乌鲁木齐市进出口贸易总额呈现倒"N"型变化趋势，从 508.91 亿元升至 513.12 亿元，年均增长率为 0.16%。

（5）市场发展方面：乌鲁木齐市全社会销售品零售总额从 2009 年的 449.98 亿元，增至 2019 年的 1218.42 亿元，增长了 1.71 倍，年均增长率为 10.47%，大致呈现逐年上升的变化趋势。值得关注的是，2016~2019 年乌鲁木齐市全社会销售品零售总额呈现逐年上升的变化趋势，从 1006.30 亿元增至 1218.42 亿元，年均增长率为 6.58%。

（6）居民收入方面：乌鲁木齐市在岗职工平均工资从 2009 年的 37161 元，增至 2019 年的 92473 元，增长了 1.49 倍，年均增长率为 9.55%，呈现逐年上升的变化趋势。值得关注的是，2016~2019 年乌鲁木齐市在岗职工平均工资呈现逐年上升的变化趋势，从 74339 元增至 92473 元，年均增长率为 7.55%，实现了连续三年稳步增长。

（7）社会就业方面：乌鲁木齐市城镇失业率从 2009 年的 4.10%，降至 2019 年的 2.70%，减少了 34.15%，年均城镇失业率为 3.42%，总体呈现波动变化的趋势。值得关注的是，2016~2019 年乌鲁木齐市城镇失业率大致呈现倒"V"型变化趋势，最低点为 2019 年，城镇失业率为 2.70%，最高点为 2017 年，城镇失业率为 3.17%。

（8）工业发展方面：乌鲁木齐市工业化发展水平从 2009 年的 0.43，降至 2019 年的 0.27，降低了 37.21%，年均工业化发展水平为 0.36，总体呈"M"型变化趋势。值得关注的是，2016~2019 年乌鲁木齐市工业化发展水平呈现波动下降的变化趋势，从 0.29 降至 0.27，年均工业化水平为 0.29。

（9）能源利用效率方面：用单位地区生产总值能耗来表征能源利用效率，单位生产总值能耗值越小，能源利用效率越大，反之亦然。乌鲁木齐市单位地区生产总值能耗值从2009年的2.11万吨标准煤/亿元，降至2019年的0.85万吨标准煤/亿元，降低了59.72%，年均单位地区生产总值能耗值为1.36万吨标准煤/亿元，总体呈波动下降的变化趋势；由此可见，2009~2019年乌鲁木齐市能源利用效率快速提升。值得关注的是，2016~2019年乌鲁木齐市单位地区生产总值能耗值呈现逐年上升的变化趋势，从0.78万吨标准煤/亿元上升至0.85万吨标准煤/亿元，年均单位地区生产总值能耗值为0.82万吨标准煤/亿元，年均上升2.91%，由此可见，乌鲁木齐市2016~2019年能源利用效率未增反降。

（10）产业结构高级化方面：乌鲁木齐市产业结构高级化值从2009年的1.29增至2019年的2.74，提高了1.12倍，年均产业结构高级化值为1.84，总体呈波动上升的变化趋势。值得关注的是，2016~2019年乌鲁木齐市产业结构高级化值呈现小幅波动的变化趋势，从2.45上升至2.74，年均产业结构高级化值为2.43，由此可见，乌鲁木齐市2016~2019年产业结构高级化发展较好且较为稳定。

1. 乌鲁木齐市GDP、人均GDP分析

图5-1-1为2009~2019年乌鲁木齐市国内生产总值（GDP）及其变化趋势。如图所示，乌鲁木齐市GDP从2009年的1087.50亿元，增至2019年的3413.26亿元，增长了2.14倍，年均增长率为12.12%，呈现"M"型变化趋势。其中，2009~2015年GDP呈现快速增长趋势，2016年下降至2458.98亿元，2017~2019年呈现逐年上升趋势。具体来讲，自2012年突破2000亿元以来，经济总量快速提升，2015年突破2600亿元，2018年达到3099.77亿元，2019年达到3413.26亿元。从GDP增长率看，总体呈现波动下降的趋势，且近年来波动逐渐趋于平缓。其中，2011年的增长率达到峰值，较2010年乌鲁木齐市GDP增长了26.26%，2016年增长最少，较2015年乌鲁木齐市GDP下降了6.56%。值得关注的是，2016~2019年乌鲁木齐市GDP出现逐年上升趋势，从2458.98亿元增长至3413.26亿元，年均增长率为11.55%，实现了连续三年高速增长。

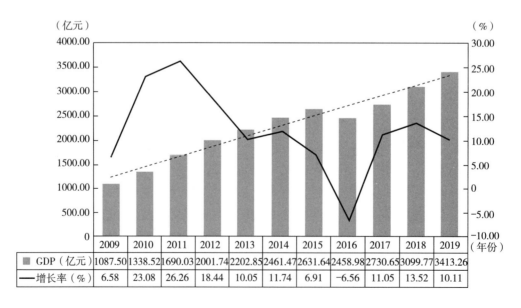

图5-1-1　2009~2019年乌鲁木齐市GDP及变化趋势

资料来源：《新疆统计年鉴》（2010~2020年）。

　　图 5-1-2 为 2009~2019 年乌鲁木齐市人均 GDP 及其变化趋势。如图所示，乌鲁木齐市人均 GDP 从 2009 年的 38249 元，增至 2019 年的 96723 元，增长了 1.53 倍，年均增长率为 9.72%，呈 "M" 型变化趋势。其中，2009~2015 年人均 GDP 呈现快速增长趋势，2016 年下降至 69565 元，2017~2019 年呈现逐年上升趋势。具体来讲，自 2011 年突破 50000 元以来，经济总量快速提升，2013 年突破 60000 元，2015 年达到 74340 元，2019 年达到 96723 元。从人均 GDP 增长率看，总体呈现波动下降的趋势，且近年来波动逐渐趋于平缓。其中，2011 年的增长率达到峰值，较 2010 年乌鲁木齐市人均 GDP 增长了 22.33%，2016 年增长率最低，较 2015 年乌鲁木齐市人均 GDP 下降了 6.42%。值得关注的是，2017~2019 年乌鲁木齐市人均 GDP 呈现逐年上升趋势，从 77756 元增长至 96723 元，年均增长率为 11.53%，实现了连续两年快速增长。

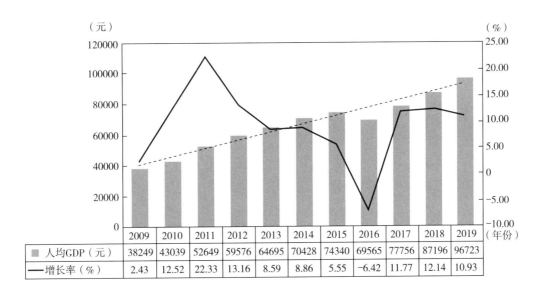

	2009	2010	2011	2012	2013	2014	2015	2016	2017	2018	2019
人均GDP（元）	38249	43039	52649	59576	64695	70428	74340	69565	77756	87196	96723
增长率（%）	2.43	12.52	22.33	13.16	8.59	8.86	5.55	-6.42	11.77	12.14	10.93

图 5-1-2　2009~2019 年乌鲁木齐市人均 GDP 及变化趋势

资料来源：《新疆统计年鉴》（2010~2020 年）。

2. 乌鲁木齐市固定资产投资分析

　　图 5-1-3 为 2009~2019 年乌鲁木齐市全社会固定资产投资额及其变化趋势。如图所示，乌鲁木齐市全社会固定资产投资从 2009 年的 598.03 亿元，增至 2019 年的 2042.92 亿元，增长了 2.42 倍，年均增长率为 13.07%，呈倒 "N" 型变化趋势。其中，2009~2010 年全社会固定资产投资大致呈现平稳增长趋势，2011 年下降至 653.92 亿元，2012~2019 年呈现上升趋势。具体来讲，自 2013 年突破 1000 亿元以来，2018 年突破 2000 亿元，达到 2036.81 亿元。从增长率看，总体呈现波动变化的趋势。其中，2009 年的增长率达到峰值，较 2008 年乌鲁木齐市全社会固定资产投资增长了 57.30%，2011 年的增长率最低，较 2010 年乌鲁木齐市全社会固定资产投资下降了 5.24%。值得关注的是，2012~2019 年乌鲁木齐市全社会固定资产投资呈现上升趋势，从 827.63 亿元增长至 2042.92 亿元，年均增长率为 13.78%。

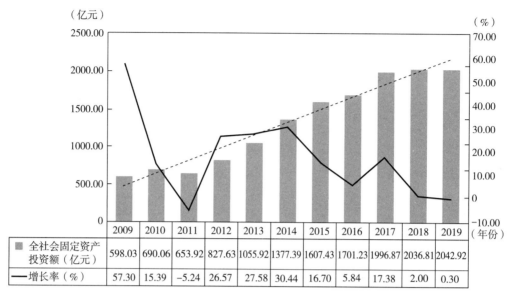

	2009	2010	2011	2012	2013	2014	2015	2016	2017	2018	2019
全社会固定资产投资额（亿元）	598.03	690.06	653.92	827.63	1055.92	1377.39	1607.43	1701.23	1996.87	2036.81	2042.92
增长率（%）	57.30	15.39	-5.24	26.57	27.58	30.44	16.70	5.84	17.38	2.00	0.30

图 5-1-3 2009~2019 年乌鲁木齐市全社会固定资产投资额及变化趋势

资料来源：《新疆统计年鉴》（2010~2020 年）。

3. 乌鲁木齐市金融发展分析

图 5-1-4 为 2011~2019 年乌鲁木齐市各项目贷款余额及其变化趋势。如图所示，乌鲁木齐市各项目贷款余额从 2011 年的 2533.98 亿元，增至 2019 年的 7817.82 亿元，增长了 2.09 倍，年均增长率为 15.12%，呈倒"N"型变化趋势。其中，2011~2019 年各项目贷款余额呈现逐年平稳的增长趋势，具体来讲，自 2012 年突破 3000 亿元以来，2016 年突破 5000 亿元，2018 年突破 7000 亿元，达到 7001.83 亿元。从增长率看，总体呈现波动变化的趋势。其中，2012 年增长率达到峰值，较 2011 年乌鲁木齐市各项目贷款余额增长了 27.07%，2016 年的增长率最低，较 2015 年乌鲁木齐市各项目贷款余额上升了 6.65%。值得关注的是，2017~2019 年乌鲁木齐市各项目贷款余额呈现上升趋势，从 6235.78 亿元增长至 7817.82 亿元，年均增长率为 1.97%。

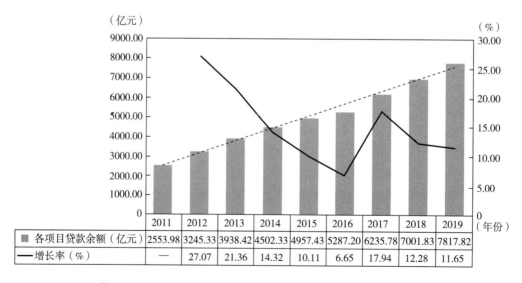

	2011	2012	2013	2014	2015	2016	2017	2018	2019
各项目贷款余额（亿元）	2553.98	3245.33	3938.42	4502.33	4957.43	5287.20	6235.78	7001.83	7817.82
增长率（%）	—	27.07	21.36	14.32	10.11	6.65	17.94	12.28	11.65

图 5-1-4 2011~2019 年乌鲁木齐市各项目贷款余额及变化趋势

资料来源：《新疆统计年鉴》（2010~2020 年）。

4. 乌鲁木齐市进出口贸易发展分析

图 5-1-5 为 2009~2019 年乌鲁木齐市进出口贸易总额及其变化趋势。如图所示，乌鲁木齐市进出口贸易总额从 2009 年的 251.59 亿元，增至 2019 年的 513.12 亿元，增长了 1.04 倍，年均增长率为 7.39%，呈现波动变化趋势。具体来讲，自 2010 年突破 400 亿元以来，2012 年突破 600 亿元，达到 656.30 亿。从增长率看，总体呈现波动变化的趋势。其中，2010 年增长率达到峰值，较 2009 年乌鲁木齐市进出口贸易总额增长了 61.05%，2009 年的增长率最低，较 2008 年乌鲁木齐市进出口贸易总额下降了 30.72%。值得关注的是，2014~2019 年乌鲁木齐市进出口贸易总额呈现倒 "N" 型变化趋势，从 508.91 亿元升至 513.12 亿元，年均增长率为 0.16%。

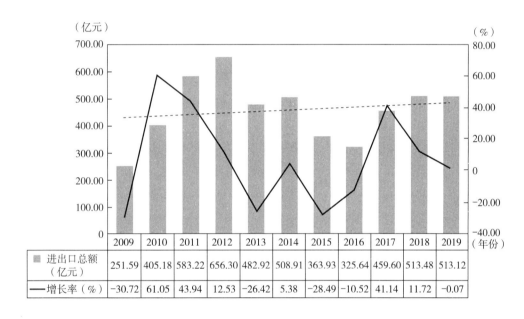

图 5-1-5　2009~2019 年乌鲁木齐市进出口贸易总额及变化趋势

资料来源：《新疆统计年鉴》（2010~2020 年）。

5. 乌鲁木齐市市场发展分析

图 5-1-6 为 2009~2019 年乌鲁木齐市全社会销售品零售总额及其变化趋势。如图所示，乌鲁木齐市全社会销售品零售总额从 2009 年的 449.98 亿元，增至 2019 年的 1218.42 亿元，增长了 1.71 倍，年均增长率为 10.47%，大致呈现逐年上升的变化趋势。其中，2009~2014 年全社会销售品零售总额呈现 "N" 型变化趋势，2014 年为最高点，达到 906.84 亿元；2015~2019 年呈现小幅上升趋势。具体来讲，自 2016 年突破 1000 亿元以来，2018 年突破 1100 亿元，2019 年突破 1200 亿元，达到 1218.42 亿元。从增长率看，总体呈现波动变化的趋势。其中，2011 年的增长率达到峰值，较 2010 年乌鲁木齐市全社会销售品零售总额增长了 26.35%，2015 年的增长率最低，较 2014 年乌鲁木齐市全社会销售品零售总额增长了 3.71%。值得关注的是，2016~2019 年乌鲁木齐市全社会销售品零售总额呈现逐年上升的变化趋势，从 1006.30 亿元增至 1218.42 亿元，年均增长率为 6.58%。

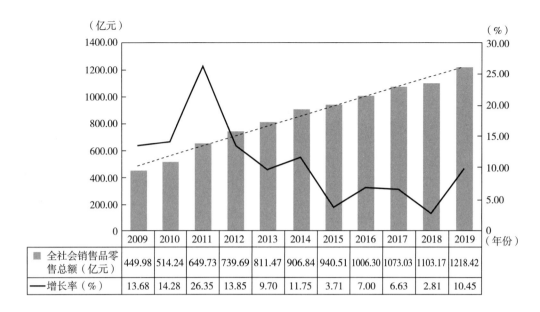

	2009	2010	2011	2012	2013	2014	2015	2016	2017	2018	2019
■ 全社会销售品零售总额（亿元）	449.98	514.24	649.73	739.69	811.47	906.84	940.51	1006.30	1073.03	1103.17	1218.42
— 增长率（%）	13.68	14.28	26.35	13.85	9.70	11.75	3.71	7.00	6.63	2.81	10.45

图 5-1-6　2009~2019 年乌鲁木齐市全社会销售品零售总额及变化趋势

资料来源：《新疆统计年鉴》（2010~2020 年）。

6. 乌鲁木齐市居民收入分析

图 5-1-7 为 2009~2019 年乌鲁木齐市在岗职工平均工资及其变化趋势。如图所示，乌鲁木齐市在岗职工平均工资从 2009 年的 37161 元，增至 2019 年的 92473 元，增长了 1.49 倍，年均增长率为 9.55%，呈现逐年上升的变化趋势。具体来讲，自 2010 年突破 40000 元以来，2014 年突破 60000 元，2019 年突破 90000 元，达到 92473 元。从增长率看，总体呈现波动变化的趋势。其中，2011 年的增长率达到峰值，较 2010 年乌鲁木齐市在岗职工平均工资增长了 14.97%，2017 年的增长率最低，较 2016 年乌鲁木齐市在岗职工平均工资增长了 7.93%。值得关注的是，2016~2019 年乌鲁木齐市在岗职工平均工资呈现逐年上升的变化趋势，从 74339 元增至 92473 元，年均增长率为 7.55%，实现了连续三年稳步增长。

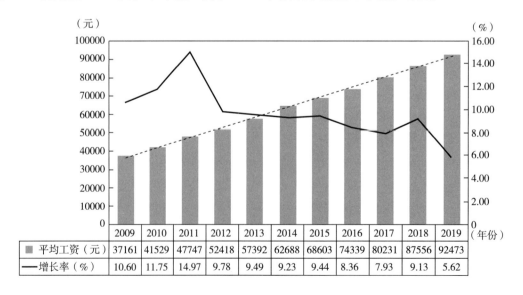

	2009	2010	2011	2012	2013	2014	2015	2016	2017	2018	2019
■ 平均工资（元）	37161	41529	47747	52418	57392	62688	68603	74339	80231	87556	92473
— 增长率（%）	10.60	11.75	14.97	9.78	9.49	9.23	9.44	8.36	7.93	9.13	5.62

图 5-1-7　2009~2019 年乌鲁木齐市在岗职工平均工资及变化趋势

资料来源：《新疆统计年鉴》（2010~2020 年）。

7. 乌鲁木齐市社会就业分析

图 5-1-8 为 2009~2019 年乌鲁木齐市城镇失业率情况，用乌鲁木齐市城镇失业率来表征社会就业情况，城镇失业率越低，社会就业就越充分。如图所示，乌鲁木齐市城镇失业率从 2009 年的 4.10%，降至 2019 年的 2.70%，减少了 34.15%，年均城镇失业率为 3.42%，总体呈现波动变化的趋势。其中，2009~2013 年呈倒 "N" 型变化趋势，最低点为 2012 年，城镇失业率为 3.48%，最高点为 2009 年，城镇失业率为 4.10%；2014~2019 年呈倒 "N" 型变化趋势，最低点为 2019 年，城镇失业率为 2.70%，最高点为 2014 年，城镇失业率为 3.62%。值得关注的是，2016~2019 年乌鲁木齐市城镇失业率大致呈现倒 "V" 型变化趋势，最低点为 2019 年，城镇失业率为 2.70%，最高点为 2017 年，城镇失业率为 3.17%。

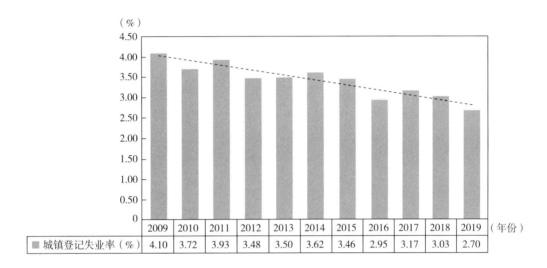

图 5-1-8　2009~2019 年乌鲁木齐市城镇失业率

资料来源：《新疆统计年鉴》（2010~2020 年）。

8. 乌鲁木齐市工业化发展水平分析

图 5-1-9 为 2009~2019 年乌鲁木齐市工业化发展情况。如图所示，乌鲁木齐市工业化发展水平从 2009 年的 0.43，降至 2019 年的 0.27，降低了 37.21%，年均工业化发展水平为 0.36，总体呈 "M" 型变化的趋势。其中，2009~2015 年呈倒 "V" 型变化趋势，最低点为 2015 年，工业化发展水平为 0.30，最高点为 2010 年和 2011 年，工业化发展水平均为 0.45；2016~2019 年呈倒 "V" 型变化趋势，最低点为 2019 年，工业化发展水平为 0.27，最高点为 2018 年，工业化发展水平为 0.31。值得关注的是，2016~2019 年乌鲁木齐市工业化发展水平呈现波动下降的变化趋势，从 0.29 降低至 0.27，年均工业化水平为 0.29。

9. 乌鲁木齐市能源利用效率分析

图 5-1-10 为 2009~2019 年乌鲁木齐市能源利用效率情况，用单位地区生产总值能耗来表征能源利用效率，单位地区生产总值能耗值越小，能源利用效率越大，反之亦然。如图所示，乌鲁木齐市单位地区生产总值能耗值从 2009 年的 2.11 万吨标准煤/亿元，降至 2019 年的 0.85 万吨标准煤/亿元，降低了 59.72%，年均单位地区生产总值能耗值为 1.36 万吨标准煤/亿元，总体呈波动下降的变化趋势。由此可见，2009~2019 年乌鲁木齐市能源利用效率快速提升。其中，2009~2014 年呈 "V" 型变化趋势，最低点为 2013 年，单位地区生产总

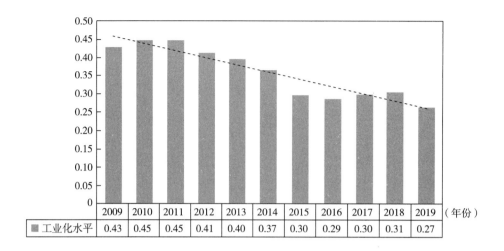

图 5-1-9　2009~2019 年乌鲁木齐市工业化发展水平

资料来源：根据《新疆统计年鉴》（2010~2020 年）测算。

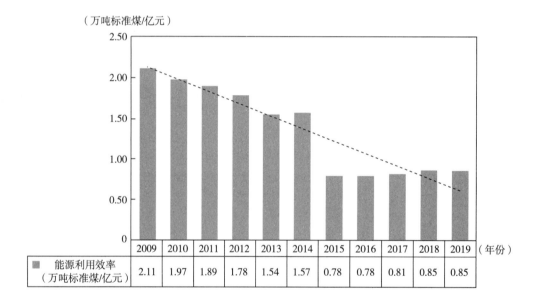

图 5-1-10　2009~2019 年乌鲁木齐市能源利用效率

资料来源：根据《新疆统计年鉴》（2010~2020 年）测算。

值能耗值为 1.54 万吨标准煤/亿元，最高点为 2009 年，单位地区生产总值能耗值为 2.11 万吨标准煤/亿元，因此，乌鲁木齐市 2009~2014 年的能源利用效率呈现先上升后下降的趋势；2015~2019 年呈逐年上升的变化趋势，最低点为 2015 年和 2016 年，单位地区生产总值能耗值均为 0.78 万吨标准煤/亿元，最高点为 2018 年和 2019 年，单位地区生产总值能耗值均为 0.85 万吨标准煤/亿元，因此，2015~2019 年乌鲁木齐市能源利用效率呈逐年下降的变化趋势。值得关注的是，2016~2019 年乌鲁木齐市单位地区生产总值能耗值呈现逐年上升的变化趋势，从 0.78 万吨标准煤/亿元上升至 0.85 万吨标准煤/亿元，年均单位地区生产总值能耗值为 0.82 万吨标准煤/亿元，年均上升 2.91%，2016~2019 年能源利用效率未增反降。

10. 乌鲁木齐市产业结构高级化分析

图 5-1-11 为 2009~2019 年乌鲁木齐市产业结构高级化情况。如图所示，乌鲁木齐市产

业结构高级化值从 2009 年的 1.29 增至 2019 年的 2.74，提高了 1.12 倍，年均产业结构高级化值为 1.84，总体呈波动上升的变化趋势。其中，2009~2015 年呈"V"型变化趋势，最低点为 2010 年和 2011 年，产业结构高级化值均为 1.20，最高点为 2015 年，产业结构高级化值为 2.30；2016~2019 年呈"V"型变化趋势，最低点为 2018 年，产业结构高级化值为 2.24，最高点为 2019 年，产业结构高级化值为 2.74。值得关注的是，2016~2019 年乌鲁木齐市产业结构高级化值呈现小幅波动的变化趋势，从 2.45 上升至 2.74，年均产业结构高级化值为 2.43，由此可见，2016~2019 年产业结构高级化水平发展较好且较为稳定。

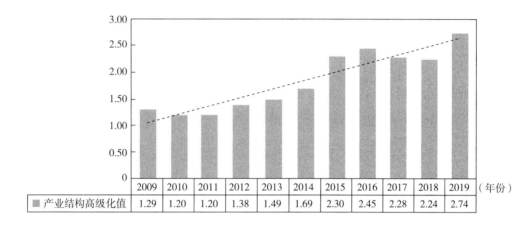

图 5-1-11 2009~2019 年乌鲁木齐市产业结构高级化

资料来源：根据《新疆统计年鉴》（2010~2020 年）测算。

三、乌鲁木齐市经济发展质量时序特征

1. 乌鲁木齐市经济高质量发展指数

图 5-1-12 为 2009~2019 年乌鲁木齐市经济高质量发展指数。如图所示，乌鲁木齐市经济高质量发展指数从 2009 年的 0.27，增至 2019 年的 0.81，增长了 2.00 倍，年均经济高质量发展指数为 0.51，总体呈波动上升的变化趋势。2009~2019 年呈"N"型变化趋势，最低

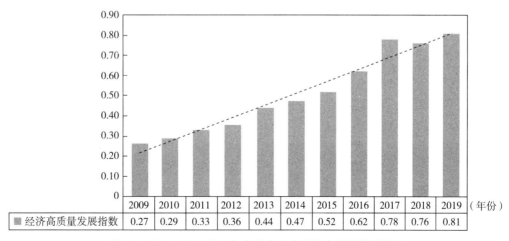

图 5-1-12 2009~2019 年乌鲁木齐市经济高质量发展指数

资料来源：根据《新疆统计年鉴》（2010~2020 年）测算。

点为2009年，经济高质量发展指数为0.27，最高点为2019年，经济高质量发展指数为0.81。值得关注的是，2016~2019年乌鲁木齐市经济高质量发展指数呈现小幅波动的变化趋势，从0.62上升至0.81，年均经济高质量发展指数为0.74，由此可见，2016~2019年经济高质量发展较好且较为稳定。

2. 乌鲁木齐市经济子系统发展指数

由图5-1-13可以看出：乌鲁木齐市创新子系统得分最高的是2018年，得分超过0.37；协调子系统得分最高的是2018年；绿色子系统得分最高的是2019年，得分超过0.06；开放子系统得分最高的是2019年，得分超过0.12；共享子系统得分最高的是2017年，得分超过0.21。其中，2014年开放子系统的得分较高，超过2009~2019年平均得分，创新、协调、绿色、共享子系统的得分较低，均未超过2009~2019年平均得分；2016年创新、协调、共享子系统的得分较高，均超过2009~2019年平均得分，且创新子系统的得分为2009~2019年最高分，绿色和开放子系统得分较低，均未超过2009~2019年平均得分；2019年协调、开放、共享子系统的得分较高，均超过2009~2019年平均得分，且开放子系统的得分为2009~2019年最高分，创新和绿色子系统的得分较低，均未超过2009~2019年平均得分。

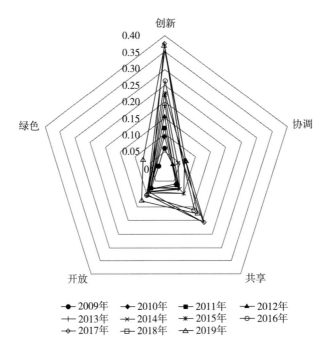

图5-1-13　2009~2019年乌鲁木齐市各子系统发展指数

资料来源：根据《新疆统计年鉴》（2010~2020年）测算。

四、乌鲁木齐市经济高质量发展对策与建议

乌鲁木齐市经济高质量发展指数从2009年的0.27，增至2019年的0.81，增长了2.00倍，年均经济高质量发展指数为0.51，总体呈波动上升的变化趋势。乌鲁木齐市创新投入成果明显，整体创新发展趋势显著，但是在绿色、开放、共享与协调方面需要加大投入，实现均衡发展。

五、小结

从 2009~2019 年乌鲁木齐市经济发展的主要成就来看，乌鲁木齐市 GDP 从 2009 年的 1087.50 亿元，增至 2019 年的 3413.26 亿元，增长了 2.14 倍，年均增长率为 12.12%，呈 "M" 型变化趋势；人均 GDP 从 2009 年的 38249 元，增至 2019 年的 96723 元，增长了 1.53 倍，年均增长率为 9.72%，呈 "M" 型变化趋势。在投资方面，乌鲁木齐市全社会固定资产投资从 2009 年的 598.03 亿元，增至 2019 年的 2042.92 亿元，增长了 2.42 倍，年均增长率为 13.07%，呈倒 "N" 型变化趋势。在金融发展方面，乌鲁木齐市各项目贷款余额从 2011 年的 2533.98 亿元，增至 2019 年的 7817.82 亿元，增长了 2.09 倍，年均增长率为 15.12%，呈倒 "N" 型变化趋势。在对外贸易方面，乌鲁木齐市进出口贸易总额从 2009 年的 251.59 亿元，增至 2019 年的 513.12 亿元，增长了 1.04 倍，年均增长率为 7.39%，呈现波动变化趋势。在市场发展方面，乌鲁木齐市全社会销售品零售总额从 2009 年的 449.98 亿元，增至 2019 年的 1218.42 亿元，增长了 1.71 倍，年均增长率为 10.47%，大致呈现逐年上升的变化趋势。在居民收入方面，乌鲁木齐市在岗职工平均工资从 2009 年的 37161 元，增至 2019 年的 92473 元，增长了 1.49 倍，年均增长率为 9.55%，呈现逐年上升的变化趋势。在社会就业方面，乌鲁木齐市城镇失业率从 2009 年的 4.10%，降至 2019 年的 2.70%，降低了 34.15%，年均城镇失业率为 3.42%，总体呈现波动变化的趋势。在工业化发展方面，乌鲁木齐市工业化发展水平从 2009 年的 0.43，降至 2019 年的 0.27，降低了 37.21%，年均工业化发展水平为 0.36，总体呈 "M" 型变化趋势。在能源利用效率方面，乌鲁木齐市单位地区生产总值能耗值从 2009 年的 2.11 万吨标准煤/亿元，降至 2019 年的 0.85 万吨标准煤/亿元，降低了 59.72%，年均单位地区生产总值能耗值为 1.36 万吨标准煤/亿元，总体呈波动下降的变化趋势。在产业结构高级化方面，乌鲁木齐市产业结构高级化值从 2009 年的 1.29 增至 2019 年的 2.74，提高了 1.12 倍，年均产业结构高级化值为 1.84，总体呈波动上升的变化趋势。

根据 2009~2019 年乌鲁木齐市经济发展质量时序特征，从总体来看，乌鲁木齐市经济高质量发展指数从 2009 年的 0.27，增至 2019 年的 0.81，增长了 2.00 倍，年均经济高质量发展指数为 0.51，总体呈波动上升的变化趋势。乌鲁木齐市创新子系统得分最高的是 2018 年，得分超过 0.37；协调子系统得分最高的是 2018 年；绿色子系统得分最高的是 2019 年，得分超过 0.06；开放子系统得分最高的是 2019 年，得分超过 0.12；共享子系统得分最高的是 2017 年，得分超过 0.21。

第二节　克拉玛依市经济高质量发展评价

一、克拉玛依市概况[①]

克拉玛依市是世界上唯一一座以石油命名的城市。1955 年 10 月 29 日，克拉玛依市一

[①]　资料来源：克拉玛依市人民政府官网 https：//www.klmy.gov.cn/。

号井喷出工业油流，宣告了新中国第一个大油田的诞生；1958 年 5 月 29 日，经国务院批准正式建市。坐落于新疆准噶尔盆地西北缘，下辖克拉玛依、独山子、白碱滩、乌尔禾四个行政区，总面积 7733 平方千米，常住人口 49.03 万人。

2020 年，全市实现地区生产总值 886.9 亿元，按可比价计算，增长 2.3%。完成一般公共预算收入 79.3 亿元，下降 25%。全社会固定资产投资增长 1.2%。实现社会消费品零售总额 95.6 亿元，下降 20.6%。城镇居民人均可支配收入 46963 元，增长 2.9%。农村居民人均可支配收入 31344 元，增长 12%。克拉玛依市空气质量优良率位于全国 337 个地级市前列，建成区绿地率超过 38%，绿化覆盖率超过 43%，绿地面积 16 年增长了 20 倍，森林围城初步实现。

克拉玛依油田所处的准噶尔盆地石油、天然气、油砂矿、煤层气、油页岩、盐、煤炭等自然资源极为丰富。已累计为国家生产原油 3.76 亿吨、天然气 847.6 亿立方米。近年来又发现了玛湖和吉木萨尔页岩油两个十亿吨级特大型油田，盆地南缘勘探获得历史性突破，高探 1 井获得日产原油 1213 立方米、天然气 32.2 万立方米，创国内陆上碎屑岩产量最高纪录。克拉玛依市石油石化产业链完整、实力雄厚，克拉玛依石化工业园区成为国家新型工业化产业（石油化工）示范基地，独山子石化、克拉玛依石化两大石化公司具备年 1600 万吨炼油加工和 122 万吨乙烯生产能力，拥有 520 万吨石油储备能力，国内最大储气库项目呼图壁储气库设计库容 107 亿立方米。

克拉玛依市成功引进中石油昆仑银行、专属财产保险公司等实力雄厚金融机构，设立了中亚商品交易中心，亚洲首家云交易平台上线运营。天地图、华为云服务中心、国家"一带一路"大数据中心、新疆移动数据中心、中石油数据中心（克拉玛依）等 70 余家业内知名的信息化企业和项目落户克拉玛依云计算产业园，绿色、高端的信息产业初具规模，丝绸之路经济带信息中心正逐步形成。

新疆旅游资源丰富，北疆旅游资源居全疆前列，北疆各旅游名胜环绕一线，宛如贝壳，而克拉玛依市恰缀其心。依托地域优势、高品质的景观景点、通用航空产业的快速发展、交通环境提速提质，克拉玛依市区域旅游集散中心的功能日益凸显，先后成功举办"新疆国际旅游节""丝绸之路国际旅游商品博览会"等旅游盛会，获得了"中国优秀旅游城市"、首批"全国工业旅游示范点"荣誉称号，并被确定为首批国家旅游业改革创新先行区。

二、克拉玛依市经济发展主要成就

（1）经济发展方面：克拉玛依市国内生产总值（GDP）从 2009 年的 480.29 亿元，增至 2019 年的 972.93 亿元，增长了 1.03 倍，年均增长率为 7.31%，整体呈现平稳上升趋势。值得关注的是，2016～2019 年克拉玛依市 GDP 出现逐年上升趋势，从 621.00 亿元增长至 972.93 亿元，年均增长率为 16.14%，实现了连续三年高速增长。克拉玛依市人均 GDP 从 2009 年的 87000 元，增至 2019 年的 188857 元，增长了 1.17 倍，年均增长率为 8.06%，整体呈现平稳上升趋势。值得关注的是，2016～2019 年克拉玛依市人均 GDP 呈现逐年上升趋势，从 137307 元增长至 188857 元，年均增长率为 11.21%，实现了连续三年高速增长。

（2）投资方面：克拉玛依市全社会固定资产投资从 2009 年的 186.61 亿元，增至 2019 年的 374.30 亿元，增长了 1.01 倍，年均增长率为 7.21%，呈"N"型变化趋势。值得关注的是，2016~2019 年克拉玛依市全社会固定资产投资呈现上升趋势，从 271.97 亿元增长至 374.30 亿元，年均增长率为-3.60%。

（3）金融发展方面：克拉玛依市各项目贷款余额从 2011 年的 132.67 亿元，增至 2019 年的 756.28 亿元，增长了 4.70 倍，年均增长率为 24.31%，大致呈现逐年上升趋势。值得关注的是，2016~2019 年克拉玛依市各项目贷款余额呈现"V"型变化趋势，从 594.50 亿元增长至 756.28 亿元，年均增长率为 8.35%。

（4）对外贸易方面：克拉玛依市进出口贸易总额从 2009 年的 12.38 亿元，降至 2019 年的 4.85 亿元，减少了 60.821%，年均增长率为-8.95%，呈现波动变化趋势。值得关注的是，2016~2019 年克拉玛依市进出口贸易总额呈现倒"N"型变化趋势，从 8.75 亿元降至 4.85 亿元，年均增长率为 17.86%。

（5）市场发展方面：克拉玛依市全社会销售品零售总额从 2009 年的 29.57 亿元，增至 2019 年的 120.44 亿元，增长了 3.07 倍，年均增长率为 15.08%，大致呈现逐年上升的变化趋势。值得关注的是，2016~2019 年克拉玛依市全社会销售品零售总额呈现逐年上升的变化趋势，从 62.72 亿元增长至 120.44 亿元，年均增长率为 24.30%。

（6）居民收入方面：克拉玛依市在岗职工平均工资从 2009 年的 20421 元，增至 2019 年的 71937 元，增长了 2.52 倍，年均增长率为 13.42%，呈现逐年上升的变化趋势。值得关注的是，2016~2019 年克拉玛依市在岗职工平均工资呈现逐年上升的变化趋势，从 56438 元增至 71937 元，年均增长率为 8.42%，实现了连续三年稳步增长。

（7）社会就业方面：用克拉玛依市城镇失业率来表征社会就业情况，城镇失业率越低，社会就业就越充分。克拉玛依市城镇失业率从 2009 年的 1.80%，增至 2019 年的 2.27%，增长了 0.26 倍，年均城镇失业率为 1.21%，总体呈现波动变化的趋势。值得关注的是，2016~2019 年克拉玛依市城镇失业率大致呈现"V"型变化趋势，最低点为 2018 年，城镇失业率为 0.39%，最高点为 2019 年，城镇失业率为 2.27%。

（8）工业发展方面：克拉玛依市工业化发展水平从 2009 年的 0.91，降至 2019 年的 0.73，降低了 19.78%，年均工业化发展水平为 0.80，总体呈"W"型变化趋势。值得关注的是，2016~2019 年克拉玛依市工业化发展水平呈现逐年上升的变化趋势，从 0.65 增长至 0.73，年均工业化水平为 0.70。

（9）能源利用效率方面：用单位地区生产总值能耗来表征能源利用效率，单位生产总值能耗值越小，能源利用效率越大，反之亦然。克拉玛依市单位地区生产总值能耗值从 2009 年的 4.60 万吨标准煤/亿元，降至 2019 年的 1.15 万吨标准煤/亿元，降低了 75.00%，年均单位地区生产总值能耗值为 2.89 万吨标准煤/亿元，总体呈波动下降的变化趋势。由此可见，2009~2019 年克拉玛依市能源利用效率快速提升。值得关注的是，2016~2019 年克拉玛依市单位地区生产总值能耗值呈现逐年下降的变化趋势，从 1.90 万吨标准煤/亿元下降至 1.15 万吨标准煤/亿元，年均单位地区生产总值能耗值为 1.47 万吨标准煤/亿元，年均下降 15.41%，2016~2019 年能源利用效率快速提升。

（10）产业结构高级化方面：克拉玛依市产业结构高级化值从 2009 年的 0.15，增至 2019 年的 0.43，提高了 1.87 倍，年均产业结构高级化值为 0.28，总体呈波动上升的变化趋势。值得关注的是，2016~2019 年克拉玛依市产业结构高级化值呈现小幅波动的变化趋势，年均产业结构高级化值为 0.41，由此可见，2016~2019 年产业结构高级化发展较好且较为稳定。

1. 克拉玛依市 GDP、人均 GDP 分析

图5-2-1为2009~2019年克拉玛依市国内生产总值（GDP）及其变化趋势。如图所示，克拉玛依市 GDP 从2009年的480.29亿元，增至2019年的972.93亿元，增长了1.03倍，年均增长率为7.31%，呈现"N"型变化趋势。其中，2009~2014年 GDP 呈现快速增长趋势，2015年下降至629.43亿元，2016~2019年呈现逐年上升趋势。具体来讲，自2010年突破700亿元以来，经济总量快速提升，2011年突破800亿元，2014年达到847.67亿元，2019年达到972.93亿元。从增长率看，总体呈现波动下降的趋势，且近年来波动逐渐趋于平缓。其中，2010年的增长率达到峰值，较2009年克拉玛依市 GDP 增长了48.11%，2009年的增长率最低，较2008年克拉玛依市 GDP 下降了27.36%。值得关注的是，2016~2019年克拉玛依市 GDP 出现逐年上升趋势，从621.00亿元增长至972.93亿元，年均增长率为16.14%，实现了连续三年高速增长。

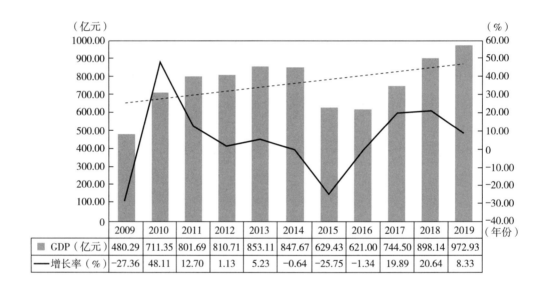

	2009	2010	2011	2012	2013	2014	2015	2016	2017	2018	2019
GDP（亿元）	480.29	711.35	801.69	810.71	853.11	847.67	629.43	621.00	744.50	898.14	972.93
增长率（%）	-27.36	48.11	12.70	1.13	5.23	-0.64	-25.75	-1.34	19.89	20.64	8.33

图 5-2-1　2009~2019 年克拉玛依市 GDP 及变化趋势

资料来源：《新疆统计年鉴》（2010~2020年）。

图5-2-2为2009~2019年克拉玛依市人均 GDP 及其变化趋势。如图所示，克拉玛依市人均 GDP 从2009年的87000元，增至2019年的188857元，增长了1.17倍，年均增长率为8.06%，呈"N"型变化趋势。其中，2009~2014年人均 GDP 呈现快速增长趋势，2015年下降至131014元，2016~2019年呈现逐年上升趋势。具体来讲，自2010年突破120000元以来，经济总量快速提升，2012年突破130000元，2014年达到153084元，2019年达到188857元。从增长率看，总体呈现波动的趋势，且近年来波动逐渐趋于平缓。其中，2010年的增长率达到峰值，较2009年克拉玛依市人均 GDP 增长了39.53%，2015年的增长率最低，较2014年克拉玛依市人均 GDP 下降了14.42%。值得关注的是，2016~2019年克拉玛依市人均 GDP 呈现逐年上升趋势，从137307元增长至188857元，年均增长率为11.21%，实现了连续三年快速增长。

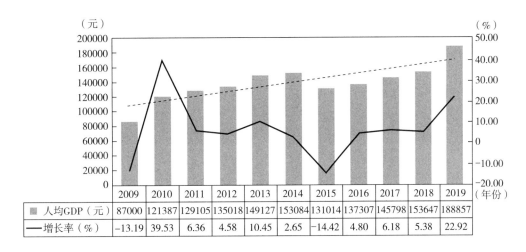

	2009	2010	2011	2012	2013	2014	2015	2016	2017	2018	2019
■ 人均GDP（元）	87000	121387	129105	135018	149127	153084	131014	137307	145798	153647	188857
——增长率（%）	-13.19	39.53	6.36	4.58	10.45	2.65	-14.42	4.80	6.18	5.38	22.92

图 5-2-2　2009~2019 年克拉玛依市人均 GDP 及变化趋势

资料来源：《新疆统计年鉴》（2010~2020 年）。

2. 克拉玛依市固定资产投资分析

图 5-2-3 为 2009~2019 年克拉玛依市全社会固定资产投资额及其变化趋势。如图所示，克拉玛依市全社会固定资产投资从 2009 年的 186.61 亿元，增至 2019 年的 374.30 亿元，增长了 1.01 倍，年均增长率为 7.21%，呈"N"型变化趋势。其中，2009~2015 年全社会固定资产投资大致呈现波动增长趋势，2016 年下降至 271.97 亿元，2016~2019 年大致呈现上升趋势。具体来讲，自 2009 年突破 100 亿元以来，2013 年突破 400 亿元，达到 456.47 亿元。从增长率看，总体呈现波动变化的趋势，其中，2012 年的增长率达到峰值，较 2011 年克拉玛依市全社会固定资产投资增长了 53.69%，2016 年的增长率最低，较 2015 年克拉玛依市全社会固定资产投资下降了 35.24%。值得关注的是，2016~2019 年克拉玛依市全社会固定资产投资大致呈现上升趋势，从 271.97 亿元增长至 374.30 亿元，增长了 0.38 倍，年均增长率为 11.23%。

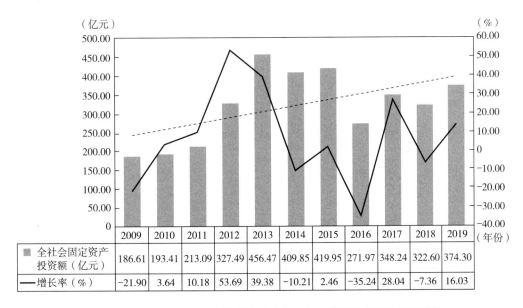

	2009	2010	2011	2012	2013	2014	2015	2016	2017	2018	2019
■ 全社会固定资产投资额（亿元）	186.61	193.41	213.09	327.49	456.47	409.85	419.95	271.97	348.24	322.60	374.30
——增长率（%）	-21.90	3.64	10.18	53.69	39.38	-10.21	2.46	-35.24	28.04	-7.36	16.03

图 5-2-3　2009~2019 年克拉玛依市全社会固定资产投资额及变化趋势

资料来源：《新疆统计年鉴》（2010~2020 年）。

3. 克拉玛依市金融发展分析

图5-2-4为2011～2019年克拉玛依市各项目贷款余额及其变化趋势。如图所示，克拉玛依市各项目贷款余额从2011年的132.67亿元，增至2019年的756.28亿元，增长了4.70倍，年均增长率为24.31%，大致呈现逐年上升趋势。其中，2011～2015年各项目贷款余额呈现逐年平稳增长的趋势；2016～2019年呈现"V"型变化趋势，2017年下降至532.77亿元。具体来讲，自2011年突破100亿元以来，2013年突破300亿元，2019年突破700亿元，达到756.28亿元。从增长率看，总体呈现波动变化的趋势，其中，2013年的增长率达到峰值，较2012年克拉玛依市各项目贷款余额增长了127.41%，2017年的增长率最低，较2016年克拉玛依市各项目贷款余额下降了10.38%。值得关注的是，2016～2019年克拉玛依市各项目贷款余额呈现"V"型变化趋势，从594.50亿元增长至756.28亿元，年均增长率为8.35%。

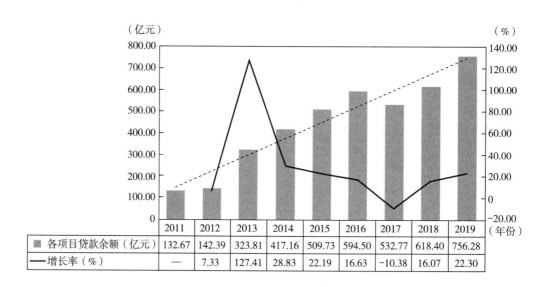

	2011	2012	2013	2014	2015	2016	2017	2018	2019
■ 各项目贷款余额（亿元）	132.67	142.39	323.81	417.16	509.73	594.50	532.77	618.40	756.28
—— 增长率（%）	—	7.33	127.41	28.83	22.19	16.63	-10.38	16.07	22.30

图5-2-4　2011～2019年克拉玛依市各项目贷款余额及变化趋势

资料来源：《新疆统计年鉴》（2012～2020年）。

4. 克拉玛依市进出口贸易发展分析

图5-2-5为2009～2019年克拉玛依市进出口贸易总额及其变化趋势。如图所示，克拉玛依市进出口贸易总额从2009年的12.38亿元，降至2019年的4.85亿元，减少了60.82%，年均增长率为-8.95%，呈现波动变化趋势。具体来讲，自2011年突破30亿元以来，2013年突破40亿，达到48.21亿元。从增长率看，总体呈现波动变化的趋势。其中，2013年的增长率达到峰值，较2012年克拉玛依市进出口贸易总额增长了219.61%，2015年的增长率最低，较2014年克拉玛依市进出口贸易总额下降了81.13%。值得关注的是，2016～2019年克拉玛依市进出口贸易总额呈现倒"N"型变化趋势，从8.75亿元降至4.85亿元，年均增长率为-17.86%。

5. 克拉玛依市市场发展分析

图5-2-6为2009～2019年克拉玛依市全社会销售品零售总额及其变化趋势。如图所示，克拉玛依市全社会销售品零售总额从2009年的29.57亿元，增至2019年的120.44亿元，

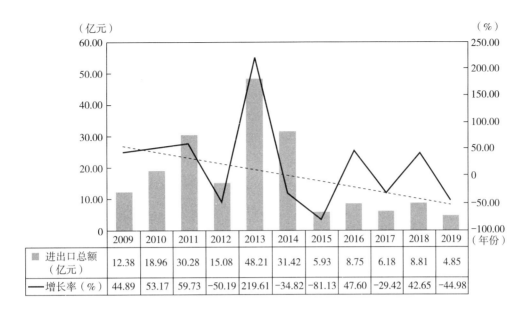

（亿元）	2009	2010	2011	2012	2013	2014	2015	2016	2017	2018	2019
■ 进出口总额（亿元）	12.38	18.96	30.28	15.08	48.21	31.42	5.93	8.75	6.18	8.81	4.85
—增长率（%）	44.89	53.17	59.73	-50.19	219.61	-34.82	-81.13	47.60	-29.42	42.65	-44.98

图 5-2-5 2009~2019 年克拉玛依市进出口贸易总额及变化趋势

资料来源：《新疆统计年鉴》（2010~2020 年）。

增长了 3.07 倍，年均增长率为 15.08%，大致呈现逐年上升变化趋势。其中，2009~2014 年全社会销售品零售总额呈现"M"型变化趋势，2014 年为最高点，达到 55.78 亿元；2015~2019 年呈现小幅波动变化趋势。具体来讲，自 2011 年突破 40 亿元以来，2013 年突破 50 亿元，2019 年突破 100 亿元，达到 120.44 亿元。从增长率看，总体呈现波动变化的趋势，其中，2019 年的增长率达到峰值，较 2018 年克拉玛依市全社会销售品零售总额增长了 70.96%，2014 年的增长率最低，较 2013 年克拉玛依市全社会销售品零售总额增长了 4.18%。值得关注的是，2016~2019 年克拉玛依市全社会销售品零售总额呈现逐年上升的变化趋势，从 62.72 亿元增长至 120.44 亿元，年均增长率为 24.30%。

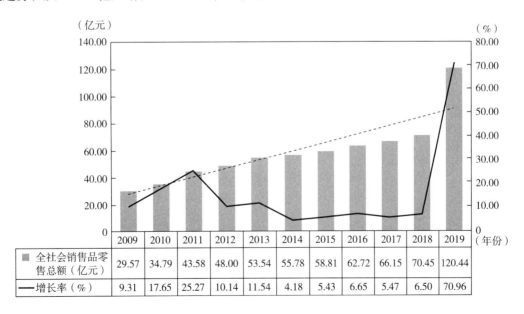

（亿元）	2009	2010	2011	2012	2013	2014	2015	2016	2017	2018	2019
■ 全社会销售品零售总额（亿元）	29.57	34.79	43.58	48.00	53.54	55.78	58.81	62.72	66.15	70.45	120.44
—增长率（%）	9.31	17.65	25.27	10.14	11.54	4.18	5.43	6.65	5.47	6.50	70.96

图 5-2-6 2009~2019 年克拉玛依市全社会销售品零售总额及变化趋势

资料来源：《新疆统计年鉴》（2010~2020 年）。

6. 克拉玛依市居民收入分析

图5-2-7为2009～2019年克拉玛依市在岗职工平均工资及其变化趋势。如图所示，克拉玛依市在岗职工平均工资从2009年的20421元，增至2019年的71937元，增长了2.52倍，年均增长率为13.42%，呈现逐年上升的变化趋势。具体来讲，自2009年突破20000元以来，2015年突破50000元，2019年突破70000元，达到71937元。从增长率看，总体呈现波动变化的趋势，其中，2010年的增长率达到峰值，较2009年克拉玛依市在岗职工平均工资增长了23.19%，2019年的增长率最低，较2018年克拉玛依市在岗职工平均工资增长了4.79%。值得关注的是，2016～2019年克拉玛依市在岗职工平均工资呈现逐年上升的变化趋势，从56438元增至71937元，年均增长率为8.42%，实现了连续三年稳步增长。

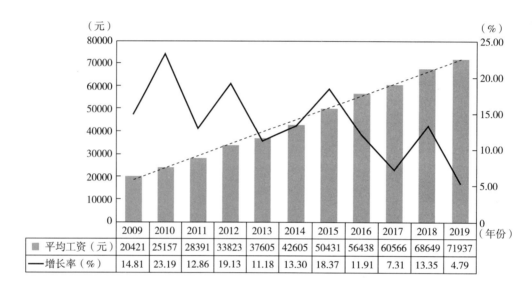

图5-2-7 2009～2019年克拉玛依市在岗职工平均工资及变化趋势

资料来源：《新疆统计年鉴》（2010～2020年）。

7. 克拉玛依市社会就业分析

图5-2-8为2009～2019年克拉玛依市城镇失业率情况，用克拉玛依市城镇失业率来表征社会就业情况，城镇失业率越低，社会就业就越充分。如图所示，克拉玛依市城镇失业率从2009年的1.80%，增至2019年的2.27%，增长了0.26倍，年均城镇失业率为1.21%，总体呈现波动变化的趋势。其中，2009～2013年呈"V"型变化趋势，最低点为2012年，城镇失业率为0.69%，最高点为2013年，城镇失业率为2.00%；2014～2019年呈"N"型变化趋势，最低点为2018年，城镇失业率为0.39%，最高点为2019年，城镇失业率为2.27%。值得关注的是，2016～2019年克拉玛依市城镇失业率大致呈现"V"型变化趋势，最低点为2018年，城镇失业率为0.39%，最高点为2019年，城镇失业率为2.27%。

8. 克拉玛依市工业化发展水平分析

图5-2-9为2009～2019年克拉玛依市工业化发展情况。如图所示，克拉玛依市工业化发展水平从2009年的0.91，降至2019年的0.73，降低了19.78%，年均工业化发展水平为0.80，总体呈"W"型变化趋势。其中，2009～2013年呈"V"型变化趋势，最低点为2010

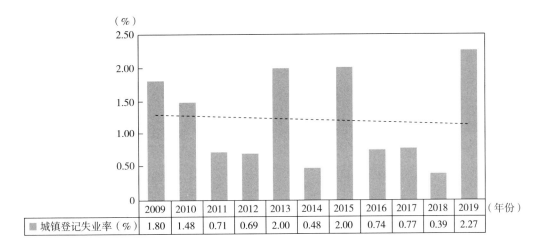

图 5-2-8　2009~2019 年克拉玛依市城镇失业率

资料来源：《新疆统计年鉴》（2010~2020 年）。

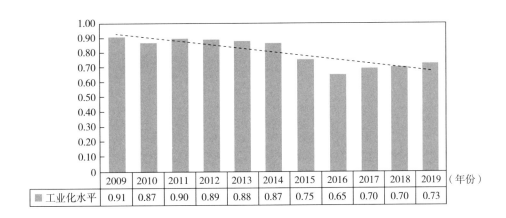

图 5-2-9　2009~2019 年克拉玛依市工业化发展水平

资料来源：根据《新疆统计年鉴》（2010~2020 年）测算。

年，工业化发展水平为 0.87，最高点为 2009 年，工业化发展水平为 0.91；2014~2019 年呈"V"型变化趋势，最低点为 2016 年，工业化发展水平为 0.65，最高点为 2014 年，工业化发展水平为 0.87。值得关注的是，2016~2019 年克拉玛依市工业化发展水平呈现逐年上升的变化趋势，从 0.65 增长至 0.73，年均工业化水平为 0.70。

9. 克拉玛依市能源利用效率分析

图 5-2-10 为 2009~2019 年克拉玛依市能源利用效率情况，用单位地区生产总值能耗来表征能源利用效率，单位地区生产总值能耗值越小，能源利用效率越大，反之亦然。如图所示，克拉玛依市单位地区生产总值能耗值从 2009 年的 4.60 万吨标准煤/亿元，降至 2019 年的 1.15 万吨标准煤/亿元，降低了 75.00%，年均单位地区生产总值能耗值为 2.89 万吨标准煤/亿元，总体呈波动下降的变化趋势。由此可见，2009~2019 年克拉玛依市能源利用效率快速提升。其中，2009~2014 年呈"V"型变化趋势，最低点为 2011 年，单位地区生产总值能耗值为 3.67 万吨标准煤/亿元，最高点为 2009 年，单位地区生产总值能耗值为 4.60 万吨标准煤/亿元，因此，克拉玛依市 2009~2014 年的能源利用效率呈现先上升后下降的趋

势；2015～2019年呈逐年下降的变化趋势，最低点为2019年，单位地区生产总值能耗值为1.15万吨标准煤/亿元，最高点为2016年，单位地区生产总值能耗值为1.90万吨标准煤/亿元，因此，2015～2019年克拉玛依市能源利用效率呈逐年提升的变化趋势。值得关注的是，2016～2019年克拉玛依市单位地区生产总值能耗值呈现逐年下降的变化趋势，从1.90万吨标准煤/亿元下降至1.15万吨标准煤/亿元，年均单位地区生产总值能耗值为1.47万吨标准煤/亿元，年均下降15.41%，2016～2019年能源利用效率快速提升。

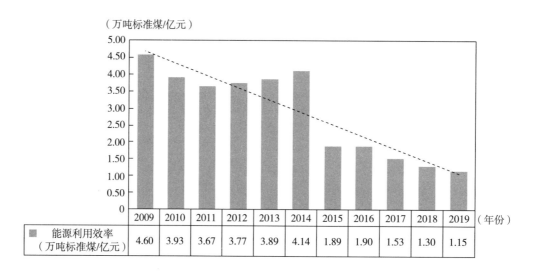

（万吨标准煤/亿元）

	2009	2010	2011	2012	2013	2014	2015	2016	2017	2018	2019	（年份）
能源利用效率 （万吨标准煤/亿元）	4.60	3.93	3.67	3.77	3.89	4.14	1.89	1.90	1.53	1.30	1.15	

图5-2-10　2009～2019年克拉玛依市能源利用效率

资料来源：根据《新疆统计年鉴》（2010～2020年）测算。

10. 克拉玛依市产业结构高级化分析

图5-2-11为2009～2019年克拉玛依市产业结构高级化情况。如图所示，克拉玛依市产业结构高级化值从2009年的0.15，增至2019年的0.43，提高了1.87倍，年均产业结构高级化值为0.28，总体呈波动上升的变化趋势。其中，2009～2014年呈"V"型变化趋势，最低点为2010年和2011年，产业结构高级化值均为0.11，最高点为2014年，产业结构高级

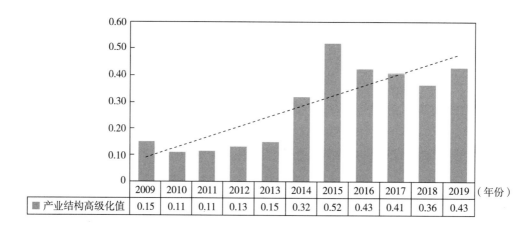

	2009	2010	2011	2012	2013	2014	2015	2016	2017	2018	2019	（年份）
产业结构高级化值	0.15	0.11	0.11	0.13	0.15	0.32	0.52	0.43	0.41	0.36	0.43	

图5-2-11　2009～2019年克拉玛依市产业结构高级化

资料来源：根据《新疆统计年鉴》（2010～2020年）测算。

化值为 0.32；2015~2019 年呈"V"型变化趋势，最低点为 2018 年，产业结构高级化值为 0.36，最高点为 2015 年，产业结构高级化值为 0.52。值得关注的是，2016~2019 年克拉玛依市产业结构高级化值呈现小幅波动的变化趋势，年均产业结构高级化值为 0.41，由此可见，2016~2019 年产业结构高级化发展较好且较为稳定。

三、克拉玛依市经济发展质量时序特征

1. 克拉玛依市经济高质量发展指数

图 5-2-12 为 2009~2019 年克拉玛依市经济高质量发展指数。如图所示，克拉玛依市经济高质量发展指数从 2009 年的 0.71，降至 2019 年的 0.45，降低了 36.62%，年均经济高质量发展指数为 0.67，总体呈小幅波动下降的变化趋势。其中，2009~2014 年呈倒"V"型变化趋势，最低点为 2013 年，经济高质量发展指数为 0.70，最高点为 2012 年，经济高质量发展指数为 0.78；2015~2019 年呈倒"V"型变化趋势，最低点为 2019 年，经济高质量发展指数为 0.45，最高点为 2017 年，经济高质量发展指数为 0.71。值得关注的是，2016~2019 年克拉玛依市经济高质量发展指数呈倒"V"型变化趋势，从 0.63 降至 0.45，年均经济高质量发展指数为 0.61。

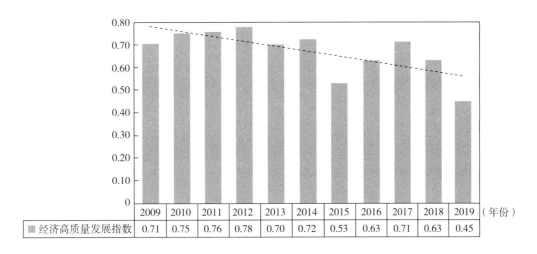

	2009	2010	2011	2012	2013	2014	2015	2016	2017	2018	2019	（年份）
■ 经济高质量发展指数	0.71	0.75	0.76	0.78	0.70	0.72	0.53	0.63	0.71	0.63	0.45	

图 5-2-12 2009~2019 年克拉玛依市经济高质量发展指数

资料来源：根据《新疆统计年鉴》（2010~2020 年）测算。

2. 克拉玛依市经济子系统发展指数

由图 5-2-13 可以看出：克拉玛依市创新子系统 2012 年得分最高，为 0.63；2019 年得分最低，为 0.20。协调子系统 2015 年得分最高，为 0.05；2011 年得分最低，为 0.008。绿色子系统 2019 年得分最高，为 0.05；2014 年得分最低，为 0.02。开放子系统 2009 年得分最高，为 0.06；2012 年得分最低，为 0.004。共享子系统 2018 年得分最高，为 0.18；2015 年得分最低，为 0.08。

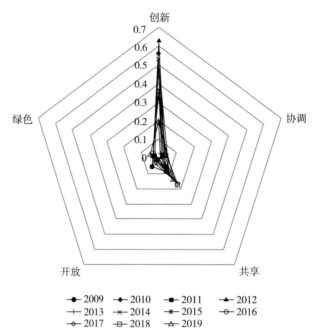

图 5-2-13　2009~2019 年克拉玛依市各子系统发展指数

资料来源：根据《新疆统计年鉴》（2010~2020 年）测算。

四、克拉玛依市经济高质量发展对策与建议

（1）创新方面，克拉玛依市应该继续加大创新投入和创新人才培养，同时也要推动科技成果转化，将利益分享机制落实到位，从而更好地依靠创新驱动，通过动力变革，推动经济质量变革和效率变革。

（2）协调方面，克拉玛依市应该注重协调发展，优化投资结构和产业结构，并通过各项政策组合推动各项事业和人民生活协调发展。

（3）绿色方面，克拉玛依市应该更加注重经济绿色转型，加大对绿色产业的投资和政策支持力度，加快促进生产方式绿色化和生活方式绿色化，促进经济发展方式快速转变。

（4）开放方面，克拉玛依市应该继续推动更大范围、更宽领域、更深层次的开放格局，从而以高水平开放促进高质量发展。

（5）共享方面，克拉玛依市应该继续完善医疗设施等配套服务，以深入实施就业优先战略为主线，坚持市场主导、政府调控，注重政策、服务、培训和权益保障协同，以推动就业事业高质量发展。

五、小结

从 2009~2019 年克拉玛依市经济发展的主要成就来看，在经济发展方面，克拉玛依市 GDP 从 2009 年的 480.29 亿元，增至 2019 年的 972.93 亿元，增长了 1.03 倍，年均增长率为 7.31%，整体呈现平稳上升趋势。人均 GDP 从 2009 年的 87000 元，增至 2019 年的 188857 元，增长了 1.17 倍，年均增长率为 8.06%，整体呈现平稳上升趋势。在投资方面，克拉玛依市全社会固定资产投资从 2009 年的 186.61 亿元，增至 2019 年的 374.30 亿元，增

长了1.01倍，年均增长率为7.21%，呈"N"型变化趋势。在金融发展方面，克拉玛依市各项目贷款余额从2011年的132.67亿元，增至2019年的756.28亿元，增长了4.70倍，年均增长率为24.31%，大致呈现逐年上升趋势。在对外贸易方面，克拉玛依市进出口贸易总额从2009年的12.38亿元，降至2019年的4.85亿元，减少了60.82%，年均增长率为-8.95%，呈现波动变化趋势。在市场发展方面，克拉玛依市全社会销售品零售总额从2009年的29.57亿元，增至2019年的120.44亿元，增长了3.07倍，年均增长率为15.08%，大致呈现逐年上升变化趋势。在居民收入方面，克拉玛依市在岗职工平均工资从2009年的20421元，增至2019年的71937元，增长了2.52倍，年均增长率为13.42%，呈现逐年上升的变化趋势。在社会就业方面，用克拉玛依市城镇失业率来表征社会就业情况，城镇失业率越低，社会就业就越充分。克拉玛依市城镇失业率从2009年的1.80%，增至2019年的2.27%，增长了0.26倍，年均城镇失业率为1.21%，总体呈现波动变化的趋势。在工业发展方面，克拉玛依市工业化发展水平从2009年的0.91，降至2019年的0.73，降低了19.78%，年均工业化发展水平为0.80，总体呈"W"型变化趋势。在能源利用效率方面，用单位地区生产总值能耗来表征能源利用效率，单位地区生产总值能耗值越小，能源利用效率越大，反之亦然。克拉玛依市单位地区生产总值能耗值从2009年的4.60万吨标准煤/亿元，降至2019年的1.15万吨标准煤/亿元，降低了75.00%，年均单位地区生产总值能耗值为2.89万吨标准煤/亿元，总体呈波动下降的变化趋势。由此可见，2009~2019年克拉玛依市能源利用效率快速提升。在产业结构高级化方面，克拉玛依市产业结构高级化从2009年的0.15，增至2019年的0.43，提高了1.87倍，年均产业结构高级化值为0.28，总体呈波动上升的变化趋势。

根据2009~2019年克拉玛依市经济发展质量时序特征，从总体来看，克拉玛依市经济高质量发展指数从2009年的0.71，降至2019年的0.45，降低了36.62%，年均经济高质量发展指数为0.67，总体呈小幅波动下降的变化趋势。

综上所述，本节从克拉玛依市基本概况出发，通过经济发展、社会投资、金融发展、对外贸易、市场发展、居民收入、社会就业、工业化水平、能源利用效率和产业结构高级化十个方面描述了克拉玛依市经济发展的主要成就，并对克拉玛依市经济发展质量时序特征、空间格局与演变两方面进行了分析，提出了相应的发展对策与建议。

第三节 吐鲁番市经济高质量发展评价

一、吐鲁番市概况①

吐鲁番市总面积7万平方千米，辖高昌区、鄯善县、托克逊县，有33个乡（镇、街道、场）、168个行政村、980个村民小组、75个社区。2020年末全市常住人口为693988人。吐

---

① 资料来源：吐鲁番市人民政府官网 http://www.tlf.gov.cn/。

鲁番市地处亚欧大陆腹地，是新丝绸之路和亚欧大陆桥重要交通枢纽。兰新铁路、南疆铁路在这里交会，与吐鲁番机场、G30线形成了集"公路、铁路、航空"于一体的立体交通运输体系，具有"连接南北、东联西出、西来东去"的区位和便捷交通优势。

2020年，吐鲁番市完成国内生产总值（GDP）373.41亿元，按可比价计算，比上年增长3.0%。完成一般公共预算收入47.10亿元，比上年增长3.4%。全年固定资产投资（不含农户）比上年增长18.7%。全年社会消费品零售总额55.31亿元，比上年下降36.9%。全年全市城镇居民人均可支配收入35545元，比上年增长0.2%，扣除价格因素，实际下降0.9%。农村居民人均可支配收入15781元，增长6.6%，扣除价格因素，实际增长5.4%。全市完成造林面积8978公顷，其中，人工造林2440公顷，占全部造林面积的27.2%。森林面积23.81公顷。森林覆盖率为3.35%。

吐鲁番市自然条件独特，日照和无霜期长，光热资源丰富独特，是全国著名的干热区，极端高温达47.8℃，盆地内干燥少雨，全年日照时数3200小时，年10℃以上有效积温达5300℃以上，年均降水量16毫米，蒸发量3000毫米以上，无霜期长达280~300天，太阳能年辐射量每平方米达5200~5900年兆焦，风能资源总量达5000万千瓦。优越的光热条件和独特的气候，为农业、园艺业、有机瓜果蔬菜提供了得天独厚的生长条件，使这里盛产葡萄、哈密瓜、反季节蔬菜等特色经济作物，是名副其实的"瓜果之乡"。

吐鲁番市矿产资源十分丰富，现已探明矿种68种，发现矿产地400余处，规模以上146处，其中，特大型矿床6处、大型矿床13处、中型矿床47处、小型矿床80处。煤炭、石油、天然气、黄金、铁、铜、芒硝、花岗岩、钾硝石、钠硝石、膨润土储量大、品位高，极具开发潜力。其中，煤炭预测储量5651亿吨，石油总资源量15.75亿吨，天然气总资源量3650亿立方米；铁矿查明储量3.5亿吨，保有储量2.25亿吨；钠（钾）硝石查明储量2.2亿吨，是世界第一大钠（钾）硝石资源地；花岗岩查明储量817.94万立方米，饰面用花岗岩资源储量居全疆首位，"鄯善红"已成为全国名牌产品。蒙皂石矿是我国唯一一个具有一定规模的大型矿床。膨润土居全疆第二位，且为我国为数不多的纳基膨润土。全市主要产业有煤炭、风能、光伏综合能源、煤盐硅基新材料、精密铸造和金属制品、先进装备制造、石材建材等。

二、吐鲁番市经济发展主要成就

（1）经济发展方面：吐鲁番市国内生产总值（GDP）从2009年的154.58亿元，增至2019年的384.48亿元，增长了1.49倍，年均增长率为9.54%，呈"N"型变化趋势。值得关注的是，2016~2019年呈现逐年上升趋势，自2011年突破200亿元以来，经济总量快速提升，2018年突破300亿元，2019年达到384.48亿元。吐鲁番市人均GDP从2009年的25741元，增至2019年的60985元，增长了1.37倍，年均增长率为9.01%，呈"N"型变化趋势。其中，2009~2014年人均GDP呈现快速增长趋势，2015年下降至32415元，2016~2019年呈现逐年上升趋势。值得关注的是，2016~2019年吐鲁番市人均GDP呈现逐年上升趋势，从35333元增长至60985元，年均增长率为19.95%，实现了连续三年快速增长。

（2）投资方面：吐鲁番市全社会固定资产投资从2009年的80.48亿元，增至2017年的

457. 12 亿元，增长了 4.68 倍，年均增长率为 24.25%，呈"N"型变化趋势。

（3）金融发展方面：吐鲁番市各项目贷款余额从 2011 年的 82.84 亿元，增至 2019 年的 230.82 亿元，增长了 1.79 倍，年均增长率为 13.67%，呈上升变化趋势。值得关注的是，2016~2019 年吐鲁番市各项目贷款余额呈现上升趋势，从 171.89 亿元增长至 230.82 亿元，年均增长率为 10.33%。

（4）对外贸易方面：吐鲁番市进出口贸易总额从 2009 年的 0.73 亿元，增至 2019 年的 0.96 亿元，增长了 0.32 倍，年均增长率为 2.78%，呈现波动变化趋势。值得关注的是，2015~2019 年吐鲁番市进出口贸易总额呈现倒"N"型变化趋势，从 2.62 亿元降至 0.96 亿元，年均增长率为-22.20%。

（5）市场发展方面：吐鲁番市全社会销售品零售总额从 2009 年的 23.79 亿元，增至 2019 年的 87.68 亿元，增长了 2.69 倍，年均增长率为 13.93%，大致呈现逐年上升的变化趋势。值得关注的是，2016~2019 年吐鲁番市全社会销售品零售总额呈现逐年上升的变化趋势，从 45.88 亿元增至 87.68 亿元，年均增长率为 24.10%。

（6）居民收入方面：吐鲁番市在岗职工平均工资从 2009 年的 32911 元，增至 2019 年的 88856 元，增长了 1.70 倍，年均增长率为 10.44%，呈现逐年上升的变化趋势。值得关注的是，2016~2019 年吐鲁番市在岗职工平均工资呈现逐年上升的变化趋势，从 72230 元增至 88856 元，年均增长率为 7.15%，实现了连续三年稳步增长。

（7）社会就业方面：吐鲁番市城镇失业率从 2009 年的 3.16%，降至 2019 年的 2.70%，减少了 14.56%，年均城镇失业率为 2.95%，总体呈现波动变化的趋势。值得关注的是，2016~2019 年吐鲁番市城镇失业率大致呈现倒"N"型变化趋势，最低点为 2019 年，城镇失业率为 2.70%，最高点为 2016 年，城镇失业率为 2.98%。

（8）工业发展方面：吐鲁番市工业化发展水平从 2009 年的 0.63，降至 2019 年的 0.44，降低了 30.16%，年均工业化发展水平为 0.54，总体呈"M"型变化趋势。值得关注的是，2016~2019 年吐鲁番市工业化发展水平呈现波动上升的变化趋势，从 0.42 上升至 0.44，年均工业化水平为 0.46。

（9）能源利用效率方面：用单位地区生产总值能耗来表征能源利用效率，单位地区生产总值能耗值越小，能源利用效率越大，反之亦然。吐鲁番市单位地区生产总值能耗值从 2009 年的 2.30 万吨标准煤/亿元，降至 2019 年的 1.83 万吨标准煤/亿元，降低了 20.43%，年均单位地区生产总值能耗值为 2.27 万吨标准煤/亿元，总体呈波动下降的变化趋势。由此可见，2009~2019 年吐鲁番市能源利用效率快速提升。值得关注的是，2016~2019 年呈"V"型变化趋势，最低点为 2018 年，单位地区生产总值能耗值为 1.70 万吨标准煤/亿元，最高点为 2016 年，单位地区生产总值能耗值为 2.00 万吨标准煤/亿元，从 2.00 万吨标准煤/亿元下降至 1.83 万吨标准煤/亿元，年均单位地区生产总值能耗值为 1.88 万吨标准煤/亿元，年均下降 2.92%，2016~2019 年能源利用效率快速提升。

（10）产业结构高级化方面：吐鲁番市产业结构高级化值从 2009 年的 0.39 增至 2019 年的 0.95，提高了 1.44 倍，年均产业结构高级化值为 0.61，总体呈波动上升的变化趋势。值得关注的是，2016~2019 年呈"V"型变化趋势，最低点为 2018 年，产业结构高级化值为 0.86，最高点为 2019 年，产业结构高级化值为 0.95，2016~2019 年吐鲁番市产业结构高级化值呈现小幅波动的变化趋势，从 0.86 上升至 0.95，年均产业结构高级化值为 0.80，由此可见，2016~2019 年产业结构高级化发展较好且较为稳定。

1. 吐鲁番市 GDP、人均 GDP 分析

图 5-3-1 为 2009~2019 年吐鲁番市国内生产总值（GDP）及其变化趋势。如图所示，吐鲁番市 GDP 从 2009 年的 154.58 亿元，增至 2019 年的 384.48 亿元，增长了 1.49 倍，年均增长率为 9.54%，呈"N"型变化趋势。其中，2009~2013 年 GDP 呈现快速增长趋势，2015 年下降至 208.58 亿元，2016~2019 年呈现逐年上升趋势。具体来讲，自 2011 年突破 200 亿元以来，经济总量快速提升，2018 年突破 300 亿元，2019 年达到 384.48 亿元。从增长率看，总体呈现波动上升的趋势，且近年来波动逐渐趋于平缓，其中，2019 年的增长率达到峰值，较 2018 年吐鲁番市 GDP 增长了 23.79%，2009 年的增长率最低，较 2008 年吐鲁番市 GDP 下降了 23.18%。值得关注的是，2016~2019 年吐鲁番市 GDP 出现逐年上升趋势，从 221.57 亿元增长至 384.48 亿元，年均增长率为 20.17%，实现了连续三年高速增长。

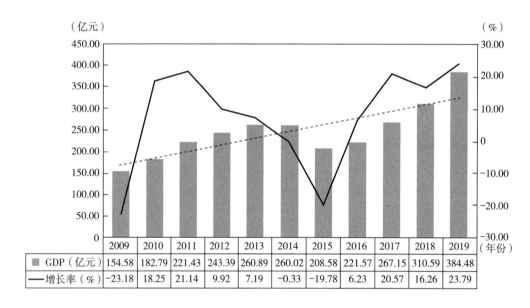

图 5-3-1　2009~2019 年吐鲁番市 GDP 及变化趋势

资料来源：《新疆统计年鉴》（2010~2020 年）。

图 5-3-2 为 2009~2019 年吐鲁番市人均 GDP 及其变化趋势。如图所示，吐鲁番市人均 GDP 从 2009 年的 25741 元，增至 2019 年的 60985 元，增长了 1.37 倍，年均增长率为 9.01%，呈"N"型变化趋势。其中，2009~2014 年人均 GDP 呈现快速增长趋势，2015 年下降至 32415 元，2016~2019 年呈现逐年上升趋势。具体来讲，自 2011 年突破 30000 元以来，经济总量快速提升，2013 年突破 40000 元，2018 年达到 49279 元，2019 年达到 60985 元。从增长率看，总体呈现波动上升的趋势，且近年来波动逐渐趋于平缓，其中，2019 年的增长率达到峰值，较 2018 年吐鲁番市人均 GDP 增长了 23.75%，2009 年的增长率最低，较 2008 年吐鲁番市人均 GDP 下降了 22.77%。值得关注的是，2016~2019 年吐鲁番市人均 GDP 呈现逐年上升趋势，从 35333 元增长至 60985 元，年均增长率为 19.95%，实现了连续三年快速增长。

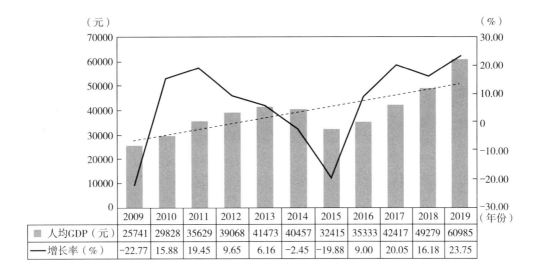

	2009	2010	2011	2012	2013	2014	2015	2016	2017	2018	2019
■ 人均GDP（元）	25741	29828	35629	39068	41473	40457	32415	35333	42417	49279	60985
—— 增长率（%）	-22.77	15.88	19.45	9.65	6.16	-2.45	-19.88	9.00	20.05	16.18	23.75

图 5-3-2　2009~2019 年吐鲁番市人均 GDP 及变化趋势

资料来源：《新疆统计年鉴》（2010~2020 年）。

2. 吐鲁番市固定资产投资分析

图 5-3-3 为 2009~2017 年吐鲁番市全社会固定资产投资额及其变化趋势。如图所示，吐鲁番市全社会固定资产投资从 2009 年的 80.48 亿元，增至 2017 年的 457.12 亿元，增长了 4.68 倍，年均增长率为 24.25%，呈"N"型变化趋势。其中，2009~2015 年全社会固定资产投资大致呈现平稳增长趋势，2016 年下降至 371.05 亿元，2016~2017 年呈现上升趋势。具体来讲，自 2011 年突破 100 亿元以来，2013 年突破 200 亿元，2017 年达到 457.12 亿元。从增长率看，总体呈现波动变化的趋势，其中，2015 年的增长率达到峰值，较 2014 年吐鲁番市全社会固定资产投资增长了 47.17%，2016 年的增长率最低，较 2015 年吐鲁番市全社会固定资产投资下降了 19.11%。

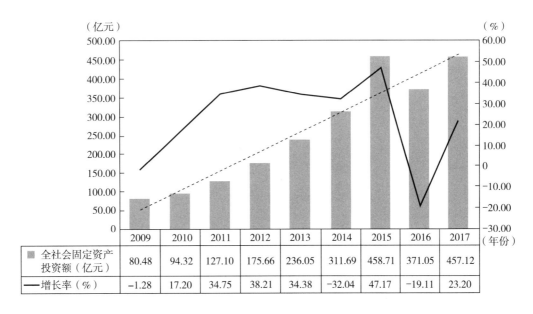

	2009	2010	2011	2012	2013	2014	2015	2016	2017
■ 全社会固定资产投资额（亿元）	80.48	94.32	127.10	175.66	236.05	311.69	458.71	371.05	457.12
—— 增长率（%）	-1.28	17.20	34.75	38.21	34.38	-32.04	47.17	-19.11	23.20

图 5-3-3　2009~2017 年吐鲁番市全社会固定资产投资额及变化趋势

资料来源：《新疆统计年鉴》（2010~2018 年）。

3. 吐鲁番市金融发展分析

图5-3-4为2011~2019年吐鲁番市各项目贷款余额及其变化趋势。如图所示，吐鲁番市各项目贷款余额从2011年的82.84亿元，增至2019年的230.82亿元，增长了1.79倍，年均增长率为13.67%，呈上升变化趋势。其中，2011~2019年各项目贷款余额呈现逐年平稳增长趋势，具体来讲，自2013年突破100亿元以来，2017年突破200亿元，2019年达到230.82亿元。从增长率看，总体呈现波动变化的趋势，其中，2014年的增长率达到峰值，较2013年吐鲁番市各项目贷款余额增长了32.66%，2016年的增长率最低，较2015年吐鲁番市各项目贷款余额上升了0.32%。值得关注的是，2016~2019年吐鲁番市各项目贷款余额呈现上升趋势，从171.89亿元增长至230.82亿元，年均增长率为10.33%。

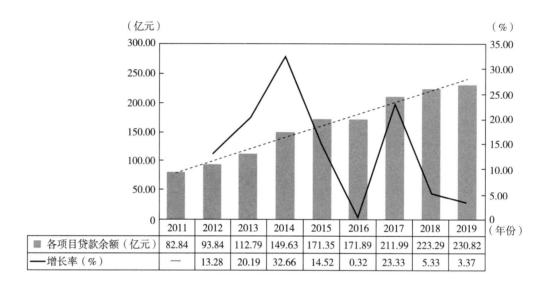

图5-3-4 2011~2019年吐鲁番市各项目贷款余额及变化趋势

资料来源：《新疆统计年鉴》（2012~2020年）。

4. 吐鲁番市进出口贸易发展分析

图5-3-5为2009~2019年吐鲁番市进出口贸易总额及其变化趋势。如图所示，吐鲁番市进出口贸易总额从2009年的0.73亿元，增至2019年的0.96亿元，增长了0.32倍，年均增长率为2.78%，呈现波动变化趋势。具体来讲，自2011年突破1亿元以来，2012年突破2亿元，2013年达到5.74亿元。从增长率看，总体呈现波动变化的趋势，其中，2018年的增长率达到峰值，较2017年吐鲁番市进出口贸易总额增长了241.27%，2014年的增长率最低，较2013年吐鲁番市进出口贸易总额下降了59.93%。值得关注的是，2015~2019年吐鲁番市进出口贸易总额呈现倒"N"型变化趋势，从2.62亿元降至0.96亿元，年均增长率为-22.20%。

5. 吐鲁番市市场发展分析

图5-3-6为2009~2019年吐鲁番市全社会销售品零售总额及其变化趋势。如图所示，吐鲁番市全社会销售品零售总额从2009年的23.79亿元，增至2019年的87.68亿元，增长了2.69倍，年均增长率为13.93%，大致呈现逐年上升变化趋势。其中，2009~2019年全社会销售品零售总额呈现波动上升变化趋势，2019年为最高点，达到87.68亿元；2015~2019

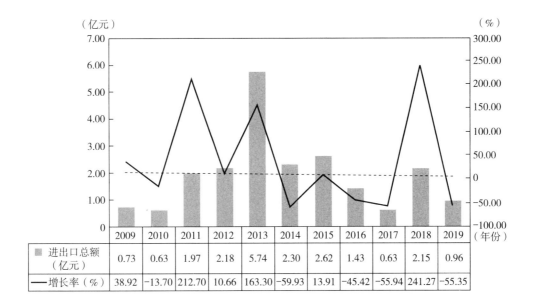

	2009	2010	2011	2012	2013	2014	2015	2016	2017	2018	2019
▨ 进出口总额（亿元）	0.73	0.63	1.97	2.18	5.74	2.30	2.62	1.43	0.63	2.15	0.96
—增长率（%）	38.92	-13.70	212.70	10.66	163.30	-59.93	13.91	-45.42	-55.94	241.27	-55.35

图 5-3-5 2009~2019 年吐鲁番市进出口贸易总额及变化趋势

资料来源：《新疆统计年鉴》（2010~2020 年）。

年呈现上升趋势。具体来讲，自 2013 年突破 30 亿元以来，2015 年突破 40 亿元，2017 年突破 50 亿元，达到 50.67 亿元。从增长率看，总体呈现波动变化的趋势，其中，2019 年的增长率达到峰值，较 2018 年吐鲁番市全社会销售品零售总额增长了 63.03%，2011 年的增长率最低，较 2010 年吐鲁番市全社会销售品零售总额下降了 7.58%。值得关注的是，2016~2019 年吐鲁番市全社会销售品零售总额呈现逐年上升的变化趋势，从 45.88 亿元增至 87.68 亿元，年均增长率为 24.10%。

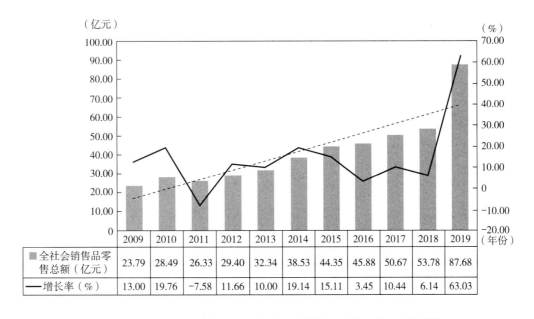

	2009	2010	2011	2012	2013	2014	2015	2016	2017	2018	2019
▨ 全社会销售品零售总额（亿元）	23.79	28.49	26.33	29.40	32.34	38.53	44.35	45.88	50.67	53.78	87.68
—增长率（%）	13.00	19.76	-7.58	11.66	10.00	19.14	15.11	3.45	10.44	6.14	63.03

图 5-3-6 2009~2019 年吐鲁番市全社会销售品零售总额及变化趋势

资料来源：《新疆统计年鉴》（2010~2020 年）。

6. 吐鲁番市居民收入分析

图5-3-7为2009~2019年吐鲁番市在岗职工平均工资及其变化趋势。如图所示，吐鲁番市在岗职工平均工资从2009年的32911元，增至2019年的88856元，增长了1.70倍，年均增长率为10.44%，呈现逐年上升的变化趋势。具体来讲，自2011年突破40000元以来，2012年突破50000元，2018年突破80000元，达到81094元。从增长率看，总体呈现波动变化的趋势，其中，2011年的增长率达到峰值，较2010年吐鲁番市在岗职工平均工资增长了19.82%，2009年的增长率最低，较2008年吐鲁番市在岗职工平均工资增长了3.76%。值得关注的是，2016~2019年吐鲁番市在岗职工平均工资呈现逐年上升的变化趋势，从72230元增至88856元，年均增长率为7.15%，实现了连续三年稳步增长。

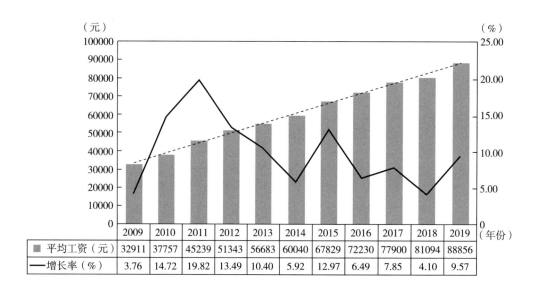

（元）												（%）

	2009	2010	2011	2012	2013	2014	2015	2016	2017	2018	2019
▨ 平均工资（元）	32911	37757	45239	51343	56683	60040	67829	72230	77900	81094	88856
—— 增长率（%）	3.76	14.72	19.82	13.49	10.40	5.92	12.97	6.49	7.85	4.10	9.57

图5-3-7 2009~2019年吐鲁番市在岗职工平均工资及变化趋势

资料来源：《新疆统计年鉴》（2010~2020年）。

7. 吐鲁番市社会就业分析

图5-3-8为2009~2019年吐鲁番市城镇失业率情况，用吐鲁番市城镇失业率来表征社会就业情况，城镇失业率越低，社会就业就越充分。如图所示，吐鲁番市城镇失业率从2009年的3.16%，降至2019年的2.70%，减少了14.56%，年均城镇失业率为2.95%，总体呈现波动变化的趋势。其中，2009~2014年呈倒"N"型变化趋势，最低点为2014年，城镇失业率为2.68%，最高点为2011年，城镇失业率为3.28%；2015~2019年呈倒"N"型变化趋势，最低点为2019年，城镇失业率为2.70%，最高点为2015年和2016年，城镇失业率均为2.98%。值得关注的是，2016~2019年吐鲁番市城镇失业率大致呈现倒"N"型变化趋势，最低点为2019年，城镇失业率为2.70%，最高点为2016年，城镇失业率为2.98%。

8. 吐鲁番市工业化发展水平分析

图5-3-9为2009~2019年吐鲁番市工业化发展情况。如图所示，吐鲁番市工业化发展水平从2009年的0.63，降至2019年的0.44，降低了30.16%，年均工业化发展水平为0.54，总体呈"M"型变化趋势。其中，2009~2015年呈倒"V"型变化趋势，最低点为2015年，工业化发展水平为0.38，最高点为2011年，工业化发展水平为0.66；2016~2019

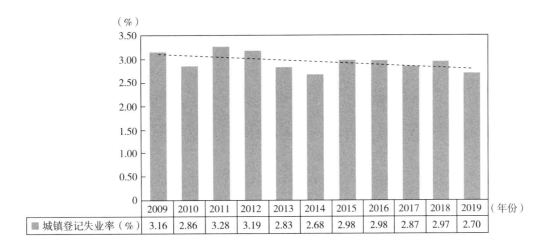

图 5-3-8 2009~2019 年吐鲁番市城镇失业率

资料来源:《新疆统计年鉴》(2010~2020 年)。

年呈倒"V"型变化趋势,最低点为 2016 年,工业化发展水平为 0.42,最高点为 2018 年,工业化发展水平为 0.51。值得关注的是,2016~2019 年吐鲁番市工业化发展水平呈现波动上升的变化趋势,从 0.42 上升至 0.44,年均工业化水平为 0.46。

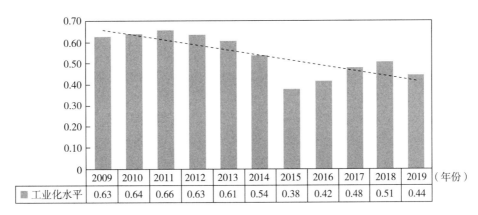

图 5-3-9 2009~2019 年吐鲁番市工业化发展水平

资料来源:根据《新疆统计年鉴》(2010~2020 年)测算。

9. 吐鲁番市能源利用效率分析

图 5-3-10 为 2009~2019 年吐鲁番市能源利用效率情况,用单位地区生产总值能耗来表征能源利用效率,单位地区生产总值能耗值越小,能源利用效率越大,反之亦然。如图所示,吐鲁番市单位地区生产总值能耗值从 2009 年的 2.30 万吨标准煤/亿元,降至 2019 年的 1.83 万吨标准煤/亿元,降低了 20.43%,年均单位地区生产总值能耗值为 2.27 万吨标准煤/亿元,总体呈波动下降的变化趋势。由此可见,2009~2019 年吐鲁番市能源利用效率快速提升。其中,2009~2015 年呈"M"型变化趋势,最低点为 2015 年,单位地区生产总值能耗值为 1.70 万吨标准煤/亿元,最高点为 2010 年,单位地区生产总值能耗值为 2.86 万吨标准煤/亿元,因此,吐鲁番市 2009~2015 年的能源利用效率呈现波动下降的趋势。值得关注的是,2016~2019 年呈"V"型变化趋势,最低点为 2018 年,单位地区生产总值能耗值为 1.70 万吨标准煤/亿元,最高点为 2016 年,单位地区生产总值能耗值为 2.00 万吨标准

煤/亿元，2016～2019年吐鲁番市能源利用效率呈小幅波动的变化趋势，从2.00万吨标准煤/亿元下降至1.83万吨标准煤/亿元，年均单位地区生产总值能耗值为1.88万吨标准煤/亿元，年均下降2.92%，由此可见，2016～2019年能源利用效率快速提升。

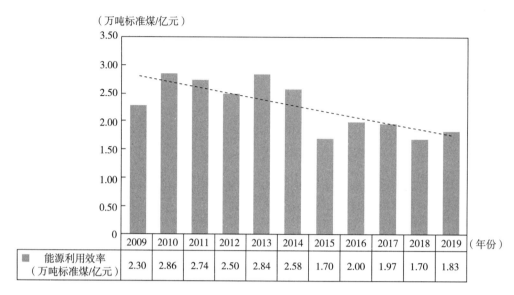

（万吨标准煤/亿元）

	2009	2010	2011	2012	2013	2014	2015	2016	2017	2018	2019	（年份）
■ 能源利用效率 （万吨标准煤/亿元）	2.30	2.86	2.74	2.50	2.84	2.58	1.70	2.00	1.97	1.70	1.83	

图5-3-10　2009～2019年吐鲁番市能源利用效率

资料来源：根据《新疆统计年鉴》（2010～2020年）测算。

10. 吐鲁番市产业结构高级化分析

图5-3-11为2009～2019年吐鲁番市产业结构高级化水平情况。如图所示，吐鲁番市产业结构高级化值从2009年的0.39增至2019年的0.95，提高了1.44倍，年均产业结构高级化值为0.61，总体呈波动上升的变化趋势。其中，2009～2015年呈"V"型变化趋势，最低点为2011年，产业结构高级化值为0.34，最高点为2015年，产业结构高级化值为1.07。值得关注的是，2016～2019年呈"V"型变化趋势，最低点为2018年，产业结构高级化值为0.66，最高点为2019年，产业结构高级化值为0.95，2016～2019年吐鲁番市产业结构高级化值呈现小幅波动的变化趋势，从0.86上升至0.95，年均产业结构高级化值为0.80，由此可见，2016～2019年产业结构高级化发展较好且较为稳定。

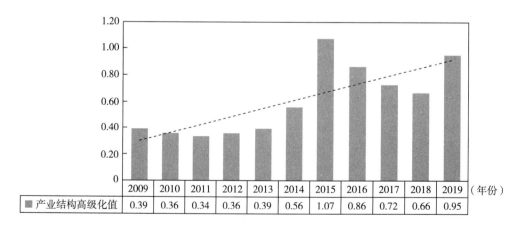

	2009	2010	2011	2012	2013	2014	2015	2016	2017	2018	2019	（年份）
■ 产业结构高级化值	0.39	0.36	0.34	0.36	0.39	0.56	1.07	0.86	0.72	0.66	0.95	

图5-3-11　2009～2019年吐鲁番市产业结构高级化

资料来源：根据《新疆统计年鉴》（2010～2020年）测算。

三、吐鲁番市经济发展质量时序特征

1. 吐鲁番市经济高质量发展指数

图 5-3-12 为 2009~2019 年吐鲁番市经济高质量发展指数。如图所示，吐鲁番市经济高质量发展指数从 2009 年的 0.24，增至 2019 年的 0.30，增长了 0.25 倍，年均经济高质量发展指数为 0.30，总体呈波动上升的变化趋势。2009~2015 年呈"N"型变化趋势，最低点为 2011 年，经济高质量发展指数为 0.21，最高点为 2015 年，经济高质量发展指数为 0.52。值得关注的是，2016~2019 年吐鲁番市经济高质量发展指数呈现小幅波动的变化趋势，从 0.31 降至 0.30，年均经济高质量发展指数为 0.30，由此可见，2016~2019 年经济高质量发展较好且较为稳定。

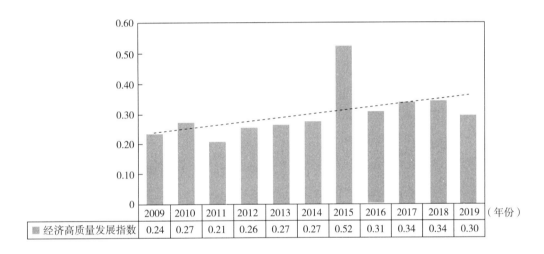

年份	2009	2010	2011	2012	2013	2014	2015	2016	2017	2018	2019
经济高质量发展指数	0.24	0.27	0.21	0.26	0.27	0.27	0.52	0.31	0.34	0.34	0.30

图 5-3-12　2009~2019 年吐鲁番市经济高质量发展指数

资料来源：根据《新疆统计年鉴》（2010~2020 年）测算。

2. 吐鲁番市经济子系统发展指数

由图 5-3-13 可以看出：吐鲁番市创新子系统得分最高的是 2015 年，得分超过 0.26；协调子系统得分最高的是 2015 年，得分超过 0.15；绿色子系统得分最高的是 2018 年，得分超过 0.03；开放子系统得分最高的是 2019 年，得分超过 0.03；共享子系统得分最高的是 2017 年，得分超过 0.09。其中，2015 年创新和协调子系统的得分较高，超过 2009~2019 年平均得分，共享、开放、绿色子系统的得分较低，均未超过 2009~2019 年平均得分；2017 年协调、共享、开放子系统的得分较高，均超过 2009~2019 年平均得分，且共享子系统的得分为 2009~2019 年最高分，创新子系统得分较低，均未超过 2009~2019 年平均得分；2019 年创新、协调、共享、开放、绿色子系统的得分较高，均超过 2009~2019 年平均得分，且开放子系统的得分为 2009~2019 年最高分。

3. 吐鲁番市各县域经济高质量发展指数

结合前文、图 5-3-14 和表 5-3-1 可以看出：2009 年吐鲁番市经济高质量发展指数为 0.24，其中鄯善县经济高质量发展指数为 0.25，托克逊县经济高质量发展指数为 0.22；2015 年吐鲁番市经济高质量发展指数为 0.52，其中鄯善县经济高质量发展指数为 0.17，托

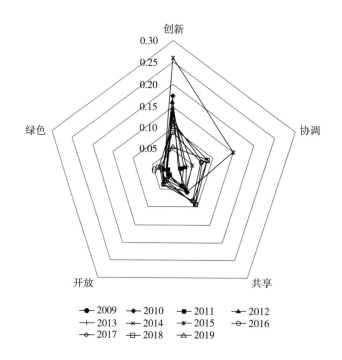

图 5-3-13　2009～2019 年吐鲁番市各子系统发展指数

资料来源：根据《新疆统计年鉴》（2010～2020年）测算。

克逊县经济高质量发展指数为 0.12；2019 年吐鲁番市经济高质量发展指数为 0.30，其中鄯善县经济高质量发展指数为 0.27，托克逊县经济高质量发展指数为 0.17。总的来说，2009～2019 年吐鲁番市各县域经济高质量发展指数稳中有进，各县域排名未发生变动。

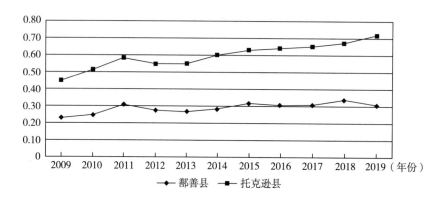

图 5-3-14　2009～2019 年吐鲁番市各县域经济高质量发展指数

资料来源：根据《新疆统计年鉴》（2010～2020年）测算。

表 5-3-1　2009 年、2015 年、2019 年吐鲁番市县域经济高质量发展指数

地区	2009 年		2015 年		2019 年	
	分值	次序	分值	次序	分值	次序
鄯善县	0.25	1	0.17	1	0.27	1
托克逊县	0.22	2	0.12	2	0.17	2

资料来源：根据《新疆统计年鉴》（2010～2020年）测算。

4. 吐鲁番市各县域子系统发展指数

结合图 5-3-14 与表 5-3-2，从各子系统的维度来看，2009 年吐鲁番市创新子系统排名前二的县域分别为：托克逊县得分 0.063；鄯善县得分 0.035。协调子系统排名前二的县域分别为：鄯善县得分 0.062；托克逊县得分 0.029。绿色子系统排名前二的县域分别为：托克逊县得分 0.054；鄯善县得分 0.037。开放子系统排名前二的县域分别为：托克逊县得分 0.035；鄯善县得分 0.031。共享子系统排名前二的县域分别为：鄯善县得分 0.088；托克逊县得分 0.047。

表 5-3-2　2009 年吐鲁番市各县域子系统发展指数

地区	创新		协调		绿色		开放		共享	
	分值	次序	分值	次序	分值	次序	分值	次序	分值	次序
鄯善县	0.035	2	0.062	1	0.037	2	0.031	2	0.088	1
托克逊县	0.063	1	0.029	2	0.054	1	0.035	1	0.047	2

资料来源：根据《新疆统计年鉴》（2010 年）测算。

结合图 5-3-14 与表 5-3-3，从各子系统的维度来看，2015 年吐鲁番市创新子系统排名前二的县域分别为：鄯善县得分 0.050；托克逊县得分 0.023。协调子系统排名前二的县域分别为：托克逊县和鄯善县得分都为 0.030。绿色子系统排名前二的县域分别为：托克逊县得分 0.018；鄯善县得分 0.016。开放子系统排名前二的县域分别为：鄯善县得分 0.044；托克逊县得分 0.029。共享子系统排名前二的县域分别为：鄯善县得分 0.041；托克逊县得分 0.022。综合来看，2015 年吐鲁番市各县域子系统发展指数综合排名是鄯善县第一，托克逊县第二。

表 5-3-3　2015 年吐鲁番市各县域子系统发展指数

地区	创新		协调		绿色		开放		共享	
	分值	次序	分值	次序	分值	次序	分值	次序	分值	次序
鄯善县	0.050	1	0.030	1	0.016	2	0.044	1	0.041	1
托克逊县	0.023	2	0.030	1	0.018	1	0.029	2	0.022	2

资料来源：根据《新疆统计年鉴》（2016 年）测算。

结合图 5-3-14 与表 5-3-4，从各子系统的维度来看，2019 年吐鲁番市创新子系统排名前二的县域分别为：鄯善县得分 0.096；托克逊县得分 0.028。协调子系统排名前二的县域分别为：托克逊县得分 0.066；鄯善县得分 0.057。绿色子系统排名前二的县域分别为：鄯善县得分 0.027；托克逊县得分 0.015。开放子系统排名前二的县域分别为：鄯善县得分 0.058；托克逊县得分 0.034。共享子系统排名前二的县域分别为：托克逊县得分 0.034；鄯善县得分 0.033。

表5-3-4　2019年吐鲁番市各县域子系统发展指数

地区	创新		协调		绿色		开放		共享	
	分值	次序	分值	次序	分值	次序	分值	次序	分值	次序
鄯善县	0.096	1	0.057	2	0.027	1	0.058	1	0.033	2
托克逊县	0.028	2	0.066	1	0.015	2	0.034	2	0.034	1

资料来源：根据《新疆统计年鉴》（2020年）测算。

四、吐鲁番市经济发展空间格局与演变

2009~2019年鄯善县、托克逊县的经济发展质量均呈现波动上升的趋势。其中鄯善县的年均经济发展质量高于托克逊县，在吐鲁番市各县域经济发展质量中排名第一，托克逊县的年均经济发展质量排名第二。

五、吐鲁番市经济高质量发展对策与建议

（1）吐鲁番市各县域经济发展水平和发展质量不平衡，吐鲁番市应该更加注重各县域经济平衡发展；

（2）托克逊县应该更加注重经济绿色转型；

（3）托克逊县应该进一步提高创新和开放水平；

（4）鄯善县应该注重协调发展，使发展成果全民共享。

六、小结

从2009~2019年吐鲁番市经济发展的主要成就来看：经济发展方面，吐鲁番市GDP从2009年的154.58亿元，增至2019年的384.48亿元，增长了1.49倍，年均增长率为9.54%，呈"N"型变化趋势；吐鲁番市人均GDP从2009年的25741元，增至2019年的60985元，增长了1.37倍，年均增长率为9.01%，呈"N"型变化趋势。投资方面，吐鲁番市全社会固定资产投资从2009年的80.48亿元，增至2017年的457.12亿元，增长了4.68倍，年均增长率为24.25%，呈"N"型变化趋势。金融发展方面，吐鲁番市各项目贷款余额从2011年的82.84亿元，增至2019年的230.82亿元，增长了1.79倍，年均增长率为13.67%，呈倒"M"型变化趋势。对外贸易方面，吐鲁番市进出口贸易总额从2009年的0.73亿元，增至2019年的0.96亿元，增长了0.32倍，年均增长率为2.78%，呈现波动变化趋势。市场发展方面，吐鲁番市全社会销售品零售总额从2009年的23.79亿元，增至2019年的87.68亿元，增长了2.69倍，年均增长率为24.41%，大致呈现逐年上升变化趋势。居民收入方面，吐鲁番市在岗职工平均工资从2009年的32911元，增至2019年的88856元，增长了1.70倍，年均增长率为10.44%，呈现逐年上升的变化趋势。社会就业方面，吐鲁番市城镇失业率从2009年的3.16%，降至2019年的2.70%，减少了14.56%，年均城镇失业率为2.95%，总体呈现波动变化的趋势。工业发展方面，吐鲁番市工业化发展

水平从 2009 年的 0.63，降至 2019 年的 0.44，降低了 30.16%，年均工业化发展水平为 0.54，总体呈 "M" 型变化趋势。能源利用效率方面，吐鲁番市单位地区生产总值能耗值从 2009 年的 2.30 万吨标准煤/亿元，降至 2019 年的 1.83 万吨标准煤/亿元，降低了 20.43%，年均单位地区生产总值能耗值为 2.27 万吨标准煤/亿元，总体呈波动下降的变化趋势。产业结构高级化方面，吐鲁番市产业结构高级化值从 2009 年的 0.39 增至 2019 年的 0.95，提高了 1.44 倍，年均产业结构高级化值为 0.61，总体呈波动上升的变化趋势。

根据 2009~2019 年吐鲁番市经济发展质量时序特征，从总体来看，吐鲁番市经济高质量发展指数从 2009 年的 0.24，增至 2019 年的 0.30，增长了 0.25 倍，年均经济高质量发展指数为 0.30，总体呈波动上升的变化趋势。2009~2019 年吐鲁番市创新子系统得分最高的是 2015 年，得分超过 0.26；协调子系统得分最高的是 2015 年，得分超过 0.15；绿色子系统得分最高的是 2018 年，得分超过 0.03；开放子系统得分最高的是 2019 年，得分超过 0.03；共享子系统得分最高的是 2017 年，得分超过 0.09。从各县域来看，2009 年吐鲁番市经济高质量发展指数为 0.24，其中鄯善县经济高质量发展指数为 0.25，托克逊县经济高质量发展指数为 0.22；2015 年吐鲁番市经济高质量发展指数为 0.52，其中鄯善县经济高质量发展指数为 0.17，托克逊县经济高质量发展指数为 0.12；2019 年吐鲁番市经济高质量发展指数为 0.30，其中鄯善县经济高质量发展指数为 0.27，托克逊县经济高质量发展指数为 0.17。

综上所述，本节从吐鲁番市概况出发，通过经济发展、社会投资、金融发展、对外贸易、市场发展、居民收入、社会就业、工业化水平、能源利用效率和产业结构高级化十个方面描述了吐鲁番市经济发展的主要成就，并对吐鲁番市经济发展质量时序特征、空间格局与演变两方面进行了分析，给出了相应的发展对策与建议。

第四节　哈密市经济高质量发展评价

一、哈密市概况①

2016 年 2 月 18 日，哈密地区撤地设市。辖伊州区、巴里坤哈萨克自治县、伊吾县，辖区内驻有生产建设兵团十三师、中国石油天然气股份有限公司吐哈油田公司、潞安新疆煤化工（集团）有限公司等 20 多家中央、自治区驻哈单位。

2020 年，哈密市全年实现地区生产总值（GDP）607.91 亿元，按可比价计算，比上年增长 4.7%。一般公共预算收入完成 49.35 亿元，增长 0.1%。全年固定资产投资（不含农户）比上年增长 71.9%。全年实现社会消费品零售总额 97.78 亿元，比上年下降 12.1%。全年全市城镇居民人均可支配收入 37505 元，比上年增长 0.5%。农村居民人均可支配收入 19022 元，比上年增长 6.9%。全年完成造林面积 138.99 公顷。森林覆盖率 4.4%。自治区

---

① 资料来源：哈密市人民政府官网 http://www.hami.gov.cn/。

级以上自然保护区1个，其中：国家级自然保护区1个，保护区总面积179.86万公顷。

地理位置与面积。哈密市位于新疆东部，地跨东天山南北，东西相距约404千米，南北相距约440千米，总面积14.21万平方千米。东与甘肃省酒泉市为邻，南接巴音郭楞蒙古自治州，西与昌吉回族自治州、吐鲁番市毗邻，北与蒙古国接壤，设有国家一类口岸——老爷庙口岸，是我国新疆与蒙古国发展边贸的重要口岸之一。

地形地貌与气候。哈密市地形轮廓可概括为四山夹三盆，中间高南北低，地势差异大，中部是天山主脉，呈北东—南西走向延展；南北两侧是中低山区，整个山区面积占全市总面积的3/5。哈密市属温带大陆性干旱气候，但由于天山山脉的影响，各地气候差异明显，大致上山南干热，降水极少，山北阴凉，降水稍多。

资源能源富集。哈密市盛产特色瓜果，哈密大枣是国家地理标志产品。矿产资源丰富，已探明矿种88种，占全疆的63.8%，储量居全疆前列的有17种。其中，煤炭预测资源量5708亿吨，占全疆的31.7%，占全国的12.5%；铁矿预测资源量29亿吨，镍矿预测资源量1584万金属吨，均居全疆首位，被确定为现代能源与化工产业示范区。风光能资源丰富，全疆9大风区哈密有3个，风区总面积5.16万平方千米，占全疆的66.3%；年日照时数3170～3380小时，是全国日照时数较充裕的地区之一。

自然景观独特。翼龙—雅丹地质公园被授予"国家地质公园"资格，哈密翼龙动物群化石产地被认定为第二批国家级重点保护古生物化石集中产地。巴里坤大草原是新疆三大草原之一，伊吾县淖毛湖47.6万亩胡杨林为世界仅存的三大胡杨林之一。全市AAAA级景区5个、AAA级景区4个，巴里坤县被国家旅游局确定为全域旅游示范区。

历史文化深厚。哈密十二木卡姆被联合国教科文组织公布为第三批人类口述和非物质文化遗产代表作，进入第一批国家非物质文化遗产名录。哈密市有红军西路军进疆纪念园、烈士陵园、伊吾四十天保卫战纪念馆、红星军垦博物馆等爱国主义教育基地。

区位交通优势明显。哈密市是丝绸之路经济带重要节点城市，是新疆向祖国内陆开放的门户、我国向西开放的桥头堡，具有东联、西出、南通、北拓的区位优势，被列为全国陆港型国家物流枢纽承载城市、国家公路运输枢纽城市、新疆铁路枢纽城市，G30（连霍高速）、G7（京新高速）横贯哈密市，兰新高铁、哈罗铁路、哈临铁路建成投运；哈密机场被确定为新疆次枢纽机场，11条航线连接疆内外，综合立体交通枢纽初步形成。

二、哈密市经济发展主要成就

（1）经济发展方面：哈密市国内生产总值（GDP）从2009年的130.32亿元，增至2019年的604.82亿元，增长了3.64倍，年均增长率为16.59%，呈现"N"型变化趋势。值得关注的是，2016～2019年哈密市GDP出现逐年上升趋势，从403.68亿元增长至604.82亿元，年均增长率为14.43%，实现了连续三年高速增长。哈密市人均GDP从2009年的23055元，增至2019年的98148元，增长了3.26倍，年均增长率为15.59%，呈"N"型变化趋势。值得关注的是，2016～2019年哈密市人均GDP呈现逐年上升趋势，从65298元增长至98148元，年均增长率为14.55%，实现了连续三年快速增长。

（2）投资方面：哈密市全社会固定资产投资从2009年的95.65亿元，增至2017年的573.24亿元，增长了4.99倍，年均增长率为25.09%，呈倒"V"型变化趋势。值得关注的是，2015~2017 年哈密市全社会固定资产投资呈现下降趋势，从 915.94 亿元降低至 573.24 亿元，年均增长率为 20.89%。

（3）金融发展方面：哈密市各项目贷款余额从 2011 年的 153.28 亿元，增至 2019 年的 663.13 亿元，增长了 3.33 倍，年均增长率为 20.10%，呈逐年上升趋势。值得关注的是，2016~2019 年哈密市各项目贷款余额呈现上升趋势，从 529.35 亿元增长至 663.13 亿元，年均增长率为 7.80%。

（4）对外贸易方面：哈密市进出口贸易总额从 2009 年的 4.23 亿元，增至 2019 年的 6.41 亿元，增长了 0.52 倍，年均增长率为 4.24%，呈现波动变化趋势。值得关注的是，2014~2019 年哈密市进出口贸易总额呈现"N"型变化趋势，从 24.86 亿元降至 6.41 亿元，年均增长率为 23.74%。

（5）市场发展方面：哈密市全社会销售品零售总额从 2009 年的 34.79 亿元，增至 2019 年的 111.24 亿元，增长了 2.20 倍，年均增长率为 12.33%，大致呈现逐年上升的变化趋势。值得关注的是，2016~2019 年哈密市全社会销售品零售总额呈现上升趋势，从 85.96 亿元增长至 111.24 亿元，年均增长率为 8.97%。

（6）居民收入方面：哈密市在岗职工平均工资从 2009 年的 30427 元，增至 2019 年的 83998 元，增长了 1.76 倍，年均增长率为 10.69%，呈现逐年上升的变化趋势。值得关注的是，2016~2019 年哈密市在岗职工平均工资呈现逐年上升的变化趋势，从 63070 元增至 83998 元，年均增长率为 10.02%，实现了连续三年稳步增长。

（7）社会就业方面：哈密市城镇失业率从 2009 年的 3.61%，降至 2019 年的 3.00%，减少了 16.90%，年均城镇失业率为 2.90%，总体呈现波动变化的趋势。值得关注的是，2015~2019 年哈密市城镇失业率大致呈现"V"型变化趋势，最低点为 2016 年，城镇失业率为 2.52%，最高点为 2018 年和 2019 年，城镇失业率均为 3.00%。

（8）工业发展方面：哈密市工业化发展水平从 2009 年的 0.39，升至 2019 年的 0.56，增长了 0.44 倍，年均工业化发展水平为 0.52，总体呈"M"型变化的趋势。值得关注的是，2016~2019 年哈密市工业化发展水平呈现波动上升的变化趋势，从 0.53 增加至 0.56，年均工业化水平为 0.57。

（9）能源利用效率方面：用单位地区生产总值能耗来表征能源利用效率，单位地区生产总值能耗值越小，能源利用效率越大，反之亦然。哈密市单位地区生产总值能耗值从 2009 年的 3.45 万吨标准煤/亿元，降至 2019 年的 1.75 万吨标准煤/亿元，降低了 49.28%，年均单位地区生产总值能耗值为 2.77 万吨标准煤/亿元，总体呈波动下降的变化趋势。值得关注的是，2016~2019 年哈密市单位地区生产总值能耗值呈现逐年下降的变化趋势，从 2.20 万吨标准煤/亿元减少至 1.75 万吨标准煤/亿元，年均单位地区生产总值能耗值为 1.91 万吨标准煤/亿元，年均下降 7.34%，2016~2019 年能源利用效率快速提升。

（10）产业结构高级化方面：哈密市产业结构高级化值从 2009 年的 1.15 下降至 2019 年的 0.65，降低了 43.48%，年均产业结构高级化值为 0.73，总体呈"W"型变化趋势。值得关注的是，2016~2019 年哈密市产业结构高级化值呈现小幅波动的变化趋势，从 0.70 降低至 0.65，年均产业结构高级化值为 0.62，由此可见，2016~2019 年产业结构高级化发展较为稳定。

1. 哈密市 GDP、人均 GDP 分析

图5-4-1为2009~2019年哈密市国内生产总值（GDP）及其变化趋势。如图所示，哈密市 GDP 从2009年的130.32亿元，增至2019年的604.82亿元，增长了3.64倍，年均增长率为16.59%，呈现"N"型变化趋势。其中，2009~2015年 GDP 呈现快速增长趋势，2016年下降至403.68亿元，2017~2019年呈现逐年上升趋势。具体来讲，自2011年突破200亿元以来，经济总量快速提升，2014年突破400亿元，2018年达到536.61亿元，2019年达到604.82亿元。从增长率看，总体呈现波动下降的趋势，且近年来波动逐渐趋于平缓。其中，2011年的增长率达到峰值，较2010年哈密市 GDP 增长了31.99%，2016年的增长率最低，较2015年哈密市国内生产总值下降了4.70%。值得关注的是，2016~2019年哈密市 GDP 出现逐年上升趋势，从403.68亿元增长至604.82亿元，年均增长率为14.43%，实现了连续三年高速增长。

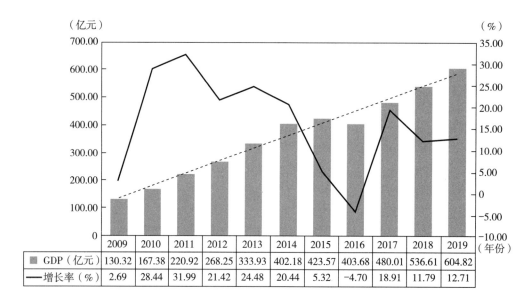

	2009	2010	2011	2012	2013	2014	2015	2016	2017	2018	2019
GDP（亿元）	130.32	167.38	220.92	268.25	333.93	402.18	423.57	403.68	480.01	536.61	604.82
增长率（%）	2.69	28.44	31.99	21.42	24.48	20.44	5.32	-4.70	18.91	11.79	12.71

图5-4-1 2009~2019年哈密市 GDP 及变化趋势

资料来源：《新疆统计年鉴》（2010~2020年）。

图5-4-2为2009~2019年哈密市人均 GDP 及其变化趋势。如图所示，哈密市人均 GDP 从2009年的23055元，增至2019年的98148元，增长了3.26倍，年均增长率为15.59%，呈"N"型变化趋势。其中，2009~2015年人均 GDP 呈现快速增长趋势，2016年下降至65298元，2017~2019年呈现逐年上升趋势。具体来讲，自2011年突破30000元以来，经济总量快速提升，2015年突破60000元，2017年达到77485元，2019年达到98148元。从增长率看，总体呈现波动上升的趋势，且近年来波动逐渐趋于平缓。其中，2011年的增长率达到峰值，较2010年哈密市人均 GDP 增长了30.15%，2016年的增长率最低，较2015年哈密市人均 GDP 下降了4.91%。值得关注的是，2016~2019年哈密市人均 GDP 呈现逐年上升趋势，从65298元增长至98148元，年均增长率为14.55%，实现了连续三年快速增长。

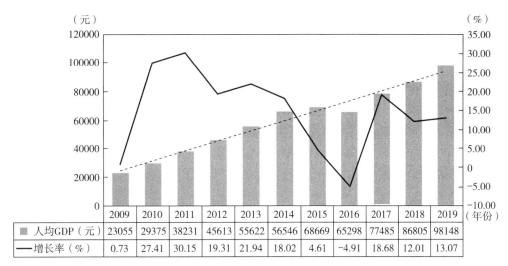

	2009	2010	2011	2012	2013	2014	2015	2016	2017	2018	2019
人均GDP（元）	23055	29375	38231	45613	55622	56546	68669	65298	77485	86805	98148
增长率（%）	0.73	27.41	30.15	19.31	21.94	18.02	4.61	-4.91	18.68	12.01	13.07

图 5-4-2 2009~2019 年哈密市人均 GDP 及变化趋势

资料来源：《新疆统计年鉴》（2010~2020 年）。

2. 哈密市固定资产投资分析

图 5-4-3 为 2009~2017 年哈密市全社会固定资产投资额及其变化趋势。如图所示，哈密市全社会固定资产投资从 2009 年的 95.65 亿元，增至 2017 年的 573.24 亿元，增长了 4.99 倍，年均增长率为 25.09%，呈倒 "V" 型变化趋势。其中，2009~2015 年全社会固定资产投资大致呈现平稳增长趋势，2015 年增长至 915.94 亿元，2016~2017 年呈现下降趋势。具体来讲，自 2010 年突破 100 亿元以来，2013 年突破 400 亿元，2015 年达到 915.94 亿元。从增长率看，总体呈现波动变化的趋势。其中，2010 年的增长率达到峰值，较 2009 年哈密市全社会固定资产投资增长了 56.00%，2016 年的增长率最低，较 2015 年哈密市全社会固定资产投资下降了 31.41%。值得关注的是，2015~2017 年哈密市全社会固定资产投资呈现下降趋势，从 915.94 亿元降低至 573.24 亿元，年均增长率为-20.89%。

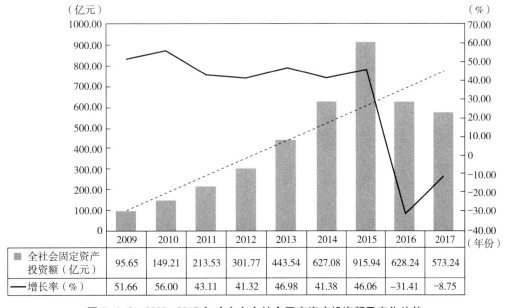

	2009	2010	2011	2012	2013	2014	2015	2016	2017
全社会固定资产投资额（亿元）	95.65	149.21	213.53	301.77	443.54	627.08	915.94	628.24	573.24
增长率（%）	51.66	56.00	43.11	41.32	46.98	41.38	46.06	-31.41	-8.75

图 5-4-3 2009~2017 年哈密市全社会固定资产投资额及变化趋势

资料来源：《新疆统计年鉴》（2010~2020 年）。

3. 哈密市金融发展分析

图5-4-4为2011~2019年哈密市各项目贷款余额及其变化趋势。如图所示，哈密市各项目贷款余额从2011年的153.28亿元，增至2019年的663.13亿元，增长了3.33倍，年均增长率为20.10%，呈逐年上升趋势。其中，2011~2019年各项目贷款余额呈现逐年平稳增长趋势，具体来讲，自2013年突破200亿元以来，2016年突破500亿元，2019年突破600亿元，达到663.13亿元。从增长率看，总体呈现波动变化的趋势。其中，2013年的增长率达到峰值，较2012年哈密市各项目贷款余额增长了43.95%，2018年的增长率最低，较2017年哈密市各项目贷款余额上升了1.97%。值得关注的是，2016~2019年哈密市各项目贷款余额呈现上升趋势，从529.35亿元增长至663.13亿元，年均增长率为7.80%。

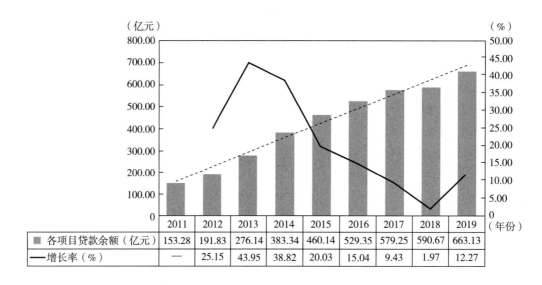

	2011	2012	2013	2014	2015	2016	2017	2018	2019
■ 各项目贷款余额（亿元）	153.28	191.83	276.14	383.34	460.14	529.35	579.25	590.67	663.13
—— 增长率（%）	—	25.15	43.95	38.82	20.03	15.04	9.43	1.97	12.27

图5-4-4　2011~2019年哈密市各项目贷款余额及变化趋势

资料来源：《新疆统计年鉴》（2012~2020年）。

4. 哈密市进出口贸易发展分析

图5-4-5为2009~2019年哈密市进出口贸易总额及其变化趋势。如图所示，哈密市进出口贸易总额从2009年的4.23亿元，增至2019年的6.41亿元，增长了0.52倍，年均增长率为4.24%，呈现波动变化趋势。具体来讲，自2014年突破20亿元以来，2016年突破30亿元，达到36.26亿元。从增长率看，总体呈现波动变化的趋势。其中，2014年的增长率达到峰值，较2013年哈密市进出口贸易总额增长了392.28%，2017年的增长率最低，较2016年哈密市进出口贸易总额下降了78.46%。值得关注的是，2014~2019年哈密市进出口贸易总额呈现波动变化趋势，从24.86亿元降至6.41亿元，年均增长率为23.74%。

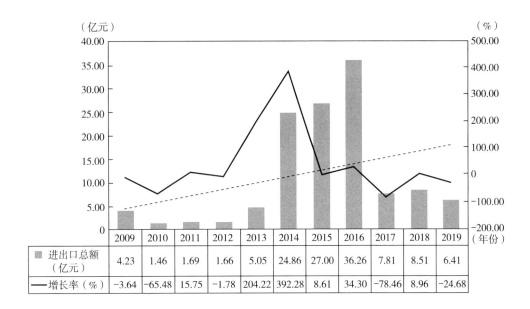

	2009	2010	2011	2012	2013	2014	2015	2016	2017	2018	2019
■ 进出口总额 （亿元）	4.23	1.46	1.69	1.66	5.05	24.86	27.00	36.26	7.81	8.51	6.41
— 增长率（%）	-3.64	-65.48	15.75	-1.78	204.22	392.28	8.61	34.30	-78.46	8.96	-24.68

图 5-4-5　2009~2019 年哈密市进出口贸易总额及变化趋势

资料来源：《新疆统计年鉴》（2010~2020 年）。

5. 哈密市市场发展分析

图 5-4-6 为 2009~2019 年哈密市全社会销售品零售总额及其变化趋势。如图所示，哈密市全社会销售品零售总额从 2009 年的 34.79 亿元，增至 2019 年的 111.24 亿元，增长了 2.20 倍，年均增长率为 12.33%，大致呈现逐年上升变化趋势。其中，2011~2019 年全社会销售品零售总额呈现逐年平稳增长趋势，具体来讲，自 2011 年突破 40 亿元以来，2015 年突破 80 亿元，2019 年突破 100 亿，达到 111.24 亿元。从增长率看，总体呈现波动变化的趋势。其中，2011 年的增长率达到峰值，较 2010 年哈密市全社会销售品零售总额增长了 20.35%，2016 年的增长率最低，较 2015 年哈密市全社会销售品零售总额上升了 1.45%。值得关注的是，2016~2019 年哈密市全社会销售品零售总额呈现上升趋势，从 85.96 亿元增长至 111.24 亿元，年均增长率为 8.97%。

6. 哈密市居民收入分析

图 5-4-7 为 2009~2019 年哈密市在岗职工平均工资及其变化趋势。如图所示，哈密市在岗职工平均工资从 2009 年的 30427 元，增至 2019 年的 83998 元，增长了 1.76 倍，年均增长率为 10.69%，呈现逐年上升的变化趋势。具体来讲，自 2012 年突破 40000 元以来，2014 年突破 50000 元，2019 年突破 80000 元，达到 83998 元。从增长率看，总体呈现波动变化的趋势。其中，2012 年的增长率达到峰值，较 2011 年哈密市在岗职工平均工资增长了 16.43%，2017 年的增长率最低，较 2016 年哈密市在岗职工平均工资增长了 5.35%。值得关注的是，2016~2019 年哈密市在岗职工平均工资呈现逐年上升的变化趋势，从 63070 元增至 83998 元，年均增长率为 10.02%，实现了连续三年稳步增长。

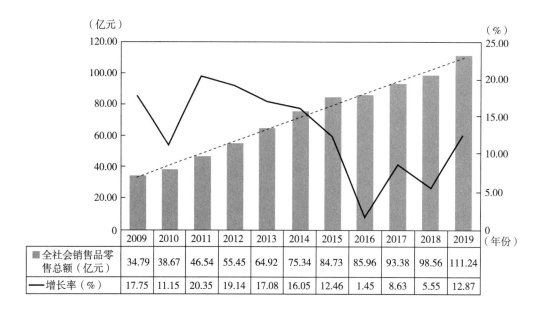

	2009	2010	2011	2012	2013	2014	2015	2016	2017	2018	2019
■全社会销售品零售总额（亿元）	34.79	38.67	46.54	55.45	64.92	75.34	84.73	85.96	93.38	98.56	111.24
——增长率（%）	17.75	11.15	20.35	19.14	17.08	16.05	12.46	1.45	8.63	5.55	12.87

图 5-4-6 2009～2019 年哈密市全社会销售品零售总额及变化趋势

资料来源：《新疆统计年鉴》（2010～2020 年）。

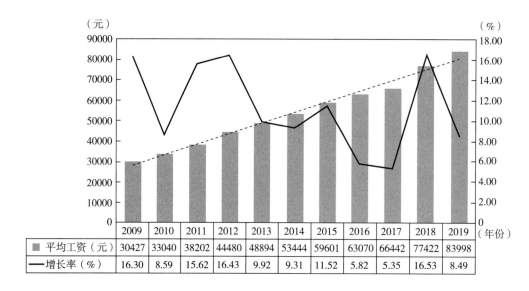

	2009	2010	2011	2012	2013	2014	2015	2016	2017	2018	2019
■平均工资（元）	30427	33040	38202	44480	48894	53444	59601	63070	66442	77422	83998
——增长率（%）	16.30	8.59	15.62	16.43	9.92	9.31	11.52	5.82	5.35	16.53	8.49

图 5-4-7 2009～2019 年哈密市在岗职工平均工资及变化趋势

资料来源：《新疆统计年鉴》（2010～2020 年）。

7. 哈密市社会就业分析

图 5-4-8 为 2009～2019 年哈密市城镇失业率情况，用哈密市城镇失业率来表征社会就业情况，城镇失业率越低，社会就业就越充分。如图所示，哈密市城镇失业率从 2009 年的 3.61%，降至 2019 年的 3.00%，减少了 16.90%，年均城镇失业率为 2.90%，总体呈现波动变化的趋势。其中，2009～2014 年呈倒 "N" 型变化趋势，最低点为 2012 年，城镇失业率为 2.70%，最高点为 2009 年，城镇失业率为 3.61%。值得关注的是，2015～2019 年哈密市城镇失业率大致呈现 "V" 型变化趋势，最低点为 2016 年，城镇失业率为 2.52%，最高点为 2018 年和 2019 年，城镇失业率均为 3.00%。

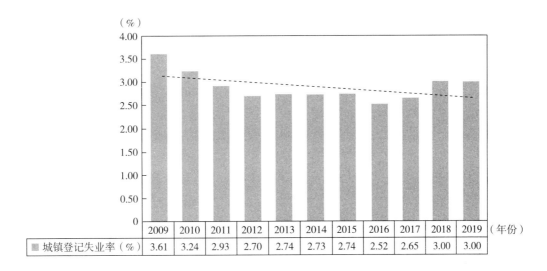

	2009	2010	2011	2012	2013	2014	2015	2016	2017	2018	2019	（年份）
■ 城镇登记失业率（%）	3.61	3.24	2.93	2.70	2.74	2.73	2.74	2.52	2.65	3.00	3.00	

图 5-4-8 2009~2019 年哈密市城镇失业率

资料来源：《新疆统计年鉴》（2010~2020 年）。

8. 哈密市工业化发展水平分析

图 5-4-9 为 2009~2019 年哈密市工业化发展情况。如图所示，哈密市工业化发展水平从 2009 年的 0.39，升至 2019 年的 0.56，增长了 0.44 倍，年均工业化发展水平为 0.52，总体呈"M"型变化趋势。其中，2009~2015 年呈倒"V"型变化趋势，最低点为 2009 年，工业化发展水平为 0.39，最高点为 2014 年，工业化发展水平为 0.56；2016~2019 年呈倒"V"型变化趋势，最低点为 2016 年，工业化发展水平为 0.53，最高点为 2018 年，工业化发展水平为 0.60。值得关注的是，2016~2019 年哈密市工业化发展水平呈现波动上升的变化趋势，从 0.53 增加至 0.56，年均工业化水平为 0.57。

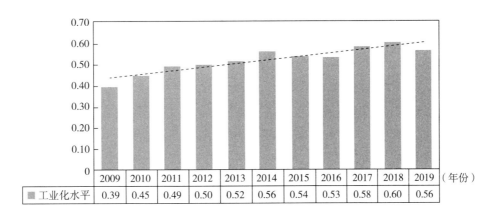

	2009	2010	2011	2012	2013	2014	2015	2016	2017	2018	2019	（年份）
■ 工业化水平	0.39	0.45	0.49	0.50	0.52	0.56	0.54	0.53	0.58	0.60	0.56	

图 5-4-9 2009~2019 年哈密市工业化发展水平

资料来源：根据《新疆统计年鉴》（2010~2020 年）测算。

9. 哈密市能源利用效率分析

图 5-4-10 为 2009~2019 年哈密市能源利用效率情况，用单位地区生产总值能耗来表征能源利用效率，单位地区生产总值能耗值越小，能源利用效率越大，反之亦然。如图所示，哈密市单位地区生产总值能耗值从 2009 年的 3.45 万吨标准煤/亿元，降至 2019 年的 1.75

万吨标准煤/亿元，降低了49.28%，年均单位地区生产总值能耗值为2.77万吨标准煤/亿元，总体呈波动下降的变化趋势。由此可见，2009~2019年哈密市能源利用效率快速提升。其中，2009~2013年呈"W"型变化趋势，最低点为2012年，单位地区生产总值能耗值为2.68万吨标准煤/亿元，最高点为2013年，单位地区生产总值能耗值为3.88万吨标准煤/亿元，因此，哈密市2009~2013年的能源利用效率呈现波动上升的趋势；2014~2019年呈倒"N"型变化趋势，最低点为2015年，单位地区生产总值能耗值为1.72万吨标准煤/亿元，最高点为2014年，单位地区生产总值能耗值为5.43万吨标准煤/亿元，因此，2014~2019年哈密市能源利用效率呈逐年提升的变化趋势。值得关注的是，2016~2019年哈密市单位地区生产总值能耗值呈现逐年下降的变化趋势，从2.20万吨标准煤/亿元减少至1.75万吨标准煤/亿元，年均单位地区生产总值能耗值为1.91万吨标准煤/亿元，年均下降7.34%，2016~2019年能源利用效率快速提升。

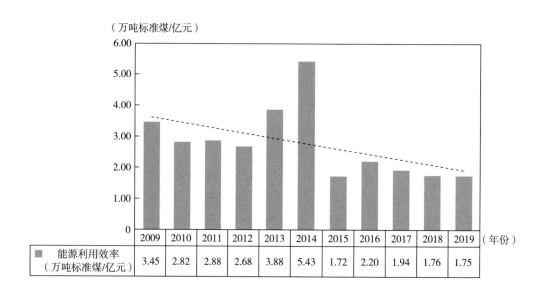

图5-4-10　2009~2019年哈密市能源利用效率

资料来源：根据《新疆统计年鉴》（2010~2020年）测算。

10. 哈密市产业结构高级化分析

图5-4-11为2009~2019年哈密市产业结构高级化情况。如图所示，哈密市产业结构高级化值从2009年的1.15下降至2019年的0.65，降低了43.48%，年均产业结构高级化值为0.73，总体呈"W"型变化趋势。其中，2009~2016年呈"V"型变化趋势，最低点为2014年，产业结构高级化值为0.62，最高点为2009年，产业结构高级化值为1.15；2017~2019年呈"V"型变化趋势，最低点为2018年，产业结构高级化值为0.54，最高点为2019年，产业结构高级化值为0.65。值得关注的是，2016~2019年哈密市产业结构高级化值呈现小幅波动的变化趋势，从0.70降低至0.65，年均产业结构高级化值为0.62，由此可见，2016~2019年产业结构高级化发展较为稳定。

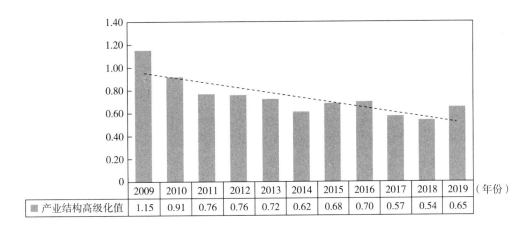

图 5-4-11 2009~2019 年哈密市产业结构高级化

资料来源：根据《新疆统计年鉴》（2010~2020 年）测算。

三、哈密市经济发展质量时序特征

1. 哈密市经济高质量发展指数

图 5-4-12 为 2009~2019 年哈密市经济高质量发展指数。如图所示，哈密市经济高质量发展指数从 2009 年的 0.24，增至 2019 年的 0.30，增长了 0.25 倍，年均经济高质量发展指数为 0.30，总体呈波动上升的变化趋势。2009~2016 年呈"M"型变化趋势，最低点为 2011 年，经济高质量发展指数为 0.21，最高点为 2015 年，经济高质量发展指数为 0.52。值得关注的是，2017~2019 年哈密市经济高质量发展指数呈现小幅波动的减少趋势，从 0.34 减少至 0.30，年均经济高质量发展指数为 0.33，由此可见，2016~2019 年经济高质量发展较好且较为稳定。

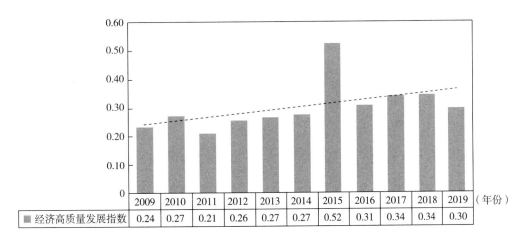

图 5-4-12 2009~2019 年哈密市经济高质量发展指数

资料来源：根据《新疆统计年鉴》（2010~2020 年）测算。

2. 哈密市经济子系统发展指数

由图 5-4-13 可以看出：哈密市创新子系统得分最高的是 2019 年，得分超过 0.05；协调子系统得分最高的是 2015 年，得分超过 0.13；绿色子系统得分最高的是 2018 年，得分超过0.04；开放子系统得分最高的是2016年，得分超过0.05；共享子系统得分最高的是2015年，得分超过0.08。其中，2012年绿色子系统的得分较高，超过2009～2019年平均得分，创新、协调、共享、开放子系统的得分较低，均未超过2009～2019年平均得分；2014年创新、协调、开放子系统的得分较高，均超过2009～2019年平均得分，绿色和共享子系统得分较低，均未超过2009～2019年平均得分；2019年创新、协调、共享、开放、绿色子系统的得分较高，均超过2009～2019年平均得分，且创新子系统的得分为2009～2019年最高分。

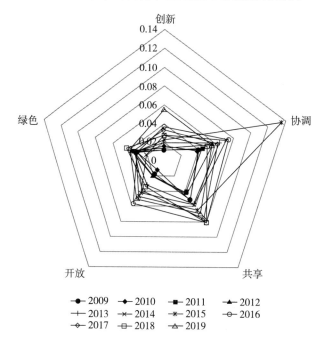

图5-4-13　2009～2019年哈密市各子系统发展指数

资料来源：根据《新疆统计年鉴》（2010～2020年）测算。

3. 哈密市各县域经济高质量发展指数

结合图5-4-14和表5-4-1可以看出：2009年哈密市经济高质量发展指数为0.24，其中伊吾县经济高质量发展指数为0.32，巴里坤哈萨克自治县经济高质量发展指数为0.18；2015年哈密市经济高质量发展指数为0.52，其中伊吾县经济高质量发展指数为0.71，巴里坤哈萨克自治县经济高质量发展指数为0.27；2019年哈密市经济高质量发展指数为0.30，其中伊吾县经济高质量发展指数为0.73，巴里坤哈萨克自治县经济高质量发展指数为0.38。总的来说，2009～2019年哈密市各县域经济高质量发展指数稳中有进，各县域排名未发生变动。

4. 哈密市各县域子系统发展指数

结合图5-4-14与表5-4-2，从各子系统的维度来看，2009年哈密市创新子系统排名前二的县域分别为：伊吾县得分0.06；巴里坤哈萨克自治县得分0.03。协调子系统排名前二的县域分别为：巴里坤哈萨克自治县得分0.04；伊吾县得分0.02。绿色子系统排名前二的县域分别为：伊吾县得分0.17；巴里坤哈萨克自治县得分0.04。开放子系统排名前二的县域分别为：巴里坤哈萨克自治县得分0.03；伊吾县得分0.02。共享子系统排名前二的县域分别为：伊吾县得分0.05；巴里坤哈萨克自治县得分0.04。综合来看，2009年哈密市各县域子系统发展指数综合排名是伊吾县第一，巴里坤哈萨克自治县第二。

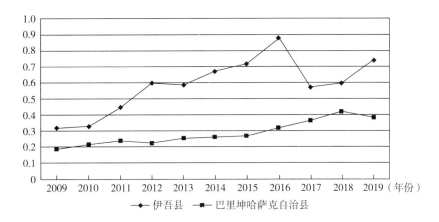

图 5-4-14 2009~2019 年哈密市各县域经济高质量发展指数

资料来源：根据《新疆统计年鉴》（2010~2020 年）测算。

表 5-4-1 2009 年、2015 年、2019 年哈密市县域经济高质量发展指数

地区	2009 年		2015 年		2019 年	
	分值	次序	分值	次序	分值	次序
伊吾县	0.32	1	0.71	1	0.73	1
巴里坤哈萨克自治县	0.18	2	0.27	2	0.38	2

资料来源：根据《新疆统计年鉴》（2010~2020 年）测算。

表 5-4-2 2009 年哈密市各县域子系统发展指数

地区	创新		协调		绿色		开放		共享	
	分值	排名	分值	排名	分值	排名	分值	排名	分值	排名
伊吾县	0.06	1	0.02	2	0.17	1	0.02	2	0.05	1
巴里坤哈萨克自治县	0.03	2	0.04	1	0.04	2	0.03	1	0.04	2

资料来源：根据《新疆统计年鉴》（2010~2020 年）测算。

结合图 5-4-14 与表 5-4-3，从各子系统的维度来看，2015 年哈密市创新子系统排名前二的县域分别为：伊吾县排名第一，得分 0.12；巴里坤哈萨克自治县排名第二，得分 0.09。协调子系统排名前二的县域分别为：巴里坤哈萨克自治县排名第一，得分 0.04。伊吾县排名第二，得分 0.006。绿色子系统排名前二的县域分别为：伊吾县排名第一，得分 0.50；巴里坤哈萨克自治县排名第二，得分 0.09。开放子系统排名前二的县域分别为：巴里坤哈萨克自治县排名第一，得分 0.04。伊吾县排名第二，得分 0.03。共享子系统排名前二的县域分别为：伊吾县排名第一，得分 0.06；巴里坤哈萨克自治县排名第二，得分 0.02。综合来看，2015 年哈密市各县域子系统发展指数综合排名是伊吾县第一，巴里坤哈萨克自治县第二。

表 5-4-3 2015 年哈密市各县域子系统发展指数

地区	创新		协调		绿色		开放		共享	
	分值	次序	分值	次序	分值	次序	分值	次序	分值	次序
伊吾县	0.12	1	0.006	2	0.50	1	0.03	2	0.06	1
巴里坤哈萨克自治县	0.09	2	0.04	1	0.09	2	0.04	1	0.02	2

资料来源：根据《新疆统计年鉴》（2010~2020 年）测算。

结合图5-4-14与表5-4-4，从各子系统的维度来看，2019年哈密市创新子系统排名前二的县域分别为：伊吾县得分0.20；巴里坤哈萨克自治县得分0.19。协调子系统排名前二的县域分别为：巴里坤哈萨克自治县得分0.04；伊吾县得分0.006。绿色子系统排名前二的县域分别为：伊吾县得分0.43；巴里坤哈萨克自治县得分0.07。开放子系统排名前二的县域分别为：巴里坤哈萨克自治县得分0.07；伊吾县得分0.03。共享子系统排名前二的县域分别为：伊吾县得分0.08；巴里坤哈萨克自治县得分0.03。综合来看，2019年哈密市各县域子系统发展指数综合排名是伊吾县第一，巴里坤哈萨克自治县第二。

表5-4-4　2019年哈密市各县域子系统发展指数

地区	创新		协调		绿色		开放		共享	
	分值	次序	分值	次序	分值	次序	分值	次序	分值	次序
伊吾县	0.20	1	0.006	2	0.43	1	0.03	2	0.08	1
巴里坤哈萨克自治县	0.19	2	0.04	1	0.07	2	0.07	1	0.03	2

资料来源：根据《新疆统计年鉴》（2010~2020年）测算。

四、哈密市经济发展空间格局与演变

总体来看，2009~2019年巴里坤哈萨克自治县、伊吾县的经济发展质量均呈现波动上升的趋势。其中，伊吾县的年均经济发展质量高于巴里坤哈萨克自治县，在哈密市各县域经济发展质量中排名第一，巴里坤哈萨克自治县的年均经济发展质量排名第二。

五、哈密市经济高质量发展对策与建议

（1）哈密市各县域经济发展水平和发展质量不平衡，哈密市应该更加注重各县域经济平衡发展；

（2）巴里坤哈萨克自治县应该更加注重创新发展和经济绿色转型；

（3）伊吾县应该进一步提高协调和开放水平；

（4）巴里坤哈萨克自治县应该注重协调发展，使发展成果全民共享。

六、小结

从2009~2019年哈密市经济发展的主要成就来看：经济发展方面，哈密市GDP从2009年的130.32亿元，增至2019年的604.82亿元，增长了3.64倍，年均增长率为16.59%，呈现"N"型变化趋势；人均GDP从2009年的23055元，增至2019年的98148元，增长了3.26倍，年均增长率为15.59%，呈"N"型变化趋势。投资方面，哈密市全社会固定资产投资从2009年的95.65亿元，增至2017年的573.24亿元，增长了4.99倍，年均增长率为25.09%，呈倒"V"型变化趋势。金融发展方面，哈密市各项目贷款余额从2011年的153.28亿元，增至2019年的663.13亿元，增长了3.33倍，年均增长率为20.10%，呈逐年上升趋势。对外贸易方面，哈密市进出口贸易总额从2009年的4.23亿元，增至2019年的6.41亿元，增长了0.52倍，年均增长率为4.24%，呈现波动变化趋势。市场发展方面，哈

密市全社会销售品零售总额从 2009 年的 34.79 亿元，增至 2019 年的 111.24 亿元，增长了 2.20 倍，年均增长率为 12.33%，大致呈现逐年上升变化趋势。居民收入方面，哈密市在岗职工平均工资从 2009 年的 30427 元，增至 2019 年的 83998 元，增长了 1.76 倍，年均增长率为 10.69%，呈现逐年上升的变化趋势。社会就业方面，哈密市城镇失业率从 2009 年的 3.61%，降至 2019 年的 3.00%，减少了 16.90%，年均城镇失业率为 2.90%，总体呈现波动变化的趋势。工业发展方面，哈密市工业化发展水平从 2009 年的 0.39，升至 2019 年的 0.56，增长了 0.44 倍，年均工业化发展水平为 0.52，总体呈 "M" 型变化趋势。能源利用效率方面，哈密市单位地区生产总值能耗值从 2009 年的 3.45 万吨标准煤/亿元，降至 2019 年的 1.75 万吨标准煤/亿元，降低了 49.28%，年均单位地区生产总值能耗值为 2.77 万吨标准煤/亿元，总体呈波动下降的变化趋势。产业结构高级化方面，哈密市产业结构高级化从 2009 年的 1.15 下降至 2019 年的 0.65，降低了 43.38%，年均产业结构高级化值为 0.73，总体呈 "W" 型变化趋势。

根据 2009~2019 年哈密市经济发展质量时序特征，从总体来看，哈密市经济高质量发展指数从 2009 年的 0.24 增至 2019 年的 0.30，增长了 0.25 倍，年均经济高质量发展指数为 0.30，总体呈波动上升的变化趋势。2009~2019 年哈密市创新子系统得分最高的是 2019 年，得分超过 0.05；协调子系统得分最高的是 2015 年，得分超过 0.13；绿色子系统得分最高的是 2018 年，得分超过 0.04；开放子系统得分最高的是 2016 年，得分超过 0.05；共享子系统得分最高的是 2015 年，得分超过 0.08。从各县域来看，2009 年哈密市经济高质量发展指数为 0.24，其中伊吾县经济高质量发展指数为 0.32，巴里坤哈萨克自治县经济高质量发展指数为 0.18；2015 年哈密市经济高质量发展指数为 0.52，其中伊吾县经济高质量发展指数为 0.71，巴里坤哈萨克自治县经济高质量发展指数为 0.27；2019 年哈密市经济高质量发展指数为 0.30，其中伊吾县经济高质量发展指数为 0.73，巴里坤哈萨克自治县经济高质量发展指数为 0.38。

综上所述，本节从哈密市概况出发，通过经济发展、社会投资、金融发展、对外贸易、市场发展、居民收入、社会就业、工业化水平、能源利用效率和产业结构高级化十个方面描述了哈密市经济发展的主要成就，并对哈密市经济发展质量时序特征、空间格局与演变两方面进行了分析，给出了相应的发展对策与建议。

第五节　昌吉回族自治州经济高质量发展评价

一、昌吉回族自治州概况[①]

昌吉，取 "昌盛吉祥" 之意。昌吉州成立于 1954 年，州域总面积 7.35 万平方千米，总人口 1613585 人（不包括五家渠市），生活着汉族、回族、维吾尔族、哈萨克族等 42 个民

---

① 资料来源：昌吉回族自治州人民政府官网 http://www.cj.gov.cn/。

族，全州辖5县（玛纳斯县、呼图壁县、吉木萨尔县、奇台县、木垒哈萨克自治县）、2市（昌吉市、阜康市）、3个国家级园区（新疆准东经济技术开发区、昌吉高新技术产业开发区、昌吉国家农业科技园区）。驻有新疆生产建设兵团第六师和第八师部分团场21个。

区位优势明显。昌吉州从东、西、北三面环抱首府乌鲁木齐市，地处天山北坡经济带和乌昌石城市群率先发展的核心区域，是建设新疆丝绸之路经济带核心区的重要组成部分。州府昌吉市距乌鲁木齐市中心35千米，距乌鲁木齐国际机场18千米。G312、G216、G7等高速公路贯穿全境，是东联内陆、西接中亚和欧洲市场的桥头堡和黄金通道。

自然资源富集。州内已发现的能源、金属和非金属矿产资源有煤炭、石油、天然气、石灰石、芒硝、铁、铀、金、铜等40种。煤炭资源富集，预测储量5732亿吨，占全疆的26%、全国的12%，其中：准东煤田是目前全国最大的整装煤田，预测资源量3900亿吨，已探明2531亿吨。石油预测储量27亿吨、天然气预测储量6000亿立方米。天然草场9981万亩，森林1231万亩。年日照时数2700～3100小时，无霜期155～180天。

经济蓬勃发展。昌吉州始终坚持新发展理念，推动经济高质量发展，深化市场化改革，扩大高水平开放，加快建设现代化经济体系，人均生产总值1.2万美元，三次产业比重1.7∶5.1∶3.2，地方公共财政预算收入超百亿元。现代农业加快发展，土地耕种面积600余万亩，人均耕地10亩左右，棉花、小麦、玉米、酿酒葡萄、制酱番茄等特色农副产品区域品牌建设卓有成效，建立"五大产业联盟"，农业智能灌溉、航空植保、机械装备、品牌质量全疆领先，是全国重要的商品粮、商品棉、制酱番茄、酿酒葡萄生产基地和现代农业发展的优势区域。现代工业转型发展，煤电煤化工、机电装备制造、有色金属加工、农副产品精深加工等支柱产业改造提升，规模以上企业300余家，上市公司4家，特变电工成为中国最大的变压器、电线电缆研发、制造和出口企业，昌吉州成为国家"西电东送"工程电源输出地和新疆工业品牌建设、知识产权保护的重点地州。现代服务业持续发展，旅游、康养、金融、物流、信息、电子商务产业日益兴盛，新疆信息产业园落户昌吉，昌吉州创建为"全国康养产业发展示范区"。

旅游独具特色。"新疆天山"成功申报为世界自然遗产，"北庭故城"成功申报为世界文化遗产，是新疆拥有"双世界遗产"的地、州、市。州域内有奇台汉代疏勒城、吉木萨尔北庭故城、车师古道、呼图壁康家石门子岩画等600多处文物点；拥有国家首批AAAAA级风景名胜区——天山天池、国家森林公园——江布拉克等自然景观，以及奇台硅化木·恐龙沟国家地质公园、魔鬼城、鸣沙山、胡杨林、湿地等特色地理标识；拥有新疆"花儿"、新疆曲子等民间艺术和极具地域特色的风味饮食，年接待游客4400万人次。

人文环境和谐。作为多民族聚居区，昌吉州历来就有各民族和睦相处、和衷共济、和谐发展的优良传统。特别是中央新疆工作座谈会后，昌吉州在全国30个少数民族自治州中，率先启动并成功创建为首个"全国民族团结进步创建活动示范州"。全州7个县、市环境空气质量优良天数平均达到278天，昌吉市、阜康市创建为"全国卫生城市""中国优秀旅游城市"。

二、昌吉回族自治州经济发展主要成就

1. 昌吉回族自治州GDP、人均GDP分析

图5-5-1为2009～2019年昌吉州国内生产总值（GDP）及其变化趋势。如图所示，昌

吉州 GDP 从 2009 年的 444.71 亿元，增至 2019 年的 1324.74 亿元，增长了 1.98 倍，年均增长率为 11.53%，整体呈现波动变化趋势。其中，2009~2011 年昌吉州 GDP 呈现快速增长趋势，2016 年下降至 1118.24 亿元，2017~2018 年快速上升至 1367.30 亿元，达到峰值。具体而言，昌吉州 GDP 自 2009 年突破 400 亿元以来，经济总量快速提升，2011 年突破 700 亿元，2014 年突破 1000 亿元，2019 年调整至 1324.74 亿元。从增长率看，总体呈现波动下降的趋势，且近年来有波动。其中，2011 年的增长率达到峰值，较 2010 年昌吉州 GDP 增长了 25.98%，2016 年的增长率最低，较 2015 年昌吉州 GDP 减少了 1.91%。值得关注的是，2016~2019 年昌吉州 GDP 出现波动上升趋势，从 1118.24 亿元增长至 1324.74 亿元，年均增长率为 5.81%，实现了较快速的增长。

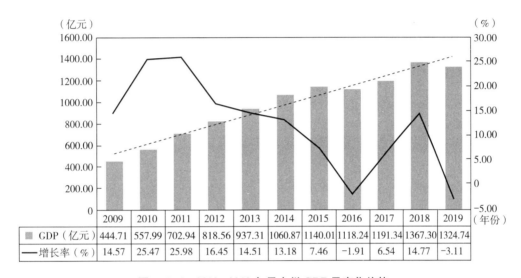

图 5-5-1　2009~2019 年昌吉州 GDP 及变化趋势

资料来源：《新疆统计年鉴》（2010~2020 年）。

图 5-5-2 为 2009~2019 年昌吉州人均 GDP 及变化趋势。如图所示，昌吉州人均 GDP 从 2009 年的 28520 元，增至 2019 年的 82605 元，增长了 1.90 倍，年均增长率为 11.22%，整体呈现平稳上升趋势。具体而言，昌吉州的人均 GDP 自 2010 年突破 30000 元以来，经过快速增长，2012 年突破 50000 元，2019 年达到了 82605 元。从总体趋势来看，除 2016 年外，昌吉州的人均 GDP 均呈逐年上升的趋势，其变化趋势与 GDP 一致。从人均 GDP 的增长率来看，总体呈波动下降的趋势，且近年来波动逐渐趋于平缓。其中，2011 年的增长率达到峰值，较 2010 年增长了 25.04%，2016 年是 2009~2019 年人均 GDP 增长率最低的年份，较 2015 年昌吉州人均 GDP 下降了 1.53%。值得关注的是，2016~2019 年昌吉州人均 GDP 出现波动上升趋势，从 70162 元增长至 82605 元，年均增长率为 5.59%。

2. 昌吉回族自治州固定资产投资分析

图 5-5-3 为 2009~2019 年昌吉州全社会固定资产投资额及变化趋势。如图所示，昌吉州全社会固定资产投资额从 2009 年的 205.08 亿元，增至 2019 年的 2270.56 亿元，增长了 10.07 倍，年均增长率为 27.18%，整体呈现快速增长趋势。具体而言，昌吉州全社会固定资产投资额自 2012 年突破 700 亿元以来，经过迅猛增长，2013 年突破 1000 亿元，2019 年达到了 2270.56 亿元。从总体趋势来看，昌吉州的全社会固定资产投资额均呈逐年上升的趋

势。从全社会固定资产投资额的增长率来看，呈波动下降趋势，且近年来波动逐渐趋于平缓。其中，2011年的增长率达到峰值，较2010年昌吉州全社会固定资产投资增长了88.45%，2016年的增长率最低，较2015年昌吉州全社会固定资产投资仅增长1.68%。值得关注的是，2016~2019年全社会固定资产投资额出现波动上升趋势，从1629.52亿元增长至2270.56亿元，年均增长率为11.69%，实现了连续三年快速增长。

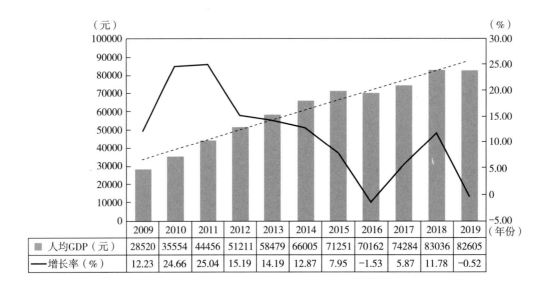

	2009	2010	2011	2012	2013	2014	2015	2016	2017	2018	2019
■ 人均GDP（元）	28520	35554	44456	51211	58479	66005	71251	70162	74284	83036	82605
── 增长率（%）	12.23	24.66	25.04	15.19	14.19	12.87	7.95	-1.53	5.87	11.78	-0.52

图5-5-2 2009~2019年昌吉州人均GDP及变化趋势

资料来源：《新疆统计年鉴》（2010~2020年）。

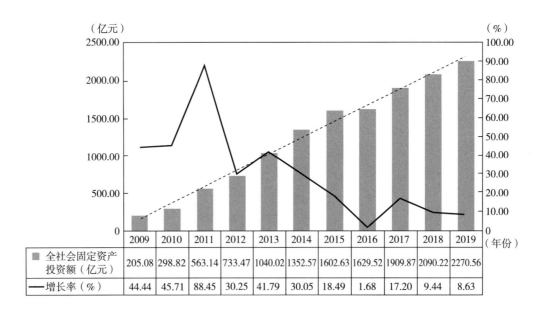

	2009	2010	2011	2012	2013	2014	2015	2016	2017	2018	2019
■ 全社会固定资产投资额（亿元）	205.08	298.82	563.14	733.47	1040.02	1352.57	1602.63	1629.52	1909.87	2090.22	2270.56
── 增长率（%）	44.44	45.71	88.45	30.25	41.79	30.05	18.49	1.68	17.20	9.44	8.63

图5-5-3 2009~2019年昌吉州全社会固定资产投资额及变化趋势

资料来源：《新疆统计年鉴》（2010~2020年）。

3. 昌吉回族自治州金融发展分析

图5-5-4为2009~2019年昌吉州各项目贷款余额及变化趋势。如图所示，昌吉州各项

目贷款余额从 2009 年的 193.47 亿元，增至 2019 年的 1396.00 亿元，增长了 6.22 倍，年均增长率为 21.85%，整体呈现快速增长趋势。具体而言，昌吉州各项目贷款余额自 2012 年突破 500 亿元以来，经过迅速增长，2016 年突破 1000 亿元，2019 年达到了 1396.00 亿元。从总体趋势来看，昌吉州各项目贷款余额均呈逐年上升的趋势。从项目贷款余额的增长率来看，总体呈波动下降变化趋势，且在 2017 年增长率跌至谷底。值得关注的是，2016～2019 年项目贷款余额出现逐年上升趋势，从 1033.12 亿元增长至 1396.00 亿元，年均增长率为 10.55%，实现了连续三年高速增长。

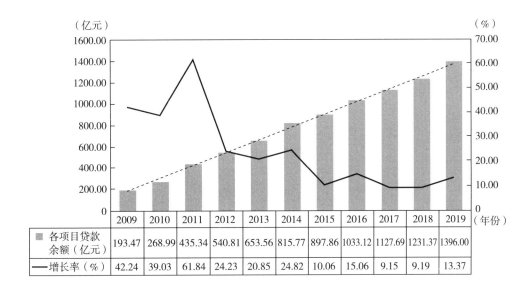

（亿元）	2009	2010	2011	2012	2013	2014	2015	2016	2017	2018	2019	（年份）
▦ 各项目贷款余额（亿元）	193.47	268.99	435.34	540.81	653.56	815.77	897.86	1033.12	1127.69	1231.37	1396.00	
── 增长率（%）	42.24	39.03	61.84	24.23	20.85	24.82	10.06	15.06	9.15	9.19	13.37	

图 5-5-4　2009～2019 年昌吉州各项目贷款余额及变化趋势

资料来源：《新疆统计年鉴》（2010～2020 年）。

4. 昌吉回族自治州进出口贸易发展分析

图 5-5-5 为 2009～2019 年昌吉州进出口贸易总额及变化趋势。如图所示，昌吉州进出口贸易总额从 2009 年的 154.83 亿元，降至 2019 年的 62.19 亿元，减少了 59.83%，年均增长率为 -8.72%，整体呈现减少趋势。具体而言，昌吉州的进出口总额最高值出现在 2009 年，进出口总额为 154.83 亿元，最低值出现在 2017 年，进出口总额跌至 43.28 亿元，之后触底反弹，2019 年回升至 62.19 亿元。从总体趋势来看，昌吉州的进出口总额呈波动下降的趋势且波动变化幅度较大。从进出口总额的增长率来看，总体呈波动变化趋势。其中，2018 年的增长率达到峰值，较 2017 年昌吉州进出口贸易总额增长了 38.05%，2017 年的增长率最低，较 2016 年昌吉州进出口贸易总额下降了 42.89%。值得关注的是，2016～2019 年昌吉州进出口总额出现波动下降趋势，从 75.79 亿元下降至 62.19 亿元，年均增长率为 -6.38%。

5. 昌吉回族自治州市场发展分析

图 5-5-6 为 2009～2019 年昌吉州全社会销售品零售总额及变化趋势。如图所示，昌吉州全社会销售品零售总额从 2009 年的 100.54 亿元，增至 2019 年的 268.59 亿元，增长了 1.67 倍，年均增长率为 10.33%，整体呈现增长趋势。具体而言，昌吉州的全社会销售品零售总额自 2009 年突破 100 亿元以来，经过快速增长，2014 年突破 200 亿元，2019 年达到了

268.59亿元。从全社会销售品零售总额的增长率来看，总体呈"M"型波动变化趋势。其中，2009年的增长率达到峰值，较2008年昌吉州全社会销售品零售总额增长了21.82%，2019年的增长率最低，较2018年昌吉州全社会销售品零售总额下降5.48%。值得关注的是，2016~2019年昌吉州全社会销售品零售总额呈现先上升后下降的趋势，从243.93亿元增长至268.59亿元，年均增长率为3.26%。

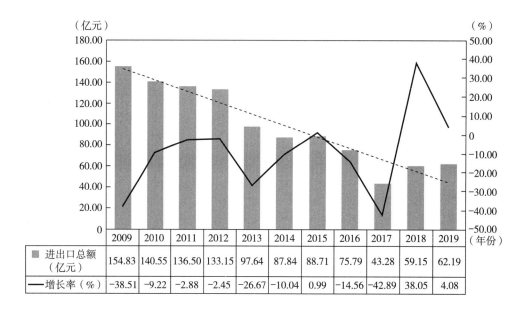

	2009	2010	2011	2012	2013	2014	2015	2016	2017	2018	2019
进出口总额（亿元）	154.83	140.55	136.50	133.15	97.64	87.84	88.71	75.79	43.28	59.15	62.19
增长率（%）	-38.51	-9.22	-2.88	-2.45	-26.67	-10.04	0.99	-14.56	-42.89	38.05	4.08

图5-5-5　2009~2019年昌吉州进出口贸易总额及变化趋势

资料来源：《新疆统计年鉴》（2010~2020年）。

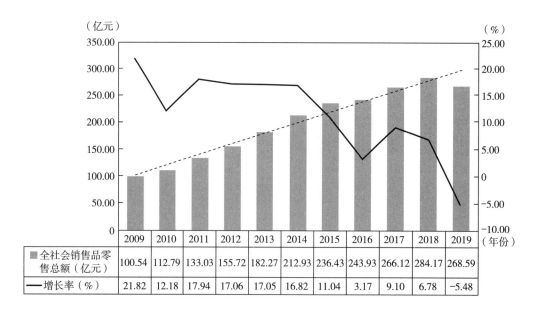

	2009	2010	2011	2012	2013	2014	2015	2016	2017	2018	2019
全社会销售品零售总额（亿元）	100.54	112.79	133.03	155.72	182.27	212.93	236.43	243.93	266.12	284.17	268.59
增长率（%）	21.82	12.18	17.94	17.06	17.05	16.82	11.04	3.17	9.10	6.78	-5.48

图5-5-6　2009~2019年昌吉州全社会销售品零售总额及变化趋势

资料来源：《新疆统计年鉴》（2010~2020年）。

6. 昌吉回族自治州居民收入分析

图 5-5-7 为 2009~2019 年昌吉州在岗职工平均工资及变化趋势。如图所示，昌吉州在岗职工平均工资从 2009 年的 26924 元，增至 2019 年的 80860 元，增长了 2.00 倍，年均增长率为 11.62%，整体呈现快速增长的趋势。具体而言，昌吉州在岗职工平均工资自 2010 年突破 30000 元以来，经过迅猛增长，2019 年达到了 80860 元。从总体趋势来看，昌吉州在岗职工平均工资均呈逐年上升的趋势。从在岗职工平均工资的增长率来看，总体呈波动变化趋势。其中，2010 年的增长率达到峰值，较 2009 年昌吉州在岗职工平均工资增长了 19.58%，2016 年的增长率最低，较 2015 年昌吉州在岗职工平均工资增长了 3.58%。值得关注的是，2016~2019 年昌吉州平均工资水平出现不断上升趋势，从 64456 元增长至 80860 元，年均增长率为 7.85%，实现了连续三年高速增长。

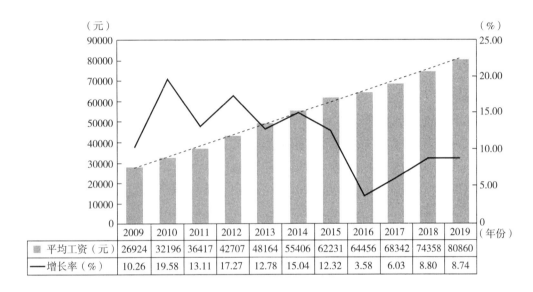

年份	2009	2010	2011	2012	2013	2014	2015	2016	2017	2018	2019
平均工资（元）	26924	32196	36417	42707	48164	55406	62231	64456	68342	74358	80860
增长率（%）	10.26	19.58	13.11	17.27	12.78	15.04	12.32	3.58	6.03	8.80	8.74

图 5-5-7　2009~2019 年昌吉州平均工资及变化趋势

资料来源：《新疆统计年鉴》（2010~2020 年）。

7. 昌吉回族自治州社会就业分析

图 5-5-8 为 2009~2019 年昌吉州城镇失业率。如图所示，昌吉州城镇失业率从 2009 年的 3.75%，降至 2019 年的 1.14%，年均增长率为-11.23%，整体呈现波动下降的趋势。其中 2009 年是 2009~2019 年城镇失业率最高的一年，城镇失业率为 3.75%；2019 年是 2009~2019 年城镇失业率最低的一年，城镇失业率为 1.14%。值得关注的是，2016~2019 年昌吉州城镇失业率出现逐年下降趋势，从 2.25%降至 1.14%。

8. 昌吉回族自治州工业化发展水平分析

图 5-5-9 为 2009~2019 年昌吉州工业化发展水平。如图所示，昌吉州工业化发展水平从 2009 年的 0.39，增至 2019 年的 0.42，年均工业化发展水平为 0.46，昌吉州工业化水平整体呈现波动上升的趋势。具体而言，昌吉州工业化水平在 2018 年达到最高值，2019 年工业化水平下降至 0.42。

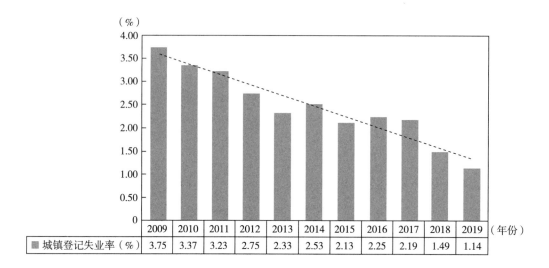

（%）

	2009	2010	2011	2012	2013	2014	2015	2016	2017	2018	2019
■ 城镇登记失业率（%）	3.75	3.37	3.23	2.75	2.33	2.53	2.13	2.25	2.19	1.49	1.14

图 5-5-8　2009～2019 年昌吉州城镇失业率

资料来源：《新疆统计年鉴》（2010～2020 年）。

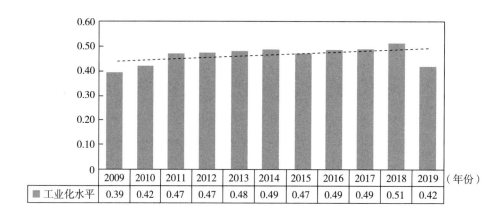

	2009	2010	2011	2012	2013	2014	2015	2016	2017	2018	2019
■ 工业化水平	0.39	0.42	0.47	0.47	0.48	0.49	0.47	0.49	0.49	0.51	0.42

图 5-5-9　2009～2019 年昌吉州工业化发展水平

资料来源：根据《新疆统计年鉴》（2010～2020 年）测算。

9. 昌吉回族自治州能源利用效率分析

图 5-5-10 为 2009～2019 年昌吉州的能源消耗总量及变化趋势。如图所示，昌吉州能源消耗总量从 2009 年的 965.80 万吨标准煤，增至 2019 年的 3502.23 万吨标准煤，增长了 2.63 倍，年均增长率为 13.75%，整体呈现平稳增长的趋势。具体而言，昌吉州能源消耗总量自 2010 年突破 1000 万吨标准煤以来，经过快速增长，2014 年增长至 3483.73 万吨标准煤，随后波动下降，2015 年下降至 2581.52 万吨标准煤。2018 年为 2934.49 万吨标准煤，2019 年达到了 3502.23 万吨标准煤。从总体趋势来看，昌吉州能源消耗总量呈波动变化的趋势，2013～2015 年震荡下降。从能源消耗总量的增长率来看，总体呈波动变化趋势。其中 2013 年的增长率达到峰值，较 2012 年昌吉州能源消耗总量增长了 50.49%，2015 年的增长率最低，较 2014 年昌吉州能源消耗总量降低了 25.90%。值得关注的是，2016～2019 年昌吉州能源消耗出现波动上升趋势，其中 2016～2018 年昌吉州能源消耗呈现波动上升趋势，从 2922.86 万吨标准煤增长至 2934.49 万吨标准煤，2019 年反弹至 3502.23 万吨标准煤，年均增长率为 6.21%。

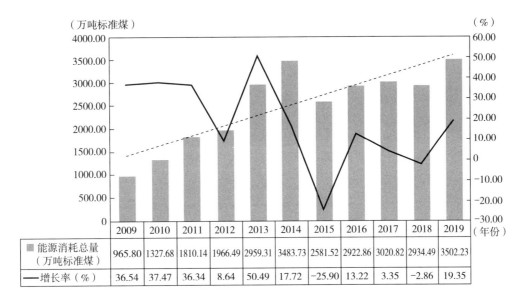

	2009	2010	2011	2012	2013	2014	2015	2016	2017	2018	2019
能源消耗总量（万吨标准煤）	965.80	1327.68	1810.14	1966.49	2959.31	3483.73	2581.52	2922.86	3020.82	2934.49	3502.23
增长率（%）	36.54	37.47	36.34	8.64	50.49	17.72	-25.90	13.22	3.35	-2.86	19.35

图 5-5-10　2009~2019 年昌吉州能源消耗总量及变化趋势

资料来源：根据《新疆统计年鉴》（2010~2020 年）测算。

10. 昌吉州产业结构高级化分析

图 5-5-11 为 2009~2019 年昌吉州产业结构高级化情况。如图所示，昌吉州产业结构高级化值从 2009 年的 0.76，波动变化至 2019 年的 0.63，年均产业结构高级化值为 0.64，总体呈"U"型变化趋势。其中，2009~2010 年产业结构高级化值快速上升，2010 年产业结构高级化值为 0.78，2011~2018 年产业结构高级化值先下降后上升，2012~2014 年维持最低值 0.55，2018 年产业结构高级化值快速上升至 0.68。值得关注的是，2016~2019 年昌吉州产业结构高级化值呈现波动变化趋势，从 0.65 波动变化至 0.63，年均产业结构高级化值为 0.65。

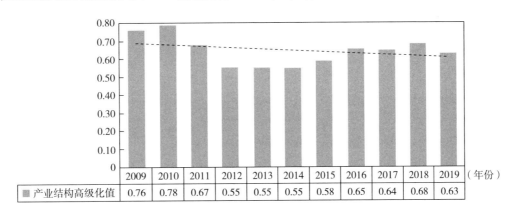

	2009	2010	2011	2012	2013	2014	2015	2016	2017	2018	2019
产业结构高级化值	0.76	0.78	0.67	0.55	0.55	0.55	0.58	0.65	0.64	0.68	0.63

图 5-5-11　2009~2019 年昌吉州产业结构高级化

资料来源：根据《新疆统计年鉴》（2010~2020 年）测算。

三、昌吉回族自治州经济发展质量时序特征

1. 昌吉回族自治州经济质量发展指数

图 5-5-12 为 2009~2019 年昌吉州经济发展质量及变化趋势。如图所示，在总体趋势上，昌吉州的经济高质量发展指数呈波动上升的趋势。2009 年昌吉州经济高质量发展指数

为0.18，2015年经济高质量发展指数为0.32，2019年经济高质量发展指数为0.40；2019年是2009~2019年经济高质量发展指数最高的一年，经济高质量发展指数为0.40；2010年是2009~2019年经济高质量发展指数最低的一年，经济高质量发展指数为0.17。

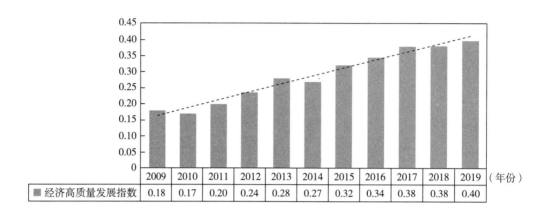

	2009	2010	2011	2012	2013	2014	2015	2016	2017	2018	2019	（年份）
■ 经济高质量发展指数	0.18	0.17	0.20	0.24	0.28	0.27	0.32	0.34	0.38	0.38	0.40	

图5-5-12　2009~2019年昌吉州经济发展质量及变化趋势

资料来源：根据《新疆统计年鉴》（2010~2020年）测算。

2. 昌吉回族自治州经济子系统发展指数

由图5-5-13可以看出：昌吉州创新子系统得分最高的是2017年，得分超过0.11；协调子系统得分最高的是2015年，得分超过0.09；绿色子系统得分最高的是2019年，得分超过0.06；开放子系统得分最高的是2019年，得分超过0.056；共享子系统得分最高的是2018年，得分超过0.13。

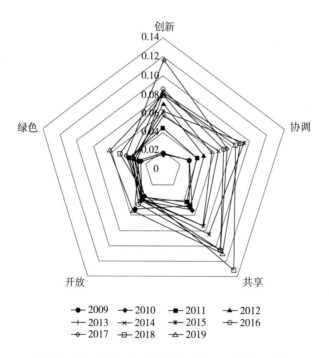

图5-5-13　2009~2019年昌吉州各子系统发展指数

资料来源：根据《新疆统计年鉴》（2010~2020年）测算。

3. 昌吉回族自治州各县域经济高质量发展指数

结合图5-5-14和表5-5-1可以看出：2009年昌吉州经济高质量发展排在第一位的是昌吉市，经济高质量发展指数为0.329；第二位的是奇台县（0.222），之后依次为阜康市（0.209）、呼图壁县（0.208）、玛纳斯县（0.208）、木垒哈萨克自治县（0.204）、吉木萨尔县（0.181）。

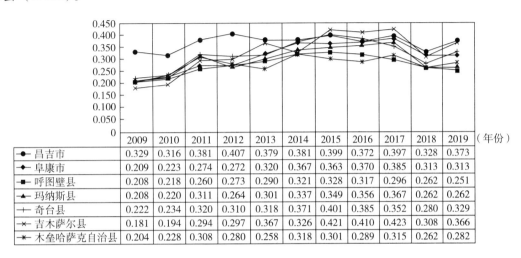

	2009	2010	2011	2012	2013	2014	2015	2016	2017	2018	2019（年份）
● 昌吉市	0.329	0.316	0.381	0.407	0.379	0.381	0.399	0.372	0.397	0.328	0.373
◆ 阜康市	0.209	0.223	0.274	0.272	0.320	0.367	0.363	0.370	0.385	0.313	0.313
■ 呼图壁县	0.208	0.218	0.260	0.273	0.290	0.321	0.328	0.317	0.296	0.262	0.251
▲ 玛纳斯县	0.208	0.220	0.311	0.264	0.301	0.337	0.349	0.356	0.367	0.262	0.262
＋ 奇台县	0.222	0.234	0.320	0.310	0.318	0.371	0.401	0.385	0.352	0.280	0.329
✕ 吉木萨尔县	0.181	0.194	0.294	0.297	0.367	0.326	0.421	0.410	0.423	0.308	0.366
＊ 木垒哈萨克自治县	0.204	0.228	0.308	0.280	0.258	0.318	0.301	0.289	0.315	0.262	0.282

图5-5-14　2009~2019年昌吉州各县域经济高质量发展指数

资料来源：根据《新疆统计年鉴》（2010~2020年）测算。

2009~2014年昌吉州7个市县整体呈现波动上升趋势，昌吉市维持第一位，木垒哈萨克自治县在波动变化中2013年下降至最后一位；2015~2017年，吉木萨尔县跃居第一位，昌吉市经济发展水平下降至2~3位；2019年，昌吉市重回第一位（0.373），吉木萨尔县（0.366）居第二位，之后依次为奇台县（0.329）、阜康市（0.313）、木垒哈萨克自治县（0.282）、玛纳斯县（0.262）、呼图壁县（0.251）。

表5-5-1　2009年、2015年、2019年昌吉州县域经济高质量发展指数

地区	2009年		2015年		2019年	
	分值	次序	分值	次序	分值	次序
昌吉市	0.329	1	0.399	3	0.373	1
阜康市	0.209	3	0.363	4	0.313	4
呼图壁县	0.208	4	0.328	6	0.251	7
玛纳斯县	0.208	4	0.349	5	0.262	6
奇台县	0.222	2	0.401	2	0.329	3
吉木萨尔县	0.181	7	0.421	1	0.366	2
木垒哈萨克自治县	0.204	6	0.301	7	0.282	5

资料来源：根据《新疆统计年鉴》（2010~2020年）测算。

4. 昌吉回族自治州各县域子系统发展指数

结合图5-5-14与表5-5-2，从创新子系统的维度来看：2009年阜康市创新子系统得分为0.053；昌吉市创新子系统得分为0.052；玛纳斯县创新子系统得分为0.040。从协调子系统的维度来看：2009年昌吉市协调子系统得分为0.093；木垒哈萨克自治县协调子系统得分

为0.057；奇台县协调子系统得分为0.048。从绿色子系统的维度来看：奇台县绿色子系统
得分为0.072；吉木萨尔县绿色子系统得分为0.067；呼图壁县绿色子系统得分为0.066。从
开放子系统的维度来看：昌吉市开放子系统得分为0.060；呼图壁县开放子系统得分为
0.032；奇台县开放子系统得分为0.027。从共享子系统的维度来看：2009年昌吉州共享子
系统得分最高的是昌吉市，为0.093；阜康市共享子系统得分次之，为0.050；木垒哈萨克
自治县共享子系统得分为0.047。

表5-5-2　2009年昌吉州各县域子系统发展指数

地区	创新		协调		开放		共享		绿色	
	分值	次序	分值	次序	分值	次序	分值	次序	分值	次序
昌吉市	0.052	2	0.093	1	0.060	1	0.093	1	0.031	7
阜康市	0.053	1	0.035	6	0.027	4	0.050	2	0.043	6
呼图壁县	0.030	5	0.039	5	0.032	2	0.041	5	0.066	3
玛纳斯县	0.040	3	0.040	4	0.023	5	0.040	6	0.064	4
奇台县	0.028	6	0.048	3	0.027	3	0.046	4	0.072	1
吉木萨尔县	0.031	4	0.034	7	0.018	7	0.031	7	0.067	2
木垒哈萨克自治县	0.019	7	0.057	2	0.019	6	0.047	3	0.062	5

资料来源：根据《新疆统计年鉴》（2010～2020年）测算。

结合图5-5-14与表5-5-3，从创新子系统的维度来看：2015年吉木萨尔县创新子系统
得分为0.224；阜康市创新子系统得分为0.129；奇台县创新子系统得分为0.127。从协调子
系统的维度来看：2015年昌吉市协调子系统得分为0.081；木垒哈萨克自治县协调子系统得
分为0.048；呼图壁县协调子系统得分为0.035。从绿色子系统的维度来看：奇台县绿色子
系统得分为0.169；玛纳斯县绿色子系统得分为0.147；呼图壁县绿色子系统得分为0.145。
从开放子系统的维度来看：昌吉市开放子系统得分为0.052；呼图壁县开放子系统得分为
0.032；奇台县开放子系统得分为0.031。从共享子系统的维度来看：2015年昌吉州共享子
系统得分最高的是昌吉市，为0.092；木垒哈萨克自治县共享子系统得分为0.050；阜康市
共享子系统得分为0.047。

表5-5-3　2015年昌吉州各县域子系统发展指数

地区	创新		协调		开放		共享		绿色	
	分值	次序	分值	次序	分值	次序	分值	次序	分值	次序
昌吉市	0.095	5	0.081	1	0.052	1	0.092	1	0.080	7
阜康市	0.129	2	0.033	6	0.030	4	0.047	3	0.127	4
呼图壁县	0.084	6	0.035	3	0.032	2	0.032	7	0.145	3
玛纳斯县	0.101	4	0.034	4	0.027	6	0.039	5	0.147	2
奇台县	0.127	3	0.034	4	0.031	3	0.041	4	0.169	1
吉木萨尔县	0.224	1	0.018	7	0.019	7	0.033	6	0.126	5
木垒哈萨克自治县	0.058	7	0.048	2	0.029	5	0.050	2	0.121	6

资料来源：根据《新疆统计年鉴》（2010～2020年）测算。

结合图5-5-14与表5-5-4，从创新子系统的维度来看：2019年吉木萨尔县创新子系统得分为0.193；阜康市创新子系统得分为0.140；奇台县创新子系统得分为0.112。从协调子系统的维度来看：2019年昌吉市协调子系统得分为0.120；木垒哈萨克自治县协调子系统得分为0.058；奇台县协调子系统得分为0.043。从绿色子系统的维度来看：玛纳斯县绿色子系统得分为0.067；奇台县绿色子系统得分为0.065；呼图壁县绿色子系统得分为0.054。从开放子系统的维度来看：昌吉市开放子系统得分为0.063；奇台县和吉木萨尔县开放子系统得分均为0.058。从共享子系统的维度来看：2019年昌吉州共享子系统得分最高的是昌吉市，为0.080；阜康市共享子系统得分为0.057；木垒哈萨克自治县共享子系统得分为0.054。

表5-5-4　2019年昌吉州各县域子系统发展指数

地区	创新		协调		开放		共享		绿色	
	分值	次序	分值	次序	分值	次序	分值	次序	分值	次序
昌吉市	0.077	6	0.120	1	0.063	1	0.080	1	0.033	7
阜康市	0.140	2	0.039	5	0.026	7	0.057	2	0.051	5
呼图壁县	0.069	7	0.042	4	0.046	4	0.041	6	0.054	3
玛纳斯县	0.088	4	0.038	6	0.033	6	0.036	7	0.067	1
奇台县	0.112	3	0.043	3	0.058	2	0.049	4	0.065	2
吉木萨尔县	0.193	1	0.021	7	0.058	2	0.042	5	0.053	4
木垒哈萨克自治县	0.083	5	0.058	2	0.038	5	0.054	3	0.049	6

资料来源：根据《新疆统计年鉴》（2010~2020年）测算。

四、昌吉回族自治州经济发展空间格局与演变

整体上，2009~2019年玛纳斯县、呼图壁县、昌吉市、阜康市、吉木萨尔县、奇台县、木垒哈萨克自治县的经济发展质量均呈现波动上升的趋势。其中昌吉市的年均经济发展质量高于其他县（市），在昌吉州各县域经济发展质量中排名第一。

五、小结

从2009~2019年昌吉州经济发展主要成就业看：经济发展方面，昌吉州GDP从2009年的444.71亿元，增至2019年的1324.74亿元，增长了1.98倍，年均增长率为11.53%，整体呈现波动变化趋势。昌吉州人均GDP从2009年的28520元，增至2019年的82605元，增长了1.90倍，年均增长率为11.22%，整体呈现平稳上升的趋势。2016~2019年昌吉州GDP出现波动上升趋势，从1118.24亿元增长至1324.74亿元，年均增长率为5.81%，实现了较快速的增长。投资方面，昌吉州全社会固定资产投资额从2009年的205.08亿元，增至2019年的2270.56亿元，增长了10.07倍，年均增长率为27.18%，整体呈现快速增长趋势。2016~2019年全社会固定资产投资额出现波动上升趋势，从1629.52亿元增长至2270.56亿

元，年均增长率为 11.69%，实现连续四年快速增长。金融发展方面，2016～2019 年项目贷款余额出现逐年上升趋势，从 1033.12 亿元增长至 1396.00 亿元，年均增长率为 10.55%，实现了连续三年高速增长。对外贸易方面，昌吉州进出口总额从 2009 年的 154.83 亿元，降至 2019 年的 62.19 亿元，减少了 59.83%，整体呈现减少趋势。2016～2019 年昌吉州进出口总额出现波动下降趋势，从 75.79 亿元下降至 62.19 亿元，年均增长率为-6.38%。市场发展方面，昌吉州全社会销售品零售总额从 2009 年的 100.54 亿元，增至 2019 年的 268.59 亿元，增长了 1.67 倍，年均增长率为 10.33%，整体呈现增长趋势。2016～2019 年昌吉州全社会销售品零售总额呈现先上升后下降趋势，从 243.93 亿元增长至 268.59 亿元，年均增长率为 3.26%。居民收入方面，2016～2019 年昌吉州平均工资水平呈现不断上升趋势，从 64456 元增长至 80860 元，年均增长率为 7.85%，实现了连续三年高速增长。社会就业方面，昌吉州的城镇失业率从 2009 年的 3.75%，降至 2019 年的 1.14%，年均增长率为-11.23%，整体呈现波动下降的趋势。工业化发展方面，昌吉州工业化发展水平从 2009 年的 0.39，增至 2019 年的 0.42，年均工业化发展水平为 0.46，昌吉州的工业化水平整体呈现波动上升的趋势。能源利用效率方面，昌吉州的能源消耗总量从 2009 年的 965.80 万吨标准煤，增至 2019 年的 3502.23 万吨标准煤，增长了 2.63 倍，年均增长率为 13.75%，整体呈现平稳增长趋势。2016～2018 年昌吉州能源消耗呈现波动上升趋势，从 2922.86 万吨标准煤增长至 2934.49 万吨标准煤，2019 年反弹至 3502.23 万吨标准煤，年均增长率为 6.21%。产业结构高级化方面，昌吉州产业结构高级化值从 2009 年的 0.76，波动变化至 2019 年的 0.63，年均产业结构高级化值为 0.64，总体呈"U"型变化趋势。

昌吉州的经济高质量发展指数呈波动上升的趋势。2009 年昌吉州经济高质量发展指数为 0.18，2015 年经济高质量发展指数为 0.32，2019 年经济高质量发展指数为 0.40；2019 年是 2009～2019 年经济高质量发展指数最高的一年，经济高质量发展指数为 0.40；2010 年是 2009～2019 年经济高质量发展指数最低的一年，经济高质量发展指数为 0.17。昌吉州创新子系统得分最高的是 2017 年，得分超过 0.11；协调子系统得分最高的是 2015 年，得分超过 0.09；绿色子系统得分最高的是 2019 年，得分超过 0.06；开放子系统得分最高的是 2019 年，得分超过 0.056；共享子系统得分最高的是 2018 年，得分超过 0.13。

第六节 伊犁州直属县（市）经济高质量发展评价

一、伊犁州直属县（市）概况①

伊犁哈萨克自治州成立于 1954 年 11 月，辖塔城、阿勒泰 2 个地区和 11 个直属县（市），首府设在伊宁市，是全国唯一一个既辖地区又辖县（市）的自治州。通常所讲的"伊犁"，是指伊犁州直属区域（不含塔城、阿勒泰地区），面积 5.65 万平方千米。驻有兵

---

① 资料来源：伊犁哈萨克自治州人民政府官网 http://www.xjyl.gov.cn/index.htm。

团第四师、第七师和核工业新疆矿冶局、天西林管局、西部黄金伊犁分公司等中央、自治区直属单位（企业）。

伊犁哈萨克自治州水、土、光、热资源得天独厚。地域辽阔，土地肥沃，气候湿润，雨量充沛，伊犁河流域地表水年径流量 167 亿立方米，有天然草场 5210 万亩、森林 1532 万亩、耕地 1023 万亩（含兵团），是新疆重要的粮食、油料、蔬菜、林果、畜产品生产基地和伊犁马、新疆褐牛培育基地。

伊犁哈萨克自治州矿产资源富集。已探明矿产 9 大类 63 种，煤、铁、金、铀、石灰岩储量居新疆前列，其中煤炭远景储量 4772 亿吨、黄金预测资源量 1024 吨。

此外，伊犁哈萨克自治州旅游资源独具魅力。有著名的那拉提、唐布拉、喀拉峻等天山草原风光，有闻名遐迩的八卦名城、伊犁将军府，以及被联合国教科文组织誉为"东方小夜曲"的《草原之夜》诞生地——可克达拉等众多历史文化景点，有 AAAAA 级景区 2 个、AAAA 级景区 17 个。

2020 年，伊犁州直属县（市）国内生产总值（GDP）1266.01 亿元，比上年增长 5.2%。全年地方财政收入 137.11 亿元，增长 10.8%。其中，一般公共预算收入 105.02 亿元，增长 12.6%。全年固定资产投资（不含农户）比上年增长 73.7%。全年社会消费品零售总额 276.73 亿元，比上年下降 3.9%。据抽样调查，城镇居民人均可支配收入 33000 元，比上年增长 2.1%，农村居民人均可支配收入 15356 元，比上年增长 7.6%。全州监测的重点城市中，伊宁市空气质量良好天数占全年天数的比例为 82.5%，细颗粒物（PM2.5）平均浓度 43 微克/立方米。国家和自治区级自然保护区 5 个，保护区面积 14.18 万公顷，其中，国家级自然保护区 3 个。

二、伊犁州直属县（市）经济发展主要成就

（1）经济发展方面：伊犁州直属县（市）国内生产总值（GDP）从 2009 年的 333.66 亿元，增至 2019 年的 1190.71 亿元，增长了 2.57 倍，年均增长率为 13.57%，呈现"N"型变化趋势。值得关注的是，2016~2019 年伊犁州直属县（市）GDP 出现逐年上升趋势，从 782.00 亿元增长至 1190.71 亿元，年均增长率为 15.04%，实现了连续三年高速增长。伊犁州直属县（市）人均 GDP 从 2009 年的 12951 元，增至 2018 年的 33592 元，增长了 1.59 倍，年均增长率为 11.17%，呈"N"型变化趋势。值得关注的是，2016~2018 年伊犁州直属县（市）人均 GDP 呈现逐年上升趋势，从 27847 元增长至 33592 元，年均增长率为 9.83%，实现了连续两年快速增长。

（2）投资方面：伊犁州直属县（市）全社会固定资产投资从 2009 年的 395.60 亿元，增至 2017 年的 1681.99 亿元，增长了 3.25 倍，年均增长率为 19.83%，呈"N"型变化趋势。值得关注的是，2016~2017 年伊犁州直属县（市）全社会固定资产投资呈现上升趋势，从 1292.40 亿元增长至 1681.99 亿元，增长率为 30.14%。

（3）金融发展方面：伊犁州直属县（市）各项目贷款余额从 2009 年的 72.78 亿元，增至 2019 年的 1314.41 亿元，增长了 17.06 倍，年均增长率为 33.56%，呈现逐年上升趋势。值得关注的是，2016~2019 年伊犁州直属县（市）各项目贷款余额总体呈现上升趋势，从 1002.46 亿元增长至 1314.41 亿元，年均增长率为 9.45%。

（4）对外贸易方面：伊犁州直属县（市）进出口贸易总额从 2009 年的 253.24 亿元，增长至 2019 年的 330.54 亿元，增加了 0.31 倍，年均增长率为 2.70%，呈现波动变化趋势。值得关注的是，2016~2019 年伊犁州直属县（市）进出口贸易总额呈现上升趋势，从 299.93 亿元增加至 330.54 亿元，年均增长率为 3.29%。

（5）市场发展方面：伊犁州直属县（市）全社会销售品零售总额从 2009 年的 88.62 亿元，增至 2019 年的 288.11 亿元，增长了 2.25 倍，年均增长率为 12.51%，大致呈现逐年上升的趋势。值得关注的是，2016~2019 年伊犁州直属县（市）全社会销售品零售总额呈现逐年上升的变化趋势，从 206.12 亿元增加至 288.11 亿元，年均增长率为 11.81%。

（6）居民收入方面：伊犁州直属县（市）在岗职工平均工资从 2009 年的 22727 元，增至 2019 年的 67798 元，增长了 1.98 倍，年均增长率为 11.55%，呈现逐年上升的变化趋势。值得关注的是，2016~2019 年伊犁州直属县（市）在岗职工平均工资呈现逐年上升的变化趋势，从 57684 元增至 67798 元，年均增长率为 5.53%，实现了连续三年稳步增长。

（7）社会就业方面：用伊犁州直属县（市）城镇失业率来表征社会就业情况，城镇失业率越低，社会就业就越充分。伊犁州直属县（市）城镇失业率从 2009 年的 3.04%，增至 2019 年的 3.40%，增长了 0.12 倍，年均城镇失业率为 3.46%，总体呈现波动变化的趋势。值得关注的是，2016~2019 年伊犁州直属县（市）城镇失业率大致呈现下降趋势，最低点为 2018 年，城镇失业率为 3.26%，最高点为 2016 年，城镇失业率为 3.63%。

（8）工业化发展方面：伊犁州直属县（市）工业化发展水平从 2009 年的 0.34，降至 2019 年的 0.25，降低了 26.47%，年均工业化发展水平为 0.32，总体呈下降趋势。值得关注的是，2016~2019 年伊犁州直属县（市）工业化发展水平呈现波动下降的变化趋势，从 0.29 下降至 0.25，年均工业化水平为 0.29。

（9）能源利用效率方面：用单位地区生产总值能耗来表征能源利用效率，单位生产总值能耗值越小，能源利用效率越大，反之亦然。伊犁州直属县（市）单位地区生产总值能耗值从 2009 年的 1.14 万吨标准煤/亿元，降至 2019 年的 0.63 万吨标准煤/亿元，降低了 44.74%，年均单位地区生产总值能耗值为 0.97 万吨标准煤/亿元，总体呈波动下降的变化趋势。由此可见，2009~2019 年伊犁州直属县（市）能源利用效率快速提升。值得关注的是，2016~2019 年伊犁州直属县（市）单位地区生产总值能耗值呈现波动下降的变化趋势，从 0.63 万吨标准煤/亿元下降至 0.53 万吨标准煤/亿元，再上升至 0.63 万吨标准煤/亿元，年均单位地区生产总值能耗值为 0.59 万吨标准煤/亿元，年均下降 5.60%，2019 年能源利用效率有所下降。

（10）产业结构高级化方面：伊犁州直属县（市）产业结构高级化从 2009 年的 1.20，增至 2019 年的 2.35，提高了 0.96 倍，年均产业结构高级化值为 1.47，总体呈波动上升的变化趋势。值得关注的是，2016~2019 年伊犁州直属县（市）产业结构高级化值呈现小幅波动的变化趋势，从 1.60 上升至 2.35，年均产业结构高级化值为 1.78，由此可见，2016~2019 年产业结构高级化发展较好且较为稳定。

1. 伊犁州直属县（市）GDP、人均 GDP 分析

图 5-6-1 为 2009~2019 年伊犁州直属县（市）国内生产总值（GDP）及其变化趋势。如图所示，伊犁州直属县（市）GDP 从 2009 年的 333.66 亿元，增至 2019 年的 1190.71 亿元，增长了 2.57 倍，年均增长率为 13.57%，呈现"N"型变化趋势。其中，2009~2015 年

GDP 呈现快速增长趋势，2016 年下降至 782.00 亿元，2017~2019 年呈现逐年上升趋势。具体来讲，自 2010 年突破 400 亿元以来，经济总量快速提升，2015 年突破 800 亿元，2018 年达到 939.85 亿元，2019 年达到 1190.71 亿元。从增长率看，总体呈现先波动下降再上升的趋势。其中，2019 年的增长率达到峰值，较 2018 年伊犁州直属县（市）GDP 增长了 26.69%，2016 年的增长率最低，较 2015 年伊犁州直属县（市）GDP 下降了 3.34%。值得关注的是，2016~2019 年伊犁州直属县（市）GDP 出现逐年上升趋势，从 782.00 亿元增长至 1190.71 亿元，年均增长率为 15.04%，实现了连续三年高速增长。

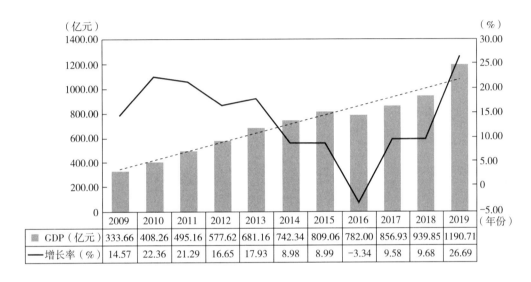

	2009	2010	2011	2012	2013	2014	2015	2016	2017	2018	2019
GDP（亿元）	333.66	408.26	495.16	577.62	681.16	742.34	809.06	782.00	856.93	939.85	1190.71
增长率（%）	14.57	22.36	21.29	16.65	17.93	8.98	8.99	-3.34	9.58	9.68	26.69

图 5-6-1　2009~2019 年伊犁州直属县（市）GDP 及变化趋势

资料来源：《新疆统计年鉴》（2010~2020 年）。

图 5-6-2 为 2009~2018 年伊犁州直属县（市）人均 GDP 及其变化趋势。如图所示，伊犁州直属县（市）人均 GDP 从 2009 年的 12951 元，增至 2018 年的 33592 元，增长了 1.59 倍，年均增长率为 11.17%，呈 "N" 型变化趋势。其中，2009~2015 年人均 GDP 呈现快速增长趋势，2016 年下降至 27847 元，2016~2018 年呈现逐年上升趋势。具体来讲，自 2010 年突破 15000 元以来，人均 GDP 快速提升，2017 年突破 30000 元，2018 年达到 33592 元。从增长率看，总体呈现先波动下降再上升的趋势。其中，2010 年的增长率达到峰值，较 2009 年伊犁州直属县（市）人均 GDP 增长了 20.71%，2009 年的增长率最低，较 2008 年伊犁州直属县（市）人均 GDP 下降了 13.97%。值得关注的是，2016~2018 年伊犁州直属县（市）人均 GDP 呈现逐年上升趋势，从 27847 元增长至 33592 元，年均增长率为 9.83%，实现了连续两年快速增长。

2. 伊犁州直属县（市）固定资产投资分析

图 5-6-3 为 2009~2017 年伊犁州直属县（市）全社会固定资产投资额及其变化趋势。如图所示，伊犁州直属县（市）全社会固定资产投资额从 2009 年的 395.60 亿元，增至 2017 年的 1681.99 亿元，增长了 3.25 倍，年均增长率为 19.83%，呈 "N" 型变化趋势。其中，2009~2014 年全社会固定资产投资大致呈现快速增长趋势，2015 年下降至 1448.37 亿元，2016~2017 年呈现上升趋势。具体来讲，自 2010 年突破 600 亿元以来，2012 年突破 1000 亿元，达到 1092.57 亿元。从增长率看，总体呈现波动变化的趋势。其中，2010 年的

增长率达到峰值，较2009年伊犁州直属县（市）全社会固定资产投资增长了52.18%，2016年的增长率最低，较2015年伊犁州直属县（市）全社会固定资产投资下降了10.77%。值得关注的是，2016~2017年伊犁州直属县（市）全社会固定资产投资呈现上升趋势，从1292.40亿元增长至1681.99亿元，增长率为30.14%。

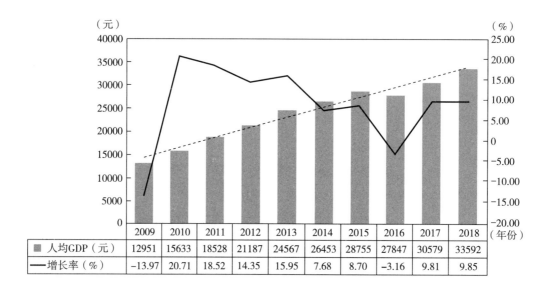

	2009	2010	2011	2012	2013	2014	2015	2016	2017	2018
人均GDP（元）	12951	15633	18528	21187	24567	26453	28755	27847	30579	33592
增长率（%）	-13.97	20.71	18.52	14.35	15.95	7.68	8.70	-3.16	9.81	9.85

图5-6-2　2009~2018年伊犁州直属县（市）人均GDP及变化趋势

资料来源：《新疆统计年鉴》（2010~2019年）。

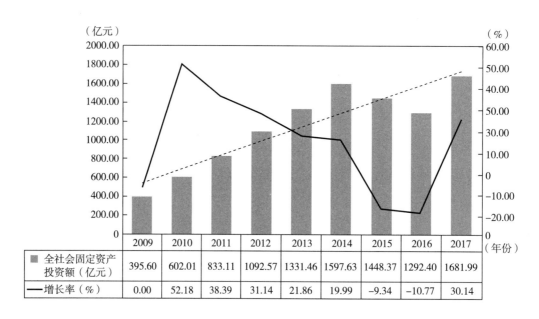

	2009	2010	2011	2012	2013	2014	2015	2016	2017
全社会固定资产投资额（亿元）	395.60	602.01	833.11	1092.57	1331.46	1597.63	1448.37	1292.40	1681.99
增长率（%）	0.00	52.18	38.39	31.14	21.86	19.99	-9.34	-10.77	30.14

图5-6-3　2009~2017年伊犁州直属县（市）全社会固定资产投资额及变化趋势

资料来源：《新疆统计年鉴》（2010~2018年）。

3. 伊犁州直属县（市）金融发展分析

图5-6-4为2009~2019年伊犁州直属县（市）各项目贷款余额及其变化趋势。如图所

示，伊犁州直属县（市）各项目贷款余额从 2009 年的 72.78 亿元，增至 2019 年的 1314.41 亿元，增长了 17.06 倍，年均增长率为 33.56%，呈现逐年上升趋势。其中，2009~2015 年各项目贷款余额呈现逐年快速增长趋势；2016~2019 年增速有所放缓。具体来讲，自 2010 年突破 100 亿元以来，2016 年突破 1000 亿元，2019 年突破 1300 亿元，达到 1314.41 亿元。从增长率看，总体呈现波动下降的趋势。其中，2011 年的增长率达到峰值，较 2010 年伊犁州直属县（市）各项目贷款余额增长了 238.36%，2018 年的增长率最低，较 2017 年伊犁州直属县（市）各项目贷款余额增长了 1.06%。值得关注的是，2016~2019 年伊犁州直属县（市）各项目贷款余额总体呈现上升趋势，从 1002.46 亿元增长至 1314.41 亿元，年均增长率为 9.45%。

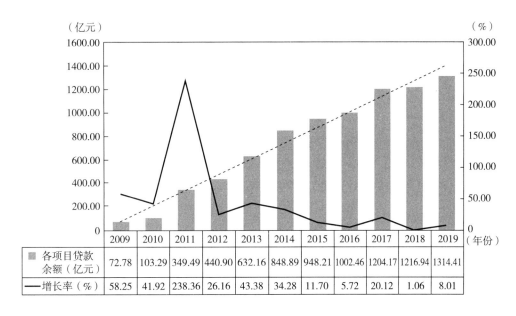

图 5-6-4　2009~2019 年伊犁州直属县（市）各项目贷款余额及变化趋势

资料来源：《新疆统计年鉴》（2010~2020 年）。

4. 伊犁州直属县（市）进出口贸易发展分析

图 5-6-5 为 2009~2019 年伊犁州直属县（市）进出口贸易总额及其变化趋势。如图所示，伊犁州直属县（市）进出口贸易总额从 2009 年的 253.24 亿元，增至 2019 年的 330.54 亿元，增加了 0.31 倍，年均增长率为 2.70%，呈现波动变化趋势。具体来讲，自 2010 年突破 300 亿元以来，2013 年突破 400 亿元，达到 464.72 亿元。从增长率看，总体呈现波动变化的趋势。其中，2010 年的增长率达到峰值，较 2009 年伊犁州直属县（市）进出口贸易总额增长了 30.56%，2009 年的增长率最低，较 2008 年伊犁州直属县（市）进出口贸易总额下降了 42.62%。值得关注的是，2016~2019 年伊犁州直属县（市）进出口贸易总额呈现上升趋势，从 299.93 亿元增加至 330.54 亿元，年均增长率为 3.29%。

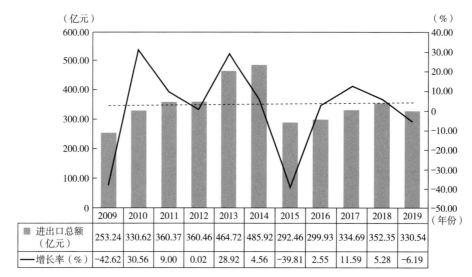

		2009	2010	2011	2012	2013	2014	2015	2016	2017	2018	2019
■	进出口总额（亿元）	253.24	330.62	360.37	360.46	464.72	485.92	292.46	299.93	334.69	352.35	330.54
—	增长率（%）	-42.62	30.56	9.00	0.02	28.92	4.56	-39.81	2.55	11.59	5.28	-6.19

图 5-6-5 2009～2019 年伊犁州直属县（市）进出口贸易总额及变化趋势

资料来源：《新疆统计年鉴》（2010～2020 年）。

5. 伊犁州直属县（市）市场发展分析

图 5-6-6 为 2009～2019 年伊犁州直属县（市）全社会销售品零售总额及其变化趋势。如图所示，伊犁州直属县（市）全社会销售品零售总额从 2009 年的 88.62 亿元，增至 2019 年的 288.11 亿元，增长了 2.25 倍，年均增长率为 12.51%，大致呈现逐年上升的趋势。其中，2009～2015 年全社会销售品零售总额呈现快速增长趋势，2016～2019 年增速有所放缓。具体来讲，自 2011 年突破 100 亿元以来，2016 年突破 200 亿元，2019 年达到 288.11 亿元。从增长率看，总体呈现波动下降的变化趋势。其中，2009 年的增长率达到峰值，较 2008 年伊犁州直属县（市）全社会销售品零售总额增长了 20.74%，2018 年的增长率最低，较 2017 年伊犁州直属县（市）全社会销售品零售总额增长了 7.05%。值得关注的是，2016～2019 年伊犁州直属县（市）全社会销售品零售总额呈现逐年上升的变化趋势，从 206.12 亿元增加至 288.11 亿元，年均增长率为 10.89%。

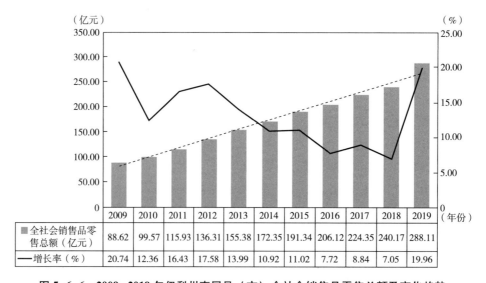

		2009	2010	2011	2012	2013	2014	2015	2016	2017	2018	2019
■	全社会销售品零售总额（亿元）	88.62	99.57	115.93	136.31	155.38	172.35	191.34	206.12	224.35	240.17	288.11
—	增长率（%）	20.74	12.36	16.43	17.58	13.99	10.92	11.02	7.72	8.84	7.05	19.96

图 5-6-6 2009～2019 年伊犁州直属县（市）全社会销售品零售总额及变化趋势

资料来源：《新疆统计年鉴》（2010～2020 年）。

6. 伊犁州直属县（市）居民收入分析

图 5-6-7 为 2009~2019 年伊犁州直属县（市）在岗职工平均工资及其变化趋势。如图所示，伊犁州直属县（市）在岗职工平均工资从 2009 年的 22727 元，增至 2019 年的 67798 元，增长了 1.98 倍，年均增长率为 11.55%，呈现逐年上升的变化趋势。具体来讲，自 2011 年突破 30000 元以来，2015 年突破 50000 元，2019 年达 67798 元。从增长率看，总体呈现波动下降的趋势。其中，2012 年的增长率达到峰值，较 2011 年伊犁州直属县（市）在岗职工平均工资增长了 18.58%，2019 年的增长率最低，较 2018 年伊犁州直属县（市）在岗职工平均工资增长了 2.53%。值得关注的是，2016~2019 年伊犁州直属县（市）在岗职工平均工资呈现逐年上升的变化趋势，从 57684 元增至 67798 元，年均增长率为 5.53%，实现了连续三年稳步增长。

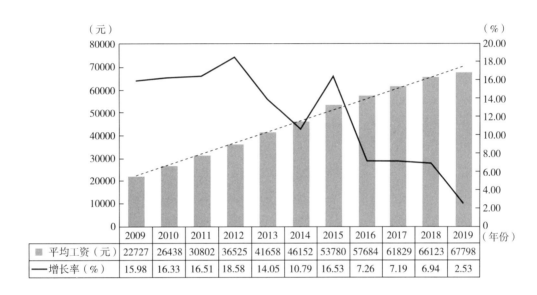

（年份）	2009	2010	2011	2012	2013	2014	2015	2016	2017	2018	2019
平均工资（元）	22727	26438	30802	36525	41658	46152	53780	57684	61829	66123	67798
增长率（%）	15.98	16.33	16.51	18.58	14.05	10.79	16.53	7.26	7.19	6.94	2.53

图 5-6-7　2009~2019 年伊犁州直属县（市）在岗职工平均工资及变化趋势

资料来源：《新疆统计年鉴》（2010~2020 年）。

7. 伊犁州直属县（市）社会就业分析

图 5-6-8 为 2009~2019 年伊犁州直属县（市）城镇失业率情况，用伊犁州直属县（市）城镇失业率来表征社会就业情况，城镇失业率越低，社会就业就越充分。如图所示，伊犁州直属县（市）城镇失业率从 2009 年的 3.04%，增至 2019 年的 3.40%，增长了 0.12 倍，年均城镇失业率为 3.46%，总体呈现波动变化的趋势。值得关注的是，2016~2019 年伊犁州直属县（市）城镇失业率大致呈现下降趋势，最低点为 2018 年，城镇失业率为 3.26%，最高点为 2016 年，城镇失业率为 3.63%。

8. 伊犁州直属县（市）工业化发展水平分析

图 5-6-9 为 2009~2019 年伊犁州直属县（市）工业化发展水平情况。如图所示，伊犁州直属县（市）工业化发展水平从 2009 年的 0.34，降至 2019 年的 0.25，降低了 26.47%，年均工业化发展水平为 0.32，总体呈下降趋势。值得关注的是，2016~2019 年伊犁州直属县（市）工业化发展水平呈现波动下降的变化趋势，从 0.29 下降至 0.25，年均工业化水平为 0.29。

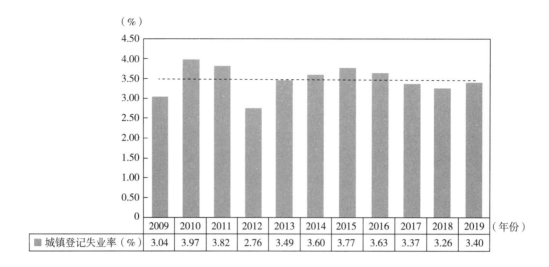

	2009	2010	2011	2012	2013	2014	2015	2016	2017	2018	2019	（年份）
■ 城镇登记失业率（%）	3.04	3.97	3.82	2.76	3.49	3.60	3.77	3.63	3.37	3.26	3.40	

图 5-6-8　2009~2019 年伊犁州直属县（市）城镇失业率

资料来源：《新疆统计年鉴》（2010~2020 年）。

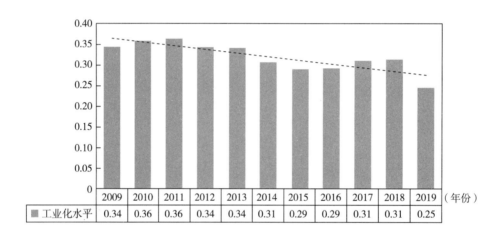

	2009	2010	2011	2012	2013	2014	2015	2016	2017	2018	2019	（年份）
■ 工业化水平	0.34	0.36	0.36	0.34	0.34	0.31	0.29	0.29	0.31	0.31	0.25	

图 5-6-9　2009~2019 年伊犁州直属县（市）工业化发展水平

资料来源：根据《新疆统计年鉴》（2010~2020 年）测算。

9. 伊犁州直属县（市）能源利用效率分析

图 5-6-10 为 2009~2019 年伊犁州直属县（市）能源利用效率情况，用单位地区生产总值能耗来表征能源利用效率，单位地区生产总值能耗值越小，能源利用效率越大，反之亦然。如图所示，伊犁州直属县（市）单位地区生产总值能耗值从 2009 年的 1.14 万吨标准煤/亿元，降至 2019 年的 0.63 万吨标准煤/亿元，降低了 44.74%，年均单位地区生产总值能耗值为 0.97 万吨标准煤/亿元，总体呈波动下降的变化趋势。由此可见，2009~2019 年伊犁州直属县（市）能源利用效率快速提升。值得关注的是，2016~2019 年伊犁州直属县（市）单位地区生产总值能耗值呈现波动的变化趋势，从 0.63 万吨标准煤/亿元下降至 0.53 万吨标准煤/亿元，再上升至 0.63 万吨标准煤/亿元，年均单位地区生产总值能耗值为 0.59 万吨标准煤/亿元。

（万吨标准煤/亿元）

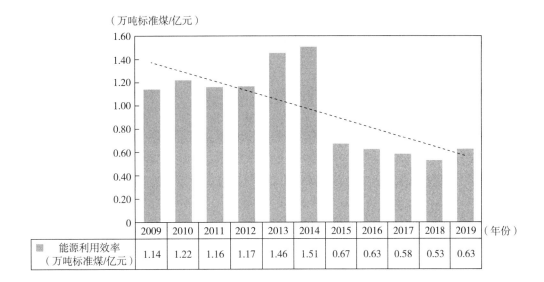

	2009	2010	2011	2012	2013	2014	2015	2016	2017	2018	2019	（年份）
能源利用效率 （万吨标准煤/亿元）	1.14	1.22	1.16	1.17	1.46	1.51	0.67	0.63	0.58	0.53	0.63	

图 5-6-10 2009～2019 年伊犁州直属县（市）能源利用效率

资料来源：根据《新疆统计年鉴》（2010～2020 年）测算。

10. 伊犁州直属县（市）产业结构高级化分析

图 5-6-11 为 2009～2019 年伊犁州直属县（市）产业结构高级化情况。如图所示，伊犁州直属县（市）产业结构高级化值从 2009 年的 1.20，增至 2019 年的 2.35，提高了 0.96 倍，年均产业结构高级化值为 1.47，总体呈波动上升的变化趋势。值得关注的是，2016～2019 年伊犁州直属县（市）产业结构高级化值呈现小幅波动的变化趋势，从 1.60 上升至 2.35，年均产业结构高级化值为 1.78，由此可见，2016～2019 年产业结构高级化发展较好且较为稳定。

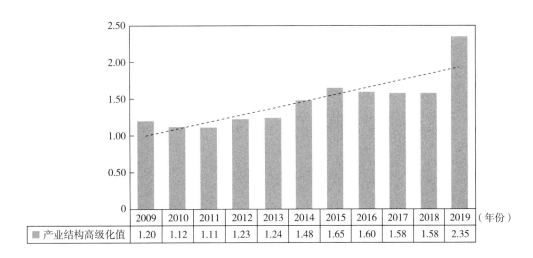

	2009	2010	2011	2012	2013	2014	2015	2016	2017	2018	2019	（年份）
产业结构高级化值	1.20	1.12	1.11	1.23	1.24	1.48	1.65	1.60	1.58	1.58	2.35	

图 5-6-11 2009～2019 年伊犁州直属县（市）产业结构高级化

资料来源：根据《新疆统计年鉴》（2010～2020 年）测算。

三、伊犁州直属县（市）经济发展质量时序特征

1. 伊犁州直属县（市）经济高质量发展指数

图 5-6-12 为 2009～2019 年伊犁州直属县（市）经济高质量发展指数。如图所示，伊犁州直属县（市）经济高质量发展指数从 2009 年的 0.24，增至 2019 年的 0.34，增加了 0.42 倍，年均经济高质量发展指数为 0.30，总体呈波动上升的变化趋势。值得关注的是，2016～2019 年伊犁州直属县（市）经济高质量发展指数呈现波动上升趋势，从 0.31 上升至 0.34，年均经济高质量发展指数为 0.33，可见，2016～2019 年经济高质量发展指数较好且较为稳定。

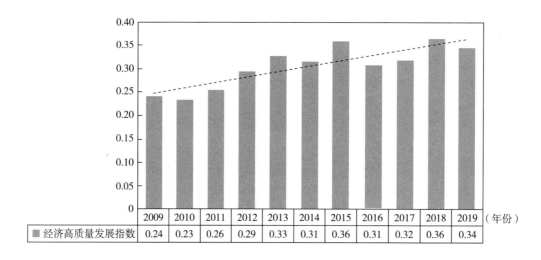

	2009	2010	2011	2012	2013	2014	2015	2016	2017	2018	2019
经济高质量发展指数	0.24	0.23	0.26	0.29	0.33	0.31	0.36	0.31	0.32	0.36	0.34

图 5-6-12　2009～2019 年伊犁州直属县（市）经济高质量发展指数

资料来源：根据《新疆统计年鉴》（2010～2020 年）测算。

2. 伊犁州直属县（市）经济子系统发展指数

图 5-6-13 为 2009～2019 年伊犁州直属县（市）经济发展质量得分情况。如图所示，2009～2019 年伊犁州直属县（市）创新子系统得分最高的是 2015 年，得分为 0.055 分。值得关注的是，2016～2019 年伊犁州直属县（市）经济发展质量创新子系统得分整体呈现波动变化趋势，最高点为 0.042，最低点为 0.018。2009～2019 年伊犁州直属县（市）协调子系统得分最高的是 2015 年，得分为 0.145。值得关注的是，2016～2019 年伊犁州直属县（市）经济发展质量协调子系统得分呈现波动上升趋势，从 0.099 升至 0.139。2009～2019 年伊犁州直属县（市）共享子系统得分最高的是 2018 年，得分为 0.062。值得关注的是，2016～2019 年伊犁州直属县（市）经济发展质量共享子系统得分整体呈现波动变化趋势，最高点为 0.062，最低点为 0.041。2009～2019 年伊犁州直属县（市）开放子系统得分最高的是 2014 年，得分为 0.111。值得关注的是，2016～2019 年伊犁州直属县（市）经济发展质量开放子系统得分呈现平稳波动趋势，最大差值仅有 0.003。2009～2019 年伊犁州直属县（市）绿色子系统得分最高的是 2018 年，得分为 0.042。值得关注的是，2016～2019 年伊犁州直属县（市）经济发展质量绿色子系统得分整体呈现上升趋势，从 0.037 升至 0.039。

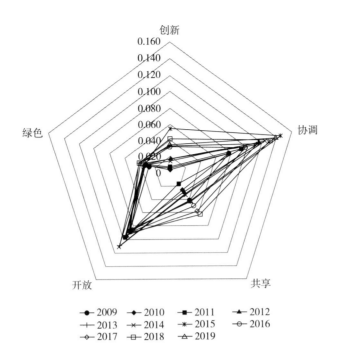

图 5-6-13　2009~2019 年伊犁州直属县（市）各子系统发展指数

资料来源：根据《新疆统计年鉴》（2010~2020 年）测算。

3. 伊犁州直属县（市）各县域经济高质量发展指数

表 5-6-1 和图 5-6-14 为 2009~2019 年伊犁州直属县（市）各县域经济发展质量得分情况。从表 5-6-4 及图 5-6-14 可以看出，2009 年伊宁市经济高质量发展指数为 0.269；特克斯县经济高质量发展指数为 0.216；奎屯市经济高质量发展指数为 0.213。2015 年新源县经济高质量发展指数为 0.353；伊宁市经济高质量发展指数为 0.268；昭苏县经济高质量发展指数为 0.259。2019 年特克斯县经济高质量发展指数为 0.350；伊宁市经济高质量发展指数为 0.337；新源县经济高质量发展指数为 0.331。从整体来看，2009~2019 年伊犁州直属县（市）各县域经济高质量发展指数得分整体呈上升态势。

表 5-6-1　2009 年、2015 年、2019 年伊犁州直属县（市）县域经济高质量发展指数

地区	2009 年		2015 年		2019 年	
	分值	次序	分值	次序	分值	次序
伊宁市	0.269	1	0.268	2	0.337	2
奎屯市	0.213	3	0.257	4	0.274	8
伊宁县	0.185	5	0.251	5	0.282	6
察布查尔锡伯自治县	0.148	9	0.235	10	0.262	10
霍城县	0.183	6	0.244	7	0.265	9
巩留县	0.147	10	0.248	6	0.275	7
新源县	0.200	4	0.353	1	0.331	3
昭苏县	0.161	8	0.259	3	0.287	4
特克斯县	0.216	2	0.241	8	0.350	1
尼勒克县	0.166	7	0.239	9	0.286	5

资料来源：根据《新疆统计年鉴》（2010~2020 年）测算。

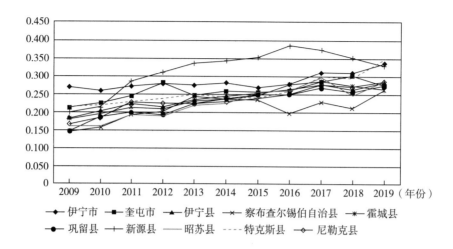

图 5-6-14 2009～2019 年伊犁州直属县（市）各县域经济发展质量变化趋势

资料来源：根据《新疆统计年鉴》（2010～2020 年）测算。

4. 伊犁州直属县（市）各县域子系统发展指数

表 5-6-2 为 2009 年伊犁州直属县（市）各县域经济发展子系统发展指数得分情况。从表 5-6-2 中可以看出，2009 年伊犁州直属县（市）创新子系统排名前三的县域分别为：新源县得分 0.056；奎屯市得分 0.054；尼勒克县得分 0.049。协调子系统排名前三的县域分别为：伊宁市得分 0.092；特克斯县得分 0.080；霍城县得分 0.063。绿色子系统排名前三的县域分别为：新源县得分 0.030；尼勒克县、特克斯县、伊宁县、巩留县得分均为 0.028。开放子系统排名前三的县域分别为：奎屯市得分 0.058；伊宁市得分 0.051；霍城县得分 0.034。共享子系统排名前三的县域分别为：伊宁市得分 0.092；奎屯市得分 0.063；特克斯县得分 0.059。

表 5-6-2 2009 年伊犁州直属县（市）各县域子系统发展指数

地区	创新		协调		绿色		开放		共享	
	分值	次序	分值	次序	分值	次序	分值	次序	分值	次序
伊宁市	0.026	7	0.092	1	0.009	8	0.051	2	0.092	1
奎屯市	0.054	2	0.034	10	0.005	9	0.058	1	0.063	2
伊宁县	0.046	4	0.049	6	0.028	2	0.028	4	0.035	8
察布查尔锡伯自治县	0.043	5	0.046	7	0.022	5	0.019	9	0.017	10
霍城县	0.025	8	0.063	3	0.020	7	0.034	3	0.040	4
巩留县	0.014	10	0.046	7	0.028	2	0.022	7	0.037	7
新源县	0.056	1	0.051	5	0.030	1	0.025	5	0.038	5
昭苏县	0.031	6	0.055	4	0.021	6	0.021	8	0.032	9
特克斯县	0.024	9	0.080	2	0.028	2	0.025	5	0.059	3
尼勒克县	0.049	3	0.036	9	0.028	2	0.014	10	0.038	5

资料来源：根据《新疆统计年鉴》（2010～2020 年）测算。

表 5-6-3 为 2015 年伊犁州直属县（市）各县域经济发展子系统发展指数得分情况。从

表中 5-6-3 中可以看出，2015 年伊犁州直属县（市）创新子系统排名前三的县域分别为：昭苏县得分 0.097；巩留县得分 0.085；奎屯市得分 0.078。协调子系统排名前三的县域分别为：伊宁市得分 0.110；特克斯县得分 0.082；新源县得分 0.067。绿色子系统排名前三的县域分别为：新源县得分 0.154；尼勒克县得分 0.092；察布查尔锡伯自治县得分 0.086。开放子系统排名前三的县域分别为：奎屯市得分 0.055；霍城县得分 0.042；伊宁市得分 0.040。共享子系统排名前三的县域分别为：奎屯市得分 0.073；伊宁市得分 0.069；特克斯县得分 0.044。

表 5-6-3　2015 年伊犁州直属县（市）各县域子系统发展指数

地区	创新		协调		绿色		开放		共享	
	分值	次序	分值	次序	分值	次序	分值	次序	分值	次序
伊宁市	0.035	9	0.110	1	0.013	9	0.040	3	0.069	2
奎屯市	0.078	3	0.042	9	0.009	10	0.055	1	0.073	1
伊宁县	0.066	5	0.059	5	0.057	7	0.032	4	0.038	5
察布查尔锡伯自治县	0.055	8	0.047	8	0.086	3	0.021	7	0.026	9
霍城县	0.077	4	0.060	4	0.038	8	0.042	2	0.027	8
巩留县	0.085	2	0.050	6	0.061	6	0.021	7	0.030	7
新源县	0.063	6	0.067	3	0.154	1	0.029	5	0.039	4
昭苏县	0.097	1	0.050	6	0.064	4	0.025	6	0.022	10
特克斯县	0.032	10	0.082	2	0.062	5	0.021	7	0.044	3
尼勒克县	0.063	6	0.037	10	0.092	2	0.014	10	0.032	6

资料来源：根据《新疆统计年鉴》（2010~2020 年）测算。

表 5-6-4 为 2019 年伊犁州直属县（市）各县域经济发展子系统发展指数得分情况。从表 5-6-4 中可以看出，2019 年伊犁州直属县（市）创新子系统排名前三的县域分别为：奎屯市得分 0.103；新源县得分 0.093；尼勒克县得分 0.091。协调子系统排名前三的县域分别为：特克斯县得分 0.124；昭苏县得分 0.113；伊宁市得分 0.108。绿色子系统排名前三的县域分别为：新源县得分 0.091；尼勒克县得分 0.081；察布查尔锡伯自治县得分 0.066。开放子系统排名前三的县域分别为：奎屯市得分 0.062；伊宁市得分 0.045；伊宁县得分 0.027。共享子系统排名前三的县域分别为：伊宁市得分 0.112；特克斯县得分 0.076；奎屯市得分 0.065。

表 5-6-4　2019 年伊犁州直属县（市）各县域子系统发展指数

地区	创新		协调		绿色		开放		共享	
	分值	次序	分值	次序	分值	次序	分值	次序	分值	次序
伊宁市	0.059	9	0.108	3	0.013	9	0.045	2	0.112	1
奎屯市	0.103	1	0.033	10	0.011	10	0.062	1	0.065	3
伊宁县	0.086	4	0.062	6	0.048	7	0.027	3	0.059	4
察布查尔锡伯自治县	0.064	7	0.061	7	0.066	3	0.022	7	0.048	8

地区	创新		协调		绿色		开放		共享	
	分值	次序	分值	次序	分值	次序	分值	次序	分值	次序
霍城县	0.075	6	0.085	4	0.032	8	0.024	5	0.049	7
巩留县	0.086	4	0.056	8	0.063	5	0.022	7	0.048	8
新源县	0.093	2	0.065	5	0.091	1	0.023	6	0.059	4
昭苏县	0.054	10	0.113	2	0.052	6	0.018	10	0.050	6
特克斯县	0.060	8	0.124	1	0.065	4	0.025	4	0.076	2
尼勒克县	0.091	3	0.045	9	0.081	2	0.022	7	0.047	10

资料来源：根据《新疆统计年鉴》（2010～2020年）测算。

四、伊犁州直属县（市）经济发展空间格局与演变

总体来看，2009～2019年伊宁市、特克斯县、奎屯市、伊宁县、新源县、昭苏县、霍城县、察布查尔锡伯自治县、巩留县、尼勒克县的经济发展质量均呈现波动上升的趋势。其中，2019年特克斯县的经济发展质量高于其他县市，在伊犁州直属县（市）各县域经济发展质量中排名第一，伊宁市的发展质量高于新源县，排名第二。

五、伊犁州直属县（市）经济高质量发展对策与建议

从创新、协调、绿色、开放、共享五个维度看，昭苏县、伊宁市、特克斯县应更注重创新发展；奎屯市、尼勒克县、巩留县应更注重协调发展；尼勒克县、奎屯市、察布查尔锡伯自治县应更注重绿色发展；奎屯市、伊宁市、霍城县应更注重开放发展；昭苏县、巩留县、察布查尔锡伯自治县应更注重共享发展；进而更好地促进伊犁州直属县（市）经济高质量发展。

六、小结

从2009～2019年伊犁州直属县（市）经济发展的主要角度来看：在经济发展方面，伊犁州直属县（市）GDP从2009年的333.66亿元，增至2019年的1190.71亿元，增长了2.57倍，年均增长率为13.57%，呈现"N"型变化趋势；伊犁州直属县（市）人均GDP从2009年的12951元，增至2018年的33592元，增长了1.59倍，年均增长率为11.17%，呈"N"型变化趋势。在投资方面，伊犁州直属县（市）全社会固定资产投资从2009年的395.60亿元，增至2017年的1681.99亿元，增长了3.25倍，年均增长率为19.83%，呈"N"型变化趋势。在金融发展方面，伊犁州直属县（市）各项目贷款余额从2009年的72.78亿元，增至2019年的1314.41亿元，增长了17.06倍，年均增长率为33.56%，呈现逐年上升趋势。在对外贸易方面，伊犁州直属县（市）进出口贸易总额从2009年的253.24亿元，增长至2019年的330.54亿元，增加了0.31倍，年均增长率为2.70%，呈现波动变化趋势。在市场发展方面，伊犁州直属县（市）全社会销售品零售总额从2009年的88.62

亿元，增至 2019 年的 288.11 亿元，增长了 2.25 倍，年均增长率为 12.51%，大致呈现逐年上升的趋势。在居民收入方面，伊犁州直属县（市）在岗职工平均工资从 2009 年的 22727 元，增至 2019 年的 67798 元，增长了 1.98 倍，年均增长率为 11.55%，呈现逐年上升的变化趋势。在社会就业方面：伊犁州直属县（市）城镇失业率从 2009 年的 3.04%，增至 2019 年的 3.40%，增长了 0.12 倍，年均城镇失业率为 3.46%，总体呈现波动变化的趋势。在工业化发展方面，伊犁州直属县（市）工业化发展水平从 2009 年的 0.34，降至 2019 年的 0.25，降低了 26.47%，年均工业化发展水平为 0.32，总体呈下降趋势。在能源利用效率方面，伊犁州直属县（市）单位地区生产总值能耗值从 2009 年的 1.14 万吨标准煤/亿元，降至 2019 年的 0.63 万吨标准煤/亿元，降低了 44.74%，年均单位地区生产总值能耗值为 0.97 万吨标准煤/亿元，总体呈波动下降的变化趋势。在产业结构高级化方面，伊犁州直属县（市）产业结构高级化从 2009 年的 1.20，增至 2019 年的 2.35，提高了 0.96 倍，年均产业结构高级化值为 1.47，总体呈波动上升的变化趋势。

根据 2009~2019 年伊犁州直属县（市）经济发展质量时序特征，从总体来看，伊犁州直属县（市）经济高质量发展指数从 2009 年的 0.24 增至 2019 年的 0.34，增加了 0.42 倍，年均经济高质量发展指数为 0.30，总体呈波动上升的变化趋势。从各子系统来看，2009~2019 年伊犁州直属县（市）创新子系统得分最高的是 2015 年，得分为 0.055；协调子系统得分最高的是 2015 年，得分为 0.145；共享子系统得分最高的是 2018 年，得分为 0.062；开放子系统得分最高的是 2014 年，得分为 0.111；绿色子系统得分最高的是 2018 年，得分为 0.042。从各县域来看，2009 年伊犁州直属县（市）经济高质量发展指数为 0.24，其中，伊宁市经济高质量发展指数为 0.269；特克斯县经济高质量发展指数为 0.216；奎屯市经济高质量发展指数为 0.213；2015 年伊犁州直属县（市）经济高质量发展指数为 0.36，其中，新源县经济高质量发展指数为 0.353；伊宁市经济高质量发展指数为 0.268；昭苏县经济高质量发展指数为 0.259；2019 年伊犁州直属县（市）经济高质量发展指数为 0.34，其中，特克斯县经济高质量发展指数为 0.350；伊宁市经济高质量发展指数为 0.337；新源县经济高质量发展指数为 0.331。

综上所述，本节从伊犁州直属县（市）概况出发，通过经济发展、社会投资、金融发展、对外贸易、市场发展、居民收入、社会就业、工业化水平、能源利用效率和产业结构高级化十个方面描述了伊犁州直属县（市）经济发展的主要成就，并对伊犁州直属县（市）经济发展质量时序特征、空间格局与演变两方面进行了分析，给出了相应的发展对策与建议。

第七节　塔城地区经济高质量发展评价

一、塔城地区概况[①]

新疆塔城地区位于中国西北边陲，塔城地区辖四县三市（塔城市、额敏县、乌苏市、

---

① 资料来源：塔城地区行政公署官网 www.xjtc.gov.cn。

沙湾市、托里县、裕民县、和布克赛尔蒙古自治县），有 75 个乡镇（街道）、886 个村队（社区）。

2020 年，塔城地区生产总值完成值 106.6 亿元，同比增长 4.9%；固定资产投资 30.47 亿元，同比增长 2%；招商引资到位资金 10.77 亿元，同比增长 33%；社会消费品零售总额 15.22 亿元，一般公共财政预算收入 3.71 亿元；进出口贸易总额 0.73 亿美元；城镇居民人均可支配收入、农村居民人均纯收入分别达到 29470 元、18610 元，分别增收 4.3%、8.1%。

二、塔城地区经济发展主要成就

（1）经济发展方面：塔城地区国内生产总值（GDP）从 2009 年的 284.82 亿元，增至 2019 年的 696.58 亿元，增长了 1.45 倍，年均增长率为 9.36%，整体呈现平稳上升趋势。值得关注的是，2016~2019 年塔城地区 GDP 出现逐年上升趋势，从 563.32 亿元增长至 696.58 亿元，年均增长率为 7.33%，实现了连续三年高速增长。塔城地区人均 GDP 从 2009 年的 20784 元，增至 2019 年的 54095 元，增长了 1.60 倍，年均增长率为 10.04%，整体呈现平稳上升趋势。值得关注的是，2016~2019 年塔城地区人均 GDP 出现逐年上升趋势，从 44296 元增长至 54095 元，年均增长率为 6.89%，实现了连续三年高速增长。

（2）投资方面：塔城地区固定资产投资从 2009 年的 124.37 亿元，增至 2017 年的 628.89 亿元，增长了 4.06 倍，年均增长率为 22.46%，整体呈现平稳上升趋势。值得关注的是，2013~2017 年塔城地区固定资产投资出现逐年上升趋势，从 358.41 亿元增长至 628.89 亿元，年均增长率为 15.09%，实现了连续四年高速增长。

（3）金融发展方面：塔城地区项目贷款余额从 2009 年的 508.62 亿元，降至 2019 年的 420.77 亿元。值得关注的是，2015~2019 年塔城地区项目贷款余额出现逐年上升趋势，从 297.28 亿元增长至 420.77 亿元，年均增长率为 9.07%，实现了连续四年高速增长。

（4）进出口贸易方面：塔城地区进出口从 2009 年的 57.19 亿元，降至 2019 年的 50.54 亿元。值得关注的是，2015~2019 年塔城地区进出口出现逐年上升趋势，从 23.98 亿元增长至 50.54 亿元，年均增长率为 20.49%，实现了连续四年高速增长。

（5）市场发展方面：塔城地区全社会销售品零售总额从 2009 年的 36.97 亿元，增至 2019 年的 87.74 亿元，增长了 1.37 倍，年均增长率为 9.03%，整体呈现平稳上升趋势。值得关注的是，2009~2018 年塔城地区全社会销售品零售总额出现逐年上升趋势，从 36.97 亿元增长至 93.19 亿元，年均增长率为 10.82%，实现了连续九年高速增长。

（6）居民收入方面：塔城地区平均工资从 2009 年的 19615 元，增至 2019 年的 70478 元，增长了 2.59 倍，年均增长率为 13.64%，整体呈现平稳上升趋势。值得关注的是，2015~2019 年塔城地区平均工资出现逐年上升趋势，从 46288 元增长至 70478 元，年均增长率为 11.08%，实现了连续四年高速增长。

（7）社会就业方面：塔城地区城镇失业率从 2009 年的 3.23%，降至 2019 年的 1.56%，整体呈现平稳下降趋势。值得关注的是，2016~2019 年塔城地区城镇失业率出现逐年上升趋势，从 0.56% 增长至 1.56%。

（8）工业化发展方面：塔城地区工业化发展水平从 2009 年的 0.34%，降至 2019 年的 0.22%，整体呈现平稳下降趋势。

（9）能源利用效率方面：用单位地区生产总值能耗来表征能源利用效率，单位地区生产总值能耗值越小，能源利用效率越大，反之亦然。塔城地区单位地区生产总值能耗值从2009 年的 0.42 万吨标准煤/亿元，降至 2019 年的 0.25 万吨标准煤/亿元，降低了 40.48%，年均单位地区生产总值能耗值为 0.41 万吨标准煤/亿元，总体呈波动下降的变化趋势。由此可见，2009~2019 年塔城地区能源利用效率快速提升。

（10）产业结构高级化方面：塔城地区产业结构高级化从 2009 年的 0.87，升至 2019 年的 1.89，总体呈上升趋势。

1. 塔城地区 GDP、人均 GDP 分析

图 5-7-1 为 2009~2019 年塔城地区 GDP 及其变化趋势。如图所示，塔城地区 GDP 从2009 年的 284.82 亿元，增至 2019 年的 696.58 亿元，增长了 1.45 倍，年均增长率为9.36%，整体呈现平稳上升趋势。具体地，塔城地区 GDP 自 2009 年突破 200 亿元以来，经济总量快速提升，2011 年突破 400 亿元，2017 年突破 600 亿元，2019 年达到 696.58 亿元，占全疆 GDP 的 5.12%。从增长率看，总体呈现波动下降的趋势。其中，2011 年的增长率达到峰值，较 2010 年塔城地区 GDP 增长了 22.73%，2016 年的增长率最低，较 2015 年塔城地区 GDP 减少了 5.03%。值得关注的是，2016~2019 年塔城地区 GDP 出现逐年上升趋势，从 563.32 亿元增长至 696.58 亿元，年均增长率为 7.33%，实现了连续三年高速增长。

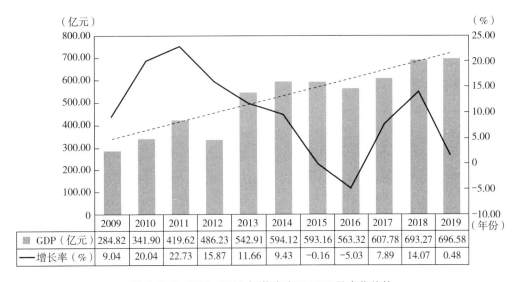

图 5-7-1 2009~2019 年塔城地区 GDP 及变化趋势

资料来源：《新疆统计年鉴》（2010~2020 年）。

图 5-7-2 为 2009~2019 年塔城地区人均 GDP 及其变化趋势。如图所示，塔城地区人均GDP 从 2009 年的 20784 元，增至 2019 年的 54095 元，增长了 1.60 倍，年均增长率为10.04%，整体呈现平稳上升趋势。具体地，塔城地区的人均 GDP 自 2009 年突破 20000 元以来，经济得到快速提升，2013 年突破 40000 元，2018 年突破 50000 元，2019 年达到 54095元。从增长率看，总体呈现波动下降的趋势。其中，2011 年的增长率达到峰值，较 2010 年塔城地区人均 GDP 增长了 33.15%，2016 年的增长率最低，较 2015 年塔城地区人均 GDP 减少了 3.63%。值得关注的是，2016~2019 年塔城地区人均 GDP 出现逐年上升趋势，从 44296元增长至 54095 元，年均增长率为 6.89%，实现了连续三年高速增长。

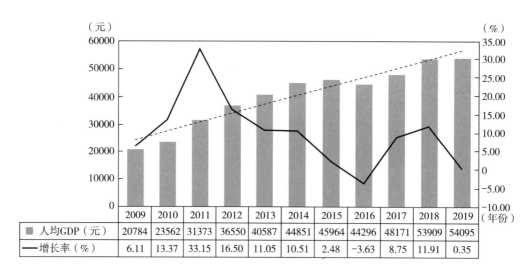

	2009	2010	2011	2012	2013	2014	2015	2016	2017	2018	2019
人均GDP（元）	20784	23562	31373	36550	40587	44851	45964	44296	48171	53909	54095
增长率（%）	6.11	13.37	33.15	16.50	11.05	10.51	2.48	-3.63	8.75	11.91	0.35

图 5-7-2　2009～2019 年塔城地区人均 GDP 及变化趋势

资料来源：《新疆统计年鉴》（2010～2020年）。

2. 塔城地区固定资产投资分析

图 5-7-3 为 2009～2017 年塔城地区固定资产投资及其变化趋势。如图所示，塔城地区固定资产投资从 2009 年的 124.37 亿元，增至 2017 年的 628.89 亿元，增长了 4.06 倍，年均增长率为 22.46%，整体呈现平稳上升趋势。具体地，塔城地区的固定资产投资自 2009 年突破 100 亿元以来，经济总量快速提升，2013 年突破 300 亿元，2016 年突破 500 亿元，2017 年达到 628.89 亿元。从增长率看，总体呈现波动下降的趋势，且近年来波动逐渐趋于平缓。其中，2010 年的增长率达到峰值，较 2009 年塔城地区固定资产投资增长了 51.07%，2016 年的增长率最低，较 2015 年塔城地区固定资产投资增加了 5.20%。值得关注的是，2013～2017 年塔城地区固定资产投资出现逐年上升趋势，从 358.41 亿元增长至 628.89 亿元，年均增长率为 15.09%，实现了连续四年高速增长。

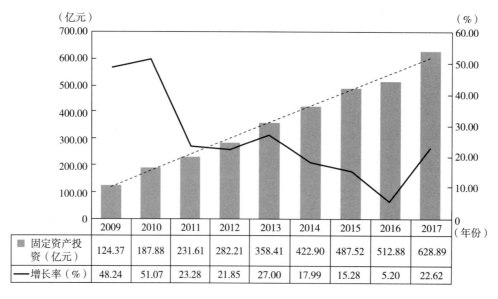

	2009	2010	2011	2012	2013	2014	2015	2016	2017
固定资产投资（亿元）	124.37	187.88	231.61	282.21	358.41	422.90	487.52	512.88	628.89
增长率（%）	48.24	51.07	23.28	21.85	27.00	17.99	15.28	5.20	22.62

图 5-7-3　2009～2017 年塔城地区固定资产投资及变化趋势

资料来源：《新疆统计年鉴》（2010～2018年）。

3. 塔城地区金融发展分析

图 5-7-4 为 2009~2019 年塔城地区各项目贷款余额及其变化趋势。如图所示，塔城地区各项目贷款余额从 2009 年的 508.62 亿元，降至 2019 年的 420.77 亿元。具体地，从增长率看，总体呈现波动下降的趋势，且近年来波动逐渐趋于平缓。其中，2009 年的增长率达到峰值，较 2008 年塔城地区各项目贷款余额增长了 40.36%，2011 年的增长率最低，较 2010 年塔城地区各项目贷款余额减少了 77.37%。值得关注的是，2015~2019 年塔城地区各项目贷款余额出现逐年上升趋势，从 297.28 亿元增长至 420.77 亿元，年均增长率为 9.07%，实现了连续四年高速增长。

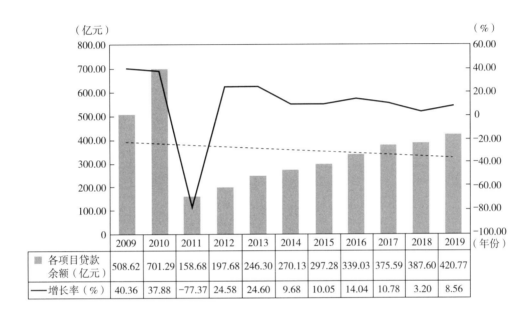

	2009	2010	2011	2012	2013	2014	2015	2016	2017	2018	2019
各项目贷款余额（亿元）	508.62	701.29	158.68	197.68	246.30	270.13	297.28	339.03	375.59	387.60	420.77
增长率（%）	40.36	37.88	-77.37	24.58	24.60	9.68	10.05	14.04	10.78	3.20	8.56

图 5-7-4　2009~2019 年塔城地区各项目贷款余额及变化趋势

资料来源：《新疆统计年鉴》（2010~2020 年）。

4. 塔城地区进出口贸易发展分析

图 5-7-5 为 2009~2019 年塔城地区进出口贸易总额及其变化趋势。如图所示，塔城地区进出口贸易总额从 2009 年的 57.19 亿元，降至 2019 年的 50.54 亿元。从增长率看，总体呈现波动上升的趋势，且近年来波动逐渐趋于平缓。其中，2013 年增长率达到峰值，较 2012 年塔城地区进出口贸易总额增长了 162.32%，2015 年的增长率最低，较 2014 年塔城地区进出口贸易总额减少了 55.53%。值得关注的是，2015~2019 年塔城地区进出口贸易总额出现逐年上升趋势，从 23.98 亿元增长至 50.54 亿元，年均增长率为 20.49%，实现了连续四年高速增长。

5. 塔城地区市场发展分析

图 5-7-6 为 2009~2019 年塔城地区全社会销售品零售总额及其变化趋势。如图所示，塔城地区全社会销售品零售总额从 2009 年的 36.97 亿元，增至 2019 年的 87.74 亿元，增长了 1.37 倍，年均增长率为 9.03%，整体呈现平稳上升趋势。具体地，塔城地区的全社会销售品零售总额自 2009 年以来，经济总量快速提升，2019 年达到 87.74 亿元。从增长率看，总体呈现波动下降的趋势。其中，2009 年的增长率达到峰值，2009 年塔城地区全社会销售

品零售总额增长了 16.44%，2019 年的增长率最低，较 2018 年塔城地区全社会销售品零售总额减少了 5.85%。值得关注的是，2009~2018 年塔城地区全社会销售品零售总额出现逐年上升趋势，从 36.97 亿元增长至 93.19 亿元，年均增长率为 10.82%，实现了连续九年高速增长。

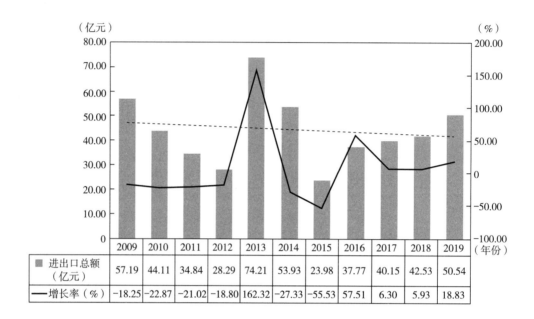

	2009	2010	2011	2012	2013	2014	2015	2016	2017	2018	2019
■ 进出口总额（亿元）	57.19	44.11	34.84	28.29	74.21	53.93	23.98	37.77	40.15	42.53	50.54
— 增长率（%）	-18.25	-22.87	-21.02	-18.80	162.32	-27.33	-55.53	57.51	6.30	5.93	18.83

图 5-7-5　2009~2019 年塔城地区进出口贸易总额及变化趋势

资料来源：《新疆统计年鉴》（2010~2020 年）。

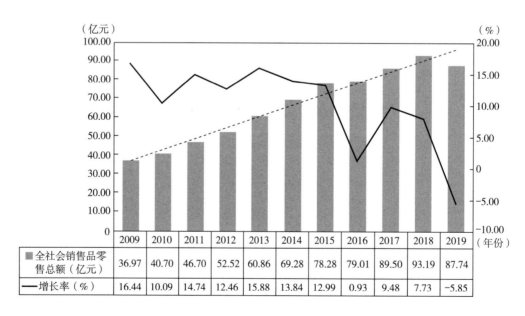

	2009	2010	2011	2012	2013	2014	2015	2016	2017	2018	2019
■ 全社会销售品零售总额（亿元）	36.97	40.70	46.70	52.52	60.86	69.28	78.28	79.01	89.50	93.19	87.74
— 增长率（%）	16.44	10.09	14.74	12.46	15.88	13.84	12.99	0.93	9.48	7.73	-5.85

图 5-7-6　2009~2019 年塔城地区全社会销售品零售总额及变化趋势

资料来源：《新疆统计年鉴》（2010~2020 年）。

6. 塔城地区居民收入分析

图 5-7-7 为 2009~2019 年塔城地区平均工资及其变化趋势。如图所示，塔城地区平均

工资从 2009 年的 19615 元，增至 2019 年的 70478 元，增长了 2.59 倍，年均增长率为 13.64%，整体呈现平稳上升趋势。具体地，塔城地区平均工资自 2009 年经济得到快速提升，2012 年突破 30000 元，2016 年突破 50000 元，2019 年达到 70478 元。从增长率看，总体呈现波动上升的趋势，且近年来波动逐渐趋于平缓。其中，2019 年的增长率达到峰值，较 2018 年塔城地区平均工资增长了 23.21%，2017 年的增长率最低，较 2016 年塔城地区平均工资增长了 4.24%。值得关注的是，2015~2019 年塔城地区平均工资出现逐年上升趋势，从 46288 元增长至 70478 元，年均增长率为 11.08%，实现了连续四年高速增长。

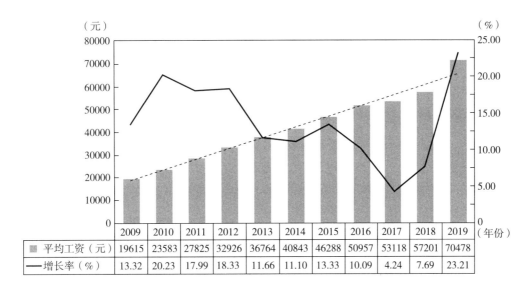

	2009	2010	2011	2012	2013	2014	2015	2016	2017	2018	2019
平均工资（元）	19615	23583	27825	32926	36764	40843	46288	50957	53118	57201	70478
增长率（%）	13.32	20.23	17.99	18.33	11.66	11.10	13.33	10.09	4.24	7.69	23.21

图 5-7-7 2009~2019 年塔城地区平均工资及变化趋势

资料来源：《新疆统计年鉴》（2010~2020 年）。

7. 塔城地区社会就业分析

图 5-7-8 为 2009~2019 年塔城地区城镇失业率及其变化趋势。如图所示，塔城地区城镇失业率从 2009 年的 3.23%，降至 2019 年的 1.56%，整体呈现平稳下降趋势。具体地，塔城地区城镇失业率总体呈现波动下降的趋势，且近年来波动逐渐趋于平缓。其中，2009 年是 2009~2019 年城镇失业率最高的一年，城镇失业率为 3.23%；2016 年是 2009~2019 年城镇失业率最低的一年，城镇失业率为 0.56%。值得关注的是，2016~2019 年塔城地区城镇失业率出现逐年上升趋势，从 0.56% 增长至 1.56%。

8. 塔城地区工业化发展水平分析

图 5-7-9 为 2009~2019 年塔城地区工业化发展水平。如图所示，塔城地区工业化发展水平从 2009 年的 0.34，降至 2019 年的 0.22，整体呈现平稳下降趋势。具体地，塔城地区工业化发展水平总体呈现波动下降的趋势，且近年来波动逐渐趋于平缓。其中，2011 年和 2012 年是 2009~2019 年工业化发展水平最高的两年，工业化发展水平均为 0.37；2019 年是 2009~2019 年工业化发展水平最低的一年，工业化发展水平为 0.22。

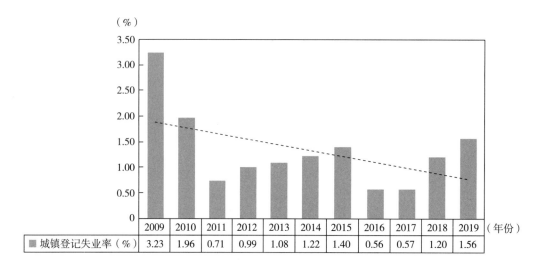

（%）

	2009	2010	2011	2012	2013	2014	2015	2016	2017	2018	2019	（年份）
城镇登记失业率（%）	3.23	1.96	0.71	0.99	1.08	1.22	1.40	0.56	0.57	1.20	1.56	

图 5-7-8　2009~2019 年塔城地区城镇失业率

资料来源：《新疆统计年鉴》（2010~2020 年）。

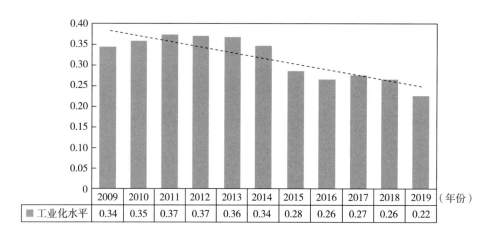

	2009	2010	2011	2012	2013	2014	2015	2016	2017	2018	2019	（年份）
工业化水平	0.34	0.35	0.37	0.37	0.36	0.34	0.28	0.26	0.27	0.26	0.22	

图 5-7-9　2009~2019 年塔城地区工业化发展水平

资料来源：根据《新疆统计年鉴》（2010~2020 年）测算。

9. 塔城地区能源利用效率分析

图 5-7-10 为 2009~2019 年塔城地区能源利用效率情况，用单位地区生产总值能耗来表征能源利用效率，单位地区生产总值能耗值越小，能源利用效率越大，反之亦然。如图所示，塔城地区单位地区生产总值能耗值从 2009 年的 0.42 万吨标准煤/亿元，降至 2019 年的 0.25 万吨标准煤/亿元，降低了 40.48%，年均单位地区生产总值能耗值为 0.41 万吨标准煤/亿元，总体呈波动下降的变化趋势。由此可见，2009~2019 年塔城地区能源利用效率快速提升。其中，2009~2014 年呈倒 "V" 型变化趋势，最低点为 2009 年，单位地区生产总值能耗值为 0.42 万吨标准煤/亿元，最高点为 2012 年，单位地区生产总值能耗值为 0.62 万吨标准煤/亿元，因此，塔城地区 2009~2014 年的能源利用效率呈现下降的趋势；2015~2019 年呈 "V" 型变化趋势，最低点为 2018 年，单位地区生产总值能耗值为 0.21 万吨标准煤/亿元，最高点为 2019 年，单位地区生产总值能耗值为 0.25 万吨标准煤/亿元，因此，2015~2019 年塔城地区能源利用效率呈下降的变化趋势。

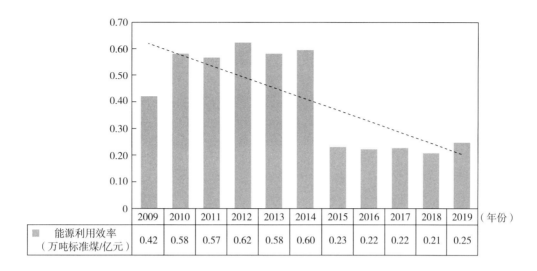

	2009	2010	2011	2012	2013	2014	2015	2016	2017	2018	2019	（年份）
能源利用效率 （万吨标准煤/亿元）	0.42	0.58	0.57	0.62	0.58	0.60	0.23	0.22	0.22	0.21	0.25	

图 5-7-10　2009~2019 年塔城地区能源利用效率

资料来源：根据《新疆统计年鉴》（2010~2020 年）测算。

10. 塔城地区产业结构高级化水平分析

图 5-7-11 为 2009~2019 年塔城地区产业结构高级化情况。如图所示，塔城地区产业结构高级化值从 2009 年的 0.87，升至 2019 年的 1.89，总体呈上升趋势。其中，2009~2011 年产业结构高级化值逐渐下降，2011 年产业结构高级化值为 0.75；2012~2017 年产业结构高级化值缓慢上升，2017 年到达高点为 1.40；2017~2018 年产业结构高级化值下降；2018~2019 年产业结构高级化值上升。

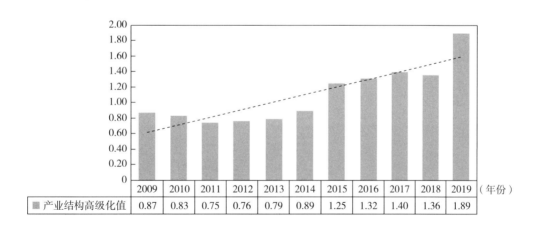

	2009	2010	2011	2012	2013	2014	2015	2016	2017	2018	2019	（年份）
产业结构高级化值	0.87	0.83	0.75	0.76	0.79	0.89	1.25	1.32	1.40	1.36	1.89	

图 5-7-11　2009~2019 年塔城地区产业结构高级化

资料来源：根据《新疆统计年鉴》（2010~2020 年）测算。

三、塔城地区经济发展质量时序特征

1. 塔城地区经济高质量发展指数

图 5-7-12 为 2009~2019 年塔城地区经济高质量发展指数。如图所示，塔城地区经济高

质量发展指数总体呈现波动上升的趋势。其中，2017年是2009~2019年经济高质量发展指数最高的一年，经济高质量发展指数为0.33；2011年是2009~2019年经济高质量发展指数最低的一年，经济高质量发展指数为0.14。值得关注的是，2017~2019年塔城地区经济高质量发展指数出现逐年下降的趋势，从0.33下降至0.26。

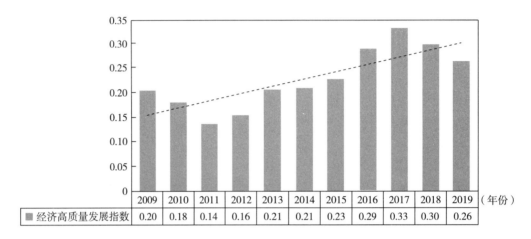

	2009	2010	2011	2012	2013	2014	2015	2016	2017	2018	2019
■ 经济高质量发展指数	0.20	0.18	0.14	0.16	0.21	0.21	0.23	0.29	0.33	0.30	0.26

图5-7-12 2009~2019年塔城地区经济高质量发展指数

资料来源：根据《新疆统计年鉴》（2010~2020年）测算。

2. 塔城地区经济子系统发展指数

图5-7-13为2009~2019年塔城地区经济发展质量得分情况。如图所示，2009~2019年塔城地区创新子系统得分最高的是2017年，得分为0.071；协调子系统得分最高的是2019年，得分为0.090；共享子系统得分最高的是2016年，得分为0.116；开放子系统得分最高的是2009年，得分为0.064；绿色子系统得分最高的是2013年，得分为0.058。

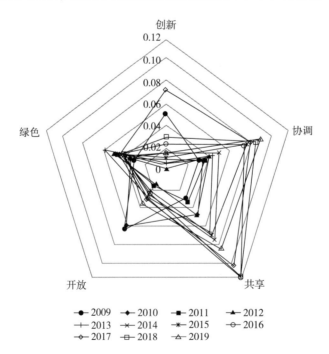

图5-7-13 2009~2019年塔城地区经济发展质量分维度评价

资料来源：根据《新疆统计年鉴》（2010~2020年）测算。

3. 塔城地区各县域经济高质量发展指数

表5-7-1和图5-7-14为2009~2019年塔城地区各县域经济发展质量得分情况。从表及图可以看出，2009年、2015年、2019年塔城地区县域经济高质量发展指数排名前三的为塔城市、和布克赛尔蒙古自治县、沙湾县。2009年塔城市经济高质量发展指数为0.2324；和布克赛尔蒙古自治县经济高质量发展指数为0.1951；沙湾县经济高质量发展指数为0.1929。2015年塔城市经济高质量发展指数为0.3103；沙湾县经济高质量发展指数为0.2948；和布克赛尔蒙古自治县经济高质量发展指数为0.2882。2019年塔城市经济高质量发展指数为0.3079；沙湾县经济高质量发展指数为0.2747；和布克赛尔蒙古自治县经济高质量发展指数为0.2699。从整体来看，2009~2019年塔城地区各县域经济高质量发展指数得分均呈上升态势。

表5-7-1 2009年、2015年、2019年塔城地区县域经济高质量发展指数

地区	2009年		2015年		2019年	
	分值	次序	分值	次序	分值	次序
塔城市	0.2324	1	0.3103	1	0.3079	1
和布克赛尔蒙古自治县	0.1951	2	0.2882	3	0.2699	3
沙湾县	0.1929	3	0.2948	2	0.2747	2
乌苏市	0.1708	4	0.2498	5	0.2300	7
额敏县	0.1664	5	0.2382	6	0.2549	5
裕民县	0.1464	6	0.2337	7	0.2555	4
托里县	0.1408	7	0.2562	4	0.2375	6

资料来源：《新疆统计年鉴》（2010~2020年）。

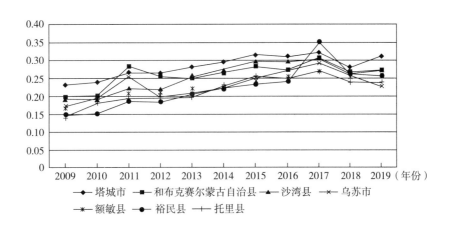

图5-7-14 2009~2019年塔城地区各县域经济发展质量变化趋势

资料来源：根据《新疆统计年鉴》（2010~2020年）测算。

4. 塔城地区各县域子系统发展指数

表5-7-2中为2009年塔城地区各县域经济发展子系统发展指数得分情况。从表5-7-2中可以看出，2009年塔城地区创新子系统排名前三的县域分别为：和布克赛尔蒙古自治县得分0.0473；托里县得分0.0385；沙湾县得分0.0375。协调子系统排名前三的县域分别为：

塔城市得分 0.0778；额敏县得分 0.0603；沙湾县得分 0.0558。绿色子系统排名前三的县域分别为：和布克赛尔蒙古自治县得分 0.0452；沙湾县得分 0.0401；裕民县得分 0.0399。开放子系统排名前三的县域分别为：塔城市得分 0.0471；额敏县得分 0.0275；沙湾县得分 0.0265。共享子系统排名前三的县域分别为：塔城市得分 0.0687；和布克赛尔蒙古自治县得分 0.0533；裕民县得分 0.0341。

表 5-7-2　2009 年塔城地区各县域子系统发展指数

地区	创新		协调		绿色		开放		共享	
	分值	次序	分值	次序	分值	次序	分值	次序	分值	次序
和布克赛尔蒙古自治县	0.0473	1	0.0258	7	0.0452	1	0.0235	6	0.0533	2
托里县	0.0385	2	0.0276	6	0.0285	6	0.0262	4	0.0200	7
沙湾县	0.0375	3	0.0558	3	0.0401	2	0.0265	3	0.0331	4
乌苏市	0.0288	4	0.0511	4	0.0345	4	0.0236	5	0.0328	5
额敏县	0.0238	5	0.0603	2	0.0289	5	0.0275	2	0.0259	6
塔城市	0.0161	6	0.0778	1	0.0228	7	0.0471	1	0.0687	1
裕民县	0.0060	7	0.0485	5	0.0399	3	0.0179	7	0.0341	3

资料来源：《新疆统计年鉴》（2010~2020 年）。

表 5-7-3 中为 2015 年塔城地区各县域经济发展子系统发展指数得分情况。从表 5-7-3 中可以看出，2015 年塔城地区创新子系统排名前三的县域分别为：和布克赛尔蒙古自治县得分 0.0687；托里县得分 0.0622；乌苏市得分 0.0540。协调子系统排名前三的县域分别为：塔城市得分 0.0937；额敏县和沙湾县并列得分 0.0707。绿色子系统排名前三的县域分别为：沙湾县得分 0.1068；和布克赛尔蒙古自治县得分 0.0996；托里县得分 0.0885。开放子系统排名前三的县域分别为：塔城市得分 0.0461；托里县得分 0.0404；额敏县得分 0.0311。共享子系统排名前三的县域分别为：和布克赛尔蒙古自治县得分 0.0631；塔城市得分 0.0591；裕民县得分 0.0570。

表 5-7-3　2015 年塔城地区各县域子系统发展指数

地区	创新		协调		绿色		开放		共享	
	分值	次序	分值	次序	分值	次序	分值	次序	分值	次序
和布克赛尔蒙古自治县	0.0687	1	0.0265	7	0.0996	2	0.0304	4	0.0631	1
托里县	0.0622	2	0.0332	6	0.0885	3	0.0404	2	0.0318	7
乌苏市	0.0540	3	0.0495	5	0.0772	5	0.0278	6	0.0413	4
沙湾县	0.0515	4	0.0707	2	0.1068	1	0.0301	5	0.0357	5
额敏县	0.0447	5	0.0707	2	0.0569	7	0.0311	3	0.0348	6
塔城市	0.0257	6	0.0937	1	0.0858	4	0.0461	1	0.0591	2
裕民县	0.0198	7	0.0675	4	0.0713	6	0.0181	7	0.0570	3

资料来源：根据《新疆统计年鉴》（2010~2020 年）测算。

表 5-7-4 中为 2019 年塔城地区各县域经济发展子系统发展指数得分情况。从表 5-7-4 中可以看出，2019 年塔城地区创新子系统排名前三的县域分别为：和布克赛尔蒙古自治县

得分 0.0799；乌苏市得分 0.0708；托里县得分 0.0670。协调子系统排名前三的县域分别为：塔城市得分 0.1154；额敏县得分 0.0932；裕民县得分 0.0911。绿色子系统排名前三的县域分别为：沙湾县得分 0.0779；托里县得分 0.0573；和布克赛尔蒙古自治县得分 0.0524。开放子系统排名前三的县域分别为：托里县得分 0.0297；和布克赛尔蒙古自治县得分 0.0279；额敏县得分 0.0259。共享子系统排名前三的县域分别为：塔城市得分 0.0894；和布克赛尔蒙古自治县得分 0.0758；裕民县得分 0.0504。

表 5-7-4 2019 年塔城地区各县域子系统发展指数

地区	创新		协调		绿色		开放		共享	
	分值	次序	分值	次序	分值	次序	分值	次序	分值	次序
和布克赛尔蒙古自治县	0.0799	1	0.0339	7	0.0524	3	0.0279	2	0.0758	2
乌苏市	0.0708	2	0.0632	5	0.0399	5	0.0241	6	0.0320	7
托里县	0.0670	3	0.0443	6	0.0573	2	0.0297	1	0.0392	6
裕民县	0.0625	4	0.0911	3	0.0365	6	0.0150	7	0.0504	3
额敏县	0.0560	5	0.0932	2	0.0354	7	0.0259	3	0.0443	4
沙湾县	0.0508	6	0.0800	4	0.0779	1	0.0247	5	0.0413	5
塔城市	0.0374	7	0.1154	1	0.0409	4	0.0248	4	0.0894	1

资料来源：根据《新疆统计年鉴》（2010~2020 年）测算。

四、塔城地区经济发展空间格局与演变

2009~2019 年塔城市、和布克赛尔蒙古自治县、沙湾县、乌苏市、额敏县、裕民县、托里县的经济发展质量均呈现波动上升的趋势，其中，年均经济发展质量排名前三的县域为：塔城市、和布克赛尔蒙古自治县、沙湾县。

五、塔城地区经济高质量发展对策与建议

本节通过对塔城地区整体经济发展成就与各县域经济发展质量进行分析，提出以下建议：

（1）额敏县、沙湾县、塔城市应通过加大人才引进力度与科研经费投入等措施来提升地区创新水平；

（2）喀什地区应更加注重各县域经济平衡发展，促进地区协调发展；

（3）乌苏市、裕民县、额敏县应注重经济绿色转型；

（4）乌苏市、裕民县、沙湾县应加大经济开放力度；

（5）乌苏市、托里县、沙湾县应该注重协调发展，使发展成果全民共享。

六、小结

从 2009~2019 年塔城地区经济发展的主要成就来看：在经济发展方面，塔城地区 GDP

从 2009 年的 284.82 亿元，增至 2019 年的 696.58 亿元，增长了 1.45 倍，年均增长率为 9.36%，整体呈现平稳上升趋势。塔城地区人均 GDP 从 2009 年的 20784 元，增至 2019 年的 54095 元，增长了 1.60 倍，年均增长率为 10.04%，整体呈现平稳上升趋势。在投资方面，塔城地区固定资产投资从 2009 年的 124.37 亿元，增至 2017 年的 628.89 亿元，增长了 4.06 倍，年均增长率为 22.46%，整体呈现平稳上升趋势。在金融发展方面，塔城地区项目贷款余额从 2009 年的 508.62 亿元，降至 2019 年的 420.77 亿元。在进出口贸易方面，塔城地区进出口从 2009 年的 57.19 亿元，降至 2019 年的 50.54 亿元。在市场发展方面，塔城地区全社会销售品零售总额从 2009 年的 36.97 亿元，增至 2019 年的 87.74 亿元，增长了 1.37 倍，年均增长率为 9.03%，整体呈现平稳上升趋势。在居民收入方面，塔城地区平均工资从 2009 年的 19615 元，增至 2019 年的 70478 元，增长了 2.59 倍，年均增长率为 13.64%，整体呈现平稳上升趋势。在社会就业方面，塔城地区城镇失业率从 2009 年的 3.23%，降至 2019 年的 1.56%，整体呈现平稳下降趋势。在工业化发展方面，塔城地区工业化发展水平从 2009 年的 0.34%，降至 2019 年的 0.22%，整体呈现平稳下降趋势。在能源利用效率方面，塔城地区单位地区生产总值能耗值从 2009 年的 0.42 万吨标准煤/亿元，降至 2019 年的 0.25 万吨标准煤/亿元，整体呈现平稳下降趋势。在产业结构高级化方面，塔城地区产业结构高级化值从 2009 年的 0.87，升至 2019 年的 1.89，总体呈上升趋势。

根据 2009~2019 年塔城地区经济发展质量时序特征，从总体来看，塔城地区经济高质量发展指数总体呈现波动上升的趋势。其中，2017 年是 2009~2019 年经济高质量发展指数最高的一年，经济高质量发展指数为 0.33；2011 年是 2009~2019 年经济高质量发展指数最低的一年，经济高质量发展指数为 0.14。2009~2019 年塔城地区创新子系统得分最高的是 2017 年，得分为 0.071；协调子系统得分最高的是 2019 年，得分为 0.090；共享子系统得分最高的是 2016 年，得分为 0.116；开放子系统得分最高的是 2009 年，得分为 0.064；绿色子系统得分最高的是 2013 年，得分为 0.058。

综上所述，本节从塔城地区概况出发，通过经济发展、社会投资、金融发展、对外贸易、市场发展、居民收入、社会就业、工业化水平、能源利用效率和产业结构高级化水平共十个方面描述了塔城地区经济发展的主要成就；并对塔城地区经济发展质量时序特征、空间格局与演变两方面进行了分析，最终给出了相应的发展对策与建议。

第八节　阿勒泰地区经济高质量发展评价

一、阿勒泰地区概况[①]

阿勒泰地区地处新疆北部，与俄罗斯、哈萨克斯坦、蒙古国三国接壤，边境线长 1197 千米，总面积 11.8 万平方千米，下辖 6 县 1 市均为边境县（市）。阿勒泰素以"金山银水"

---

① 资料来源：阿勒泰地区行政公署官网 http://www.xjalt.gov.cn/。

著称，概括起来有以下几个特点：

一是戍边文化悠久，公元前 60 年西汉设立西域都护府，阿勒泰区域正式被纳入中国版图，此后历代中央政府始终保持对阿勒泰的治理。历史上阿勒泰各族人民爱国、团结、忠诚，有着爱国戍边、保家卫国的光荣传统。中华人民共和国成立后，阿勒泰地区各族干部群众团结一心、爱党爱国，70 年初心不改，在长达 1197 千米的冰雪边防线上筑起了一道铜墙铁壁，共同维护了祖国领土的完整。阿勒泰地区已成功创建为全国民族团结进步示范地区。

二是地缘特点突出，阿勒泰地区拥有"一山（阿尔泰山）一河（额尔齐斯河）邻三国（俄罗斯、哈萨克斯坦、蒙古国）"的独特优势，是中国西北唯一一个与俄罗斯接壤的地区，是丝绸之路经济带北通道和新疆参与中蒙俄经济走廊建设的重要地区，已拥有 3 个国家一类陆路口岸。

三是生态环境优越，森林面积 4000 多万亩，覆盖率为 22.65%；年平均降水量 190 毫米，年径流量 123 亿立方米；全年降雪期 179 天、积雪期 134 天，雪量充沛、存雪期长。是全国六大林区之一、新疆第一大天然林区，是国务院确定的水源涵养型山地草原生态功能区，是北疆水塔、中国雪都、人类滑雪起源地。

四是旅游资源独特，拥有 A 级以上景区 30 个，国家 AAAAA 级景区 3 个、AAAA 级景区 6 个、世界地质公园 1 个、国家地质公园 1 个、国家级自然保护区 3 个、国家湿地公园 8 个、国家森林公园 4 个。特别是位于世界滑雪黄金纬度（北纬 45°00′00″~49°10′45″，东经 85°31′36″~91°04′23″），雪质雪量雪期、气温风速湿度环境等滑雪条件均为世界一流；冰雪文化源远流长，作为"人类滑雪起源地"享誉世界冰雪运动界，是自治区确定的冬季冰雪旅游经济发展的重点地区。

2020 年，阿勒泰地区实现地区生产总值（GDP）334.53 亿元，比上年增长 2.3%，累计完成地方财政收入 43.10 亿元，比上年下降 9.9%。其中，一般公共预算收入完成 28.67 亿元，下降 22.1%。全年完成地方固定资产投资 215.54 亿元，比上年增长 51.2%。全年实现社会消费品零售总额 63.46 亿元，比上年下降 11.5%。城镇居民人均可支配收入 32404 元，比上年下降 0.4%；农村居民人均可支配收入 14461 元，比上年增长 7.4%。全地区监测的重点城市中，阿勒泰市全年空气质量Ⅰ、Ⅱ级的天数占全年总天数的 100%，较上年无变化。全地区已建成各类自然保护区 7 个，其中：国家级自然保护区 3 个，自治区级自然保护区 4 个。

二、阿勒泰地区经济发展主要成就

（1）经济发展方面：阿勒泰地区国内生产总值（GDP）从 2009 年的 117.39 亿元，增至 2019 年的 339.16 亿元，增长了 1.89 倍，年均增长率为 11.19%，呈现"N"型变化趋势。值得关注的是，2016~2019 年阿勒泰地区 GDP 出现逐年上升趋势，从 217.30 亿元增长至 339.16 亿元，年均增长率为 16.00%，实现了连续三年高速增长。阿勒泰地区人均 GDP 从 2009 年的 19903 元，增至 2019 年的 51524 元，增长了 1.59 倍，年均增长率为 9.98%，呈"N"型变化趋势。值得关注的是，2016~2019 年阿勒泰地区人均 GDP 出现逐年上升趋势，从 33874 亿元增长至 51524 元，年均增长率为 15.00%，实现了连续三年高速增长。

（2）投资方面：阿勒泰地区全社会固定资产投资从 2009 年的 77.93 亿元，增至 2017 年的 364.28 亿元，增长了 3.67 倍，年均增长率为 21.26%，呈"N"型变化趋势。值得关注的是，2015~2017 年阿勒泰地区全社会固定资产投资呈现上升趋势，从 259.09 亿元增长至 364.28 亿元，年均增长率为 18.57%。

（3）金融发展方面：阿勒泰地区各项目贷款余额从 2009 年的 66.38 亿元，增至 2019 年的 318.94 亿元，增长了 3.80 倍，年均增长率为 16.99%，呈现逐年上升趋势。值得关注的是，2016~2019 年阿勒泰地区各项目贷款余额总体呈现上升趋势，从 260.60 亿元增长至 318.94 亿元，年均增长率为 6.97%。

（4）对外贸易方面：阿勒泰地区进出口贸易总额从 2009 年的 31.90 亿元，增长至 2019 年的 76.19 亿元，增加了 1.39 倍，年均增长率为 9.10%，呈现波动上升趋势。值得关注的是，2016~2019 年阿勒泰地区进出口贸易总额总体呈现上升趋势，从 63.07 亿元增加至 76.19 亿元，年均增长率为 6.50%。

（5）市场发展方面：阿勒泰地区全社会销售品零售总额从 2009 年的 28.71 亿元，增至 2019 年的 71.73 亿元，增长了 1.50 倍，年均增长率为 9.59%，大致呈现逐年上升的趋势。值得关注的是，2016~2019 年阿勒泰地区全社会销售品零售总额总体呈现逐年上升的变化趋势，从 68.31 亿元增加至 71.73 亿元，年均增长率为 1.64%。

（6）居民收入方面：阿勒泰地区在岗职工平均工资从 2009 年的 20587 元，增至 2019 年的 70319 元，增长了 2.42 倍，年均增长率为 13.07%，呈现逐年上升的变化趋势。值得关注的是，2016~2019 年阿勒泰地区在岗职工平均工资呈现逐年上升的变化趋势，从 47689 元增至 70319 元，年均增长率为 13.82%，实现了连续三年稳步增长。

（7）社会就业方面：用阿勒泰地区城镇失业率来表征社会就业情况，城镇失业率越低，社会就业就越充分。阿勒泰地区城镇失业率从 2009 年的 2.65%，降至 2019 年的 2.50%，减少了 5.66%，年均城镇失业率为 2.51%，总体呈现波动下降的趋势。值得关注的是，2016~2019 年阿勒泰地区城镇失业率大致呈现波动变化趋势，最低点为 2018 年，城镇失业率为 1.60%，最高点为 2019 年，城镇失业率为 2.50%。

（8）工业化发展方面：阿勒泰地区工业化发展水平从 2009 年的 0.40，降至 2019 年的 0.36，降低了 10.00%，年均工业化发展水平为 0.40，总体呈下降趋势。值得关注的是，2016~2019 年阿勒泰地区工业化发展水平呈现波动上升的变化趋势，从 0.31 增加至 0.36，年均工业化水平为 0.35。

（9）能源利用效率方面：用单位地区生产总值能耗来表征能源利用效率，单位地区生产总值能耗值越小，能源利用效率越大，反之亦然。阿勒泰地区单位地区生产总值能耗值从 2009 年的 0.50 万吨标准煤/亿元，降至 2019 年的 0.20 万吨标准煤/亿元，降低了 60.00%，年均单位地区生产总值能耗值为 0.41 万吨标准煤/亿元，总体呈波动下降的变化趋势。由此可见，2009~2019 年阿勒泰地区能源利用效率快速提升。值得关注的是，2016~2019 年阿勒泰地区单位地区生产总值能耗值呈现波动下降的变化趋势，从 0.34 万吨标准煤/亿元下降至 0.20 万吨标准煤/亿元，年均单位地区生产总值能耗值为 0.30 万吨标准煤/亿元。

（10）产业结构高级化方面：阿勒泰地区产业结构高级化值从 2009 年的 0.89，增至 2019 年的 1.31，提高了 0.47 倍，年均产业结构高级化值为 1.01，总体呈波动上升的变化趋势。值得关注的是，2016~2019 年阿勒泰地区产业结构高级化值呈现下降趋势，从 1.47 下降至 1.31，年均产业结构高级化值为 1.32。

1. 阿勒泰地区 GDP、人均 GDP

图 5-8-1 为 2009~2019 年阿勒泰地区 GDP 及其变化趋势。如图所示，阿勒泰地区 GDP 从 2009 年的 117.39 亿元，增至 2019 年的 339.16 亿元，增长了 1.89 倍，年均增长率为 11.19%，呈现"N"型变化趋势。其中，2010~2014 年 GDP 呈现快速增长趋势，2015 年下降至 222.12 亿元，2016~2019 年呈现逐年上升趋势。具体来讲，自 2013 年突破 200 亿元以来，经济总量快速提升，2019 年突破 300 亿元，达到 339.16 亿元。从增长率看，总体呈现波动下降再上升的趋势。其中，2011 年的增长率达到峰值，较 2010 年阿勒泰地区 GDP 增长了 21.44%，2016 年的增长率最低，较 2015 年阿勒泰地区 GDP 下降了 2.17%。值得关注的是，2016~2019 年阿勒泰地区 GDP 出现逐年上升趋势，从 217.30 亿元增至 339.16 亿元，年均增长率为 16.00%，实现了连续三年高速增长。

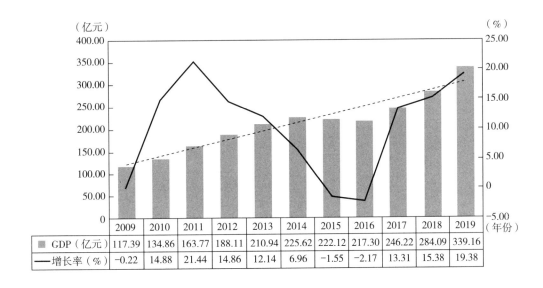

图 5-8-1 2009~2019 年阿勒泰地区 GDP 及变化趋势

资料来源：《新疆统计年鉴》（2010~2020 年）。

图 5-8-2 为 2009~2019 年阿勒泰地区人均 GDP 及其变化趋势。如图所示，阿勒泰地区人均 GDP 从 2009 年的 19903 元，增至 2019 年的 51524 元，增长了 1.59 倍，年均增长率为 9.98%，呈"N"型变化趋势。其中，2010~2014 年人均 GDP 呈现快速增长趋势，2015 年下降至 34996 元，2016~2019 年呈现逐年上升趋势。具体来讲，自 2010 年突破 20000 元以来，人均 GDP 快速提升，2012 年突破 30000 元，2019 年达到 51524 元。从增长率看，总体呈现波动下降再上升的趋势。其中，2011 年的增长率达到峰值，较 2010 年阿勒泰地区人均 GDP 增长了 20.18%，2016 年的增长率最低，较 2015 年阿勒泰地区人均 GDP 下降了 3.21%。值得关注的是，2016~2019 年阿勒泰地区人均 GDP 呈现逐年上升趋势，从 33874 元增长至 51524 元，年均增长率为 15.00%，实现了连续三年快速增长。

2. 阿勒泰地区固定资产投资分析

图 5-8-3 为 2009~2017 年阿勒泰地区全社会固定资产投资及其变化趋势。如图所示，阿勒泰地区全社会固定资产投资从 2009 年的 77.93 亿元，增至 2017 年的 364.28 亿元，增长了 3.67 倍，年均增长率为 21.26%，呈"N"型变化趋势。其中，2009~2014 年全社会固

定资产投资大致呈现快速增长趋势，2015年下降至259.09亿元，2015～2017年呈现上升趋势。具体来讲，自2010年突破100亿元以来，2013年突破200亿元，2017年突破300亿元，达到364.28亿元。从增长率看，总体呈现波动变化的趋势。其中，2010年的增长率达到峰值，较2009年阿勒泰地区全社会固定资产投资增长了44.12%，2015年的增长率最低，较2014年阿勒泰地区全社会固定资产投资下降了7.05%。值得关注的是，2015～2017年阿勒泰地区全社会固定资产投资呈现上升趋势，从259.09亿元增长至364.28亿元，年均增长率为18.57%。

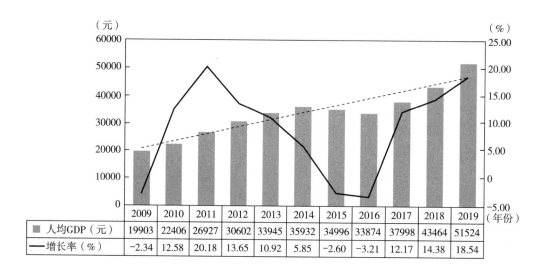

图5-8-2　2009～2019年阿勒泰地区人均GDP及变化趋势

资料来源：《新疆统计年鉴》（2010～2020年）。

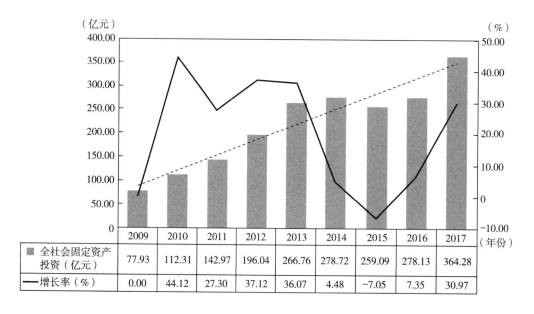

图5-8-3　2009～2017年阿勒泰地区全社会固定资产投资及变化趋势

资料来源：《新疆统计年鉴》（2010～2018年）。

3. 阿勒泰地区金融发展分析

图 5-8-4 为 2009~2019 年阿勒泰地区各项目贷款余额及其变化趋势。如图所示，阿勒泰地区各项目贷款余额从 2009 年的 66.38 亿元，增至 2019 年的 318.94 亿元，增长了 3.80 倍，年均增长率为 16.99%，呈现逐年上升趋势。其中，2009~2017 年各项目贷款余额呈现逐年快速增长趋势；2018~2019 年增速有所放缓。具体来讲，自 2012 年突破 100 亿元以来，2014 年突破 200 亿元，2017 年突破 300 亿，达到 322.11 亿元。从增长率看，总体呈现波动下降的趋势。其中，2010 年的增长率达到峰值，较 2009 年阿勒泰地区各项目贷款余额增长了 33.62%，2018 年的增长率最低，较 2017 年阿勒泰地区各项目贷款余额下降了 2.11%。值得关注的是，2016~2019 年阿勒泰地区各项目贷款余额总体呈现上升趋势，从 260.60 亿元增长至 318.94 亿元，年均增长率为 6.97%。

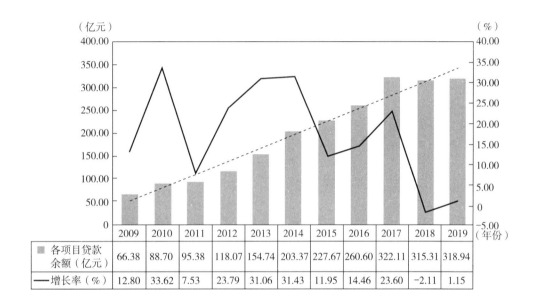

	2009	2010	2011	2012	2013	2014	2015	2016	2017	2018	2019
■ 各项目贷款余额（亿元）	66.38	88.70	95.38	118.07	154.74	203.37	227.67	260.60	322.11	315.31	318.94
── 增长率（%）	12.80	33.62	7.53	23.79	31.06	31.43	11.95	14.46	23.60	-2.11	1.15

图 5-8-4 2009~2019 年阿勒泰地区各项目贷款余额及变化趋势

资料来源：《新疆统计年鉴》（2010~2020 年）。

4. 阿勒泰地区进出口贸易发展分析

图 5-8-5 为 2009~2019 年阿勒泰地区进出口贸易总额及其变化趋势。如图所示，阿勒泰地区进出口贸易总额从 2009 年的 31.90 亿元，增长至 2019 年的 76.19 亿元，增加了 1.39 倍，年均增长率为 9.10%，呈现波动上升趋势。具体来讲，自 2011 年突破 50 亿元以来，2014 年突破 90 亿元，达到 95.19 亿元，随后波动下降。从增长率看，总体呈现波动下降的趋势。其中，2009 年的增长率达到峰值，较 2008 年阿勒泰地区进出口贸易总额增长了 64.34%，2015 年的增长率最低，较 2014 年阿勒泰地区进出口贸易总额下降了 43.31%。值得关注的是，2016~2019 年阿勒泰地区进出口贸易总额总体呈现上升趋势，从 63.07 亿元增加至 76.19 亿元，年均增长率为 6.50%。

5. 阿勒泰地区市场发展分析

图 5-8-6 为 2009~2019 年阿勒泰地区全社会销售品零售总额及其变化趋势。如图所示，阿勒泰地区全社会销售品零售总额从 2009 年的 28.71 亿元，增至 2019 年的 71.73 亿元，增

长了 1.50 倍，年均增长率为 9.59%，大致呈现逐年上升的趋势。其中，2009～2018 年全社会销售品零售总额呈现快速增长趋势，2019 年有所下降。具体来讲，自 2010 年突破 30 亿元以来，2014 年突破 50 亿元，2018 年接近 80 亿元，达到 79.85 亿元。从增长率看，总体呈现波动下降的变化趋势。其中，2012 年的增长率达到峰值，较 2011 年阿勒泰地区全社会销售品零售总额增长了 16.06%，2019 年的增长率最低，较 2018 年阿勒泰地区全社会销售品零售总额下降了 10.17%。值得关注的是，2016～2019 年阿勒泰地区全社会销售品零售总额总体呈现逐年上升的变化趋势，从 68.31 亿元增加至 71.73 亿元，年均增长率为 1.64%。

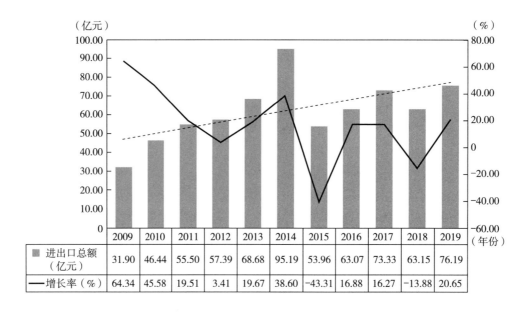

	2009	2010	2011	2012	2013	2014	2015	2016	2017	2018	2019
进出口总额（亿元）	31.90	46.44	55.50	57.39	68.68	95.19	53.96	63.07	73.33	63.15	76.19
增长率（%）	64.34	45.58	19.51	3.41	19.67	38.60	-43.31	16.88	16.27	-13.88	20.65

图 5-8-5　2009～2019 年阿勒泰地区进出口贸易总额及变化趋势

资料来源：《新疆统计年鉴》（2010～2020 年）。

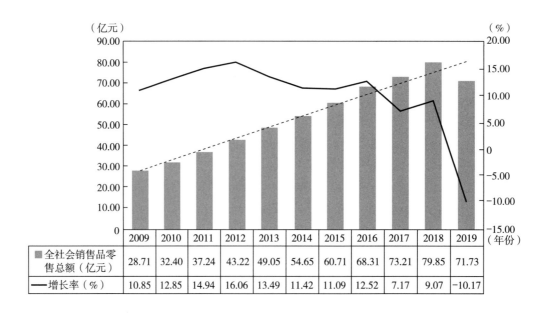

	2009	2010	2011	2012	2013	2014	2015	2016	2017	2018	2019
全社会销售品零售总额（亿元）	28.71	32.40	37.24	43.22	49.05	54.65	60.71	68.31	73.21	79.85	71.73
增长率（%）	10.85	12.85	14.94	16.06	13.49	11.42	11.09	12.52	7.17	9.07	-10.17

图 5-8-6　2009～2019 年阿勒泰地区全社会销售品零售总额及变化趋势

资料来源：《新疆统计年鉴》（2010～2020 年）。

6. 阿勒泰地区居民收入分析

图 5-8-7 为 2009~2019 年阿勒泰地区在岗职工平均工资及其变化趋势。如图所示，阿勒泰地区在岗职工平均工资从 2009 年的 20587 元，增至 2019 年的 70319 元，增长了 2.42 倍，年均增长率为 13.07%，呈现逐年上升的变化趋势。具体来讲，自 2012 年突破 30000 元以来，2018 年突破 50000 元，达到 58749 元。从增长率看，总体呈现波动上升的趋势。其中，2015 年的增长率达到峰值，较 2014 年阿勒泰地区在岗职工平均工资增长了 19.94%，2017 年的增长率最低，较 2016 年阿勒泰地区在岗职工平均工资增长了 4.03%。值得关注的是，2016~2019 年阿勒泰地区在岗职工平均工资呈现逐年上升的变化趋势，从 47689 元增至 70319 元，年均增长率为 13.82%，实现了连续三年稳步增长。

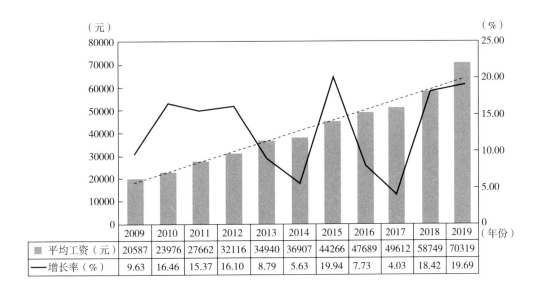

（元）	2009	2010	2011	2012	2013	2014	2015	2016	2017	2018	2019
平均工资（元）	20587	23976	27662	32116	34940	36907	44266	47689	49612	58749	70319
增长率（%）	9.63	16.46	15.37	16.10	8.79	5.63	19.94	7.73	4.03	18.42	19.69

图 5-8-7 2009~2019 年阿勒泰地区在岗职工平均工资及变化趋势

资料来源：《新疆统计年鉴》（2010~2020 年）。

7. 阿勒泰地区社会就业分析

图 5-8-8 为 2009~2019 年阿勒泰地区城镇失业率情况，用阿勒泰地区城镇失业率来表征社会就业情况，城镇失业率越低，社会就业就越充分。如图所示，阿勒泰地区城镇失业率从 2009 年的 2.65%，降至 2019 年的 2.50%，减少了 5.66%，年均城镇失业率为 2.51%，总体呈现波动下降的趋势。值得关注的是，2016~2019 年阿勒泰地区城镇失业率大致呈现波动变化趋势，最低点为 2018 年，城镇失业率为 1.60%，最高点为 2019 年，城镇失业率为 2.50%。

8. 阿勒泰地区工业化发展水平分析

图 5-8-9 为 2009~2019 年阿勒泰地区工业化发展情况。如图所示，阿勒泰地区工业化发展水平从 2009 年的 0.40，降至 2019 年的 0.36，降低了 10.00%，年均工业化发展水平为 0.40，总体呈下降趋势。值得关注的是，2016~2019 年阿勒泰地区工业化发展水平呈现上升的变化趋势，从 0.31 增加至 0.36，年均工业化水平为 0.35。

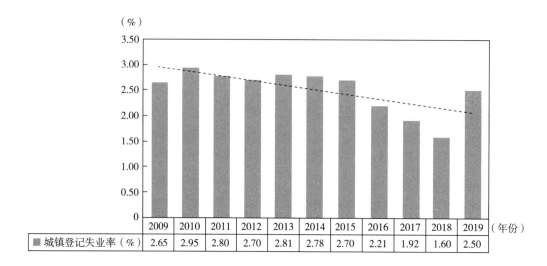

图 5-8-8　2009～2019 年阿勒泰地区城镇失业率

资料来源：《新疆统计年鉴》（2010～2020 年）。

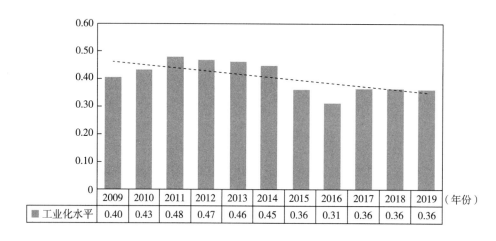

图 5-8-9　2009～2019 年阿勒泰地区工业化发展水平

资料来源：根据《新疆统计年鉴》（2010～2020 年）测算。

9. 阿勒泰地区能源利用效率分析

图 5-8-10 为 2009～2019 年阿勒泰地区能源利用效率情况，用单位地区生产总值能耗来表征能源利用效率，单位地区生产总值能耗值越小，能源利用效率越大，反之亦然。如图所示，阿勒泰地区单位地区生产总值能耗值从 2009 年的 0.50 万吨标准煤/亿元，降至 2019 年的 0.20 万吨标准煤/亿元，降低了 60.00%，年均单位地区生产总值能耗值为 0.41 万吨标准煤/亿元，总体呈波动下降的变化趋势。由此可见，2009～2019 年阿勒泰地区能源利用效率快速提升。值得关注的是，2016～2019 年阿勒泰地区单位地区生产总值能耗值呈现波动下降的变化趋势，从 0.34 万吨标准煤/亿元下降至 0.20 万吨标准煤/亿元，年均单位地区生产总值能耗值为 0.30。

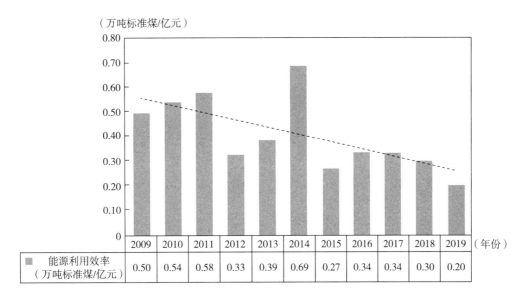

（万吨标准煤/亿元）

	2009	2010	2011	2012	2013	2014	2015	2016	2017	2018	2019	（年份）
能源利用效率 （万吨标准煤/亿元）	0.50	0.54	0.58	0.33	0.39	0.69	0.27	0.34	0.34	0.30	0.20	

图 5-8-10　2009~2019 年阿勒泰地区能源利用效率

资料来源：根据《新疆统计年鉴》（2010~2020 年）测算。

10. 阿勒泰地区产业结构高级化分析

图 5-8-11 为 2009~2019 年阿勒泰地区产业结构高级化情况。如图所示，阿勒泰地区产业结构高级化值从 2009 年的 0.89，增至 2019 年的 1.31，提高了 0.47 倍，年均产业结构高级化值为 1.01，总体呈波动上升的变化趋势。值得关注的是，2016~2019 年阿勒泰地区产业结构高级化值呈现下降趋势，从 1.47 下降至 1.31，年均产业结构高级化值为 1.32。

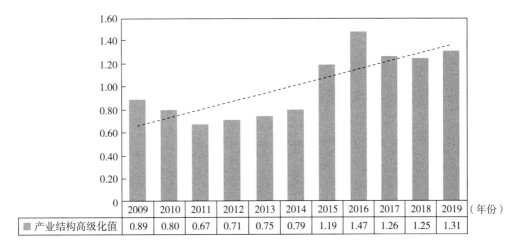

	2009	2010	2011	2012	2013	2014	2015	2016	2017	2018	2019	（年份）
产业结构高级化值	0.89	0.80	0.67	0.71	0.75	0.79	1.19	1.47	1.26	1.25	1.31	

图 5-8-11　2009~2019 年阿勒泰地区产业结构高级化

资料来源：根据《新疆统计年鉴》（2010~2020 年）测算。

三、阿勒泰地区经济发展质量时序特征

1. 阿勒泰地区经济高质量发展指数

图 5-8-12 为 2009~2019 年阿勒泰地区经济高质量发展指数。如图所示，阿勒泰地区经济高质量发展指数从 2009 年的 0.21，增至 2019 年的 0.33，增加了 0.57 倍，年均经济高质

量发展指数为0.29，总体呈波动上升的变化趋势。值得关注的是，2016～2019年阿勒泰地区经济高质量发展指数呈现波动下降趋势，从0.34下降至0.33，年均经济高质量发展指数为0.35，可见，2016～2019年经济高质量发展指数较好且较为稳定。

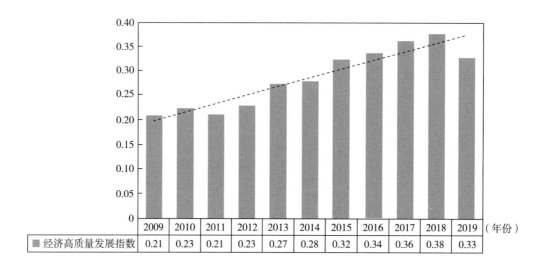

图5-8-12　2009～2019年阿勒泰地区经济高质量发展指数

资料来源：根据《新疆统计年鉴》（2010～2020年）测算。

2. 阿勒泰地区经济子系统发展指数

图5-8-13为2009～2019年阿勒泰地区经济发展质量得分情况。如图所示，2009～2019年阿勒泰地区创新子系统得分最高的是2017年，得分为0.034。值得关注的是，2016～2019年阿勒泰地区经济发展质量创新子系统得分整体呈现波动上升趋势，从0.016升至0.025。2009～2019年阿勒泰地区协调子系统得分最高的是2019年，得分为0.122。值得关注的是，2016～2019年阿勒泰地区经济发展质量协调子系统得分呈现波动上升趋势，从0.104升至0.122。2009～2019年阿勒泰地区共享子系统得分最高的是2018年，得分为0.113。值得关注的是，2016～2019年阿勒泰地区经济发展质量共享子系统得分整体呈现下降趋势，从0.082降至0.065。2009～2019年阿勒泰地区开放子系统得分最高的是2017年，得分为0.088。值得关注的是，2016～2019年阿勒泰地区经济发展质量开放子系统得分呈现波动下降趋势，从0.086降至0.075。2009～2019年阿勒泰地区绿色子系统得分最高的是2017年，得分为0.058。值得关注的是，2016～2019年阿勒泰地区经济发展质量绿色子系统得分整体呈现下降趋势，从0.049降至0.041。

3. 阿勒泰地区各县域经济高质量发展指数

表5-8-1和图5-8-14为2009～2019年阿勒泰地区各县域经济发展质量得分情况。从表及图可以看出，2009年青河县经济高质量发展指数为0.259；阿勒泰市经济高质量发展指数为0.258；布尔津县经济高质量发展指数为0.253。2015年吉木乃县经济高质量发展指数为0.385；布尔津县经济高质量发展指数为0.317；阿勒泰市经济高质量发展指数为0.312。2019年吉木乃县经济高质量发展指数为0.253；哈巴河县经济高质量发展指数为0.228；布尔津县经济高质量发展指数为0.259。从整体来看，2009～2019年阿勒泰地区各县域经济高质量发展指数得分整体呈上升态势。

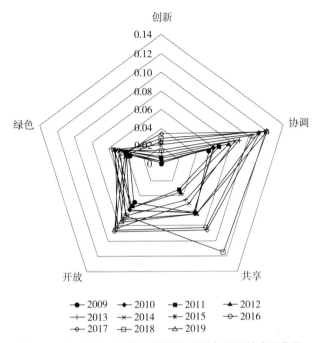

图 5-8-13　2009~2019 年阿勒泰地区各子系统发展指数

资料来源：根据《新疆统计年鉴》（2010~2020 年）测算。

表 5-8-1　2009 年、2015 年、2019 年阿勒泰地区县域经济高质量发展指数

地区	2009 年		2015 年		2019 年	
	分值	次序	分值	次序	分值	次序
阿勒泰市	0.258	2	0.312	3	0.362	2
布尔津县	0.253	3	0.317	2	0.259	3
富蕴县	0.229	4	0.268	5	0.253	4
福海县	0.162	7	0.222	7	0.501	1
哈巴河县	0.226	5	0.286	4	0.228	7
青河县	0.259	1	0.258	6	0.238	6
吉木乃县	0.173	6	0.385	1	0.253	4

资料来源：根据《新疆统计年鉴》（2010~2020 年）测算。

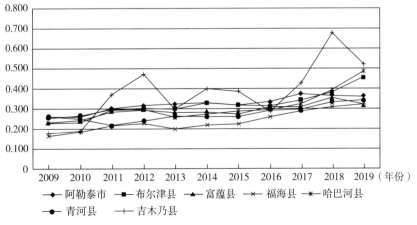

图 5-8-14　2009~2019 年阿勒泰地区各县域经济发展质量变化趋势

资料来源：根据《新疆统计年鉴》（2010~2020 年）测算。

4. 阿勒泰地区各县域子系统发展指数

表5-8-2为2009年阿勒泰地区各县域经济发展子系统发展指数得分情况。从表5-8-2中可以看出，2009年阿勒泰地区创新子系统排名前三的县域分别为：哈巴河县得分0.084；富蕴县得分0.063；布尔津县和青河县并列得分0.035。协调子系统排名前三的县域分别为：阿勒泰市得分0.109；布尔津县得分0.062；吉木乃县得分0.044。绿色子系统排名前三的县域分别为：富蕴县得分0.054；哈巴河县得分0.053；福海县得分0.045。开放子系统排名前三的县域分别为：青河县得分0.063；阿勒泰市得分0.048；富蕴县得分0.035。共享子系统排名前三的县域分别为：青河县得分0.091；布尔津县得分0.088；阿勒泰市得分0.062。

表5-8-2　2009年阿勒泰地区各县域子系统发展指数

地区	创新		协调		绿色		开放		共享	
	分值	次序	分值	次序	分值	次序	分值	次序	分值	次序
阿勒泰市	0.024	6	0.109	1	0.016	7	0.048	2	0.062	3
布尔津县	0.035	3	0.062	2	0.037	4	0.031	4	0.088	2
富蕴县	0.063	2	0.029	6	0.054	1	0.035	3	0.047	5
福海县	0.015	7	0.036	4	0.045	3	0.029	6	0.037	6
哈巴河县	0.084	1	0.023	7	0.053	2	0.031	4	0.035	7
青河县	0.035	3	0.034	5	0.036	5	0.063	1	0.091	1
吉木乃县	0.028	5	0.044	3	0.026	6	0.021	7	0.055	4

资料来源：根据《新疆统计年鉴》（2010~2020年）测算。

表5-8-3为2015年阿勒泰地区各县域经济发展子系统发展指数得分情况。从表5-8-3中可以看出，2015年创新子系统排名前三的县域分别为：吉木乃县得分0.245；布尔津县得分0.105；哈巴河县得分0.097。协调子系统排名前三的县域分别为：阿勒泰市得分0.118；布尔津县得分0.058；青河县得分0.044。绿色子系统排名前三的县域分别为：青河县得分0.104；哈巴河县得分0.092；富蕴县得分0.073。共享子系统排名前三的县域分别为：阿勒泰市得分0.044；富蕴县得分0.043；哈巴河县得分0.034。共享子系统排名前三的县域分别为：阿勒泰市得分0.070；布尔津县得分0.064；吉木乃县得分0.050。

表5-8-3　2015年阿勒泰地区各县域子系统发展指数

地区	创新		协调		绿色		开放		共享	
	分值	次序	分值	次序	分值	次序	分值	次序	分值	次序
阿勒泰市	0.049	6	0.118	1	0.030	7	0.044	1	0.070	1
布尔津县	0.105	2	0.058	2	0.065	5	0.024	5	0.064	2
富蕴县	0.077	4	0.031	5	0.073	3	0.043	2	0.045	4
福海县	0.048	7	0.034	4	0.069	4	0.028	4	0.042	6
哈巴河县	0.097	3	0.027	7	0.092	2	0.034	3	0.036	7
青河县	0.051	5	0.044	3	0.104	1	0.017	6	0.043	5
吉木乃县	0.245	1	0.028	6	0.046	6	0.017	6	0.050	3

资料来源：根据《新疆统计年鉴》（2010~2020年）测算。

表5-8-4为2019年阿勒泰地区各县域经济发展子系统发展指数得分情况。从表5-8-4

中可以看出，2019年阿勒泰地区创新子系统排名前三的县域分别为：吉木乃县得分0.366；富蕴县得分0.138；布尔津县得分0.131。协调子系统排名前三的县域分别为：哈巴河县得分0.147；阿勒泰市得分0.135；布尔津县得分0.079。绿色子系统排名前三的县域分别为：青河县得分0.139；哈巴河县得分0.137；福海县得分0.117。开放子系统排名前三的县域分别为：布尔津县得分0.058；阿勒泰市得分0.045；福海县得分0.035。共享子系统排名前三的县域分别为：阿勒泰市得分0.095；布尔津县得分0.094；哈巴河县得分0.057。

表5-8-4　2019年阿勒泰地区各县域子系统发展指数

地区	创新		协调		绿色		开放		共享	
	分值	次序	分值	次序	分值	次序	分值	次序	分值	次序
阿勒泰市	0.042	7	0.135	2	0.045	7	0.045	2	0.095	1
布尔津县	0.131	3	0.079	3	0.095	4	0.058	1	0.094	2
富蕴县	0.138	2	0.035	6	0.080	5	0.022	5	0.043	7
福海县	0.049	6	0.069	4	0.117	3	0.035	3	0.052	4
哈巴河县	0.124	4	0.147	1	0.137	2	0.017	7	0.057	3
青河县	0.088	5	0.047	5	0.139	1	0.025	4	0.044	5
吉木乃县	0.366	1	0.035	6	0.052	6	0.018	6	0.044	5

资料来源：根据《新疆统计年鉴》（2010~2020年）测算。

四、阿勒泰地区经济发展空间格局与演变

从总体来看，2009~2019年吉木乃县、阿勒泰市、布尔津县、富蕴县、福海县、哈巴河县、青河县的经济发展质量均呈现波动上升的趋势。其中，2019年福海县的年均经济发展质量高于其他县市，在阿勒泰地区各县域经济发展质量中排名第一，阿勒泰市的年均发展质量高于布尔津县，排名第二。

五、阿勒泰地区经济高质量发展对策与建议

从创新、协调、绿色、开放、共享五个维度看，阿勒泰市、福海县、青河县应更注重创新发展；富蕴县、吉木乃县、青河县应更注重协调发展；阿勒泰市、吉木乃县、富蕴县应更注重绿色发展；哈巴河县、吉木乃县、富蕴县应更注重开放发展；富蕴县、青河县、吉木乃县应更注重共享发展，进而更好地促进阿勒泰地区经济高质量发展。

六、小结

从2009~2019年阿勒泰地区经济发展的主要成就来看：在经济发展方面，阿勒泰地区GDP从2009年的117.39亿元，增至2019年的339.16亿元，增长了1.89倍，年均增长率为11.19%，呈现"N"型变化趋势；人均GDP从2009年的19903元，增至2019年的51524元，增长了1.59倍，年均增长率为9.98%，呈"N"型变化趋势。在投资方面，阿勒泰地区全社会固定资产投资从2009年的77.93亿元，增至2017年的364.28亿元，增长了3.67倍，年均增长率为21.26%，呈"N"型变化趋势。在金融发展方面，阿勒泰地区各项

目贷款余额从2009年的66.38亿元，增至2019年的318.94亿元，增长了3.80倍，年均增长率为16.99%，呈现逐年上升趋势。在对外贸易方面，阿勒泰地区进出口贸易总额从2009年的31.90亿元，增长至2019年的76.19亿元，增加了1.39倍，年均增长率为9.10%，呈现波动上升趋势。在市场发展方面，阿勒泰地区全社会销售品零售总额从2009年的28.71亿元，增至2019年的71.73亿元，增长了1.50倍，年均增长率为9.59%，大致呈现逐年上升的趋势。在居民收入方面，阿勒泰地区在岗职工平均工资从2009年的20587元，增至2019年的70319元，增长了2.42倍，年均增长率为13.07%，呈现逐年上升的变化趋势。在社会就业方面，阿勒泰地区城镇失业率从2009年的2.65%，降至2019年的2.50%，减少了5.66%，年均城镇失业率为2.51%，总体呈现波动下降的趋势。在工业化发展方面，阿勒泰地区工业化发展水平从2009年的0.40，降至2019年的0.36，降低了10.00%，年均工业化发展水平为0.40，总体呈下降趋势。在能源利用效率方面，阿勒泰地区单位地区生产总值能耗值从2009年的0.50万吨标准煤/亿元，降至2019年的0.20万吨标准煤/亿元，降低了60.00%，年均单位地区生产总值能耗值为0.41万吨标准煤/亿元，总体呈波动下降的变化趋势。在产业结构高级化方面，阿勒泰地区产业结构高级化值从2009年的0.89，增至2019年的1.31，提高了0.47倍，年均产业结构高级化值为1.01，总体呈波动上升的变化趋势。

根据2009～2019年阿勒泰地区经济发展质量时序特征，从总体来看，阿勒泰地区经济高质量发展指数从2009年的0.21，增至2019年的0.33，增加了0.57倍，年均经济高质量发展指数为0.29，总体呈波动上升的变化趋势。2009～2019年阿勒泰地区创新子系统得分最高的是2017年，得分为0.034；协调子系统得分最高的是2019年，得分为0.122；共享子系统得分最高的是2018年，得分为0.113；开放子系统得分最高的是2017年，得分为0.088；绿色子系统得分最高的是2017年，得分为0.058。从各县域来看，2009年阿勒泰地区经济高质量发展指数为0.21，其中，青河县经济高质量发展指数为0.259；阿勒泰市经济高质量发展指数为0.258；布尔津县经济高质量发展指数为0.253；2015年阿勒泰地区经济高质量发展指数为0.32，其中，吉乃木县经济高质量发展指数为0.385；布尔津县经济高质量发展指数为0.317；阿勒泰市经济高质量发展指数为0.312；2019年阿勒泰地区经济高质量发展指数为0.33。

综上所述，本节从阿勒泰地区概况出发，通过经济发展、社会投资、金融发展、对外贸易、市场发展、居民收入、社会就业、工业化水平、能源利用效率和产业结构高级化十个方面描述了阿勒泰地区经济发展的主要成就，并对阿勒泰地区经济发展质量时序特征、空间格局与演变两方面进行了分析，给出了相应的发展对策与建议。

第九节 博尔塔拉蒙古自治州经济高质量发展评价

一、博尔塔拉蒙古自治州概况[①]

博尔塔拉蒙古自治州，简称"博州"。"博尔塔拉"蒙古语意为"银色草原"，素有

---

① 资料来源：博尔塔拉蒙古自治州人民政府官网 http://www.xjboz.gov.cn/。

"西来之异境，世外之灵壤"的美誉。全州总面积 2.72 万平方千米，辖"两市"（博乐市、阿拉山口市）、"两县"（精河县、温泉县），境内驻有兵团第五师双河市及其所属 9 个团场。全州户籍人口 50 万人。

博州主要有五大优势：一是区位优势。博州与哈萨克斯坦接壤，边境线长 372 千米，有"西部第一门户"之称。地理位置非常重要，是丝绸之路经济带"中通道"国内外的重要连接点和进出口过货关键节点，第二座亚欧大陆桥纵贯全境，中哈输油管道和西气东输二线穿境而过，是两大交通动脉、两大口岸交会处，312 国道与 219 省道、精伊霍铁路与北疆铁路乌精复线在博州交会。二是口岸优势。阿拉山口口岸是铁路、公路、航空、输油管道四种运输方式兼有的国家重点建设和优先发展一类口岸，近年来，已有渝新欧、汉新欧、蓉新欧、郑新欧等 39 条经阿拉山口出境至欧洲腹地的"五定班列"开通运营，年开行专班次已达 5848 列，阿拉山口口岸已成为"丝绸之路经济带"通往欧洲最便捷、最稳定的大通道。三是综合保税区优势。阿拉山口综合保税区是新疆第 1 个批准设立、全国第 16 个综合保税区，也是全疆唯一一个具有铁路集装箱换装资质的综合保税区。目前，已入驻各类企业 453 家。四是产业特色鲜明。博州富集非金属矿产资源，石灰石、石英岩、花岗岩等都具有储量大、品质优、易开采的特点，风能、太阳能等清洁能源开发前景广阔。博州的农副产品资源十分丰富，是全国重要的优质棉出口基地、"中国枸杞之乡"、国家级冷水鱼良种繁育养殖基地。五是生态环境优良。博州具有"两湖三山"的独特地貌，森林草原、雪山冰川、沙漠戈壁、绿洲湿地、沼泽湖泊一应俱全，先后建立了 4 个国家级、自治区级自然保护区和 1 个国家级重点风景名胜区，保护区及景区面积占全州总面积的 18%。境内的赛里木湖是国家 AAAAA 级旅游景区、国家湿地公园，艾比湖是我国西北重要生态保护屏障。由于长期注重资源和生态保护，博州具有良好的人居环境和旅游业发展潜力。

二、博尔塔拉蒙古自治州经济发展主要成就

（1）经济发展方面：博州国内生产总值（GDP）从 2009 年的 100.96 亿元，增至 2019 年的 354.29 亿元，增长了 2.51 倍，年均增长率为 13.38%，整体呈现平稳上升趋势。值得关注的是，2016~2019 年博州 GDP 出现逐年上升趋势，从 277.55 亿元增长至 354.29 亿元，年均增长率为 8.48%，实现了连续两年高速增长。博州人均 GDP 从 2009 年的 21130 元，增至 2019 年的 74276 元，增长了 2.52 倍，年均增长率为 13.40%，整体呈现平稳上升趋势。值得关注的是，2016~2019 年博州人均 GDP 出现逐年上升趋势，从 57987 元增长至 74276 元，年均增长率为 8.60%，实现了连续三年高速增长。

（2）投资方面：博州全社会固定资产投资额从 2009 年的 47.27 亿元，增至 2017 年的 371.24 亿元，增长了 6.85 倍，年均增长率为 29.38%，整体呈现快速增长趋势。值得关注的是，2016~2017 年全社会固定资产投资额从 318.83 元增长至 371.24 元，增长率为 16.44%。

（3）金融发展方面：博州各项目贷款余额从 2009 年的 48.78 亿元，增至 2019 年的 837.12 亿元，增长了 16.16 倍，年均增长率为 32.88%，整体呈现快速增长趋势。值得关注的是，2016~2019 年各项目贷款余额出现逐年上升趋势，从 190.54 亿元增长至 837.12 亿元，年均增长率为 63.78%，实现了连续三年高速增长。

（4）对外贸易方面：博州进出口贸易总额从2009年的74.93亿元，增至2019年的214.19亿元，增长了1.86倍，年均增长率为11.07%，整体呈现快速增长趋势。值得关注的是，2016~2019年博州进出口贸易总额出现逐年上升趋势，从71.48亿元增长至214.19亿元，年均增长率为44.17%，实现了连续三年高速增长。

（5）市场发展方面：博州全社会销售品零售总额从2009年的17.37亿元，增至2019年的53.10亿元，增长了2.06倍，年均增长率为11.82%，整体呈现快速增长趋势。值得关注的是，2016~2019年博州全社会销售品零售总额出现波动上升趋势，从40.46亿元增长至53.10亿元，年均增长率为9.49%，实现了连续三年高速增长。

（6）居民收入方面：博州在岗职工平均工资从2009年的20421元，增至2019年的71937元，增长了2.52倍，年均增长率为13.42%，整体呈现快速增长趋势。值得关注的是，2016~2019年博州在岗职工平均工资出现逐年上升趋势，从56438元增长至71937元，年均增长率为8.42%，实现了连续三年高速增长。

（7）社会就业方面：博州城镇失业率从2009年的3.75%，降至2019年的2.50%，年均城镇失业率为3.43%，整体呈现缓慢波动下降的趋势。值得关注的是，2016~2019年博州城镇失业率出现逐年下降趋势，从3.57%降至2.50%。

（8）工业化发展方面：博州工业化发展水平从2009年的0.18，增至2019年的0.25，年均工业化发展水平为0.25，除了2018~2019年，博州的工业化水平整体呈现波动上升的趋势。值得关注的是，2016~2019年博州的工业化发展水平出现波动下降趋势，从0.29降至0.25，年均工业化水平为0.28。

（9）能源利用效率方面：用单位地区生产总值能耗来表征能源利用效率，单位地区生产总值能耗值越小，能源利用效率越大，反之亦然。博州单位地区生产总值能耗值从2009年的0.50万吨标准煤/亿元，降至2019年的0.22万吨标准煤/亿元，降低了56.00%，年均单位地区生产总值能耗值为0.33万吨标准煤/亿元，总体呈波动下降的变化趋势。由此可见，2009~2019年博州能源利用效率快速提升。值得关注的是，2016~2019年博州的单位地区生产总值能耗值呈现下降的变化趋势，从0.27万吨标准煤/亿元下降至0.22万吨标准煤/亿元，年均单位地区生产总值能耗值为0.25万吨标准煤/亿元，年均下降6.60%，2016~2019年能源利用效率快速提升。

（10）产业结构高级化方面：博州产业结构高级化值从2009年的2.79，降至2019年的2.19，年均产业结构高级化值为1.99，总体呈"U"型变化趋势。值得关注的是，2016~2019年博州产业结构高级化值呈现快速增长的变化趋势，从1.71上升至2.19，年均产业结构高级化值为1.90，由此可见，2016~2019年产业结构高级化发展较好。

1. 博尔塔拉蒙古自治州GDP、人均GDP分析

图5-9-1为2009~2019年博州GDP及其变化趋势。如图所示，博州GDP从2009年的100.96亿元，增至2019年的354.29亿元，增长了2.51倍，年均增长率为13.38%，整体呈现"N"型变化趋势。其中，2009~2014年GDP呈现快速增长趋势，2016年下降至277.55亿元，2017~2019年呈现逐年上升趋势。具体而言，博州GDP自2009年突破100亿元以来，经济总量快速提升，2013年突破200亿元，2017年突破300亿元，2019年达到354.29亿元。从增长率看，总体呈现波动下降的趋势，且近年来波动逐渐趋于平缓。其中，2010年的增长率达到峰值，较2009年博州GDP增长了30.20%，2016年的增长率最低，较2015

年博州 GDP 减少了 3.36%。值得关注的是，2016~2019 年博州 GDP 出现逐年上升趋势，从 277.55 亿元增至 345.29 亿元，年均增长率为 8.48%，实现了连续三年高速增长。

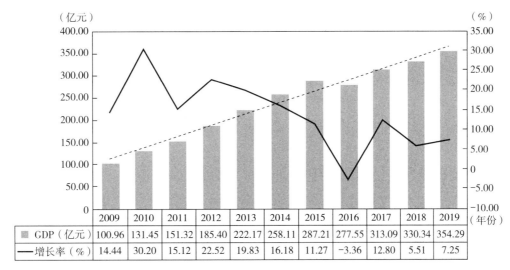

图 5-9-1　2009~2019 年博州 GDP 及变化趋势

资料来源：《新疆统计年鉴》（2010~2020 年）。

图 5-9-2 为 2009~2019 年博州人均 GDP 及变化趋势。如图所示，博州人均 GDP 从 2009 年的 21130 元，增至 2019 年的 74276 元，增长了 2.52 倍，年均增长率为 13.40%，整体呈现平稳上升趋势。具体而言，博州的人均 GDP 自 2011 年突破 30000 元以来，经过快速增长，2014 年突破 50000 元，2019 年突破 70000 元，达到了 74276 元。从总体趋势来看，除 2016 年外，博州的人均 GDP 均呈逐年上升的趋势，其变化趋势与 GDP 一致。从人均 GDP 的增长率来看，总体呈波动下降的趋势，且近年来波动逐渐趋于平缓。其中，2010 年的增长率达到峰值，较 2009 年博州人均 GDP 增长了 29.55%。2016 年是 2009~2019 年人均 GDP 增长率唯一出现负增长的年份，较 2015 年博州人均 GDP 下降了 2.77%。值得关注的是，2016~2019 年博州人均 GDP 出现逐年上升趋势，从 57987 元增长至 74276 元，年均增长率为 8.60%，实现了连续三年高速增长。

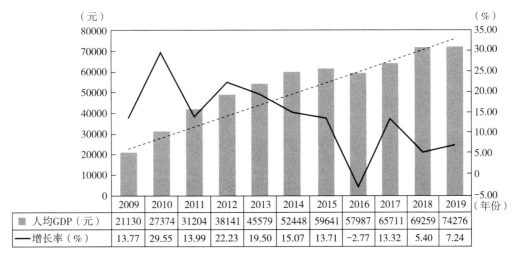

图 5-9-2　2009~2019 年博州人均 GDP 及变化趋势

资料来源：《新疆统计年鉴》（2010~2020 年）。

2. 博尔塔拉蒙古自治州固定资产投资分析

图 5-9-3 为 2009~2017 年博州全社会固定资产投资额及变化趋势。如图所示，博州全社会固定资产投资额从 2009 年的 47.27 亿元，增至 2017 年的 371.24 亿元，增长了 6.85 倍，年均增长率为 29.38%，整体呈现快速增长趋势。具体而言，博州的全社会固定资产投资额自 2012 年突破 100 亿元以来，经过迅猛增长，2013 年突破 200 亿元，2015 年突破 300 亿元，2017 年达到了 371.24 亿元。从总体趋势来看，博州的全社会固定资产投资额均呈逐年上升的趋势。从全社会固定资产投资额的增长率来看，总体呈"M"型波动变化趋势，且近年来波动逐渐趋于平缓。其中，2012 年的增长率达到峰值，较 2011 年博州全社会固定资产投资增长了 90.89%。值得关注的是，2016~2017 年全社会固定资产投资额从 318.83 亿元增长至 371.24 亿元，增长率为 16.44%。

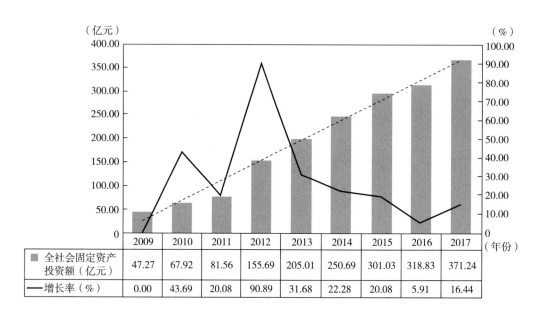

图5-9-3　2009~2017年博州全社会固定资产投资额及变化趋势

资料来源：《新疆统计年鉴》（2010~2018 年）。

3. 博尔塔拉蒙古自治州金融发展分析

图 5-9-4 为 2009~2019 年博州各项目贷款余额及变化趋势。如图所示，博州各项目贷款余额从 2009 年的 48.78 亿元，增至 2019 年的 837.12 亿元，增长了 16.16 倍，年均增长率为 32.88%，整体呈现快速增长趋势。具体而言，博州的各项目贷款余额自 2012 年突破 100 亿元以来，经过迅速增长，2017 年突破 200 亿元，2019 年突破 800 亿元，达到了 837.12 亿元。从总体趋势来看，博州的各项目贷款余额均呈逐年上升的趋势。从各项目贷款余额的增长率来看，总体呈波动变化趋势，且在 2009 年、2019 年变化尤为剧烈。其中，2019 年的增长率达到峰值，较 2018 年博州各项目贷款余额增长了 201.12%，2015 年的增长率最低，较 2014 年博州各项目贷款余额增长了 4.55%。值得关注的是，2016~2019 年各项目贷款余额出现逐年上升趋势，从 190.54 亿元增长至 837.12 亿元，年均增长率为 44.17%，实现了连续三年高速增长。

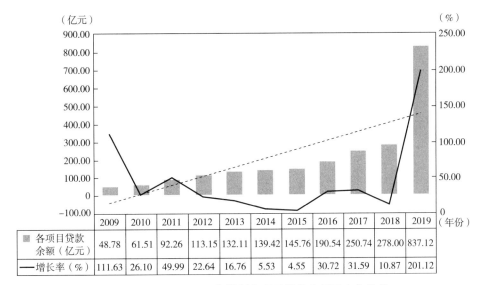

	2009	2010	2011	2012	2013	2014	2015	2016	2017	2018	2019
■ 各项目贷款余额（亿元）	48.78	61.51	92.26	113.15	132.11	139.42	145.76	190.54	250.74	278.00	837.12
— 增长率（%）	111.63	26.10	49.99	22.64	16.76	5.53	4.55	30.72	31.59	10.87	201.12

图 5-9-4　2009～2019 年博州各项目贷款余额及变化趋势

资料来源：《新疆统计年鉴》（2010～2020 年）。

4. 博尔塔拉蒙古自治州进出口贸易发展分析

图 5-9-5 为 2009～2019 年博州进出口贸易总额及变化趋势。如图所示，博州进出口贸易总额从 2009 年的 74.93 亿元，增至 2019 年的 214.19 亿元，增长了 1.86 倍，年均增长率为 11.07%，整体呈现快速增长趋势。具体而言，博州的进出口贸易总额自 2011 年突破 100 亿元以来，经过波动发展，2019 年突破 200 亿元，达到了 214.19 亿元。从总体趋势来看，博州的进出口总额呈波动上升的趋势且波动较为剧烈。从进出口贸易总额的增长率来看，总体呈波动变化趋势。其中 2011 年的增长率达到峰值，较 2010 年博州进出口贸易总额增长了 151.82%，2009 年的增长率最低，较 2008 年博州进出口贸易总额下降了 50.97%。值得关注的是，2016～2019 年博州进出口贸易总额出现逐年波动上升趋势，从 71.48 亿元增长至 214.19 亿元，年均增长率为 44.17%，实现了连续三年高速增长。

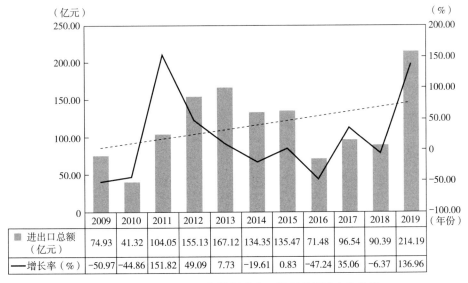

	2009	2010	2011	2012	2013	2014	2015	2016	2017	2018	2019
■ 进出口总额（亿元）	74.93	41.32	104.05	155.13	167.12	134.35	135.47	71.48	96.54	90.39	214.19
— 增长率（%）	-50.97	-44.86	151.82	49.09	7.73	-19.61	0.83	-47.24	35.06	-6.37	136.96

图 5-9-5　2009～2019 年博州进出口贸易总额及变化趋势

资料来源：《新疆统计年鉴》（2010～2020 年）。

5. 博尔塔拉蒙古自治州市场发展分析

图 5-9-6 为 2009~2019 年博州全社会销售品零售总额及变化趋势。如图所示，博州全社会销售品零售总额从 2009 年的 17.37 亿元，增至 2019 年的 53.10 亿元，增长了 2.06 倍，年均增长率为 11.82%，整体呈现快速增长趋势。具体而言，博州的全社会销售品零售总额自 2011 年突破 20 亿元以来，经过快速增长，2016 年突破 40 亿元，2018 年突破 50 亿元，2019 年达到了 53.10 亿元。从总体趋势来看，博州的全社会销售品零售总额呈逐年上升的趋势。从全社会销售品零售总额的增长率来看，总体呈波动变化趋势。其中，2013 年的增长率达到峰值，较 2012 年博州全社会销售品零售总额增长了 19.87%，2016 年的增长率最低，较 2015 年博州全社会销售品零售总额增长了 3.80%。值得关注的是，2016~2019 年博州全社会销售品零售总额出现波动上升趋势，从 40.46 亿元增至 53.10 亿元，年均增长率为 9.49%，实现了连续三年高速增长。

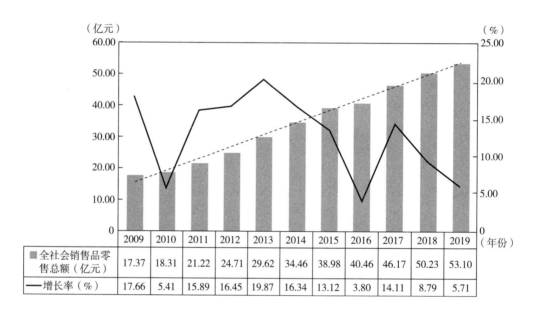

（亿元）	2009	2010	2011	2012	2013	2014	2015	2016	2017	2018	2019
全社会销售品零售总额（亿元）	17.37	18.31	21.22	24.71	29.62	34.46	38.98	40.46	46.17	50.23	53.10
增长率（%）	17.66	5.41	15.89	16.45	19.87	16.34	13.12	3.80	14.11	8.79	5.71

图 5-9-6　2009~2019 年博州全社会销售品零售总额及变化趋势

资料来源：《新疆统计年鉴》（2010~2020 年）。

6. 博尔塔拉蒙古自治州居民收入分析

图 5-9-7 为 2009~2019 年博州在岗职工平均工资及变化趋势。如图所示，博州的在岗职工平均工资从 2009 年的 20421 元，增至 2019 年的 71937 元，增长了 2.52 倍，年均增长率为 13.42%，整体呈现快速增长趋势。具体而言，博州的在岗职工平均工资自 2012 年突破 30000 元以来，经过迅猛增长，2015 年突破 50000 元，2019 年突破 70000 元，达到了 71937 元。从总体趋势来看，博州的在岗职工平均工资均呈逐年上升的趋势。从在岗职工平均工资的增长率来看，总体呈波动变化趋势。其中，2010 年的增长率达到峰值，较 2009 年博州在岗职工平均工资增长了 23.19%，2019 年的增长率最低，较 2018 年博州在岗职工平均工资增长了 4.79%。值得关注的是，2016~2019 年博州在岗职工平均工资出现逐年上升趋势，从 56438 元增长至 71937 元，年均增长率为 8.42%，实现了连续三年高速增长。

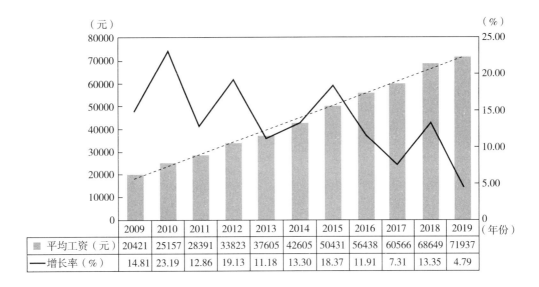

（元）	2009	2010	2011	2012	2013	2014	2015	2016	2017	2018	2019
■ 平均工资（元）	20421	25157	28391	33823	37605	42605	50431	56438	60566	68649	71937
— 增长率（%）	14.81	23.19	12.86	19.13	11.18	13.30	18.37	11.91	7.31	13.35	4.79

图 5-9-7　2009~2019 年博州在岗职工平均工资及变化趋势

资料来源：《新疆统计年鉴》（2010~2020 年）。

7. 博尔塔拉蒙古自治州社会就业分析

图 5-9-8 为 2009~2019 年博州城镇失业率。如图所示，博州的城镇失业率从 2009 年的 3.75%，降至 2019 年的 2.50%，年均城镇失业率为 3.43%，整体呈现缓慢波动下降的趋势。其中，2011 年是 2009~2019 年城镇失业率最高的一年，城镇失业率为 3.98%；2015 年是 2009~2019 年城镇失业率最低的一年，城镇失业率为 2.27%。值得关注的是，2016~2019 年博州的城镇失业率出现逐年波动下降趋势，从 3.57% 降至 2.50%。

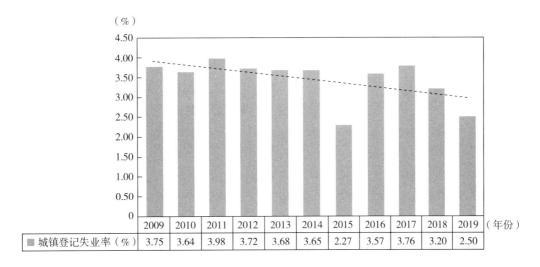

（%）	2009	2010	2011	2012	2013	2014	2015	2016	2017	2018	2019
■ 城镇登记失业率（%）	3.75	3.64	3.98	3.72	3.68	3.65	2.27	3.57	3.76	3.20	2.50

图 5-9-8　2009~2019 年博州城镇失业率

资料来源：《新疆统计年鉴》（2010~2020 年）。

8. 博尔塔拉蒙古自治州工业化发展水平分析

图 5-9-9 为 2009~2019 年博州工业化发展水平。如图所示，博州工业化发展水平从 2009 年的 0.18，增至 2019 年的 0.25，年均工业化发展水平为 0.25，除了 2018~2019 年，

博州的工业化水平整体呈现波动上升的趋势。具体而言，博州的工业化水平自2010年达到0.20以来，随着经济发展，在2017年达到峰值0.30，然后有所回落，2019年工业化水平为0.25，2016~2019年年均工业化水平为0.28。

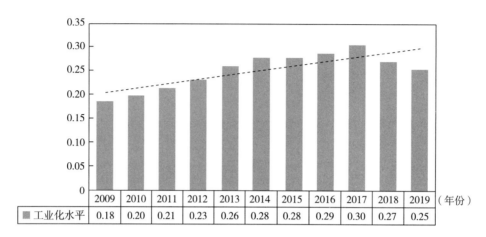

	2009	2010	2011	2012	2013	2014	2015	2016	2017	2018	2019 （年份）
■工业化水平	0.18	0.20	0.21	0.23	0.26	0.28	0.28	0.29	0.30	0.27	0.25

图5-9-9　2009~2019年博州工业化发展水平

资料来源：根据《新疆统计年鉴》（2010~2020年）测算。

9. 博尔塔拉蒙古自治州能源利用效率分析

图5-9-10为2009~2019年博州能源利用效率情况，用单位地区生产总值能耗来表征能源利用效率，单位地区生产总值能耗值越小，能源利用效率越大，反之亦然。如图所示，博州单位地区生产总值能耗值从2009年的0.50万吨标准煤/亿元，降至2019年的0.22万吨标准煤/亿元，降低了56.00%，年均单位地区生产总值能耗值为0.33万吨标准煤/亿元，总体呈波动下降的变化趋势。由此可见，2009~2019年博州能源利用效率快速提升。其中，2009~2013年呈"V"型变化趋势，最低点为2012年，单位地区生产总值能耗值为0.34万吨标准煤/亿元，最高点为2009年，单位地区生产总值能耗值为0.50万吨标准煤/亿元，因此，博州2009~2014年的能源利用效率呈现先上升后下降的趋势；2015~2019年呈倒"U"型波动下降的变化趋势，最低点为2019年，单位地区生产总值能耗值为0.22万吨标准煤/亿元，最高点为2017年，单位地区生产总值能耗值为0.28万吨标准煤/亿元，因此，2015~2019年博州的能源利用效率呈先下降后上升的变化趋势。值得关注的是，2016~2019年博州的单位地区生产总值能耗值呈现下降的变化趋势，从0.27万吨标准煤/亿元下降至0.22万吨标准煤/亿元，年均单位地区生产总值能耗值为0.25万吨标准煤/亿元，年均下降6.60%，2016~2019年能源利用效率快速提升。

10. 博尔塔拉蒙古自治州产业结构高级化分析

图5-9-11为2009~2019年博州产业结构高级化情况。如图所示，博州产业结构高级化值从2009年的2.79，降至2019年的2.19，年均产业结构高级化值为1.99，总体呈"U"型变化趋势。其中，2009~2010年产业高级化值快速下降，2010年产业高级化值为2.18，2010~2017年产业高级化值缓慢下降，2017年到达最低点1.68，2018~2019年产业高级化值快速回升。值得关注的是，2016~2019年博州产业结构高级化值呈现较快速增长的变化趋势，从1.71上升至2.19，年均产业结构高级化值为1.90，由此可见，2016~2019年产业结构高级化发展较好。

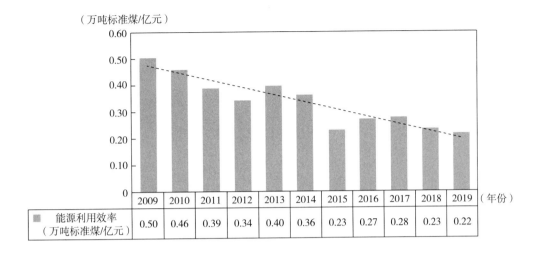

（万吨标准煤/亿元）

	2009	2010	2011	2012	2013	2014	2015	2016	2017	2018	2019	（年份）
能源利用效率 （万吨标准煤/亿元）	0.50	0.46	0.39	0.34	0.40	0.36	0.23	0.27	0.28	0.23	0.22	

图 5-9-10　2009~2019 年博州能源利用效率

资料来源：根据《新疆统计年鉴》（2010~2020 年）测算。

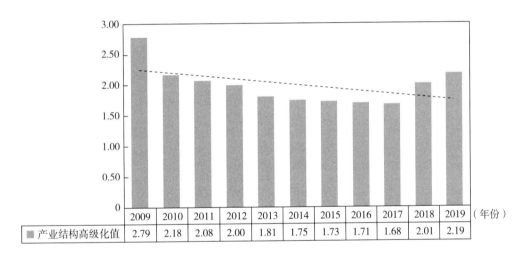

	2009	2010	2011	2012	2013	2014	2015	2016	2017	2018	2019	（年份）
产业结构高级化值	2.79	2.18	2.08	2.00	1.81	1.75	1.73	1.71	1.68	2.01	2.19	

图 5-9-11　2009~2019 年博州产业结构高级化

资料来源：根据《新疆统计年鉴》（2010~2020 年）测算。

三、博尔塔拉蒙古自治州经济发展质量时序特征

1. 博尔塔拉蒙古自治州经济高质量发展指数

图 5-9-12 为 2009~2019 年博州经济高质量发展指数情况。如图所示，经济高质量发展指数从 2009 年的 0.23，升至 2019 年的 0.43，年均经济高质量发展指数为 0.30。在总体趋势上，博州的经济高质量发展指数呈波动上升的趋势，整体呈 "W" 型波动。其中，2010 年、2016 年是博州经济高质量发展指数的两个波谷，2010 年博州经济高质量发展指数为 0.18，2016 年为 0.31；2009 年、2015 年、2019 年是博州经济高质量发展指数的三个波峰，2009 年博州经济高质量发展指数为 0.23，2015 年为 0.39，2019 年为 0.43；2019 年是 2009~2019 年经济高质量发展指数最高的一年，经济高质量发展指数为 0.43；2010 年是 2009~2019 年经济高质量发展指数最低的一年，经济高质量发展指数为 0.18。

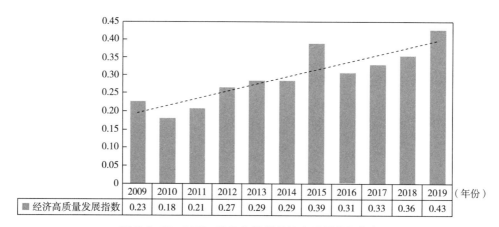

图5-9-12　2009~2019年博州经济高质量发展指数

资料来源：根据《新疆统计年鉴》（2010~2020年）测算。

2. 博尔塔拉蒙古自治州经济子系统发展指数

由图5-9-13可以看出：博州的创新子系统得分最高的是2015年，得分超过0.10；协调子系统得分最高的是2018年，得分超过0.10；绿色子系统得分最高的是2012年，得分超过0.05；开放子系统得分最高的是2019年，得分超过0.15；共享子系统得分最高的是2018年，得分超过0.07。其中，2009年开放子系统的得分较高，超过2009~2019年开放子系统的平均得分，创新、协调、绿色、共享子系统的得分较低，均未超过2009~2019年对应子系统的平均得分；2015年创新、协调、共享子系统的得分较高，均超过2009~2019年对应子系统的平均得分，且创新子系统的得分为2009~2019年创新子系统的最高分，绿色和开放子系统得分较低，均未超过2009~2019年对应子系统的平均得分；2019年的协调、开放、共享子系统的得分较高，均超过2009~2019年对应子系统的平均得分，且开放子系统的得分为2009~2019年开放子系统的最高分，创新和绿色子系统的得分较低，均未超过2009~2019年对应子系统的平均得分。

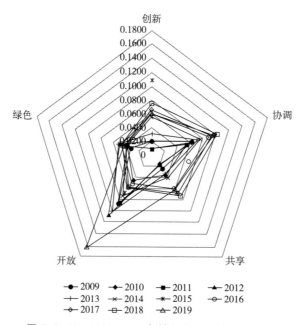

图5-9-13　2009~2019年博州各子系统发展指数

资料来源：根据《新疆统计年鉴》（2010~2020年）测算。

3. 博尔塔拉蒙古自治州各县域经济高质量发展指数

结合图 5-9-14 和表 5-9-1 可以看出：2009 年博州经济高质量发展指数为 0.23，其中博乐市经济高质量发展指数为 0.3236，精河县经济高质量发展指数为 0.2148，温泉县经济高质量发展指数为 0.1737；2015 年博州经济高质量发展指数为 0.39，其中，博乐市经济高质量发展指数为 0.3227，精河县经济高质量发展指数为 0.2212，温泉县经济高质量发展指数为 0.2185；2019 年博州经济高质量发展指数为 0.43，其中，博乐市经济高质量发展指数为 0.3693，温泉县经济高质量发展指数为 0.2515，精河县经济高质量发展指数为 0.2498。总的来说，2009~2019 年博州各县域经济高质量发展指数稳中有进，但 2019 年温泉县取代了精河县成为第二名。

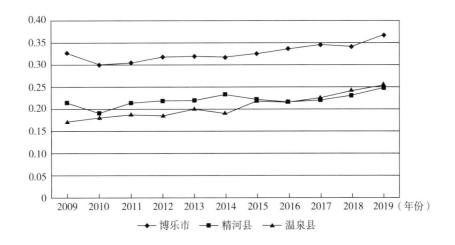

图 5-9-14　2009~2019 年博州各县域经济发展质量变化趋势

资料来源：根据《新疆统计年鉴》（2010~2020 年）测算。

表 5-9-1　2009 年、2015 年、2019 年博州县域经济质量发展指数

地区	2009 年		2015 年		2019 年	
	分值	次序	分值	次序	分值	次序
博乐市	0.3236	1	0.3227	1	0.3693	1
精河县	0.2148	2	0.2212	2	0.2498	3
温泉县	0.1737	3	0.2185	3	0.2515	2

资料来源：根据《新疆统计年鉴》（2010~2020 年）测算。

4. 博尔塔拉蒙古自治州各县域子系统发展指数

结合图 5-9-14 与表 5-9-2，从创新子系统的维度来看：2009 年博州创新子系统得分为 0.0204，其中，博乐市创新子系统得分为 0.0223；精河县创新子系统得分为 0.0166；温泉县创新子系统得分为 0.0115。从协调子系统的维度来看：2009 年博州协调子系统得分为 0.0620，其中，博乐市协调子系统得分为 0.1573；精河县协调子系统得分为 0.0757；温泉县协调子系统得分为 0.0744。从绿色子系统的维度来看：2009 年博州绿色子系统得分为 0.0329，其中，温泉县绿色子系统得分为 0.0247；博乐市绿色子系统得分为 0.0193；精河县绿色子系统得分为 0.0162。从开放子系统的维度来看：2009 年博州开放子系统得分为

0.0872，其中，博乐市开放子系统得分为0.0660；精河县开放子系统得分为0.0638；温泉县开放子系统得分为0.0259。从共享子系统的维度来看：2009年博州共享子系统得分为0.0260，其中，博乐市共享子系统得分为0.0587；精河县共享子系统得分为0.0425；温泉县共享子系统得分为0.0373。综合来看，2009年博州各县域子系统发展指数综合排名是博乐市第一，精河县第二，温泉县第三。

表5-9-2　2009年博州各县域子系统发展指数

地区	创新		协调		绿色		开放		共享	
	分值	次序	分值	次序	分值	次序	分值	次序	分值	次序
博乐市	0.0223	1	0.1573	1	0.0193	2	0.0660	1	0.0587	1
精河县	0.0166	2	0.0757	2	0.0162	3	0.0638	2	0.0425	2
温泉县	0.0115	3	0.0744	3	0.0247	1	0.0259	3	0.0373	3

资料来源：根据《新疆统计年鉴》（2010～2020年）测算。

结合图5-9-14与表5-9-3，从创新子系统的维度来看：2015年博州创新子系统得分为0.1088，其中，博乐市创新子系统得分为0.0640，精河县创新子系统得分为0.0560，温泉县创新子系统得分为0.0544；从协调子系统的维度来看：2015年博州协调子系统得分为0.1009，其中，博乐市协调子系统得分为0.1389，精河县协调子系统得分为0.0548，温泉县协调子系统得分为0.0527；从绿色子系统的维度来看：2015年博州绿色子系统得分为0.0439，其中，温泉县绿色子系统得分为0.0607，精河县绿色子系统得分为0.0342，博乐市绿色子系统得分为0.0283；从开放子系统的维度来看：2015年博州开放子系统得分为0.0681，其中，精河县开放子系统得分为0.0423，博乐市开放子系统得分为0.0324，温泉县开放子系统得分为0.0266；从共享子系统的维度来看：2015年博州共享子系统得分为0.0655，其中，博乐市共享子系统得分为0.0592，精河县共享子系统得分为0.0339，温泉县共享子系统得分为0.0242。综合来看，2015年博州各县域子系统发展指数综合排名是博乐市第一，精河县第二，温泉县第三。

表5-9-3　2015年博州各县域子系统发展指数

地区	创新		协调		绿色		开放		共享	
	分值	次序	分值	次序	分值	次序	分值	次序	分值	次序
博乐市	0.0640	1	0.1389	1	0.0283	3	0.0324	2	0.0592	1
精河县	0.0560	2	0.0548	2	0.0342	2	0.0423	1	0.0339	2
温泉县	0.0544	3	0.0527	3	0.0607	1	0.0266	3	0.0242	3

资料来源：根据《新疆统计年鉴》（2010～2020年）测算。

结合图5-9-14与表5-9-4，从创新子系统的维度来看：2019年博州创新子系统得分为0.0607，其中，博乐市创新子系统得分为0.0666，精河县创新子系统得分为0.0634，温泉县创新子系统得分为0.0416；从协调子系统的维度来看：2019年博州协调子系统得分为0.0966，其中，博乐市协调子系统得分为0.1636，温泉县协调子系统得分为0.0694，精河县协调子系统得分为 0.0664；从绿色子系统的维度来看：2019 年博州绿色子系统得分为 0.0426，其中，温泉县绿色子系统得分为 0.0587，精河县绿色子系统得分为 0.0326，博乐市绿色子系统得分为 0.0302；从开放子系统的维度来看：2019 年博州开放子系统得分为 0.1655，其中，精河县开放子系统得分为 0.0556，博乐市开放子系统得分为 0.0409，温泉县开放子系统得分为 0.0398；从共享子系统的维度来看：2019 年博州共享子系统得分为 0.0602，其中，博乐市共享子系统得分为 0.0680，温泉县共享子系统得分为 0.0419，精河县共享子系统得分为 0.0317。综合来看，2019 年博州各县域子系统发展指数综合排名是博乐市第一，温泉县第二，精河县第三。

表 5-9-4　2019 年博州各县域子系统发展指数

地区	创新		协调		绿色		开放		共享	
	分值	次序	分值	次序	分值	次序	分值	次序	分值	次序
博乐市	0.0666	1	0.1636	1	0.0302	3	0.0409	2	0.0680	1
精河县	0.0634	2	0.0664	3	0.0326	2	0.0556	1	0.0317	3
温泉县	0.0416	3	0.0694	2	0.0587	1	0.0398	3	0.0419	2

资料来源：根据《新疆统计年鉴》（2010~2020 年）测算。

四、博尔塔拉蒙古自治州经济发展空间格局与演变

总体来看，2009~2019 年温泉县、博乐市、精河县的经济发展质量均呈现波动上升的趋势。其中，博乐市的年均经济发展质量高于精河县、温泉县，在博州各县域经济发展质量中排名第一，精河县的年均发展质量高于温泉县排名第二。

五、博尔塔拉蒙古自治州经济高质量发展对策与建议

（1）博州各县域经济发展水平和发展质量不平衡，博州应该更加注重各县域经济平衡发展；

（2）博乐市应该更加注重经济绿色转型；

（3）精河县应该进一步提高创新和开放水平；

（4）精河县应该注重协调发展，使发展成果全民共享。

六、小结

从 2009~2019 年博州经济发展的主要成就来看：在经济发展方面，博州 GDP 从 2009 年的 100.96 亿元，增至 2019 年的 354.29 亿元，增长了 2.51 倍，年均增长率为 13.38%，整体呈现平稳上升趋势；博州人均 GDP 从 2009 年的 21130 元，增至 2019 年的 74276 元，增长了 2.52 倍，年均增长率为 13.40%，整体呈现平稳上升趋势。在投资方面，博州全社会固定资产投资额从 2009 年的 47.27 亿元，增至 2017 年的 371.24 亿元，增长了 6.85 倍，年均增长

率为 29.38%，整体呈现高速增长趋势。在金融发展方面，博州各项目贷款余额从 2009 年的 48.78 亿元，增至 2019 年的 837.12 亿元，增长了 16.16 倍，年均增长率为 32.88%，整体呈现迅猛增长趋势。在对外贸易方面，博州进出口贸易总额从 2009 年的 74.93 亿元，增至 2019 年的 214.19 亿元，增长了 1.86 倍，年均增长率为 11.07%，整体呈现快速增长趋势。在市场发展方面，博州全社会销售品零售总额从 2009 年的 17.37 亿元，增至 2019 年的 53.10 亿元，增长了 2.06 倍，年均增长率为 11.82%，整体呈现较高速增长趋势。在居民收入方面，博州的在岗职工平均工资从 2009 年的 20421 元，增至 2019 年的 71937 元，增长了 2.52 倍，年均增长率为 13.42%，整体呈现较高速增长趋势。在社会就业方面，博州的城镇失业率从 2009 年的 3.75%，降至 2019 年的 2.50%，年均城镇失业率为 3.43%，整体呈现缓慢波动下降的趋势。在工业化发展方面，博州工业化发展水平从 2009 年的 0.18，增至 2019 年的 0.25，年均工业化发展水平为 0.25，除了 2018~2019 年，博州的工业化水平整体呈现波动上升的趋势。在能源利用效率方面，博州单位地区生产总值能耗值从 2009 年的 0.50 万吨标准煤/亿元，降至 2019 年的 0.22 万吨标准煤/亿元，降低了 56.00%，年均单位地区生产总值能耗值为 0.33 万吨标准煤/亿元，总体呈波动下降的变化趋势，由此可见，2009~2019 年博州能源利用效率快速提升。在产业结构高级化方面，博州产业结构高级化从 2009 年的 2.79，降至 2019 年的 2.19，年均产业结构高级化值为 1.99，总体呈"U"型变化趋势。

根据 2009~2019 年博州经济发展质量时序特征，从总体来看，博州经济高质量发展指数从 2009 年的 0.23，升至 2019 年的 0.43，年均经济高质量发展指数为 0.30。在总体趋势上，博州经济高质量发展指数呈波动上升的趋势，整体呈"W"型波动。从各子系统来看，博州创新子系统得分最高的是 2015 年，得分超过 0.10；协调子系统得分最高的是 2018 年，得分超过 0.10；绿色子系统得分最高的是 2012 年，得分超过 0.05；开放子系统得分最高的是 2019 年，得分超过 0.15；共享子系统得分最高的是 2018 年，得分超过 0.07。从各县域来看，2009 年博州经济高质量发展指数为 0.23，其中，博乐市经济高质量发展指数为 0.3236，精河县经济高质量发展指数为 0.2148，温泉县经济高质量发展指数为 0.1737；2015 年博州经济高质量发展指数为 0.69，其中，博乐市经济高质量发展指数为 0.3227，精河县经济高质量发展指数为 0.2212，温泉县经济高质量发展指数为 0.2185；2019 年博州经济高质量发展指数为 0.43，其中，博乐市经济高质量发展指数为 0.3693，温泉县经济高质量发展指数为 0.2515，精河县经济高质量发展指数为 0.2498。总的来说，2009~2019 年博州各县域经济高质量发展指数稳中有进，但 2019 年温泉县取代了精河县成为第二名。

第十节　巴音郭楞蒙古自治州经济高质量发展评价

一、巴音郭楞蒙古自治州概况①

巴音郭楞蒙古自治州，简称巴州，"巴音郭楞"为蒙古语音译，意为"富饶的流域"。

---

① 资料来源：巴音郭楞蒙古自治州人民政府官网 http://www.xjbz.gov.cn/。

巴州地处新疆维吾尔自治区东南部，东邻甘肃、青海，南倚昆仑山与西藏相接；西连新疆和田、阿克苏地区，北以天山为界与伊犁州直属县（市）、塔城地区、昌吉回族自治州、乌鲁木齐市、吐鲁番市、哈密市等地、州、市相连。东西和南北最大长度为800余千米。地处东经82°38′~93°45′，北纬35°38′~43°36′。全州行政区划47.15万平方千米，占新疆总面积的1/4，是中国面积最大的地级行政区，相当于苏、浙、闽、赣四省面积之和。巴州地貌分属天山山脉、塔里木盆地东部和昆仑山、阿尔金山三个地貌区，基本格局呈"U"字形。

巴州历史悠久，有几千年的开发历史。丝绸之路南中两道均通过巴州。西域三十六国在巴州境内有若羌、且末、小宛、山国、乌垒、仑头、渠犁、焉耆、危须等11个"城国"和"行国"。

巴州下辖库尔勒市、轮台县、尉犁县、若羌县、且末县、焉耆县、和静县、和硕县、博湖县，共八县一市，州府设在库尔勒市，全州有48个乡、38个镇、14个街道。

巴州自然资源呈现多样性，动植物资源丰富。分布的名贵野生动物有野骆驼、大天鹅、普氏原羚、塔里木兔、马鹿、罗布泊盘羊、白尾地鸦、新疆大头鱼等；经济价值较高的野生植物有罗布麻、芦苇、甘草、紫草、羌活、麻黄、香蒲等。矿产资源丰富，拥有全国三大气田之一的塔里木天然气田。石油、天然气、钾盐矿、钨锡矿、铜矿、铅锌矿、铁矿、菱镁矿、蛭石、石棉、红柱石、花岗岩、玉石等是巴州优势矿产，其中蛭石、红柱石、钾盐储量为全国之冠。

巴州旅游资源独具特色，全州旅游资源类型多样，除天山、昆仑山区、大漠、大湖、大草原、大戈壁自然景观外，还拥有众多的历史遗迹和著名的人文景观，如铁门关、楼兰古城遗址、锡克沁千佛洞、米兰遗址等。

二、巴音郭楞蒙古自治州经济发展主要成就

（1）经济发展方面：巴州国内生产总值（GDP）从2009年的525.94亿元，增至2019年的1149.34亿元，增长了1.19倍，年均增长率为8.13%，整体呈现"N"型变化趋势。值得关注的是，2016~2019年巴州GDP出现上升趋势，从904.89亿元增长至1149.34亿元，年均增长率为8.30%，实现了连续三年中高速增长。巴州人均GDP从2009年的39467元，增至2019年的80170元，增长了1.03倍，年均增长率为7.34%，呈"N"型变化趋势。值得关注的是，2016~2019年巴州人均GDP呈现上升趋势，从64142元增长至80170元，年均增长率为7.72%，实现了连续三年中高速增长。

（2）投资方面：巴州全社会固定资产投资从2009年的252.85亿元，增至2017年的876.54亿元，增长了2.47倍，年均增长率为16.81%，呈"N"型变化趋势。值得关注的是，2016~2017年巴州全社会固定资产投资呈现上升趋势，从789.53亿元增长至876.54亿元，年均增长率为11.02%。

（3）金融发展方面：巴州各项目贷款余额从2009年的188.27亿元，增至2018年的819.51亿元，增长了3.35倍，年均增长率为17.75%，呈现逐年上升趋势。值得关注的是，2016~2018年巴州各项目贷款余额呈现逐年上升趋势，从655.50亿元增长至819.51亿元，年均增长率为11.81%。

（4）对外贸易方面：巴州进出口贸易总额从2009年的8.21亿元，增至2019年的

19.08亿元，增长了1.32倍，年均增长率为8.80%，呈现"N"型波动趋势。值得关注的是，2016~2019年巴州进出口贸易总额呈现"V"型变化趋势，从26.14亿元降至19.08亿元，年均增长率为9.96%。

（5）市场发展方面：巴州全社会销售品零售总额从2009年的47.30亿元，增至2019年的208.00亿元，增长了3.40倍，年均增长率为15.96%，大致呈现逐年上升的变化趋势。值得关注的是，2016~2019年巴州全社会销售品零售总额呈现逐年上升的变化趋势，从104.29亿元增至208.00亿元，年均增长率为25.88%。

（6）居民收入方面：巴州在岗职工平均工资从2009年的27715元，增至2019年的86611元，增长了2.13倍，年均增长率为12.07%，呈现逐年上升的变化趋势。值得关注的是，2016~2019年巴州在岗职工平均工资呈现逐年上升的变化趋势，从65098元增至86611元，年均增长率为9.99%，实现了连续三年高速增长。

（7）社会就业方面：用巴州城镇失业率来表征社会就业情况，城镇失业率越低，社会就业就越充分。巴州城镇失业率从2009年的3.31%，降至2019年的2.70%，年均城镇失业率为2.63%，总体呈现平缓波动。值得关注的是，2016~2019年巴州城镇失业率大致呈现"V"型变化趋势，最低点为2017年，城镇失业率为2.16%，最高点为2019年，城镇失业率为2.70%，年均城镇失业率为2.44%。

（8）工业化发展方面：巴州工业化发展水平从2009年的0.64，降至2019年的0.53，年均工业化发展水平为0.59，总体呈平缓的"N"型变化趋势。值得关注的是，2016~2019年巴州工业化发展水平呈现波动上升的变化趋势，从0.49增长至0.53，年均工业化水平为0.52。

（9）能源利用效率方面：用单位地区生产总值能耗来表征能源利用效率，单位地区生产总值能耗值越小，能源利用效率越大，反之亦然。巴州单位地区生产总值能耗值从2009年的1.19万吨标准煤/亿元，降至2019年的0.68万吨标准煤/亿元，降低了42.86%，年均单位地区生产总值能耗值为0.87万吨标准煤/亿元，总体呈波动下降的变化趋势。由此可见，2009~2019年巴州能源利用效率快速提升。值得关注的是，2016~2019年巴州单位地区生产总值能耗值呈现倒"U"型变化趋势，从0.65万吨标准煤/亿元上升至0.68万吨标准煤/亿元，年均单位地区生产总值能耗值为0.69万吨标准煤/亿元，可见2016~2019年能源利用效率较为稳定。

（10）产业结构高级化方面：巴州产业结构高级化值从2009年的0.31，增至2019年的0.59，提高了0.90倍，年均产业结构高级化值为0.42，总体呈波动上升的变化趋势。值得关注的是，2016~2019年巴州产业结构高级化值呈现小幅波动的变化趋势，从0.60下降至0.59，年均产业结构高级化值为0.58，由此可见，2016~2019年产业结构高级化发展较好且较为稳定。

1. 巴音郭楞蒙古自治州GDP、人均GDP分析

图5-10-1为2009~2019年巴州GDP及其变化趋势。如图所示，巴州GDP从2009年的525.94亿元，增至2019年的1149.34亿元，增长了1.19倍，年均增长率为8.12%，整体呈现"N"型变化趋势。其中，2009~2014年GDP呈现快速增长趋势，2015年和2016年出现负增长，2016年下降至904.89亿元，2017~2019年呈现逐年上升趋势。具体来讲，自2011年突破700亿元以来，经济总量快速提升，2013年突破1000亿元，2019年达到1149.34亿

元。从增长率看，总体呈现"N"型变化趋势。其中，2011 年的增长率达到峰值，较 2010 年巴州 GDP 增长了 24.95%，2016 年的增长率最低，较 2015 年巴州 GDP 下降了 12.91%。值得关注的是，2016~2019 年巴州 GDP 出现上升趋势，从 904.89 亿元增长至 1149.34 亿元，年均增长率为 8.30%，实现了连续三年中高速增长。

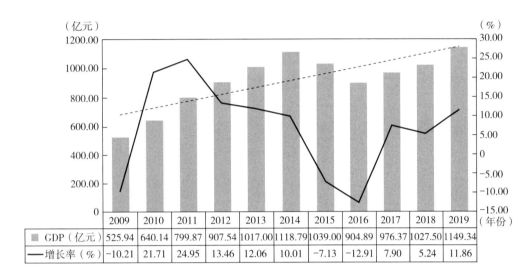

	2009	2010	2011	2012	2013	2014	2015	2016	2017	2018	2019
GDP（亿元）	525.94	640.14	799.87	907.54	1017.00	1118.79	1039.00	904.89	976.37	1027.50	1149.34
增长率（%）	-10.21	21.71	24.95	13.46	12.06	10.01	-7.13	-12.91	7.90	5.24	11.86

图 5-10-1 2009~2019 年巴州 GDP 及变化趋势

资料来源：《新疆统计年鉴》（2010~2020 年）。

图 5-10-2 为 2009~2019 年巴州人均 GDP 及其变化趋势。如图所示，巴州人均 GDP 从 2009 年的 39467 元，增至 2019 年的 80170 元，增长了 1.03 倍，年均增长率为 7.34%，呈 "N" 型变化趋势。其中，2009~2014 年人均 GDP 呈现快速增长趋势，2015 年和 2016 年出现负增长，2016 年下降至 64142 元，2017~2019 年呈现逐年上升趋势。具体来讲，自 2011 年突破 50000 元以来，经济总量快速提升，2013 年突破 70000 元，2019 年达到 80170 元。从增长率看，总体呈现 "N" 型变化趋势。其中，2011 年的增长率达到峰值，较 2010 年巴州人均 GDP 增长了 22.75%，2016 年的增长率最低，较 2015 年巴州人均 GDP 下降了 12.91%。值得关注的是，2016~2019 年巴州人均 GDP 呈现上升趋势，从 64142 元增长至 80170 元，年均增长率为 7.72%，实现了连续三年中高速增长。

2. 巴音郭楞蒙古自治州固定资产投资分析

图 5-10-3 为 2009~2017 年巴州全社会固定资产投资及其变化趋势。如图所示，巴州全社会固定资产投资从 2009 年的 252.85 亿元，增至 2017 年的 876.54 亿元，增长了 2.47 倍，年均增长率为 16.81%，呈 "N" 型变化趋势。其中，2009~2014 年全社会固定资产投资大致呈现平稳增长趋势，2015 年下降至 719.86 亿元，2016~2017 年呈现上升趋势。具体来讲，自 2011 年突破 300 亿元以来，2013 年突破 700 亿元，2017 年达到 876.54 亿元。从增长率看，总体呈现波动变化趋势。其中，2012 年的增长率达到峰值，较 2011 年巴州全社会固定资产投资增长了 40.20%，2015 年的增长率最低，较 2014 年巴州全社会固定资产投资下降了 26.74%。值得关注的是，2016~2017 年巴州全社会固定资产投资呈现上升趋势，从 789.53 亿元增长至 876.54 亿元，增长率为 11.02%。

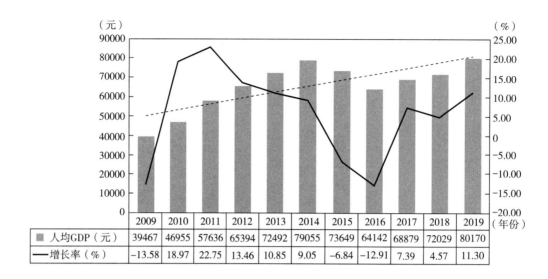

图 5-10-2　2009~2019 年巴州人均 GDP 及变化趋势

资料来源：《新疆统计年鉴》（2010~2020 年）。

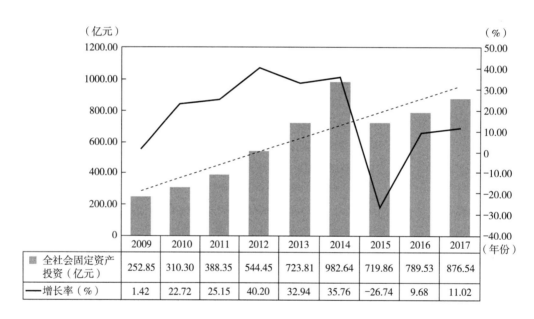

图 5-10-3　2009~2017 年巴州全社会固定资产投资及变化趋势

资料来源：《新疆统计年鉴》（2010~2018 年）。

3. 巴音郭楞蒙古自治州金融发展分析

图 5-10-4 为 2009~2018 年巴州各项目贷款余额及其变化趋势。如图所示，巴州各项目贷款余额从 2009 年的 188.27 亿元，增至 2018 年的 819.51 亿元，增长了 3.35 倍，年均增长率为 17.75%，呈现逐年上升趋势。具体来讲，自 2011 年突破 300 亿元以来，2014 年突破 500 亿元，2018 年突破 800 亿元，达到 819.51 亿元。从增长率看，总体呈现波动变化的趋势。其中，2011 年的增长率达到峰值，较 2010 年巴州各项目贷款余额增长了 41.05%，2018 年的增长率最低，较 2017 年巴州各项目贷款余额增长了 2.55%。值得关注的是，2016~2018 年巴州各项目贷款余额呈现逐年上升趋势，从 655.50 亿元增至 819.51 亿元，年均增长率为 11.81%。

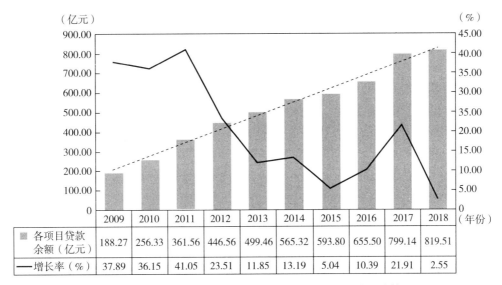

	2009	2010	2011	2012	2013	2014	2015	2016	2017	2018
各项目贷款余额（亿元）	188.27	256.33	361.56	446.56	499.46	565.32	593.80	655.50	799.14	819.51
增长率（%）	37.89	36.15	41.05	23.51	11.85	13.19	5.04	10.39	21.91	2.55

图 5-10-4　2009～2018 年巴州各项目贷款余额及变化趋势

资料来源：《新疆统计年鉴》（2010～2019 年）。

4. 巴音郭楞蒙古自治州进出口贸易发展分析

图 5-10-5 为 2009～2019 年巴州进出口贸易总额及其变化趋势。如图所示，巴州进出口贸易总额从 2009 年的 8.21 亿元，增至 2019 年的 19.08 亿元，增长了 1.32 倍，年均增长率为 8.80%，呈现"N"型波动趋势。其中，2009～2016 年巴州进出口贸易总额呈高速增长，2016 年到达一个峰值，2017～2018 年出现较快速下降，2018 年降至 14.96 亿元，2019 年有所回升。具体来讲，自 2011 年突破 10 亿元以来，2015 年突破 20 亿元，2016 年达到 26.14 亿元。从增长率看，总体呈现波动趋势。其中，2015 年的增长率达到峰值，较 2014 年巴州进出口贸易总额增长了 70.24%，2009 年的增长率最低，较 2008 年巴州进出口贸易总额下降了 74.10%。值得关注的是，2016～2019 年巴州进出口贸易总额呈现"V"型变化趋势，从 26.14 亿元降至 19.08 亿元，年均增长率为 -9.96%。

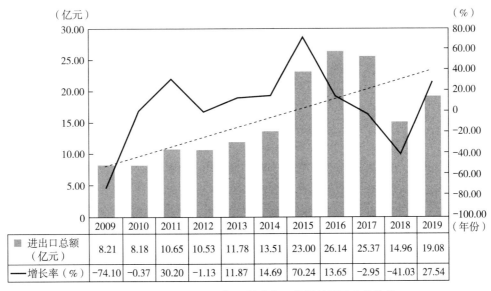

	2009	2010	2011	2012	2013	2014	2015	2016	2017	2018	2019
进出口总额（亿元）	8.21	8.18	10.65	10.53	11.78	13.51	23.00	26.14	25.37	14.96	19.08
增长率（%）	-74.10	-0.37	30.20	-1.13	11.87	14.69	70.24	13.65	-2.95	-41.03	27.54

图 5-10-5　2009～2019 年巴州进出口贸易总额及变化趋势

资料来源：《新疆统计年鉴》（2010～2020 年）。

5. 巴音郭楞蒙古自治州市场发展分析

图5-10-6为2009~2019年巴州全社会销售品零售总额及其变化趋势。如图所示，巴州全社会销售品零售总额从2009年的47.30亿元，增至2019年的208.00亿元，增长了3.40倍，年均增长率为15.96%，大致呈现逐年上升的变化趋势。其中，2018~2019年巴州全社会销售品零售总额出现飞速上升。具体来讲，自2010年突破50亿元以来，2016年突破100亿元，2019年突破200亿元，达到208.00亿元。从增长率看，总体呈现波动趋势。其中，2019年的增长率达到峰值，较2018年巴州全社会销售品零售总额增长了65.61%，2013年的增长率最低，较2012年巴州全社会销售品零售总额增长了3.35%。值得关注的是，2016~2019年巴州全社会销售品零售总额呈现逐年上升的变化趋势，从104.29亿元增至208.00亿元，年均增长率为25.88%。

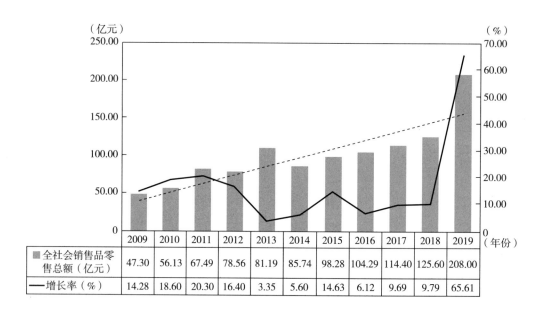

	2009	2010	2011	2012	2013	2014	2015	2016	2017	2018	2019
全社会销售品零售总额（亿元）	47.30	56.13	67.49	78.56	81.19	85.74	98.28	104.29	114.40	125.60	208.00
增长率（%）	14.28	18.60	20.30	16.40	3.35	5.60	14.63	6.12	9.69	9.79	65.61

图5-10-6　2009~2019年巴州全社会销售品零售总额及变化趋势

资料来源：《新疆统计年鉴》（2010~2020年）。

6. 巴音郭楞蒙古自治州居民收入分析

图5-10-7为2009~2019年巴州在岗职工平均工资及其变化趋势。如图所示，巴州在岗职工平均工资从2009年的27715元，增至2019年的86611元，增长了2.13倍，年均增长率为12.07%，呈现逐年上升的变化趋势。具体来讲，自2010年突破30000元以来，2014年突破50000元，2018年突破80000元，2019年达到86611元。从增长率看，总体呈现波动变化的趋势。其中，2012年的增长率达到峰值，较2011年巴州在岗职工平均工资增长了20.50%，2013年的增长率最低，较2012年巴州在岗职工平均工资增长了7.54%。值得关注的是，2016~2019年巴州在岗职工平均工资呈现逐年上升的变化趋势，从65098元增至86611元，年均增长率为9.99%，实现了连续三年高速增长。

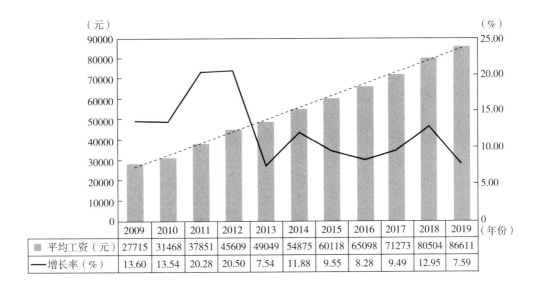

	2009	2010	2011	2012	2013	2014	2015	2016	2017	2018	2019
■ 平均工资（元）	27715	31468	37851	45609	49049	54875	60118	65098	71273	80504	86611
— 增长率（%）	13.60	13.54	20.28	20.50	7.54	11.88	9.55	8.28	9.49	12.95	7.59

图 5-10-7　2009~2019 年巴州在岗职工平均工资及变化趋势

资料来源：《新疆统计年鉴》（2010~2020 年）。

7. 巴音郭楞蒙古自治州社会就业分析

图 5-10-8 为 2009~2019 年巴州城镇失业率情况，用巴州城镇失业率来表征社会就业情况，城镇失业率越低，社会就业就越充分。如图所示，巴州城镇失业率从 2009 年的 3.31%，降至 2019 年的 2.70%，年均城镇失业率为 2.63%，总体呈现平缓波动。其中，2009~2012 年巴州城镇失业率大致呈现"V"型变化趋势，波谷为 2011 年，城镇失业率为 2.75%，2013~2019 年巴州城镇失业率大致呈现"W"型变化趋势，出现的两个波谷分别是 2015 年（城镇失业率为 2.20%）和 2017 年（城镇失业率为 2.16%）。值得关注的是，2016~2019 年巴州城镇失业率大致呈现"V"型变化趋势，最低点为 2017 年，城镇失业率为 2.16%，最高点为 2019 年，城镇失业率为 2.70%，年均城镇失业率为 2.44%。

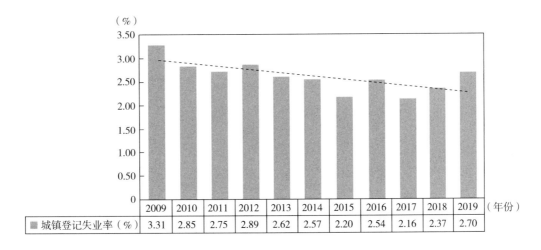

	2009	2010	2011	2012	2013	2014	2015	2016	2017	2018	2019
■ 城镇登记失业率（%）	3.31	2.85	2.75	2.89	2.62	2.57	2.20	2.54	2.16	2.37	2.70

图 5-10-8　2009~2019 年巴州城镇失业率

资料来源：《新疆统计年鉴》（2010~2020 年）。

8. 巴音郭楞蒙古自治州工业化发展水平分析

图5-10-9为2009~2019年巴州工业化发展情况。如图所示，巴州工业化发展水平从2009年的0.64，降至2019年的0.53，年均工业化发展水平为0.59，总体呈平缓的"N"型变化趋势。其中，2009~2011年呈上升趋势，2011年到达峰值0.66；2012~2016年呈下降趋势，2016年跌至波谷0.49，2017~2019年呈波动上升趋势，2019年达到0.53。值得关注的是，2016~2019年巴州工业化发展水平呈现波动上升的变化趋势，从0.49增长至0.53，年均工业化水平为0.52。

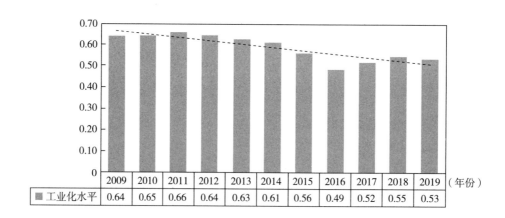

图5-10-9　2009~2019年巴州工业化发展水平

资料来源：根据《新疆统计年鉴》（2010~2020年）测算。

9. 巴音郭楞蒙古自治州能源利用效率分析

图5-10-10为2009~2019年巴州能源利用效率情况，用单位地区生产总值能耗来表征能源利用效率，单位地区生产总值能耗值越小，能源利用效率越大，反之亦然。如图所示，巴州单位地区生产总值能耗值从2009年的1.19万吨标准煤/亿元，降至2019年的0.68万吨标准煤/亿元，降低了42.86%，年均单位地区生产总值能耗值为0.87万吨标准煤/亿元，总体呈波动下降的变化趋势。由此可见，2009~2019年巴州能源利用效率快速提升。其中，2009~2013年呈"U"型变化趋势，最低点为2012年，单位地区生产总值能耗值为0.95万吨标准煤/亿元，能源利用效率呈现先上升后下降的趋势；2014~2019年呈"L"型波动下降的变化趋势，最低点为2015年，单位地区生产总值能耗值为0.61万吨标准煤/亿元，最高点为2014年，单位地区生产总值能耗值为0.87万吨标准煤/亿元，因此，2014~2019年巴州的能源利用效率呈先上升后平缓下降的变化趋势。值得关注的是，2016~2019年巴州单位地区生产总值能耗值呈现倒"U"型变化趋势，从0.65万吨标准煤/亿元上升至0.68万吨标准煤/亿元，年均单位地区生产总值能耗值为0.69，2016~2019年能源利用效率较为稳定。

（万吨标准煤/亿元）

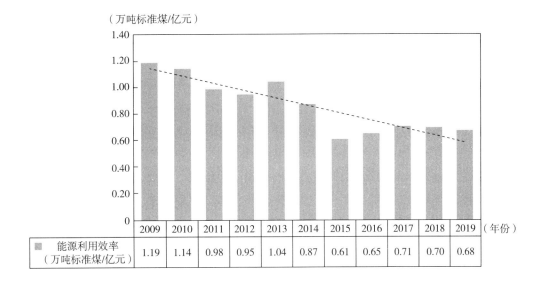

	2009	2010	2011	2012	2013	2014	2015	2016	2017	2018	2019	（年份）
■ 能源利用效率 （万吨标准煤/亿元）	1.19	1.14	0.98	0.95	1.04	0.87	0.61	0.65	0.71	0.70	0.68	

图 5-10-10　2009~2019 年巴州能源利用效率

资料来源：根据《新疆统计年鉴》（2010~2020 年）测算。

10. 巴音郭楞蒙古自治州产业结构高级化分析

图 5-10-11 为 2009~2019 年巴州产业结构高级化情况。如图所示，巴州产业结构高级化值从 2009 年的 0.31，增至 2019 年的 0.59，提高了 0.90 倍，年均产业结构高级化值为 0.42，总体呈波动上升的变化趋势。其中，2009~2016 年呈 "U" 型变化趋势，最低点为 2011 年，产业结构高级化值为 0.27，最高点为 2016 年，产业结构高级化值为 0.60；2017~2019 年呈 "U" 型变化趋势，最低点为 2018 年，产业结构高级化值为 0.56，最高点为 2019 年，产业结构高级化值为 0.59。值得关注的是，2016~2019 年巴州产业结构高级化值呈现小幅波动的变化趋势，从 0.60 下降至 0.59，年均产业结构高级化值为 0.58，由此可见，2016~2019 年巴州产业结构高级化发展较好且较为稳定。

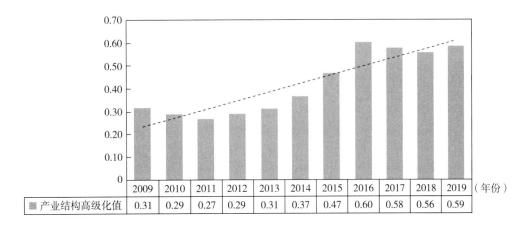

	2009	2010	2011	2012	2013	2014	2015	2016	2017	2018	2019	（年份）
■ 产业结构高级化值	0.31	0.29	0.27	0.29	0.31	0.37	0.47	0.60	0.58	0.56	0.59	

图 5-10-11　2009~2019 年巴州产业结构高级化

资料来源：根据《新疆统计年鉴》（2010~2020 年）测算。

三、巴音郭楞蒙古自治州经济发展质量时序特征

1. 巴音郭楞蒙古自治州经济高质量发展指数

图5-10-12为2009~2019年巴州经济高质量发展指数情况。如图所示，巴州经济高质量发展指数从2009年的0.17，增至2019年的0.35，年均经济高质量发展指数为0.25。在总体趋势上，巴州经济高质量发展指数呈波动上升的趋势。其中，2014年是巴州经济高质量发展指数的波谷，2014年巴州经济高质量发展指数为0.21；2013年、2018年是巴州经济高质量发展指数的两个波峰，2013年巴州经济高质量发展指数为0.23，2018年为0.36；2018年是2009~2019年经济高质量发展指数最高的一年，经济高质量发展指数为0.36；2009年是2009~2019年经济高质量发展指数最低的一年，经济高质量发展指数为0.17。

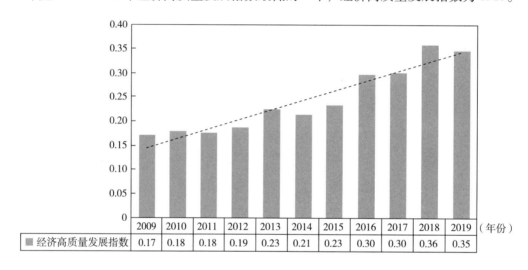

	2009	2010	2011	2012	2013	2014	2015	2016	2017	2018	2019	（年份）
■ 经济高质量发展指数	0.17	0.18	0.18	0.19	0.23	0.21	0.23	0.30	0.30	0.36	0.35	

图5-10-12　2009~2019年巴州经济高质量发展指数

资料来源：根据《新疆统计年鉴》（2010~2020年）测算。

2. 巴音郭楞蒙古自治州经济子系统发展指数

由图5-10-13可以看出：巴州创新子系统得分最高的是2018年，得分超过0.09；协调子系统得分最高的是2018年，得分超过0.06；绿色子系统得分最高的是2019年，得分超过0.06；开放子系统得分最高的是2019年，得分超过0.04；共享子系统得分最高的是2018年，得分超过0.13。其中，2009年创新、协调、绿色、开放、共享子系统的得分均较低，均未超过2009~2019年对应子系统的平均得分；2015年协调、绿色、开放子系统的得分较高，均超过2009~2019年对应子系统的平均得分，创新和共享子系统得分较低，均未超过2009~2019年对应子系统的平均得分；2019年创新、协调、绿色、开放、共享子系统的得分较高，均超过2009~2019年对应子系统的平均得分，且绿色、开放子系统的得分为2009~2019年对应子系统的最高分。

3. 巴音郭楞蒙古自治州各县域经济高质量发展指数

结合图5-10-14和表5-10-1可以看出：2009年巴州经济高质量发展指数为0.17，其中，库尔勒市经济高质量发展指数为0.2863，和静县经济高质量发展指数为0.1983，若羌县经济高质量发展指数为0.1939；2015年巴州经济高质量发展指数为0.23，其中，库尔勒

市经济高质量发展指数为0.3829，焉耆回族自治县经济高质量发展指数为0.3555，和静县经济高质量发展指数为0.3209；2019年巴州经济高质量发展指数为0.35，其中，库尔勒市经济高质量发展指数为0.4370，和静县经济高质量发展指数为0.3295，和硕县经济高质量发展指数为0.3041。总的来说，2009~2019年巴州各县域经济高质量发展指数稳中有进，但各县域排名除库尔勒市外其余变动较大。

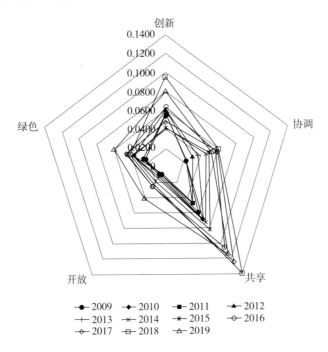

图5-10-13　2009~2019年巴州各子系统发展指数

资料来源：根据《新疆统计年鉴》（2010~2020年）测算。

表5-10-1　2009年、2015年、2019年巴州县域经济高质量发展指数

地区	2009年		2015年		2019年	
	分值	次序	分值	次序	分值	次序
库尔勒市	0.2863	1	0.3829	1	0.4370	1
和静县	0.1983	2	0.3209	3	0.3295	2
若羌县	0.1939	3	0.2344	6	0.2901	4
轮台县	0.1795	4	0.2785	4	0.2839	5
焉耆回族自治县	0.1748	5	0.3555	2	0.2314	9
博湖县	0.1747	6	0.2292	7	0.2436	7
和硕县	0.1649	7	0.2140	8	0.3041	3
且末县	0.1648	8	0.2521	5	0.2595	6
尉犁县	0.1217	9	0.2039	9	0.2378	8

资料来源：根据《新疆统计年鉴》（2010~2020年）测算。

4. 巴音郭楞蒙古自治州各县域子系统发展指数

结合图5-10-14与表5-10-2，从创新子系统的维度来看：2009年巴州创新子系统得分为0.0543，其中若羌县创新子系统得分为0.0889；库尔勒市创新子系统得分为0.0834；和静县创新子系统得分为0.0639。从协调子系统的维度来看：2009年巴州协调子系统得分为0.0228，其中，库尔勒市协调子系统得分为0.1199；且末县协调子系统得分为0.0458；博湖县协调子系统得分为0.0367。从绿色系统的维度来看：2009年巴州绿色子系统得分为0.0242，其中，和硕县绿色子系统得分为0.0585；和静县绿色子系统得分为0.0341；若羌县绿色子系统得分为0.0325。从开放子系统的维度来看：2009年巴州开放子系统得分为0.0111，其中，和静县开放子系统得分为0.0582；焉耆回族自治县开放子系统得分为0.0476；轮台县开放子系统得分为0.0436。从共享子系统的维度来看：2009年巴州共享子系统得分为0.0590，其中，且末县共享子系统得分为0.0509；焉耆回族自治县共享子系统得分为0.0488；库尔勒市共享子系统得分为0.0478。综合来看，2009年巴州各县域子系统发展指数综合排名是库尔勒市第一，和静县第二，若羌县第三。

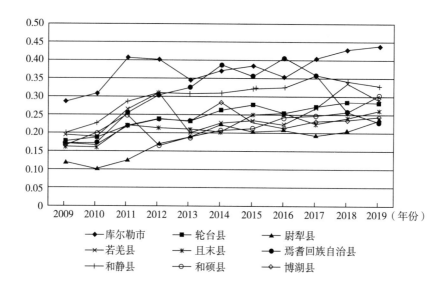

图5-10-14　2009~2019年巴州各县域经济发展质量变化趋势

资料来源：根据《新疆统计年鉴》（2010~2020年）测算。

表5-10-2　2009年巴州各县域子系统发展指数

地区	创新		协调		绿色		开放		共享	
	分值	次序	分值	次序	分值	次序	分值	次序	分值	次序
库尔勒市	0.0834	2	0.1199	1	0.0129	9	0.0222	8	0.0478	3
和静县	0.0639	3	0.0206	9	0.0341	2	0.0582	1	0.0216	9
若羌县	0.0889	1	0.0248	8	0.0325	3	0.0182	9	0.0296	6
轮台县	0.0499	4	0.0298	7	0.0155	8	0.0436	3	0.0406	5
焉耆回族自治县	0.0215	7	0.0301	5	0.0269	5	0.0476	2	0.0488	2
博湖县	0.0275	5	0.0367	3	0.0244	6	0.0394	4	0.0467	4
和硕县	0.0214	8	0.0351	4	0.0585	1	0.0252	6	0.0246	7
且末县	0.0154	9	0.0458	2	0.0298	4	0.0229	7	0.0509	1
尉犁县	0.0232	6	0.0299	6	0.0176	7	0.0285	5	0.0224	8

资料来源：根据《新疆统计年鉴》（2010~2020年）测算。

结合图 5-10-14 与表 5-10-3，从创新子系统的维度来看：2015 年巴州创新子系统得分为 0.0420，其中，库尔勒市创新子系统得分为 0.1716，若羌县创新子系统得分为 0.1173，和静县创新子系统得分为 0.0863；从协调子系统的维度来看：2015 年巴州协调子系统得分为 0.0500，其中，库尔勒市协调子系统得分为 0.1083，轮台县协调子系统得分为 0.0886，焉耆回族自治县和博湖县协调子系统得分并列为 0.0530；从绿色子系统的维度来看：2015 年巴州绿色子系统得分为 0.0412，其中，焉耆回族自治县绿色子系统得分为 0.1488，且末县绿色子系统得分为 0.0976，和静县绿色子系统得分为 0.0766；从开放子系统的维度来看：2015 年巴州开放子系统得分为 0.0187，其中，和静县开放子系统得分为 0.0816，焉耆回族自治县开放子系统得分为 0.0738，轮台县开放子系统得分为 0.0688；从共享子系统的维度来看：2015 年巴州共享子系统得分为 0.0814，其中，库尔勒市共享子系统得分为 0.0607，若羌县共享子系统得分为 0.0440，轮台县共享子系统得分为 0.0434。综合来看，2015 年巴州各县域子系统发展指数综合排名是库尔勒市第一，焉耆回族自治县第二，和静县第三。

表 5-10-3　2015 年巴州各县域子系统发展指数

地区	创新		协调		绿色		开放		共享	
	分值	次序	分值	次序	分值	次序	分值	次序	分值	次序
库尔勒市	0.1716	1	0.1083	1	0.0193	9	0.0230	7	0.0607	1
和静县	0.0863	3	0.0406	7	0.0766	3	0.0816	1	0.0357	8
若羌县	0.1173	2	0.0128	9	0.0411	7	0.0191	9	0.0440	2
轮台县	0.0473	5	0.0886	2	0.0304	8	0.0688	3	0.0434	3
焉耆回族自治县	0.0404	6	0.0530	3	0.1488	1	0.0738	2	0.0396	7
博湖县	0.0391	7	0.0530	3	0.0657	4	0.0306	4	0.0408	6
和硕县	0.0319	9	0.0487	6	0.0657	4	0.0266	5	0.0412	5
且末县	0.0387	8	0.0508	5	0.0976	2	0.0225	8	0.0425	4
尉犁县	0.0549	4	0.0394	8	0.0536	6	0.0252	6	0.0308	9

资料来源：根据《新疆统计年鉴》（2010~2020 年）测算。

结合图 5-10-14 与表 5-10-4，从创新子系统的维度来看：2019 年巴州创新子系统得分为 0.0809，其中，库尔勒市创新子系统得分为 0.1670，和静县创新子系统得分为 0.1366，若羌县创新子系统得分为 0.1342；从协调子系统的维度来看：2019 年巴州协调子系统得分为 0.0520，其中，库尔勒市协调子系统得分为 0.1353，且末县协调子系统得分为 0.0967，尉犁县协调子系统得分为 0.0722；从绿色子系统的维度来看：2019 年巴州绿色子系统得分为 0.0602，其中，和硕县绿色子系统得分为 0.1130，若羌县绿色子系统得分为 0.0962，和静县绿色子系统得分为 0.0777；从开放子系统的维度来看：2019 年巴州开放子系统得分为 0.0403，其中，轮台县开放子系统得分为 0.0509，和硕县开放子系统得分为 0.0454，和静县开放子系统得分为 0.0343；从共享子系统的维度来看：2019 年巴州共享子系统得分为 0.1143，其中，库尔勒市共享子系统得分为 0.0902，焉耆回族自治县共享子系统得分为 0.0684，博湖县共享子系统得分为 0.0646。综合来看，2019 年巴州各县域子系统发展指数综合排名是库尔勒市第一，和静县第二，和硕县第三。

表 5-10-4　2019 年巴州各县域子系统发展指数

地区	创新		协调		绿色		开放		共享	
	分值	次序	分值	次序	分值	次序	分值	次序	分值	次序
库尔勒市	0.1670	1	0.1353	1	0.0193	9	0.0253	4	0.0902	1
和静县	0.1366	2	0.0416	8	0.0777	3	0.0343	3	0.0394	8
若羌县	0.1342	3	0.0144	9	0.0962	2	0.0218	7	0.0235	9
轮台县	0.0793	4	0.0436	7	0.0533	6	0.0509	1	0.0568	4
焉耆回族自治县	0.0535	5	0.0473	6	0.0398	8	0.0223	6	0.0684	2
博湖县	0.0402	8	0.0637	4	0.0504	7	0.0247	5	0.0646	3
和硕县	0.0464	6	0.0552	5	0.1130	1	0.0454	2	0.0441	6
且末县	0.0336	9	0.0967	2	0.0580	5	0.0195	8	0.0518	5
尉犁县	0.0460	7	0.0722	3	0.0604	4	0.0189	9	0.0402	7

资料来源：根据《新疆统计年鉴》（2010~2020年）测算。

四、巴音郭楞蒙古自治州经济发展空间格局与演变

总体来看，2009~2019 年巴州各县域的经济发展质量均呈现波动上升的趋势。其中，库尔勒市的年均经济发展质量在巴州各县域经济发展质量中排名第一，和静县的年均经济发展质量排名第二，焉耆回族自治县的年均经济发展质量排名第三。

五、巴音郭楞蒙古自治州经济高质量发展对策与建议

（1）巴州各县域经济发展水平和发展质量不平衡，巴州应该更加注重各县域经济水平与质量平衡发展；

（2）巴州应当进一步促进"引进来"与"走出去"，提高对外开放水平；

（3）巴州应该更加注重经济绿色转型，发展绿色产业，改善环境。

六、小结

从巴州经济发展主要成就来看：在经济发展方面，巴州 GDP 从 2009 年的 525.94 亿元，增至 2019 年的 1149.34 亿元，增长了 1.19 倍，年均增长率为 8.13%，整体呈现"N"型变化趋势；巴州人均 GDP 从 2009 年的 39467 元，增至 2019 年的 80170 元，增长了 1.03 倍，年均增长率为 7.34%，呈"N"型变化趋势。在投资方面，巴州全社会固定资产投资从 2009 年的 252.85 亿元，增至 2017 年的 876.54 亿元，增长了 2.47 倍，年均增长率为 16.81%，呈"N"型变化趋势。在金融发展方面，巴州各项目贷款余额从 2009 年的 188.27 亿元，增至 2018 年的 819.51 亿元，增长了 3.35 倍，年均增长率为 17.75%，呈现逐年上升的趋势。在对外贸易方面，巴州进出口贸易总额从 2009 年的 8.21 亿元，增至 2019 年的 19.08 亿元，增长了 1.32 倍，年均增长率为 8.80%，呈现"N"型波动趋势。在市场发展方

面，巴州全社会销售品零售总额从 2009 年的 47.30 亿元，增至 2019 年的 208.00 亿元，增长了 3.40 倍，年均增长率为 15.96%，大致呈现逐年上升的变化趋势。在居民收入方面，巴州在岗职工平均工资从 2009 年的 27715 元，增至 2019 年的 86611 元，增长了 2.13 倍，年均增长率为 12.07%，呈现逐年上升的变化趋势。在社会就业方面，巴州城镇失业率从 2009 年的 3.31%，降至 2019 年的 2.70%，年均城镇失业率为 2.63%，总体呈现平缓波动。在工业化发展方面，巴州工业化发展水平从 2009 年的 0.64，降至 2019 年的 0.53，年均工业化发展水平为 0.59，总体呈平缓的 "N" 型变化趋势。在能源利用效率方面，巴州单位地区生产总值能耗值从 2009 年的 1.19 万吨标准煤/亿元，降至 2019 年的 0.68 万吨标准煤/亿元，降低了 42.86%，年均单位地区生产总值能耗值为 0.87 万吨标准煤/亿元，总体呈波动下降的变化趋势，由此可见，2009~2019 年巴州能源利用效率快速提升。在产业结构高级化方面，巴州产业结构高级化值从 2009 年的 0.31，增至 2019 年的 0.59，提高了 0.90 倍，年均产业结构高级化值为 0.42，总体呈波动上升的变化趋势。

从 2009~2019 年巴州经济发展质量来看：在巴州经济高质量发展指数方面，巴州经济高质量发展指数从 2009 年的 0.17，增至 2019 年的 0.35，年均经济高质量发展指数为 0.25。在总体趋势上，巴州经济高质量发展指数呈波动上升的趋势。在巴州经济子系统发展指数方面，巴州创新子系统得分最高的是 2018 年，得分超过 0.09；协调子系统得分最高的是 2018 年，得分超过 0.06；绿色子系统得分最高的是 2019 年，得分超过 0.06；开放子系统得分最高的是 2019 年，得分超过 0.04；共享子系统得分最高的是 2018 年，得分超过 0.13。在巴州各县域经济高质量发展指数方面，2009 年巴州经济高质量发展指数为 0.17，其中，库尔勒市经济高质量发展指数为 0.2863，和静县经济高质量发展指数为 0.1983，若羌县经济高质量发展指数为 0.1939；2015 年巴州经济高质量发展指数为 0.23，其中，库尔勒市经济高质量发展指数为 0.3829，焉耆回族自治县经济高质量发展指数为 0.3555，和静县经济高质量发展指数为 0.3209；2019 年巴州经济高质量发展指数为 0.35，其中，库尔勒市经济高质量发展指数为 0.4370，和静县经济高质量发展指数为 0.3295，和硕县经济高质量发展指数为 0.3041。总的来说，2009~2019 年巴州各县域经济高质量发展指数稳中有进，但各县域排名除库尔勒市外其余变动较大。

第十一节　阿克苏地区经济高质量发展评价

一、阿克苏地区概况[①]

阿克苏地区地处新疆维吾尔自治区中部，天山山脉中段南麓、塔里木盆地北缘，东邻巴音郭楞蒙古自治州，西接克孜勒苏柯尔克孜自治州，西南与喀什地区接壤，南与和田地区相望，北与伊犁哈萨克自治州毗邻，西北以天山山脉中梁与吉尔吉斯斯坦共和国、哈萨克斯坦共和国

---

① 资料来源：阿克苏地区行政公署官网 http://www.aks.gov.cn/。

交界。东西最长处 513 千米，南北最宽处约 386 千米。总面积 13.13 万平方千米，占新疆面积的 8%。全地区辖 7 县 2 市，84 个乡镇，56 个农林牧场。总人口 272 万（不含阿拉尔市）。

阿克苏地区拥有库车和阿克苏市 2 个民用机场，已开通阿克苏至北京、上海、杭州、成都、郑州的直航航班，每天有近 20 个航班往返于乌鲁木齐等城市。阿克苏地区地处新疆南北疆交通要冲，是南疆重镇和交通枢纽，库阿高速贯通全境，217 线独库公路连接南北疆，县、乡公路已基本柏油化，形成国道、省道和县、乡公路纵横交错的公路交通网络，兵团第一师所属的 17 个农垦团场分布在阿克苏地区境内。

阿克苏地区是古丝绸之路上的一颗璀璨明珠，民风淳朴、物产丰富，历史文化底蕴丰厚，素有"塞外江南""鱼米之乡""瓜果之乡""歌舞之乡"之美誉，是"龟兹文化""多浪文化"的发源地。阿克苏地区旅游资源具有生态原始、类型齐全、特色独具的总体特征。主要由三大部分组成：以龟兹古国佛教文化为主的历史文化足迹；以峡谷、胡杨、沙漠、冰川为主的西域自然风光；以民风民俗为主的少数民族风情。

阿克苏地区因旅游资源品位高、特色强、类型全被誉为新疆旅游资源博物馆。地区共有景区景点 126 处，其中特品级 8 处、优良级 34 处。

阿克苏地区是东西方文明的交汇点，是古代西域及古丝绸之路文化中心之一。"古丝绸之路"的灿烂文化和独特的民族文化，孕育了西方和中原地区迥异的龟兹和多浪文化，其主要以佛教石窟、壁画、音乐、舞蹈著称于世。

二、阿克苏地区经济发展主要成就

（1）经济发展方面：阿克苏地区国内生产总值（GDP）从 2009 年的 320.45 亿元，增至 2019 年的 1222.43 亿元，增长了 2.81 倍，年均增长率为 8.13%，整体呈现"N"型变化趋势。值得关注的是，2016～2019 年阿克苏地区 GDP 出现上升趋势，从 792.8 亿元增长至 1222.43 亿元，年均增长率为 15.53%，实现了连续三年中高速增长。阿克苏地区人均 GDP 从 2009 年的 13098 元，增至 2019 年的 42531 元，增长了 2.25 倍，年均增长率为 12.50%，呈"N"型变化趋势。值得关注的是，2016～2019 年阿克苏地区人均 GDP 呈现上升趋势，从 28289 元增长至 42531 元，年均增长率为 14.56%，实现了连续三年中高速增长。

（2）投资方面：阿克苏地区全社会固定资产投资从 2009 年的 234.03 亿元，增至 2017 年的 827.64 亿元，增长了 2.54 倍，年均增长率为 17.10%，呈波动上升的变化趋势。值得关注的是，2016～2017 年阿克苏地区全社会固定资产投资呈现上升趋势，从 685.50 亿元增长至 827.64 亿元，增长率为 20.74%。

（3）金融发展方面：阿克苏地区各项目贷款余额从 2009 年的 176.78 亿元，增至 2018 年的 1158.64 亿元，增长了 5.55 倍，年均增长率为 20.68%，呈现逐年上升趋势。值得关注的是，2016～2019 年阿克苏地区各项目贷款余额呈现逐年上升趋势，从 707.42 亿元增长至 1158.64 亿元，年均增长率为 17.88%。

（4）对外贸易方面：阿克苏地区进出口贸易总额从 2009 年的 9.55 亿元，增至 2019 年的 28.72 亿元，增长了 2.01 倍，年均增长率为 11.64%，呈现"N"型波动趋势。值得关注的是，2016～2019 年阿克苏地区进出口贸易总额呈现波动上升的变化趋势，从 10.29 亿元升至 28.72 亿元，年均增长率为 40.80%。

（5）市场发展方面：阿克苏地区全社会销售品零售总额从 2009 年的 61.52 亿元，增至 2019 年的 282.25 亿元，增长了 3.59 倍，年均增长率为 16.46%，大致呈现逐年上升的变化趋势。值得关注的是，2016~2019 年阿克苏地区全社会销售品零售总额呈现逐年上升的变化趋势，从 130.57 亿元增至 282.25 亿元，年均增长率为 29.30%。

（6）居民收入方面：阿克苏地区在岗职工平均工资从 2009 年的 24327 元，增至 2019 年的 69991 元，增长了 1.88 倍，年均增长率为 11.15%，呈现逐年上升的变化趋势。值得关注的是，2016~2019 年阿克苏地区在岗职工平均工资呈现逐年上升的变化趋势，从 59762 元增至 69991 元，年均增长率为 5.41%，实现了连续三年高速增长。

（7）社会就业方面：用阿克苏地区城镇失业率来表征社会就业情况，城镇失业率越低，社会就业就越充分。阿克苏地区城镇失业率从 2009 年的 3.02%，降至 2019 年的 1.58%，年均城镇失业率为 2.23%，总体呈现波动下降趋势。值得关注的是，2016~2019 年阿克苏地区城镇失业率大致呈现平缓波动上升的趋势，最低点为 2018 年，城镇失业率为 1.52%，最高点为 2017 年，城镇失业率为 1.60%，年均城镇失业率为 1.56%。

（8）工业化发展方面：阿克苏地区工业化发展水平从 2009 年的 0.28，升至 2019 年的 0.31，年均工业化发展水平为 0.33，总体呈平缓的"M"型变化趋势。值得关注的是，2016~2019 年阿克苏地区工业化发展水平呈现倒"U"型变化趋势，从 0.32 下降至 0.31，年均工业化水平为 0.35。

（9）能源利用效率方面：用单位地区生产总值能耗来表征能源利用效率，单位地区生产总值能耗值越小，能源利用效率越大，反之亦然。阿克苏地区单位地区生产总值能耗值从 2009 年的 2.45 万吨标准煤/亿元，降至 2019 年的 0.37 万吨标准煤/亿元，降低了 84.90%，年均单位地区生产总值能耗值为 1.58 万吨标准煤/亿元，总体呈波动下降趋势。由此可见，2009~2019 年阿克苏地区能源利用效率快速提升。值得关注的是，2016~2019 年阿克苏地区单位地区生产总值能耗值呈现下降的变化趋势，从 0.56 万吨标准煤/亿元下降至 0.37 万吨标准煤/亿元，年均单位地区生产总值能耗值为 0.43 万吨标准煤/亿元，年均下降 12.90%。

（10）产业结构高级化方面：阿克苏地区产业结构高级化值从 2009 年的 1.32，增至 2019 年的 1.46，提高了 0.11 倍，年均产业结构高级化值为 1.17，总体呈"W"型波动上升的变化趋势。值得关注的是，2016~2019 年阿克苏地区产业结构高级化值呈现"U"型波动的变化趋势，从 1.20 上升至 1.46，年均产业结构高级化值为 1.16，由此可见，2016~2019 年产业结构高级化发展较好且较为稳定。

1. 阿克苏地区 GDP、人均 GDP 分析

图 5-11-1 为 2009~2019 年阿克苏地区 GDP 及其变化趋势。如图所示，阿克苏地区 GDP 从 2009 年的 320.45 亿元，增至 2019 年的 1222.43 亿元，增长了 2.81 倍，年均增长率为 14.33%，整体呈现"N"型变化趋势。其中，2009~2015 年 GDP 呈现快速增长趋势，2016 年出现负增长，下降至 792.80 亿元，2017~2019 年呈现逐年上升趋势。具体来讲，自 2011 年突破 500 亿元以来，经济总量快速提升，2014 年突破 700 亿元，2017 年突破 900 亿元，2019 年达到 1222.43 亿元。从增长率看，总体呈现"N"型变化趋势。其中，2011 年的增长率达到峰值，较 2010 年阿克苏地区 GDP 增长了 27.77%，2016 年的增长率最低，较 2015 年阿克苏地区 GDP 下降了 2.15%。值得关注的是，2016~2019 年阿克苏地区 GDP 出现上升趋势，从 792.80 亿元增至 1222.43 亿元，年均增长率为 15.53%，实现了连续三年高速增长。

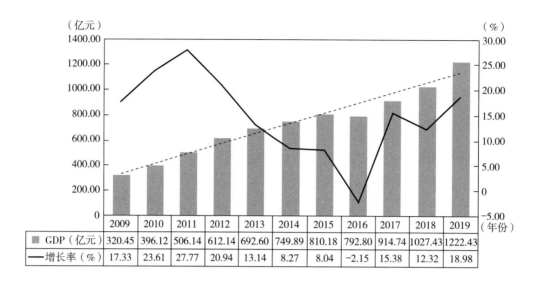

图 5-11-1　2009~2019 年阿克苏地区 GDP 及变化趋势

资料来源：《新疆统计年鉴》（2010~2020年）。

图 5-11-2 为 2009~2019 年阿克苏地区人均 GDP 及其变化趋势。如图所示，阿克苏地区人均 GDP 从 2009 年的 13098 元，增至 2019 年的 42531 元，增长了 2.25 倍，年均增长率为 12.50%，呈"N"型变化趋势。其中，2009~2014 年人均 GDP 呈现快速增长趋势，2015 年和 2016 年出现负增长，2016 年下降至 28289 元，2017~2019 年呈现逐年上升趋势。具体来讲，自 2011 年突破 20000 元以来，经济总量快速提升，2017 年突破 30000 元，2019 年突破 40000 元达到 42531 元。从增长率看，总体呈现"N"型变化趋势。其中，2011 年的增长率达到峰值，较 2010 年阿克苏地区人均 GDP 增长了 26.92%，2015 年的增长率最低，较 2014 年阿克苏地区人均 GDP 下降了 2.79%。值得关注的是，2016~2019 年阿克苏地区人均 GDP 呈现上升趋势，从 28289 元增至 42531 元，年均增长率为 14.56%，实现了连续三年高速增长。

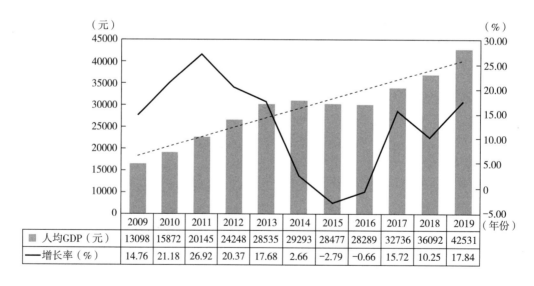

图 5-11-2　2009~2019 年阿克苏地区人均 GDP 及变化趋势

资料来源：《新疆统计年鉴》（2010~2020年）。

2. 阿克苏地区固定资产投资分析

图 5-11-3 为 2009~2017 年阿克苏地区全社会固定资产投资及其变化趋势。如图所示，阿克苏地区全社会固定资产投资从 2009 年的 234.03 亿元，增至 2017 年的 827.64 亿元，增长了 2.54 倍，年均增长率为 17.10%，整体呈波动上升的变化趋势。具体来讲，自 2012 年突破 400 亿元以来，2015 年突破 600 亿元，2017 年突破 800 亿元，达到 827.64 亿元。从增长率看，总体呈现波动变化趋势。其中，2009 年的增长率达到峰值，较 2008 年阿克苏地区全社会固定资产投资增长了 118.76%，2010 年的增长率最低，较 2009 年阿克苏地区全社会固定资产投资下降了 22.36%。值得关注的是，2016~2017 年阿克苏地区全社会固定资产投资呈现上升趋势，从 685.50 亿元增至 827.64 亿元，增长率为 20.74%。

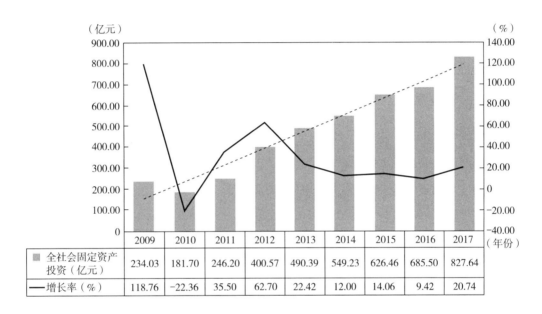

	2009	2010	2011	2012	2013	2014	2015	2016	2017
全社会固定资产投资（亿元）	234.03	181.70	246.20	400.57	490.39	549.23	626.46	685.50	827.64
增长率（%）	118.76	-22.36	35.50	62.70	22.42	12.00	14.06	9.42	20.74

图 5-11-3 2009~2017 年阿克苏地区全社会固定资产投资及变化趋势

资料来源：《新疆统计年鉴》（2010~2018 年）。

3. 阿克苏地区金融发展分析

图 5-11-4 为 2009~2019 年阿克苏地区各项目贷款余额及其变化趋势。如图所示，阿克苏地区各项目贷款余额从 2009 年的 176.78 亿元，增至 2019 年的 1158.64 亿元，增长了 5.55 倍，年均增长率为 20.68%，呈现逐年上升趋势。具体来讲，自 2011 年突破 300 亿元以来，2013 年突破 500 亿元，2016 年突破 700 亿元，2018 年突破 1000 亿元，2019 年达到 1158.64 亿元。从增长率看，总体呈现"M"型波动变化的趋势。其中，2011 年的增长率达到峰值，较 2010 年阿克苏地区各项目贷款余额增长了 51.54%，2015 年的增长率最低，较 2014 年阿克苏地区各项目贷款余额增长了 4.39%。值得关注的是，2016~2019 年阿克苏地区各项目贷款余额呈现逐年上升趋势，从 707.42 亿元增至 1158.64 亿元，年均增长率为 17.88%。

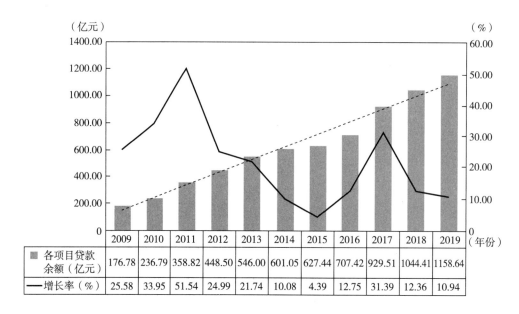

	2009	2010	2011	2012	2013	2014	2015	2016	2017	2018	2019
各项目贷款余额（亿元）	176.78	236.79	358.82	448.50	546.00	601.05	627.44	707.42	929.51	1044.41	1158.64
增长率（%）	25.58	33.95	51.54	24.99	21.74	10.08	4.39	12.75	31.39	12.36	10.94

图 5-11-4　2009~2019 年阿克苏地区各项目贷款余额及变化趋势

资料来源：《新疆统计年鉴》（2010~2020 年）。

4. 阿克苏地区进出口贸易发展分析

图 5-11-5 为 2009~2019 年阿克苏地区进出口贸易总额及其变化趋势。如图所示，阿克苏地区进出口贸易总额从 2009 年的 9.55 亿元，增至 2019 年的 28.72 亿元，增长了 2.01 倍，年均增长率为 11.64%，呈现"N"型波动趋势。其中，2009~2013 年阿克苏地区进出口贸易总额呈高速增长趋势，2013 年到达一个峰值，为 36.20 亿元，2014~2016 年出现较快下降，2016 年降至 10.29 亿元，2017 年有所回升，2018 年再次下跌，2019 年快速回升。具体来讲，自 2010 年突破 10 亿元以来，2011 年突破 20 亿元，2019 年达到 28.72 亿元。从增长率看，总体呈现"W"型波动趋势。其中，2017 年的增长率达到峰值，较 2016 年阿克苏地区进出口贸易总额增长了 105.15%，2015 年的增长率最低，较 2014 年阿克苏地区进出口贸易总额下降了 49.49%。值得关注的是，2016~2019 年阿克苏地区进出口贸易总额呈现波动上升的变化趋势，从 10.29 亿元增至 28.72 亿元，年均增长率为 40.80%。

5. 阿克苏地区市场发展分析

图 5-11-6 为 2009~2019 年阿克苏地区全社会销售品零售总额及其变化趋势。如图所示，阿克苏地区全社会销售品零售总额从 2009 年的 61.52 亿元，增至 2019 年的 282.25 亿元，增长了 3.59 倍，年均增长率为 16.46%，大致呈现逐年上升的变化趋势。其中，2018~2019 年阿克苏地区全社会销售品零售总额出现飞速上升。具体来讲，自 2014 年突破 100 亿元以来，2019 年突破 200 亿元，达到 282.25 亿元。从增长率看，总体呈现波动变化趋势。其中，2019 年较 2018 年的增长率达到峰值，较 2018 年阿克苏地区全社会销售品零售总额增长了 77.23%，2010 年的增长率最低，较 2009 年阿克苏地区全社会销售品零售总额减少了 2.00%。值得关注的是，2016~2019 年阿克苏地区全社会销售品零售总额呈现逐年上升的变化趋势，从 130.57 亿元增至 282.25 亿元，年均增长率为 29.30%。

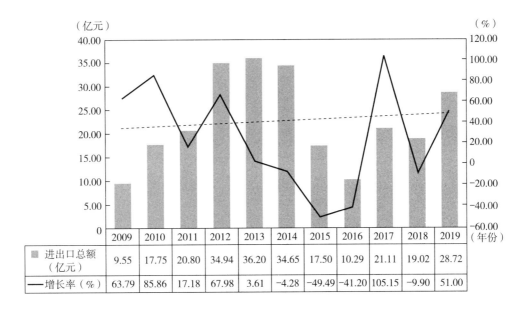

（亿元）	2009	2010	2011	2012	2013	2014	2015	2016	2017	2018	2019
▇ 进出口总额 （亿元）	9.55	17.75	20.80	34.94	36.20	34.65	17.50	10.29	21.11	19.02	28.72
—— 增长率（%）	63.79	85.86	17.18	67.98	3.61	-4.28	-49.49	-41.20	105.15	-9.90	51.00

图 5-11-5　2009~2019 年阿克苏地区进出口贸易总额及变化趋势

资料来源：《新疆统计年鉴》（2010~2020 年）。

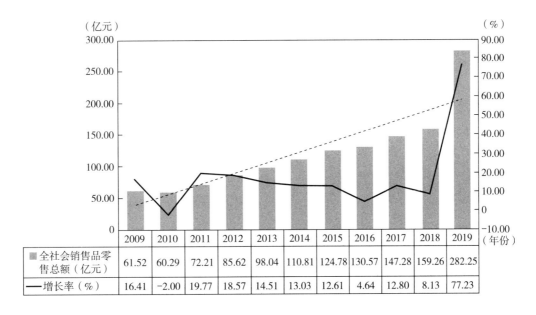

（亿元）	2009	2010	2011	2012	2013	2014	2015	2016	2017	2018	2019
▇ 全社会销售品零 售总额（亿元）	61.52	60.29	72.21	85.62	98.04	110.81	124.78	130.57	147.28	159.26	282.25
—— 增长率（%）	16.41	-2.00	19.77	18.57	14.51	13.03	12.61	4.64	12.80	8.13	77.23

图 5-11-6　2009~2019 年阿克苏地区全社会销售品零售总额及变化趋势

资料来源：《新疆统计年鉴》（2010~2020 年）。

6. 阿克苏地区居民收入分析

图 5-11-7 为 2009~2019 年阿克苏地区在岗职工平均工资及其变化趋势。如图所示，阿克苏地区在岗职工平均工资从 2009 年的 24327 元，增至 2019 年的 69991 元，增长了 1.88 倍，年均增长率为 11.15%，呈现逐年上升的变化趋势。具体来讲，自 2011 年突破 30000 元以来，2015 年突破 50000 元，2019 年达到 69991 元。从增长率看，总体呈现"M"型波动变化的趋势。其中，2011 年的增长率达到峰值，较 2010 年阿克苏地区在岗职工平均工资增长了 23.14%，2014 年的增长率最低，较 2013 年阿克苏地区在岗职工平均工资增长了

4.08%。值得关注的是，2016~2019年阿克苏地区在岗职工平均工资呈现逐年上升的变化趋势，从59762元增至69991元，年均增长率为5.41%，实现了连续三年增长。

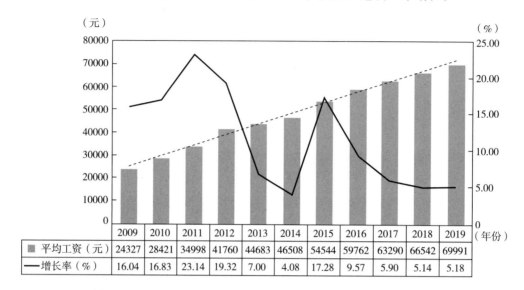

	2009	2010	2011	2012	2013	2014	2015	2016	2017	2018	2019
■ 平均工资（元）	24327	28421	34998	41760	44683	46508	54544	59762	63290	66542	69991
—— 增长率（%）	16.04	16.83	23.14	19.32	7.00	4.08	17.28	9.57	5.90	5.14	5.18

图 5-11-7　2009~2019 年阿克苏地区在岗职工平均工资及变化趋势

资料来源：《新疆统计年鉴》（2010~2020年）。

7. 阿克苏地区社会就业分析

图 5-11-8 为 2009~2019 年阿克苏地区城镇失业率情况，用阿克苏地区城镇失业率来表征社会就业情况，城镇失业率越低，社会就业就越充分。如图所示，阿克苏地区城镇失业率从 2009 年的 3.02%，降至 2019 年的 1.58%，年均城镇失业率为 2.23%，总体呈现波动下降的趋势。其中，2009~2015 年阿克苏地区城镇失业率大致呈现倒"V"型变化趋势，波峰为 2010 年，城镇失业率为 3.53%，2017~2019 年阿克苏地区城镇失业率大致呈现"V"型变化趋势，2018 年是一个波谷为 1.52%。值得关注的是，2016~2019 年阿克苏地区城镇失业率大致呈现平缓波动上升的变化趋势，最低点为 2018 年，城镇失业率为 1.52%，最高点为 2017 年，城镇失业率为 1.60%，年均城镇失业率为 1.56%。

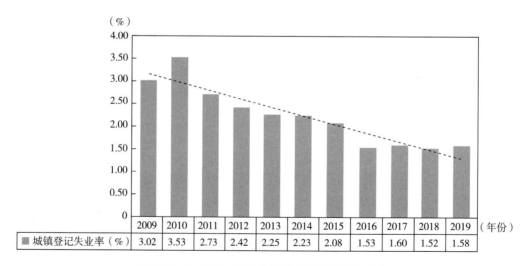

	2009	2010	2011	2012	2013	2014	2015	2016	2017	2018	2019
■ 城镇登记失业率（%）	3.02	3.53	2.73	2.42	2.25	2.23	2.08	1.53	1.60	1.52	1.58

图 5-11-8　2009~2019 年阿克苏地区城镇失业率

资料来源：《新疆统计年鉴》（2010~2020年）。

8. 阿克苏地区工业化发展水平分析

图5-11-9为2009~2019年阿克苏地区工业化发展情况。如图所示，阿克苏地区工业化发展水平从2009年的0.28，升至2019年的0.31，年均工业化发展水平为0.33，总体呈平缓的"M"型变化趋势。其中，2009~2011年呈上升趋势，2011年到达峰值0.33；2012~2016年呈下降趋势，2013~2016年阿克苏地区的工业化水平均为0.32，2017~2018年呈上升趋势，2019年减少到0.31。值得关注的是，2016~2019年阿克苏地区工业化发展水平呈现倒"U"型变化趋势，从0.32下降至0.31，年均工业化水平为0.35。

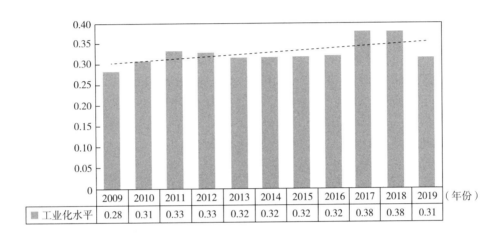

图5-11-9　2009~2019年阿克苏地区工业化发展水平

资料来源：根据《新疆统计年鉴》（2010~2020年）测算。

9. 阿克苏地区能源利用效率分析

图5-11-10为2009~2019年阿克苏地区能源利用效率情况，用单位地区生产总值能耗来表征能源利用效率，单位地区生产总值能耗值越小，能源利用效率越大，反之亦然。如图所示，阿克苏地区单位地区生产总值能耗值从2009年的2.45万吨标准煤/亿元，降至2019年的0.37万吨标准煤/亿元，降低了84.90%，年均单位地区生产总值能耗值为1.58万吨标准煤/亿元，总体呈波动下降的趋势。由此可见，2009~2019年阿克苏地区能源利用效率快速提升。其中，2009~2014年阿克苏地区单位地区生产总值能耗呈"W"型波动上升趋势，最低点为2010年，单位地区生产总值能耗值为2.35万吨标准煤/亿元，最高点为2011年和2014年，单位地区生产总值能耗值均为2.65万吨标准煤/亿元，因此，阿克苏地区2009~2014年的能源利用效率呈现先上升后下降再上升再下降的趋势；2014~2015年单位地区生产总值能耗值出现断崖式下跌，2015年单位地区生产总值能耗值为0.56万吨标准煤/亿元，2015~2019年呈逐年下降的变化趋势，最低点为2019年，单位地区生产总值能耗值为0.37万吨标准煤/亿元，最高点为2015年，单位地区生产总值能耗值为0.56万吨标准煤/亿元，因此，2015~2019年阿克苏地区的能源利用效率呈上升的变化趋势。值得关注的是，2016~2019年阿克苏地区单位地区生产总值能耗值呈现下降的变化趋势，从0.56万吨标准煤/亿元下降至0.37万吨标准煤/亿元，年均单位地区生产总值能耗值为0.43万吨标准煤/亿元，年均下降12.90%，2016~2019年能源利用效率快速提升。

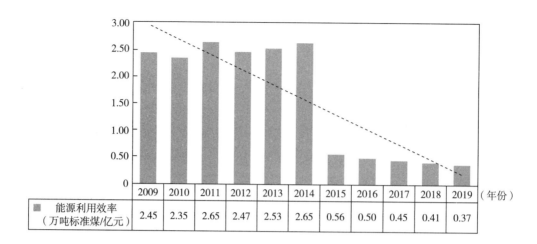

	2009	2010	2011	2012	2013	2014	2015	2016	2017	2018	2019	（年份）
■ 能源利用效率 （万吨标准煤/亿元）	2.45	2.35	2.65	2.47	2.53	2.65	0.56	0.50	0.45	0.41	0.37	

图 5-11-10　2009~2019 年阿克苏地区能源利用效率

资料来源：根据《新疆统计年鉴》（2010~2020 年）测算。

10. 阿克苏地区产业结构高级化分析

图 5-11-11 为 2009~2019 年阿克苏地区产业结构高级化情况。如图所示，阿克苏地区产业结构高级化值从 2009 年的 1.32，增至 2019 年的 1.46，提高了 0.11 倍，年均产业结构高级化值为 1.17，总体呈"W"型波动上升的变化趋势。其中，2009~2014 年呈"U"型变化趋势，最低点为 2011 年，产业结构高级化值为 1.05，最高点为 2009 年，产业结构高级化值为 1.32；2015~2019 年呈"U"型变化趋势，最低点为 2018 年，产业结构高级化值为 0.98，最高点为 2019 年，产业结构高级化值为 1.46。值得关注的是，2016~2019 年阿克苏地区产业结构高级化值呈现"U"型波动的变化趋势，从 1.20 上升至 1.46，年均产业结构高级化值为 1.16，由此可见，2016~2019 年产业结构高级化发展较好。

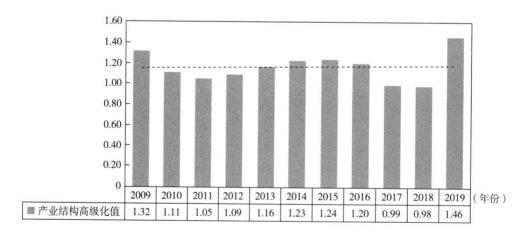

	2009	2010	2011	2012	2013	2014	2015	2016	2017	2018	2019	（年份）
■产业结构高级化值	1.32	1.11	1.05	1.09	1.16	1.23	1.24	1.20	0.99	0.98	1.46	

图 5-11-11　2009~2019 年阿克苏地区产业结构高级化

资料来源：根据《新疆统计年鉴》（2010~2020 年）测算。

三、阿克苏地区经济发展质量时序特征

1. 阿克苏地区经济高质量发展指数

图 5-11-12 为 2009~2019 年阿克苏地区经济高质量发展指数情况。如图所示，阿克苏地区经济高质量发展指数从 2009 年的 0.18，增至 2019 年的 0.28，年均经济高质量发展指数为 0.21。在总体趋势上，阿克苏地区的经济高质量发展指数呈波动上升的趋势。其中，2011 年是阿克苏地区经济高质量发展指数的波谷，2010 年和 2011 年阿克苏地区经济高质量发展指数均为 0.13；2009 年、2018 年是阿克苏地区经济高质量发展指数的两个波峰，2009 年阿克苏地区经济高质量发展指数为 0.18，2018 年为 0.30；2018 年是 2009~2019 年经济高质量发展指数最高的一年，经济高质量发展指数为 0.30；2010 年和 2011 年是 2009~2019 年经济高质量发展指数最低的两年，经济高质量发展指数均为 0.13。

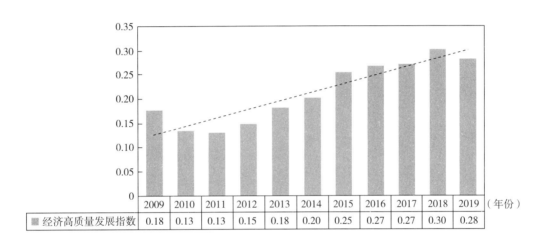

图 5-11-12　2009~2019 年阿克苏地区经济高质量发展指数

资料来源：根据《新疆统计年鉴》（2010~2020 年）测算。

2. 阿克苏地区经济子系统发展指数

由图 5-11-13 可以看出：阿克苏地区创新子系统得分最高的是 2015 年，得分超过 0.04；协调子系统得分最高的是 2018 年，得分超过 0.08；绿色子系统得分最高的是 2018 年，得分超过 0.05；开放子系统得分最高的是 2019 年，得分超过 0.05；共享子系统得分最高的是 2018 年，得分超过 0.11。其中，2009 年创新子系统的得分较高，超过 2009~2019 年创新子系统的平均得分，协调、绿色、开放、共享子系统的得分均较低，均未超过 2009~2019 年对应子系统的平均得分；2015 年创新、协调、绿色、开放子系统的得分较高，均超过 2009~2019 年对应子系统的平均得分，共享子系统得分较低，未超过 2009~2019 年共享子系统的平均得分；2019 年创新、协调、绿色、开放、共享子系统的得分较高，均超过 2009~2019 年对应子系统的平均得分，且开放子系统的得分为 2009~2019 年开放子系统的最高分。

207

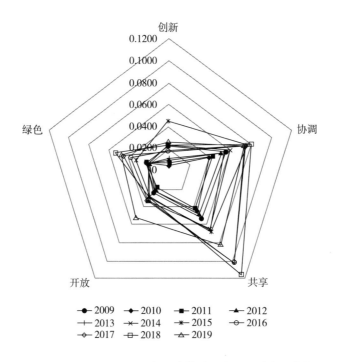

图 5-11-13　2009～2019 年阿克苏地区各子系统发展指数

资料来源：根据《新疆统计年鉴》（2010～2020年）测算。

3. 阿克苏地区各县域经济高质量发展指数

结合图 5-11-14 和表 5-11-1 可以看出：2009 年阿克苏地区经济高质量发展指数为 0.18，其中，新和县经济高质量发展指数为 0.3383，阿克苏市经济高质量发展指数为 0.2779，库车市经济高质量发展指数为 0.2706；2015 年阿克苏地区经济高质量发展指数为 0.25，其中，库车市经济高质量发展指数为 0.3377，阿克苏市经济高质量发展指数为 0.3311，柯坪县经济高质量发展指数为 0.2570，库车市取代新和县成为阿克苏地区经济高质量发展指数第一名，柯坪县排名上升到第三名；2019 年阿克苏地区经济高质量发展指数为 0.28，其中，阿克苏市经济高质量发展指数为 0.3791，库车市经济高质量发展指数为 0.3391，拜城县经济高质量发展指数为 0.2775，阿克苏市取代库车市成为阿克苏地区经济高质量发展指数第一名，拜城县排名上升到第三名。总的来说，2009～2019 年阿克苏地区各县域经济高质量发展指数稳中有进，但各县域排名变动较大。

4. 阿克苏地区各县域子系统发展指数

结合图 5-11-14 与表 5-11-2，从创新子系统的维度来看：2009 年阿克苏地区创新子系统得分为 0.0223，其中，库车市创新子系统得分为 0.0956；拜城县创新子系统得分为 0.0536；阿克苏市创新子系统得分为 0.0343。从协调子系统的维度来看：2009 年阿克苏地区协调子系统得分为 0.0559，其中，阿克苏市协调子系统得分为 0.1030；乌什县协调子系统得分为 0.0897；柯坪县协调子系统得分为 0.0869。从绿色子系统的维度来看：2009 年阿克苏地区绿色子系统得分为 0.0227，其中，温宿县绿色子系统得分为 0.0643；新和县绿色子系统得分为 0.0391；乌什县绿色子系统得分为 0.0314。从开放子系统的维度来看：2009 年阿克苏地区开放子系统得分为 0.0238，其中，新和县开放子系统得分为 0.1783；库车市开放子系统得分为 0.0575；阿克苏市开放子系统得分为 0.0528。从共享子系统的维度来看：

2009 年阿克苏地区共享子系统得分为 0.0531，其中，阿克苏市共享子系统得分为 0.0693；沙雅县共享子系统得分为 0.0340；库车市共享子系统得分为 0.0335。综合来看，2009 年阿克苏地区各县域子系统发展指数综合排名是新和县第一，阿克苏市第二，库车市第三。

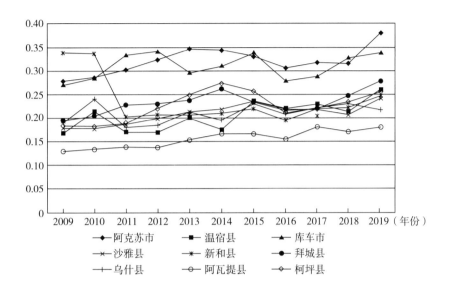

图 5-11-14　2009~2019 年阿克苏地区各县域经济发展质量变化趋势

资料来源：根据《新疆统计年鉴》（2010~2020 年）测算。

表 5-11-1　2009 年、2015 年、2019 年阿克苏地区县域经济高质量发展指数

地区	2009 年		2015 年		2019 年	
	分值	次序	分值	次序	分值	次序
阿克苏市	0.2779	2	0.3311	2	0.3791	1
温宿县	0.1661	8	0.2361	4	0.2594	4
库车市	0.2706	3	0.3377	1	0.3391	2
沙雅县	0.1775	7	0.2352	5	0.2418	7
新和县	0.3383	1	0.2183	8	0.2473	6
拜城县	0.1951	4	0.2321	6	0.2775	3
乌什县	0.1876	5	0.2317	7	0.2158	8
阿瓦提县	0.1298	9	0.1669	9	0.1811	9
柯坪县	0.1818	6	0.2570	3	0.2542	5

资料来源：根据《新疆统计年鉴》（2010~2020 年）测算。

表 5-11-2　2009 年阿克苏地区各县域子系统发展指数

地区	创新		协调		绿色		开放		共享	
	分值	次序	分值	次序	分值	次序	分值	次序	分值	次序
阿克苏市	0.0343	3	0.1030	1	0.0184	6	0.0528	3	0.0693	1
温宿县	0.0206	6	0.0411	9	0.0643	1	0.0171	9	0.0230	8
库车市	0.0956	1	0.0573	7	0.0267	4	0.0575	2	0.0335	3

地区	创新		协调		绿色		开放		共享	
	分值	次序	分值	次序	分值	次序	分值	次序	分值	次序
沙雅县	0.0282	4	0.0662	5	0.0153	8	0.0337	5	0.0340	2
新和县	0.0198	7	0.0725	4	0.0391	2	0.1783	1	0.0286	6
拜城县	0.0536	2	0.0508	8	0.0229	5	0.0344	4	0.0334	4
乌什县	0.0280	5	0.0897	2	0.0314	3	0.0178	8	0.0207	9
阿瓦提县	0.0073	9	0.0620	6	0.0137	9	0.0224	7	0.0244	7
柯坪县	0.0138	8	0.0869	3	0.0156	7	0.0321	6	0.0334	4

资料来源：根据《新疆统计年鉴》（2010年）测算。

结合图5-11-14与表5-11-3，从创新子系统的维度来看：2015年阿克苏地区创新子系统得分为0.0453，其中，库车市创新子系统得分为0.1655，柯坪县创新子系统得分为0.0767，拜城县创新子系统得分为0.0766；从协调子系统的维度来看：2015年阿克苏地区协调子系统得分为0.0778，其中，阿克苏市协调子系统得分为0.1307，乌什县协调子系统得分为0.1195，柯坪县协调子系统得分为0.0890；从绿色子系统的维度来看：2015年阿克苏地区绿色子系统得分为0.0323，其中，拜城县绿色子系统得分为0.0450，温宿县绿色子系统得分为0.0405，柯坪县绿色子系统得分为0.0356；从开放子系统的维度来看：2015年阿克苏地区开放子系统得分为0.0299，其中，库车市开放子系统得分为0.0614，阿克苏市开放子系统得分为0.0483，拜城县开放子系统得分为0.0371；从共享子系统的维度来看：2015年阿克苏地区共享子系统得分为0.0683，其中，阿克苏市共享子系统得分为0.0676，沙雅县共享子系统得分为0.0322，柯坪县共享子系统得分为0.0306。综合来看，2015年阿克苏地区各县域子系统发展指数综合排名是库车市第一，阿克苏市第二，柯坪县第三。

表5-11-3　2015年阿克苏地区各县域子系统发展指数

地区	创新		协调		绿色		开放		共享	
	分值	次序	分值	次序	分值	次序	分值	次序	分值	次序
阿克苏市	0.0621	6	0.1307	1	0.0224	7	0.0483	2	0.0676	1
温宿县	0.0738	4	0.0688	6	0.0405	2	0.0256	6	0.0275	5
库车市	0.1655	1	0.0548	8	0.0313	5	0.0614	1	0.0246	7
沙雅县	0.0668	5	0.0754	4	0.0300	6	0.0308	5	0.0322	2
新和县	0.0603	8	0.0624	7	0.0351	4	0.0310	4	0.0294	4
拜城县	0.0766	3	0.0486	9	0.0450	1	0.0371	3	0.0248	6
乌什县	0.0617	7	0.1195	2	0.0203	8	0.0133	9	0.0169	9
阿瓦提县	0.0357	9	0.0707	5	0.0169	9	0.0215	8	0.0221	8
柯坪县	0.0767	2	0.0890	3	0.0356	3	0.0250	7	0.0306	3

资料来源：根据《新疆统计年鉴》（2016年）测算。

结合图5-11-14与表5-11-4，从创新子系统的维度来看：2019年阿克苏地区创新子系统得分为0.0260，其中，库车市创新子系统得分为0.1783，拜城县创新子系统得分为

0.1396，柯坪县创新子系统得分为 0.1065；从协调子系统的维度来看：2019 年阿克苏地区协调子系统得分为 0.0739，其中，阿克苏市协调子系统得分为 0.1353，乌什县协调子系统得分为 0.1174，阿瓦提县协调子系统得分为 0.0727；从绿色子系统的维度来看：2019 年阿克苏地区绿色子系统得分为 0.0468，其中，新和县绿色子系统得分为 0.0489，温宿县绿色子系统得分为 0.0443，拜城县绿色子系统得分为 0.0404；从开放子系统的维度来看：2019 年阿克苏地区开放子系统得分为 0.0523，其中，阿克苏市开放子系统得分为 0.0529，库车市开放子系统得分为 0.0447，新和县开放子系统得分为 0.0396；从共享子系统的维度来看：2019 年阿克苏地区共享子系统得分为 0.0833，其中，阿克苏市共享子系统得分为 0.1034，温宿县共享子系统得分为 0.0788，新和县和拜城县共享子系统得分均为 0.0392。综合来看，2019 年阿克苏地区各县域子系统发展指数综合排名是阿克苏市第一，库车市第二，拜城县第三。

表 5-11-4　2019 年阿克苏地区各县域子系统发展指数

地区	创新		协调		绿色		开放		共享	
	分值	次序	分值	次序	分值	次序	分值	次序	分值	次序
阿克苏市	0.0583	5	0.1353	1	0.0292	6	0.0529	1	0.1034	1
温宿县	0.0490	7	0.0675	5	0.0443	2	0.0199	5	0.0788	2
库车市	0.1783	1	0.0549	7	0.0323	4	0.0447	2	0.0290	7
沙雅县	0.0980	4	0.0498	8	0.0323	4	0.0226	4	0.0391	5
新和县	0.0581	6	0.0615	6	0.0489	1	0.0396	3	0.0392	3
拜城县	0.1396	2	0.0396	9	0.0404	3	0.0186	6	0.0392	3
乌什县	0.0367	9	0.1174	2	0.0267	7	0.0139	8	0.0210	9
阿瓦提县	0.0450	8	0.0727	3	0.0236	9	0.0137	9	0.0261	8
柯坪县	0.1065	3	0.0721	4	0.0253	8	0.0164	7	0.0338	6

资料来源：根据《新疆统计年鉴》（2020 年）测算。

四、阿克苏地区经济发展空间格局与演变

总体来看，2009~2019 年阿克苏地区各县域的经济发展质量均呈现波动上升的趋势。其中，阿克苏市的年均经济发展质量在阿克苏地区各县域经济发展质量中排名第一，库车市的年均经济发展质量排名第二，拜城县的年均经济发展质量排名第三。

五、阿克苏地区经济高质量发展对策与建议

（1）阿克苏地区各县域经济发展水平和发展质量不平衡，应该更加注重各县域经济水平与质量平衡发展，提高发展水平更要提高发展质量；

（2）阿克苏地区应当进一步提升地区的创新水平，加大力度支持技术创新与创业；

（3）阿克苏地区应该更加注重经济绿色转型，发展绿色产业，改善环境。

六、小结

从 2009～2019 年阿克苏地区经济发展主要成就来看：在经济发展方面，阿克苏地区 GDP 从 2009 年的 320.45 亿元，增至 2019 年的 1222.43 亿元，增长了 2.81 倍，年均增长率为 8.13%，整体呈现"N"型变化趋势；阿克苏地区人均 GDP 从 2009 年的 13098 元，增至 2019 年的 42531 元，增长了 2.25 倍，年均增长率为 12.50%，呈"N"型变化趋势。在金融发展方面，阿克苏地区各项目贷款余额从 2009 年的 176.78 亿元，增至 2018 年的 1158.64 亿元，增长了 5.55 倍，年均增长率为 20.68%，呈现逐年上升趋势。在对外贸易方面，阿克苏地区进出口贸易总额从 2009 年的 9.55 亿元，增至 2019 年的 28.72 亿元，增长了 2.01 倍，年均增长率为 11.64%，呈现"N"型波动趋势。在市场发展方面，阿克苏地区全社会销售品零售总额从 2009 年的 61.52 亿元，增至 2019 年的 282.25 亿元，增长了 3.59 倍，年均增长率为 16.46%，大致呈现逐年上升的变化趋势。在居民收入方面，阿克苏地区在岗职工平均工资从 2009 年的 24327 元，增至 2019 年的 69991 元，增长了 1.88 倍，年均增长率为 11.15%，呈现逐年上升的变化趋势。在社会就业方面，阿克苏地区城镇失业率从 2009 年的 3.02%，降至 2019 年的 1.58%，年均城镇失业率为 2.23%，总体呈现波动下降趋势。在工业化发展方面，阿克苏地区工业化发展水平从 2009 年的 0.28，升至 2019 年的 0.31，年均工业化发展水平为 0.33，总体呈平缓的"M"型变化趋势。在能源利用效率方面，阿克苏地区单位地区生产总值能耗值从 2009 年的 2.45 万吨标准煤/亿元，降至 2019 年的 0.37 万吨标准煤/亿元，降低了 84.90%，年均单位地区生产总值能耗值为 1.58 万吨标准煤/亿元，总体呈波动下降趋势。由此可见，2009～2019 年阿克苏地区能源利用效率快速提升。在产业结构高级化方面，阿克苏地区产业结构高级化值从 2009 年的 1.32，增至 2019 年的 1.46，提高了 0.11 倍，年均产业结构高级化值为 1.17，总体呈"W"型波动上升的变化趋势。

从 2009～2019 年阿克苏地区经济质量发展来看：在阿克苏地区经济高质量发展指数方面，阿克苏地区经济高质量发展指数从 2009 年的 0.18，增至 2019 年的 0.28，年均经济高质量发展指数为 0.21，在总体趋势上，阿克苏地区的经济高质量发展指数呈波动上升的趋势。在阿克苏地区各子系统发展指数方面，阿克苏地区创新子系统得分最高的是 2015 年，得分超过 0.04；协调子系统得分最高的是 2018 年，得分超过 0.08；绿色子系统得分最高的是 2018 年，得分超过 0.05；开放子系统得分最高的是 2019 年，得分超过 0.05；共享子系统得分最高的是 2018 年，得分超过 0.11。在阿克苏地区各县域经济质量发展方面，2009 年阿克苏地区经济高质量发展指数为 0.18，其中，新和县经济高质量发展指数为 0.3383，阿克苏市经济高质量发展指数为 0.2779，库车市经济高质量发展指数为 0.2706；2015 年阿克苏地区经济高质量发展指数为 0.25，其中，库车市经济高质量发展指数为 0.3377，阿克苏市经济高质量发展指数为 0.3311，柯坪县经济高质量发展指数为 0.2570，库车市取代新和县成为阿克苏地区经济高质量发展指数第一名，柯坪县排名上升到第三名；2019 年阿克苏地区经济高质量发展指数为 0.28，其中，阿克苏市经济高质量发展指数为 0.3791，库车市经济高质量发展指数为 0.3391，拜城县经济高质量发展指数为 0.2775，阿克苏市取代库车市成为阿克苏地区经济高质量发展指数第一名，拜城县排名上升到第三名。总的来说，2009～2019 年阿克苏地区各县域经济高质量发展指数稳中有进，但各县域排名变动较大。

第十二节　克孜勒苏柯尔克孜自治州经济高质量发展评价

一、克孜勒苏柯尔克孜自治州概况[①]

克孜勒苏柯尔克孜自治州（简称"克州"）位于新疆维吾尔自治区西南部，地跨天山山脉西南部、帕米尔高原东部、昆仑山北坡和塔里木盆地西北缘。自治州北部和西部分别与吉尔吉斯斯坦和塔吉克斯坦两国接壤，边境线长达 1195 千米；东部与阿克苏地区相连；南部与喀什地区毗邻。全州东西长约 500 千米、南北宽约 140 千米，面积 7.25 万平方千米。

2020 年，自治州辖阿图什市和阿克陶、乌恰、阿合奇 3 县；下辖 3 个街道办事处、36 个乡镇。全州总人口 62.2 万人，全年实现地区生产总值（GDP）169.24 亿元，按可比价格计算，比上年增长 4.1%。其中，第一产业增加值 17.98 亿元，增长 2.5%；第二产业增加值 48.79 亿元，增长 8.9%；第三产业增加值 102.47 亿元，增长 2.4%。三次产业的结构比例为 10.6∶28.8∶60.6，对经济增长的贡献率分别为 6.9%、58.2%、34.9%。人均生产总值 27282 元，增长 4.5%。

二、克孜勒苏柯尔克孜自治州经济发展主要成就

（1）经济发展方面：克州国内生产总值（GDP）从 2009 年的 32.46 亿元，增至 2019 年的 159.05 亿元，增长了 3.90 倍，年均增长率为 17.22%，整体呈现平稳上升趋势。值得关注的是，2016~2019 年克州 GDP 出现逐年上升趋势，从 100.33 亿元增长至 159.05 亿元，年均增长率为 16.60%，实现了连续三年高速增长。克州人均 GDP 从 2009 年的 6183 元，增至 2019 年的 25556 元，增长了 3.13 倍，年均增长率为 15.25%，整体呈现平稳上升趋势。值得关注的是，2016~2019 年克州人均 GDP 出现逐年上升趋势，从 16736 元增长至 25556 元，年均增长率为 15.15%，实现了连续三年高速增长。

（2）投资方面：克州固定资产投资从 2009 年的 27.40 亿元，增至 2017 年的 195.30 亿元，增长了 6.13 倍，年均增长率为 27.83%，整体呈现平稳上升趋势。值得关注的是，2013~2017 年克州固定资产投资出现逐年上升趋势，年均增长率为 21.00%，实现了连续四年高速增长。

（3）金融发展方面：克州各项目贷款余额从 2009 年的 16.92 亿元，增至 2019 年的 100.57 亿元，增长了 4.94 倍，年均增长率为 19.51%，整体呈现平稳上升趋势。

（4）进出口贸易方面：克州进出口贸易总额从 2009 年的 10.24 亿元，增至 2019 年的 14.34 亿元，增长了 0.40 倍，年均增长率为 3.42%，整体呈现波动趋势。

（5）市场发展方面：克州全社会销售品零售总额从 2009 年的 6.94 亿元，增至 2019 年

---

① 资料来源：克孜勒苏柯尔克孜自治州人民政府官网 www.xjkz.gov.cn/。

的37.39亿元，增长了4.39倍，年均增长率为18.34%，整体呈现平稳上升趋势。值得关注的是，2015～2019年克州全社会销售品零售总额出现逐年上升趋势，从18.78亿元增长至37.39亿元，年均增长率为18.79%，实现了连续四年高速增长。

（6）居民收入方面：克州平均工资从2009年的26946元，增至2019年的76031元，增长了1.82倍，年均增长率为10.93%，整体呈现平稳上升趋势。值得关注的是，2016～2019年克州平均工资整体出现上升趋势，从62060元增长至76031元，年均增长率为7.00%，实现了高速增长。

（7）社会就业方面：克州城镇失业率从2009年的3.93%，降至2019年的1.00%，整体呈现波动下降趋势。

（8）工业化发展方面：克州工业化发展水平从2009年的0.20，增至2019年的0.30，整体呈现波动上升趋势。

（9）能源利用效率方面：用单位地区生产总值能耗来表征能源利用效率，单位地区生产总值能耗值越小，能源利用效率越大，反之亦然。克州单位地区生产总值能耗值从2009年的0.10万吨标准煤/亿元，增至2019年的0.22万吨标准煤/亿元，增加了1.20倍，整体呈现波动上升趋势。由此可见，2009～2019年克州能源利用效率快速下降。

（10）产业结构高级化水平方面：克州产业结构高级化从2009年的2.94，降至2019年的1.96，总体呈下降趋势。

1. 克孜勒苏柯尔克孜自治州GDP、人均GDP分析

图5-12-1为2009～2019年克州GDP及变化趋势。如图所示，克州GDP从2009年的32.46亿元，增至2019年的159.05亿元，增长了3.90倍，年均增长率为17.22%，整体呈现平稳上升趋势。具体地，克州GDP自2009年以来，经济总量快速提升，2015年突破100亿元，2019年达到159.05亿元，占全疆GDP的1.17%。从增长率看，总体呈现波动上升的趋势。其中，2013年的增长率达到峰值，较2012年克州GDP增长了27.54%，2016年的增长率最低，较2015年克州GDP增长了0.30%。值得关注的是，2016～2019年克州GDP出现逐年上升趋势，从100.33亿元增长至159.05亿元，年均增长率为16.60%，实现了连续三年高速增长。

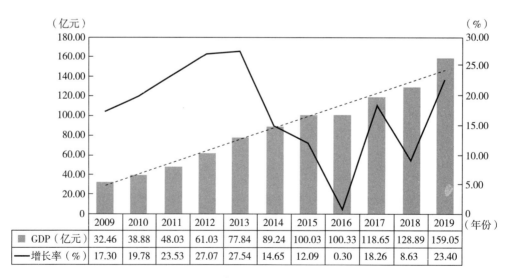

（亿元）	2009	2010	2011	2012	2013	2014	2015	2016	2017	2018	2019
■ GDP（亿元）	32.46	38.88	48.03	61.03	77.84	89.24	100.03	100.33	118.65	128.89	159.05
— 增长率（%）	17.30	19.78	23.53	27.07	27.54	14.65	12.09	0.30	18.26	8.63	23.40

图5-12-1 2009～2019年克州GDP及变化趋势

资料来源：《新疆统计年鉴》（2010～2020年）。

图 5-12-2 为 2009~2019 年克州人均 GDP 及变化趋势。如图所示，克州人均 GDP 从 2009 年的 6183 元，增至 2019 年的 25556 元，增长了 3.13 倍，年均增长率为 15.25%，整体呈现平稳上升趋势。具体地，克州的人均 GDP 自 2009 年以来，经济得到快速提升，2012 年突破 10000 元，2018 年突破 20000 元，2019 年达到 25556 元。从增长率看，总体呈现波动上升的趋势。其中，2013 年的增长率达到峰值，较 2012 年克州人均 GDP 增长了 25.78%，2016 年的增长率最低，较 2015 年克州人均 GDP 减少了 0.24%。值得关注的是，2016~2019 年克州人均 GDP 出现逐年上升趋势，从 16736 元增长至 25556 元，年均增长率为 15.15%，实现了连续三年高速增长。

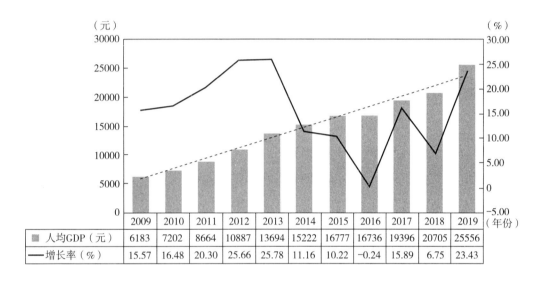

（元）												（%）
	2009	2010	2011	2012	2013	2014	2015	2016	2017	2018	2019	（年份）
人均GDP（元）	6183	7202	8664	10887	13694	15222	16777	16736	19396	20705	25556	
增长率（%）	15.57	16.48	20.30	25.66	25.78	11.16	10.22	-0.24	15.89	6.75	23.43	

图 5-12-2　2009~2019 年克州人均 GDP 及变化趋势

资料来源：《新疆统计年鉴》（2010~2020 年）。

2. 克孜勒苏柯尔克孜自治州固定资产投资分析

图 5-12-3 为 2009~2017 年克州固定资产投资及变化趋势。如图所示，克州固定资产投资从 2009 年的 27.40 亿元，增至 2017 年的 195.30 亿元，增长了 6.13 倍，年均增长率为 27.83%，整体呈现平稳上升趋势。具体地，克州的固定资产投资自 2009 年以来，经济总量快速提升，2014 年突破 100 亿元，2017 年达到 195.30 亿元。从增长率看，总体呈现波动下降的趋势。其中，2009 年的增长率达到峰值，较 2008 年克州固定资产投资增长了 74.27%，2016 年的增长率最低，较 2015 年克州固定资产投资增加了 6.94%。值得关注的是，2013~2017 年克州固定资产投资出现逐年上升趋势，从 91.12 亿元增长到 195.30 亿元，年均增长率为 21.00%，实现了连续四年高速增长。

3. 克孜勒苏柯尔克孜自治州金融发展分析

图 5-12-4 为 2009~2019 年克州各项目贷款余额及变化趋势。如图所示，克州各项目贷款余额从 2009 年的 16.92 亿元，增至 2019 年的 100.57 亿元，增长了 4.94 倍，年均增长率为 19.51%，整体呈现平稳上升趋势。从增长率看，总体呈现波动下降的趋势。其中，2010 年较 2009 年的增长率达到峰值，较 2009 年克州各项目贷款余额增长了 47.93%，2018 年的增长率最低，较 2017 年克州各项目贷款余额减少了 16.46%。

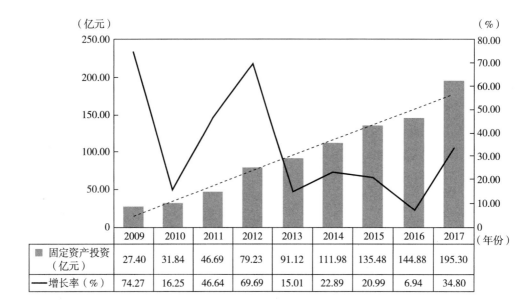

	2009	2010	2011	2012	2013	2014	2015	2016	2017
固定资产投资（亿元）	27.40	31.84	46.69	79.23	91.12	111.98	135.48	144.88	195.30
增长率（%）	74.27	16.25	46.64	69.69	15.01	22.89	20.99	6.94	34.80

图 5-12-3　2009~2017 年克州固定资产投资及变化趋势

资料来源：《新疆统计年鉴》（2010~2018 年）。

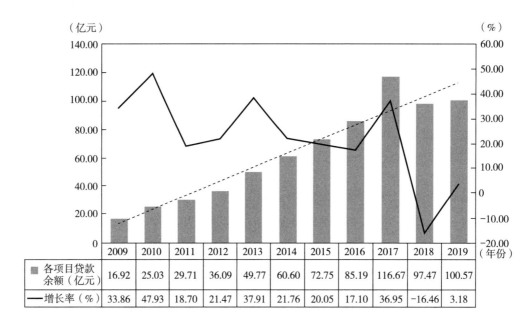

	2009	2010	2011	2012	2013	2014	2015	2016	2017	2018	2019
各项目贷款余额（亿元）	16.92	25.03	29.71	36.09	49.77	60.60	72.75	85.19	116.67	97.47	100.57
增长率（%）	33.86	47.93	18.70	21.47	37.91	21.76	20.05	17.10	36.95	-16.46	3.18

图 5-12-4　2009~2019 年克州各项目贷款余额及变化趋势

资料来源：《新疆统计年鉴》（2010~2020 年）。

4. 克孜勒苏柯尔克孜自治州进出口贸易发展分析

图 5-12-5 为 2009~2019 年克州进出口贸易总额及变化趋势。如图所示，克州进出口贸易总额从 2009 年的 10.24 亿元，增至 2019 年的 14.34 亿元，增长了 0.40 倍，年均增长率为 3.42%，整体呈现波动趋势。从增长率看，总体呈现波动上升的趋势。其中，2012 年的增长率达到峰值，较 2011 年克州进出口贸易总额增长了 63.84%，2018 年的增长率最低，较 2017 年克州进出口贸易总额减少了 60.11%。

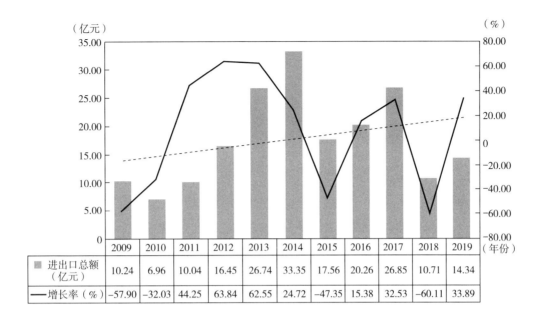

	2009	2010	2011	2012	2013	2014	2015	2016	2017	2018	2019
■ 进出口总额（亿元）	10.24	6.96	10.04	16.45	26.74	33.35	17.56	20.26	26.85	10.71	14.34
— 增长率（%）	-57.90	-32.03	44.25	63.84	62.55	24.72	-47.35	15.38	32.53	-60.11	33.89

图 5-12-5　2009~2019 年克州进出口贸易总额及变化趋势

资料来源：《新疆统计年鉴》（2010~2020 年）。

5. 克孜勒苏柯尔克孜自治州市场发展分析

图 5-12-6 为 2009~2019 年克州全社会销售品零售总额及变化趋势。如图所示，克州全社会销售品零售总额从 2009 年的 6.94 亿元，增至 2019 年的 37.39 亿元，增长了 4.39 倍，年均增长率为 18.34%，整体呈现平稳上升趋势。具体地，克州的全社会销售品零售总额自 2009 年以来，经济总量快速提升，2019 年达到 37.39 亿元。从增长率看，总体呈现波动上升的趋势。其中，2019 年增长率达到峰值，较 2018 年克州全社会销售品零售总额增长了 56.38%，

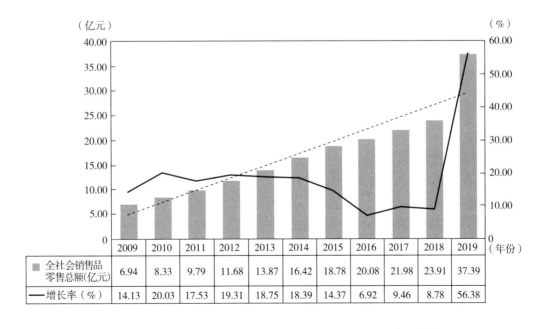

	2009	2010	2011	2012	2013	2014	2015	2016	2017	2018	2019
■ 全社会销售品零售总额(亿元)	6.94	8.33	9.79	11.68	13.87	16.42	18.78	20.08	21.98	23.91	37.39
— 增长率（%）	14.13	20.03	17.53	19.31	18.75	18.39	14.37	6.92	9.46	8.78	56.38

图 5-12-6　2009~2019 年克州全社会销售品零售总额及变化趋势

资料来源：《新疆统计年鉴》（2010~2020 年）。

2016 年的增长率最低，较 2015 年克州全社会销售品零售总额增长了 6.92%。值得关注的是，2015~2019 年克州全社会销售品零售总额出现逐年上升趋势，从 18.78 亿元增长至 37.39 亿元，年均增长率为 18.79%，实现了连续四年高速增长。

6. 克孜勒苏柯尔克孜自治州居民收入分析

图 5-12-7 为 2009~2019 年克州平均工资及变化趋势。如图所示，克州平均工资从 2009 年的 26946 元，增至 2019 年的 76031 元，增长了 1.82 倍，年均增长率为 10.93%，整体呈现平稳上升趋势。具体地，克州的平均工资自 2009 年以来得到快速提升，2012 年突破 40000 元，2016 年突破 60000 元，2019 年达到 76031 元。从增长率看，总体呈现波动下降的趋势。其中，2018 年的增长率达到峰值，较 2017 年克州平均工资增长了 43.61%，2019 年的增长率最低，较 2018 年克州平均工资下降了 13.13%。值得关注的是，2016~2019 年克州平均工资整体出现上升趋势，从 62060 元增长至 76031 元，年均增长率为 7.00%，实现了高速增长。

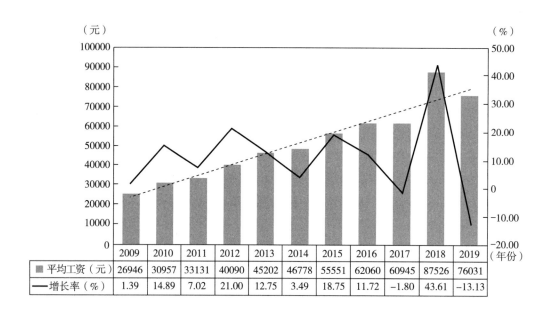

（元）											（%）
	2009	2010	2011	2012	2013	2014	2015	2016	2017	2018	2019 （年份）
■ 平均工资（元）	26946	30957	33131	40090	45202	46778	55551	62060	60945	87526	76031
— 增长率（%）	1.39	14.89	7.02	21.00	12.75	3.49	18.75	11.72	-1.80	43.61	-13.13

图 5-12-7　2009~2019 年克州平均工资及变化趋势

资料来源：《新疆统计年鉴》（2010~2020 年）。

7. 克孜勒苏柯尔克孜自治州社会就业分析

图 5-12-8 为 2009~2019 年克州城镇失业率及变化趋势。如图所示，克州城镇失业率从 2009 年的 3.93%，降至 2019 年的 1.00%，整体呈现波动下降趋势。具体地，克州城镇失业率总体呈现波动下降的趋势，且在近年波动逐渐趋于平缓。其中，2010 年是 2009~2019 年城镇失业率最高的一年，城镇失业率为 4.07%；2017 年是 2009~2019 年城镇失业率最低的一年，城镇失业率为 0.60%。

8. 克孜勒苏柯尔克孜自治州工业化发展水平

图 5-12-9 为 2009~2019 年克州工业化发展水平。如图所示，克州工业化发展水平从 2009 年的 0.20，增至 2019 年的 0.30，整体呈现波动上升趋势。具体地，克州工业化发展水平总体呈现波动上升的趋势。其中，2017 年是 2009~2019 年工业化发展水平最高的一年，

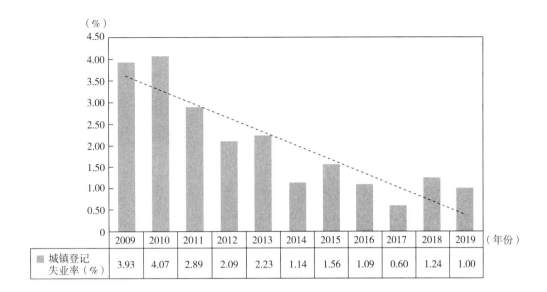

图 5-12-8 2009~2019 年克州城镇失业率及变化趋势

资料来源：《新疆统计年鉴》（2010~2020 年）。

	2009	2010	2011	2012	2013	2014	2015	2016	2017	2018	2019
城镇登记失业率（%）	3.93	4.07	2.89	2.09	2.23	1.14	1.56	1.09	0.60	1.24	1.00

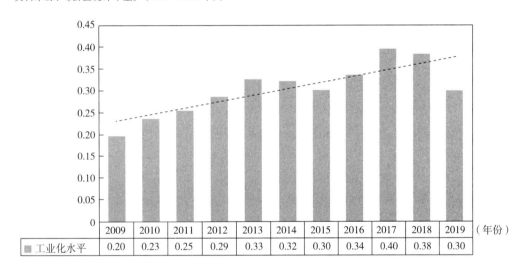

	2009	2010	2011	2012	2013	2014	2015	2016	2017	2018	2019
工业化水平	0.20	0.23	0.25	0.29	0.33	0.32	0.30	0.34	0.40	0.38	0.30

图 5-12-9 2009~2019 年克州工业化发展水平

资料来源：根据《新疆统计年鉴》（2010~2020 年）测算。

工业化发展水平为 0.40；2009 年是 2009~2019 年工业化发展水平最低的一年，工业化发展水平为 0.20。

9. 克孜勒苏柯尔克孜自治州能源利用效率分析

图 5-12-10 为 2009~2019 年克州能源利用效率情况，用单位地区生产总值能耗来表征能源利用效率，单位地区生产总值能耗值越小，能源利用效率越大，反之亦然。如图所示，克州单位地区生产总值能耗值从 2009 年的 0.10 万吨标准煤/亿元，增至 2019 年的 0.22 万吨标准煤/亿元，增加了 1.20 倍，整体呈现波动上升趋势。由此可见，2009~2019 年克州能源利用效率快速下降。其中，2009~2014 年克州单位地区生产总值能耗值呈倒 "V" 型波动上升趋势，最低点为 2009 年，单位地区生产总值能耗值为 0.10 万吨标准煤/亿元，最高点为 2013 年，单位地区生产总值能耗值为 0.57 万吨标准煤/亿元，因此，克州 2009~2014 年

的能源利用效率呈现先下降再上升的趋势；2015~2019年单位地区生产总值能耗值呈波动下降趋势，最低点为2018年，单位地区生产总值能耗值为0.18万吨标准煤/亿元，最高点为2016年，单位地区生产总值能耗值为0.32万吨标准煤/亿元，因此，2015~2019年克州能源利用效率呈上升的变化趋势。

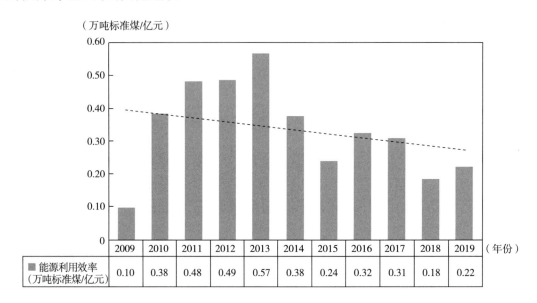

（万吨标准煤/亿元）

	2009	2010	2011	2012	2013	2014	2015	2016	2017	2018	2019	（年份）
■ 能源利用效率 （万吨标准煤/亿元）	0.10	0.38	0.48	0.49	0.57	0.38	0.24	0.32	0.31	0.18	0.22	

图5-12-10　2009~2019年克州能源利用效率

资料来源：根据《新疆统计年鉴》（2010~2020年）测算。

10. 克孜勒苏柯尔克孜自治州产业结构高级化分析

图5-12-11为2009~2019年克州产业结构高级化情况。如图所示，克州产业结构高级化值从2009年的2.94，降至2019年的1.96，总体呈下降趋势。其中，2009~2013年产业高级化值逐渐下降，2013年产业高级化水平为1.58；2013~2015年产业高级化值缓慢上升，2015年到达高点为1.86；2015~2017年产业高级化值逐渐下降，2017年到达低点为1.23；2017~2019年产业高级化值逐渐上升。

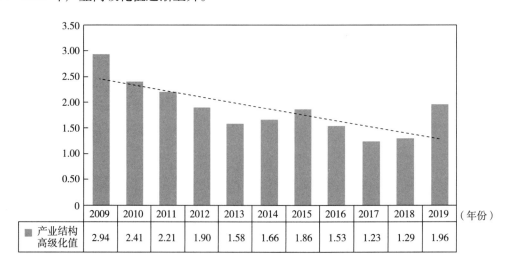

	2009	2010	2011	2012	2013	2014	2015	2016	2017	2018	2019	（年份）
■ 产业结构 高级化值	2.94	2.41	2.21	1.90	1.58	1.66	1.86	1.53	1.23	1.29	1.96	

图5-12-11　2009~2019年克州产业结构高级化

资料来源：根据《新疆统计年鉴》（2010~2020年）测算。

三、克孜勒苏柯尔克孜自治州经济发展质量时序特征

1. 克孜勒苏柯尔克孜自治州经济高质量发展指数

图 5-12-12 为 2009~2019 年克州经济发展质量及变化趋势。如图所示，克州经济高质量发展指数总体呈现波动上升的趋势。其中，2018 年是 2009~2019 年经济高质量发展指数最高的一年，经济高质量发展指数为 0.42；2010 年是 2009~2019 年经济高质量发展指数最低的一年，经济高质量发展指数为 0.22。

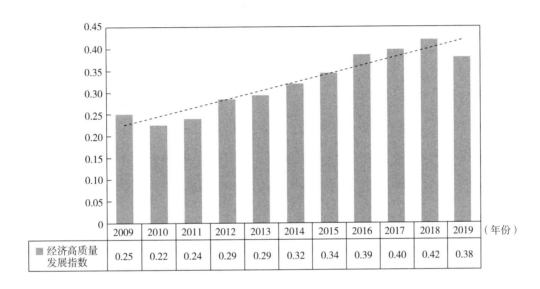

	2009	2010	2011	2012	2013	2014	2015	2016	2017	2018	2019	（年份）
经济高质量发展指数	0.25	0.22	0.24	0.29	0.29	0.32	0.34	0.39	0.40	0.42	0.38	

图 5-12-12 2009~2019 年克州经济发展质量及变化趋势

资料来源：根据《新疆统计年鉴》（2010~2020 年）测算。

2. 克孜勒苏柯尔克孜自治州经济子系统发展指数

图 5-12-13 为 2009~2019 年克州经济发展质量得分情况。如图所示，2009~2019 年克州创新子系统得分最高的是 2017 年，得分为 0.017；协调子系统得分最高的是 2018 年，得分为 0.198；共享子系统得分最高的是 2018 年，得分为 0.134；开放子系统得分最高的是 2014 年，得分为 0.067；绿色子系统得分最高的是 2014 年，得分为 0.051。

3. 克孜勒苏柯尔克孜自治州各县域经济高质量发展指数

表 5-12-1 和图 5-12-14 为 2009~2019 年克州各县域经济发展质量得分情况。从表及图可以看出：2009 年阿图什市经济高质量发展指数为 0.3328；乌恰县经济高质量发展指数为 0.2241；阿克陶县经济高质量发展指数为 0.2099。2015 年阿合奇县经济高质量发展指数为 0.4431；阿图什市经济高质量发展指数为 0.3379；阿克陶县经济高质量发展指数为 0.2361。2019 年阿合奇县经济高质量发展指数为 0.5533；阿图什市经济高质量发展指数为 0.3609；乌恰县经济高质量发展指数为 0.3384。从整体来看，2009~2019 年克州各县域经济高质量发展指数得分整体呈上升态势。

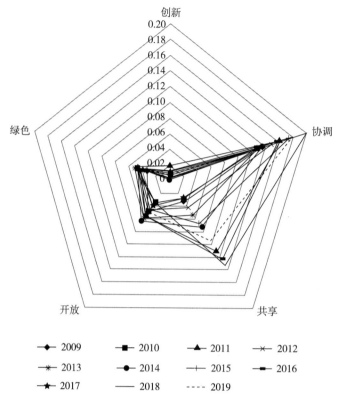

图 5-12-13 2009~2019 年克州经济发展质量分维度评价

资料来源：根据《新疆统计年鉴》（2010~2020 年）测算。

表 5-12-1 2009 年、2015 年、2019 年克州县域经济高质量发展指数

地区	2009 年		2015 年		2019 年	
	分值	次序	分值	次序	分值	次序
阿图什市	0.3328	1	0.3379	2	0.3609	2
乌恰县	0.2241	2	0.2162	4	0.3384	3
阿克陶县	0.2099	3	0.2361	3	0.2841	4
阿合奇县	0.2043	4	0.4431	1	0.5533	1

资料来源：根据《新疆统计年鉴》（2010~2020 年）测算。

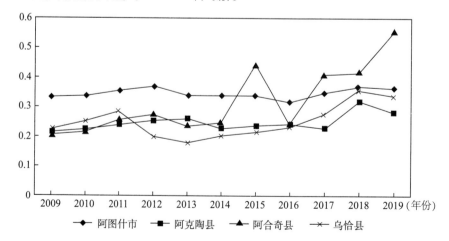

图 5-12-14 2009~2019 年克州各县域经济发展质量变化趋势

资料来源：根据《新疆统计年鉴》（2010~2020 年）测算。

4. 克孜勒苏柯尔克孜自治州各县域子系统发展指数

表 5-12-2 为 2009 年克州各县域经济发展子系统发展指数得分情况。从表 5-12-2 中可以看出，2009 年克州创新子系统排名前三的县域分别为：阿合奇县得分 0.0586；乌恰县得分 0.0424；阿克陶县得分 0.0338。协调子系统排名前三的县域分别为：阿图什市得分 0.1866；阿克陶县得分 0.1089；乌恰县得分 0.0964。绿色子系统排名前三的县域分别为：阿合奇县得分 0.0204；阿克陶县得分 0.0145；乌恰县得分 0.0143。开放子系统排名前三的县域分别为：阿图什市得分 0.0592；阿合奇县得分 0.0273；阿克陶县得分 0.0239。共享子系统排名前三的县域分别为：阿图什市得分 0.0530；乌恰县得分 0.0497；阿合奇县得分 0.0426。

表 5-12-2　2009 年克州各县域子系统发展指数

地区	创新		协调		绿色		开放		共享	
	分值	次序	分值	次序	分值	次序	分值	次序	分值	次序
阿合奇县	0.0586	1	0.0553	4	0.0204	1	0.0273	2	0.0426	3
乌恰县	0.0424	2	0.0964	3	0.0143	3	0.0213	4	0.0497	2
阿克陶县	0.0338	3	0.1089	2	0.0145	2	0.0239	3	0.0289	4
阿图什市	0.0215	4	0.1866	1	0.0125	4	0.0592	1	0.0530	1

资料来源：根据《新疆统计年鉴》（2010～2020 年）测算。

表 5-12-3 为 2015 年克州各县域经济发展子系统发展指数得分情况。从表 5-12-3 中可以看出，2015 年克州创新子系统排名前三的县域分别为：阿合奇县得分 0.2685；乌恰县得分 0.0828；阿克陶县得分 0.0722。协调子系统排名前三的县域分别为：阿图什市得分 0.1463；阿克陶县得分 0.0980；乌恰县得分 0.0487。绿色子系统排名前三的县域分别为：阿合奇县得分 0.0488；阿克陶县得分 0.0296；乌恰县得分 0.0255。开放子系统排名前三的县域分别为：阿图什市得分 0.0400；乌恰县得分 0.0210；阿合奇县得分 0.0186。共享子系统排名前三的县域分别为：阿图什市得分 0.0551；阿合奇县得分 0.0535；乌恰县得分 0.0383。

表 5-12-3　2015 年克州各县域子系统发展指数

地区	创新		协调		绿色		开放		共享	
	分值	次序	分值	次序	分值	次序	分值	次序	分值	次序
阿合奇县	0.2685	1	0.0537	4	0.0488	1	0.0186	3	0.0535	2
乌恰县	0.0828	2	0.0487	3	0.0255	3	0.0210	2	0.0383	3
阿克陶县	0.0722	3	0.0980	2	0.0296	2	0.0108	4	0.0256	4
阿图什市	0.0712	4	0.1463	1	0.0254	4	0.0400	1	0.0551	1

资料来源：根据《新疆统计年鉴》（2010～2020 年）测算。

表 5-12-4 为 2019 年克州各县域经济发展子系统发展指数得分情况。从表 5-12-4 中可以看出，2019 年克州创新子系统排名前三的县域分别为：阿合奇县得分 0.3013；乌恰县得分 0.1440；阿克陶县得分 0.1015。协调子系统排名前三的县域分别为：阿图什市得分

0.1442；阿合奇县得分 0.0988；阿克陶县得分 0.0921。绿色子系统排名前三的县域分别为：阿合奇县得分 0.0603；乌恰县得分 0.0584；阿克陶县得分 0.0415。开放子系统排名前三的县域分别为：阿图什市得分 0.0432；乌恰县得分 0.0205；阿合奇县得分 0.0144。共享子系统排名前三的县域分别为：阿合奇县得分 0.0785；阿图什市得分 0.0652；乌恰县得分 0.0536。

表 5-12-4 2019 年克州各县域子系统发展指数

地区	创新		协调		绿色		开放		共享	
	分值	次序	分值	次序	分值	次序	分值	次序	分值	次序
阿合奇县	0.3013	1	0.0988	2	0.0603	1	0.0144	3	0.0785	1
乌恰县	0.1440	2	0.0619	4	0.0584	2	0.0205	2	0.0536	3
阿克陶县	0.1015	3	0.0921	3	0.0415	3	0.0097	4	0.0391	4
阿图什市	0.0842	4	0.1442	1	0.0240	4	0.0432	1	0.0652	2

资料来源：根据《新疆统计年鉴》（2010~2020 年）测算。

四、克孜勒苏柯尔克孜自治州经济发展空间格局与演变

2009~2019 年阿图什市、乌恰县、阿克陶县、阿合奇县的经济发展质量均呈现波动上升的趋势。

五、克孜勒苏柯尔克孜自治州经济高质量发展对策与建议

（1）阿图什市应通过加大人才引进力度与科研经费投入等措施来提升地区创新水平；

（2）克州应更加注重各县域经济平衡发展，促进地区协调发展；

（3）阿图什市应注重经济绿色转型；

（4）阿克陶县应加大经济开放力度；

（5）阿克陶县应注重协调发展，使发展成果全民共享。

六、小结

从 2009~2019 年克州经济发展的主要成就角度来看：在经济发展方面，克州 GDP 从 2009 年的 32.46 亿元，增至 2019 年的 159.05 亿元，增长了 3.90 倍，年均增长率为 17.22%，整体呈现平稳上升趋势。克州人均 GDP 从 2009 年的 6183 元，增至 2019 年的 25556 元，增长了 3.13 倍，年均增长率为 15.25%，整体呈现平稳上升趋势。在投资方面，克州固定资产投资从 2009 年的 27.40 亿元，增至 2017 年的 195.30 亿元，增长了 6.13 倍，年均增长率为 27.83%，整体呈现平稳上升趋势。在金融发展方面，克州项目贷款余额从 2009 年的 16.92 亿元，增至 2019 年的 100.57 亿元，增长了 4.94 倍，年均增长率为 19.51%，整体呈现平稳上升趋势。在进出口贸易方面，克州进出口贸易总额从 2009 年的

10.24 亿元，增至 2019 年的 14.34 亿元，增长了 0.40 倍，年均增长率为 3.42%，整体呈现波动趋势。在市场发展方面，克州全社会销售品零售总额从 2009 年的 6.94 亿元，增至 2019 年的 37.39 亿元，增长了 4.39 倍，年均增长率为 18.34%，整体呈现平稳上升趋势。在居民收入方面，克州平均工资从 2009 年的 26946 元，增至 2019 年的 76031 元，增长了 1.82 倍，年均增长率为 10.93%，整体呈现平稳上升趋势。在社会就业方面，克州城镇失业率从 2009 年的 3.93%，降至 2019 年的 1.00%，整体呈现波动下降趋势。在工业化发展方面，克州工业化发展水平从 2009 年的 0.20，增至 2019 年的 0.30，整体呈现波动上升趋势。在能源利用效率方面，克州单位地区生产总值能耗值从 2009 年的 0.10 万吨标准煤/亿元，增至 2019 年的 0.22 万吨标准煤/亿元，增加了 1.20 倍，整体呈现波动上升趋势。在产业结构高级化水平方面，克州产业结构高级化从 2009 年的 2.94，降至 2019 年的 1.96，总体呈下降趋势。

根据 2009~2019 年克州经济发展质量时序特征，从总体来看，克州经济高质量发展指数总体呈现波动上升的趋势。其中，2018 年是 2009~2019 年经济高质量发展指数最高的一年，经济高质量发展指数为 0.42；2010 年是 2009~2019 年经济高质量发展指数最低的一年，经济高质量发展指数为 0.22。2009~2019 年克州创新子系统得分最高的是 2017 年，得分为 0.017；协调子系统得分最高的是 2018 年，得分为 0.198；共享子系统得分最高的是 2018 年，得分为 0.134；开放子系统得分最高的是 2014 年，得分为 0.067；绿色子系统得分最高的是 2014 年，得分为 0.051。2019 年克州创新子系统排名前三的县域分别为：阿合奇县排名第一，得分 0.3013；乌恰县排名第二，得分 0.1440；阿克陶县排名第三，得分 0.1015。

综上所述，本节从克州概况出发，通过经济发展、社会投资、金融发展、对外贸易、市场发展、居民收入、社会就业、工业化水平、能源利用效率和产业结构高级化水平共十个方面描述了克州经济发展的主要成就；并对克州经济发展质量时序特征、空间格局与演变两方面进行了分析，最终给出了相应的发展对策与建议。

第十三节　喀什地区经济高质量发展评价

一、喀什地区概况[①]

喀什地区位于新疆西南部，总面积 16.2 万平方千米，东临塔克拉玛干大沙漠，西北与克孜勒苏柯尔克孜自治州相连，东南与和田地区相连，周边与塔吉克斯坦、阿富汗、巴基斯坦三国接壤，边境线全长 896 千米。喀什是丝绸之路经济带核心区的南疆支点城市和中巴经济走廊的起点城市。喀什地区下辖 1 市 11 县、183 个乡镇（街道）。

喀什地区地域辽阔，风光壮美，绿洲、大漠、胡杨、冰川、雪山景观各异，美不胜收。旅游资源数量多、类型全、分布广、品质高，世界六大类旅游资源在喀什地区均有分布，优良级旅游资源占比达到 64.11%（五级资源 18 个、四级资源 35 个、三级资源 81 个）。在

---

① 资料来源：喀什地区行政公署官网 http://www.kashi.gov.cn/。

"旅游兴疆"战略的推动下，全地区旅游业近年来呈现出"井喷式"增长态势。2020年来喀什地区旅游人次大幅增长，达到1632.2万人次，同比增长7.58%。喀什地区旅游业发展地位日益凸显，按照编制的2018~2030年旅游业发展总体规划，已形成"一核一园三区四廊"的旅游功能区空间，即南疆丝路文化和民族风情旅游核心地，帕米尔高原风情国家公园，乔戈里峰高山特种旅游区、叶尔羌河绿洲田园旅游区、塔克拉玛干沙漠越野体验旅游区以及帕米尔高原风光观光走廊、新藏线山地生态旅游体验走廊、南疆绿洲风情旅游体验走廊、叶尔羌河胡杨林生态旅游走廊。

2020年喀什经济开发区生产总值达到38.91亿元，工业增加值达到4.99亿元，进出口贸易额实现7.01亿美元。

二、喀什地区经济发展主要成就

（1）经济发展方面：喀什地区国内生产总值（GDP）从2009年的284.24亿元，增至2019年的1048.32亿元，增长了2.69倍，年均增长率为13.94%，整体呈现平稳上升趋势。值得关注的是，2016~2019年喀什地区GDP出现逐年上升趋势，从759.86亿元增长至1048.32亿元，年均增长率为11.32%，实现了连续三年高速增长。喀什地区人均GDP从2009年的7085元，增至2019年的22647元，增长了2.20倍，年均增长率为12.32%，整体呈现平稳上升趋势。值得关注的是，2016~2019年喀什地区人均GDP出现逐年上升趋势，从16860元增长至22647元，年均增长率为10.34%，实现了连续三年高速增长。

（2）投资方面：喀什地区固定资产投资从2009年的219.37亿元，增至2017年的1145.78亿元，增长了4.22倍，年均增长率为22.95%，整体呈现平稳上升趋势。值得关注的是，2013~2017年喀什地区固定资产投资出现逐年上升趋势，从658.29亿元增长至1145.78亿元，年均增长率为14.86%，实现了连续四年高速增长。

（3）金融发展方面：喀什地区项目贷款余额从2009年的81.80亿元，增至2019年的891.76亿元，增长了9.90倍，年均增长率为26.96%，整体呈现平稳上升趋势。值得关注的是，2015~2019年喀什地区项目贷款余额整体出现上升趋势，从564.78亿元增长至891.76亿元，年均增长率为12.10%，实现了高速增长。

（4）进出口贸易方面：喀什地区进出口贸易总额从2009年的59.84亿元，增至2019年的146.34亿元，增长了1.45倍，年均增长率为9.35%，整体呈现波动上升趋势。

（5）市场发展方面：喀什地区全社会销售品零售总额从2009年的70.11亿元，增至2019年的260.34亿元，增长了2.71倍，年均增长率为14.02%，整体呈现平稳上升趋势。值得关注的是，2015~2019年喀什地区全社会销售品零售总额出现逐年上升趋势，从168.12亿元增长至260.34亿元，年均增长率为11.55%，实现了连续四年高速增长。

（6）居民收入方面：喀什地区平均工资从2009年的25713元，增至2019年的73369元，增长了1.85倍，年均增长率为11.05%，整体呈现平稳上升趋势。值得关注的是，2015~2019年喀什地区平均工资出现逐年上升趋势，从63804元增长至73369元，年均增长率为3.55%，实现了连续四年高速增长。

（7）社会就业方面：喀什地区城镇失业率从2009年的3.95%，降至2019年的3.14%，整体呈现波动下降趋势。

（8）工业化发展方面：喀什地区工业化发展水平从2009年的0.17，增至2019年的0.19，整体呈现倒"U"型上升趋势。

（9）能源利用效率方面：用单位地区生产总值能耗来表征能源利用效率，单位地区生产总值能耗值越小，能源利用效率越大，反之亦然。喀什地区单位地区生产总值从2009年的0.38万吨标准煤/亿元，降至2019年的0.11万吨标准煤/亿元，下降了71.05%，整体呈现平稳下降趋势。由此可见，2009~2019年喀什地区能源利用效率快速上升。值得关注的是，2016~2019年喀什地区单位地区生产总值能耗值出现逐年下降趋势，从0.15万吨标准煤/亿元下降至0.11万吨标准煤/亿元，实现了连续下降。

（10）产业结构高级化方面：喀什地区产业结构高级化值从2009年的2.46，升至2019年的2.76，总体呈"U"型变化趋势。值得关注的是，2018~2019年喀什地区产业结构高级化值呈快速增长的变化趋势，从1.76上升至2.76。

1. 喀什地区GDP、人均GDP分析

图5-13-1为2009~2019年喀什地区GDP及变化趋势。如图所示，喀什地区GDP从2009年的284.24亿元，增至2019年的1048.32亿元，增长了2.69倍，年均增长率为13.94%，整体呈现平稳上升趋势。具体来看，喀什地区的GDP自2009年以来，经济总量快速提升，2012年突破500亿元，2017年突破800亿元，2019年达到1048.32亿元，占全疆GDP的7.71%。从增长率看，总体呈现波动的趋势。其中，2010年的增长率达到峰值，较2009年喀什地区GDP增长了26.64%，2016年的增长率最低，较2015年喀什地区GDP减少了2.60%。值得关注的是，2016~2019年喀什地区GDP出现逐年上升趋势，从759.86亿元增长至1048.32亿元，年均增长率为11.32%，实现了连续三年高速增长。

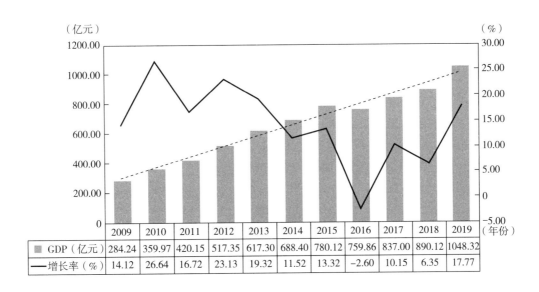

图5-13-1　2009~2019年喀什地区GDP及变化趋势

资料来源：《新疆统计年鉴》（2010~2020年）。

图5-13-2为2009~2019年喀什地区人均GDP及变化趋势。如图所示，喀什地区人均GDP从2009年的7085元，增至2019年的22647元，增长了2.20倍，年均增长率为12.32%，整体呈现平稳上升趋势。具体来看，喀什地区的GDP自2009年以来，经济得到

快速提升，2011年突破10000元，2019年突破20000元，达到22647元。从增长率看，总体呈现波动上升的趋势。其中，2013年增长率达到峰值，较2012年喀什地区人均GDP增长了25.43%，2016年的增长率最低，较2015年喀什地区人均GDP减少了3.28%。值得关注的是，2016~2019年喀什地区人均GDP出现逐年上升趋势，从16860元增长至22647元，年均增长率为10.34%，实现了连续三年高速增长。

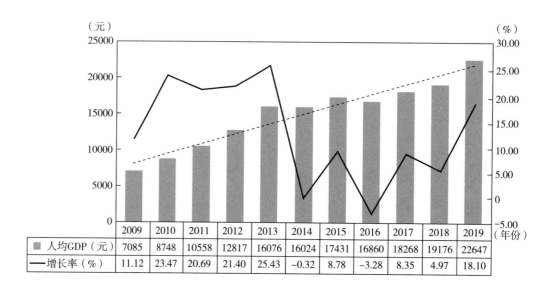

图5-13-2　2009~2019年喀什地区人均GDP及变化趋势

资料来源：《新疆统计年鉴》（2010~2020年）。

2. 喀什地区固定资产投资分析

图5-13-3为2009~2017年喀什地区固定资产投资及变化趋势。如图所示，喀什地区固定资产投资从2009年的219.37亿元，增至2017年的1145.78亿元，增长了4.22倍，年均增长率为22.95%，整体呈现平稳上升趋势。具体来看，喀什地区的固定资产投资自2009年以来，经济总量快速提升，2013年突破600亿元，2016年突破1000亿元，2017年达到1145.78亿元。从增长率看，总体呈现波动下降的趋势，且在近年波动逐渐趋于平缓。其中，2009年的增长率达到峰值，较2008年喀什地区固定资产投资增长了48.63%，2016年的增长率最低，较2015年喀什地区固定资产投资增加了11.77%。值得关注的是，2013~2017年喀什地区固定资产投资出现逐年上升趋势，从658.29亿元增长至1145.78亿元，年均增长率为14.86%，实现了连续四年高速增长。

3. 喀什地区金融发展分析

图5-13-4为2009~2019年喀什地区各项目贷款余额及变化趋势。如图所示，喀什地区各项目贷款余额从2009年的81.80亿元，增至2019年的891.76亿元，增长了9.90倍，年均增长率为26.96%，整体呈现平稳上升趋势。具体来看，喀什地区的各项目贷款余额自2009年以来，经济总量快速提升，2012年突破300亿元，2015年突破500亿元，2016年突破700亿元，2019年达到891.76亿元。从增长率看，总体呈现波动上升的趋势。其中，2010年的增长率达到峰值，较2009年喀什地区各项目贷款余额增长了67.33%，2009年的增长率最低，较2008年喀什地区各项目贷款余额减少了14.85%。值得关注的是，2015~

2019 年喀什地区各项目贷款余额整体出现上升趋势，从 564.78 亿元增长至 891.76 亿元，年均增长率为 12.10%，实现了高速增长。

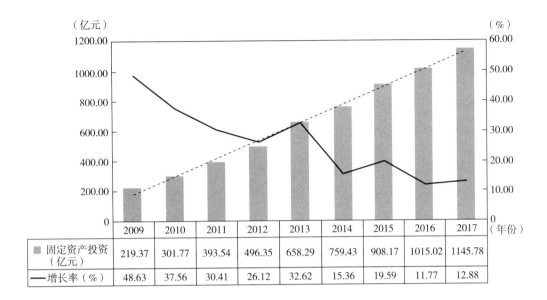

固定资产投资（亿元）	219.37	301.77	393.54	496.35	658.29	759.43	908.17	1015.02	1145.78
增长率（%）	48.63	37.56	30.41	26.12	32.62	15.36	19.59	11.77	12.88

图 5-13-3　2009~2017 年喀什地区固定资产投资及变化趋势

资料来源：《新疆统计年鉴》（2010~2018 年）。

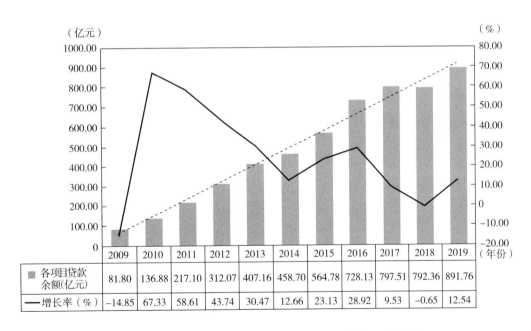

各项目贷款余额（亿元）	81.80	136.88	217.10	312.07	407.16	458.70	564.78	728.13	797.51	792.36	891.76
增长率（%）	-14.85	67.33	58.61	43.74	30.47	12.66	23.13	28.92	9.53	-0.65	12.54

图 5-13-4　2009~2019 年喀什地区各项目贷款余额及变化趋势

资料来源：《新疆统计年鉴》（2010~2020 年）。

4. 喀什地区进出口贸易分析

图 5-13-5 为 2009~2019 年喀什地区进出口贸易总额及变化趋势。如图所示，喀什地区进出口贸易总额从 2009 年的 59.84 亿元，增至 2019 年的 146.34 亿元，增长了 1.45 倍，年均增长率为 9.35%，整体呈现波动上升趋势。从增长率看，总体呈现波动上升的趋势。其

中，2016年的增长率达到峰值，较2015年喀什地区进出口贸易总额增长了93.90%，2009年的增长率最低，较2008年喀什地区进出口贸易总额减少了56.66%。

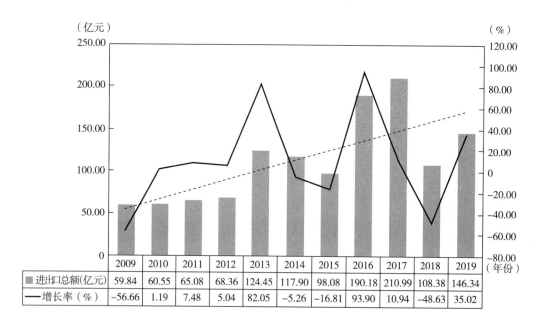

进出口总额(亿元)	2009	2010	2011	2012	2013	2014	2015	2016	2017	2018	2019
进出口总额(亿元)	59.84	60.55	65.08	68.36	124.45	117.90	98.08	190.18	210.99	108.38	146.34
增长率（%）	-56.66	1.19	7.48	5.04	82.05	-5.26	-16.81	93.90	10.94	-48.63	35.02

图 5-13-5　2009~2019年喀什地区进出口贸易总额及变化趋势

资料来源：《新疆统计年鉴》（2010~2020年）。

5. 喀什地区市场发展分析

图5-13-6为2009~2019年喀什地区全社会销售品零售总额及变化趋势。如图所示，喀什地区全社会销售品零售总额从2009年的70.11亿元，增至2019年的260.34亿元，增长了2.71倍，年均增长率为14.02%，整体呈现平稳上升趋势。具体来看，喀什地区的全社会销售品零售总额自2009年以来，经济总量快速提升，2019年达到260.34亿元。从增长率看，总体呈现波动上升的趋势。其中，2019年的增长率达到峰值，较2018年喀什地区全社会销售品零售总额增长了25.46%，2016年的增长率最低，较2015年喀什地区全社会销售品零售总额增长了4.43%。值得关注的是，2015~2019年喀什地区全社会销售品零售总额出现逐年上升趋势，从168.12亿元增长至260.34亿元，年均增长率为11.55%，实现了连续四年高速增长。

6. 喀什地区居民收入分析

图5-13-7为2009~2019年喀什地区平均工资及变化趋势。如图所示，喀什地区平均工资从2009年的25713元，增至2019年的73369元，增长了1.85倍，年均增长率为11.05%，整体呈现平稳上升趋势。具体来看，喀什地区的平均工资自2009年以来，经济得到快速提升，2012年突破40000元，2015年突破60000元，2019年达到73369元。从增长率看，总体呈现波动下降的趋势。其中，2015年的增长率达到峰值，较2014年喀什地区平均工资增长了26.45%，2017年的增长率最低，较2016年喀什地区平均工资增长了0.12%。值得关注的是，2015~2019年喀什地区平均工资出现逐年上升趋势，从63804元增长至73369元，年均增长率为3.55%，实现了连续四年高速增长。

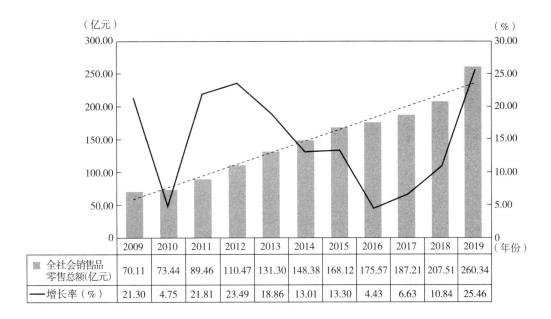

全社会销售品 零售总额(亿元)	70.11	73.44	89.46	110.47	131.30	148.38	168.12	175.57	187.21	207.51	260.34
增长率（%）	21.30	4.75	21.81	23.49	18.86	13.01	13.30	4.43	6.63	10.84	25.46

图 5-13-6　2009~2019 年喀什地区全社会销售品零售总额及变化趋势

资料来源：《新疆统计年鉴》（2010~2020 年）。

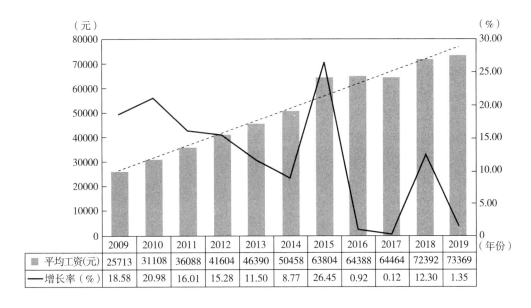

平均工资(元)	25713	31108	36088	41604	46390	50458	63804	64388	64464	72392	73369
增长率（%）	18.58	20.98	16.01	15.28	11.50	8.77	26.45	0.92	0.12	12.30	1.35

图 5-13-7　2009~2019 年喀什地区平均工资及变化趋势

资料来源：《新疆统计年鉴》（2010~2020 年）。

7. 喀什地区社会就业分析

图 5-13-8 为 2009~2019 年喀什地区城镇失业率及变化趋势。如图所示，喀什地区城镇失业率从 2009 年的 3.95%，降至 2019 年的 3.14%，整体呈现波动下降趋势。具体来看，喀什地区城镇失业率总体呈现波动下降趋势，且在近年波动逐渐趋于平缓。其中，2011 年是 2009~2019 年城镇失业率最高的一年，城镇失业率为 5.50%；2018 年是 2009~2019 年城镇失业率最低的一年，城镇失业率为 2.24%。

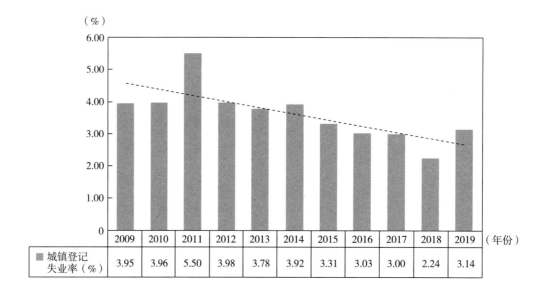

	2009	2010	2011	2012	2013	2014	2015	2016	2017	2018	2019	（年份）
城镇登记失业率（%）	3.95	3.96	5.50	3.98	3.78	3.92	3.31	3.03	3.00	2.24	3.14	

图 5-13-8 2009~2019 年喀什地区城镇失业率及变化趋势

资料来源：《新疆统计年鉴》（2010~2020 年）。

8. 喀什地区工业化发展水平分析

图 5-13-9 为 2009~2019 年喀什地区工业化发展水平。如图所示，喀什地区工业化发展水平从 2009 年的 0.17，增至 2019 年的 0.19，整体呈现倒"U"型上升趋势。具体来看，2014 年和 2015 年是 2009~2019 年工业化发展水平最高的年份，工业化发展水平均为 0.31；2009 年是 2009~2019 年工业化发展水平最低的一年，工业化发展水平为 0.17。

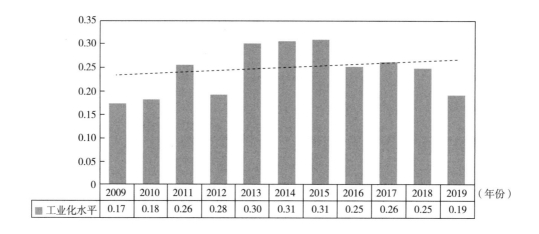

	2009	2010	2011	2012	2013	2014	2015	2016	2017	2018	2019	（年份）
工业化水平	0.17	0.18	0.26	0.28	0.30	0.31	0.31	0.25	0.26	0.25	0.19	

图 5-13-9 2009~2019 年喀什地区工业化发展水平

资料来源：根据《新疆统计年鉴》（2010~2020 年）测算。

9. 喀什地区能源利用效率分析

图 5-13-10 为 2009~2019 年喀什地区能源利用效率情况，用单位地区生产总值能耗来表征能源利用效率，单位地区生产总值能耗值越小，能源利用效率越大，反之亦然。如图所示，喀什地区单位地区生产总值能耗值从 2009 年的 0.38 万吨标准煤/亿元，降至 2019 年的 0.11 万吨标准煤/亿元，下降了 71.05%，整体呈现平稳下降趋势。由此可见，2009~2019

年喀什地区能源利用效率快速上升；2009~2019 年喀什地区单位地区生产总值能耗值呈下降趋势，最低点为 2018 年和 2019 年，单位地区生产总值能耗值均为 0.11 万吨标准煤/亿元，最高点为 2009 年，单位地区生产总值能耗值为 0.38 万吨标准煤/亿元，因此，喀什地区2009~2019 年的能源利用效率呈现上升的趋势。值得关注的是，2016~2019 年喀什地区单位地区生产总值能耗值出现逐年下降趋势，从 0.15 万吨标准煤/亿元下降至 0.11 万吨标准煤/亿元，实现了连续下降。

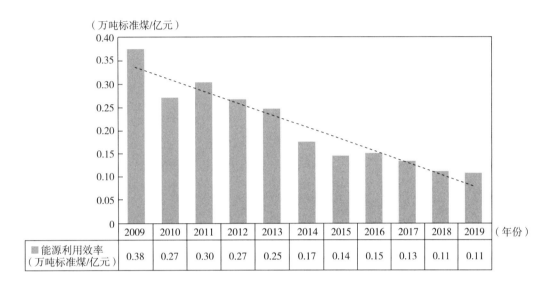

图 5-13-10 2009~2019 年喀什地区能源利用效率

资料来源：根据《新疆统计年鉴》（2010~2020 年）测算。

10. 喀什地区产业结构高级化分析

图 5-13-11 为 2009~2019 年喀什地区产业结构高级化情况。如图所示，喀什地区产业结构高级化值从 2009 年的 2.46，升至 2019 年的 2.76，总体呈"U"型变化趋势。其中，2009~2011 年产业结构高级化值快速下降，2011 年产业结构高级化水平为 1.51，2012~2014 年产业结构高级化值缓慢下降，2014 年到达最低点值为 1.29，2015~2019 年产业高级化值逐渐回升。值得关注的是，2018~2019 年喀什地区产业结构高级化值呈快速增长的变化趋势，从 1.76 上升至 2.76。

三、喀什地区经济发展质量时序特征

1. 喀什地区经济高质量发展指数

图 5-13-12 为 2009~2019 年喀什地区经济发展质量及变化趋势。如图所示，喀什地区经济高质量发展指数总体呈现波动上升的趋势。其中，2018 年是 2009~2019 年经济高质量发展指数最高的一年，经济高质量发展指数为 0.33；2011 年是 2009~2019 年经济高质量发展指数最低的一年，经济高质量发展指数为 0.17。

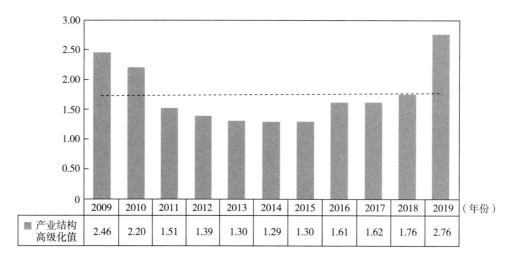

图 5-13-11 2009~2019 年喀什地区产业机构高级化

资料来源：根据《新疆统计年鉴》（2010~2020 年）测算。

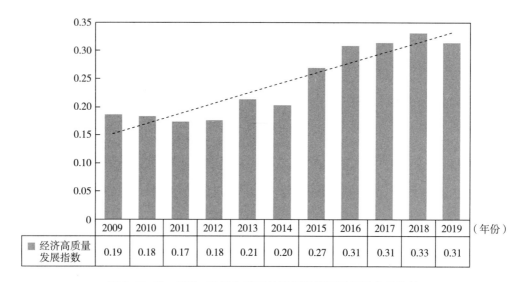

图 5-13-12 2009~2019 年喀什地区经济发展质量及变化趋势

资料来源：根据《新疆统计年鉴》（2010~2020 年）测算。

2. 喀什地区经济子系统发展指数

图 5-13-13 为 2009~2019 年喀什地区经济发展质量得分情况。如图所示，2009~2019 年喀什地区创新子系统得分最高的是 2015 年，得分为 0.015；协调子系统得分最高的是 2019 年，得分为 0.138；共享子系统得分最高的是 2018 年，得分为 0.097；开放子系统得分最高的是 2016 年，得分为 0.066；绿色子系统得分最高的是 2013 年，得分为 0.045。

3. 喀什地区各县域经济高质量发展指数

表 5-13-1 和图 5-13-14 汇报了 2009~2019 年喀什地区各县域经济发展质量得分情况。从表及图可以看出：2009 年喀什市经济高质量发展指数为 0.3119；塔什库尔干塔吉克自治县经济高质量发展指数为 0.3075；叶城县经济高质量发展指数为 0.2366。2015 年塔什库尔干塔吉克自治县经济高质量发展指数为 0.3274；喀什市经济高质量发展指数为 0.3001；莎车县经济高质量发展指数为 0.2460。2019 年塔什库尔干塔吉克自治县经济高质量发展指数为 0.4334；喀什市经济高质量发展指数为 0.3916；巴楚县经济高质量发展指数为 0.2985。

从整体来看，2009~2019年喀什地区各县域经济高质量发展指数得分均呈上升态势。

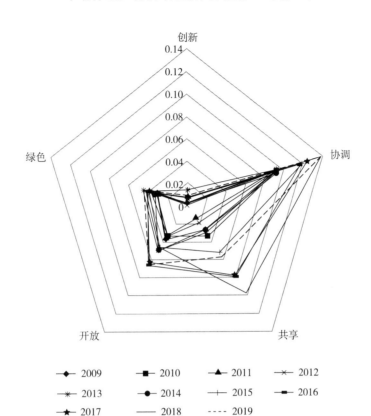

图 5-13-13 2009~2019年喀什地区经济发展质量分维度评价

资料来源：根据《新疆统计年鉴》（2010~2020年）测算。

表 5-13-1 2009年、2015年、2019年喀什地区县域经济高质量发展指数

地区	2009年		2015年		2019年	
	分值	次序	分值	次序	分值	次序
喀什市	0.3119	1	0.3001	2	0.3916	2
塔什库尔干塔吉克自治县	0.3075	2	0.3274	1	0.4334	1
叶城县	0.2366	3	0.2289	4	0.2327	6
莎车县	0.2095	4	0.2460	3	0.2223	8
泽普县	0.2052	5	0.1872	11	0.2237	7
英吉沙县	0.1954	6	0.2001	9	0.2170	10
巴楚县	0.1618	7	0.2011	7	0.2985	3
疏附县	0.1595	8	0.1872	12	0.2562	4
伽师县	0.1405	9	0.2010	8	0.1840	12
疏勒县	0.1354	10	0.2082	6	0.2171	9
岳普湖县	0.1118	11	0.1997	10	0.2347	5
麦盖提县	0.0848	12	0.2166	5	0.2152	11

资料来源：根据《新疆统计年鉴》（2010~2020年）测算。

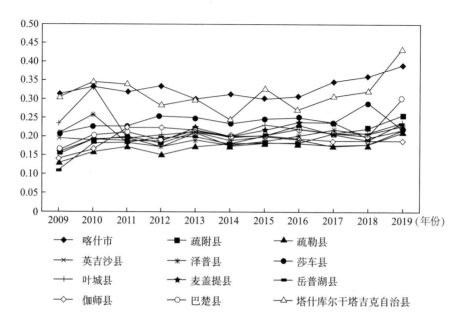

图 5-13-14　2009~2019 年喀什地区各县域经济发展质量变化趋势

资料来源：根据《新疆统计年鉴》（2010~2020 年）测算。

4. 喀什地区各县域子系统发展指数

表 5-13-2 为 2009 年喀什地区各县域经济发展子系统发展指数得分情况。从表 5-13-2 中可以看出，2009 年喀什地区创新子系统排名前三的县域分别为：塔什库尔干塔吉克自治县得分 0.0440；疏勒县得分 0.0257；叶城县得分 0.0185。协调子系统排名前三的县域分别为：喀什市得分 0.1275；莎车县得分 0.0952；疏附县得分 0.0806。绿色子系统排名前三的县域分别为：塔什库尔干塔吉克自治县得分 0.1436；叶城县得分 0.1386；泽普县得分 0.0739。开放子系统排名前三的县域分别为：喀什市得分 0.0645；伽师县得分 0.0263；泽普县得分 0.0207。共享子系统排名前三的县域分别为：喀什市得分 0.0886；塔什库尔干塔吉克自治县得分 0.0746；英吉沙县得分 0.0387。

表 5-13-2　2009 年喀什地区各县域子系统发展指数

地区	创新		协调		绿色		开放		共享	
	分值	次序	分值	次序	分值	次序	分值	次序	分值	次序
塔什库尔干塔吉克自治县	0.0440	1	0.0365	11	0.1436	1	0.0088	8	0.0746	2
疏勒县	0.0257	2	0.0455	10	0.0459	6	0.0078	12	0.0106	10
叶城县	0.0185	3	0.0636	6	0.1386	2	0.0082	9	0.0077	12
喀什市	0.0175	4	0.1275	1	0.0139	12	0.0645	1	0.0886	1
岳普湖县	0.0169	5	0.0506	9	0.0218	10	0.0081	10	0.0144	7
巴楚县	0.0169	5	0.0690	5	0.0291	8	0.0166	4	0.0303	6
伽师县	0.0168	7	0.0588	8	0.0254	9	0.0263	2	0.0132	8
泽普县	0.0160	8	0.0626	7	0.0739	3	0.0207	3	0.0320	5
英吉沙县	0.0149	9	0.0789	4	0.0500	5	0.0129	6	0.0387	3

续表

地区	创新		协调		绿色		开放		共享	
	分值	次序	分值	次序	分值	次序	分值	次序	分值	次序
麦盖提县	0.0132	10	0.0359	12	0.0184	11	0.0080	11	0.0093	11
疏附县	0.0130	11	0.0806	3	0.0399	7	0.0137	5	0.0123	9
莎车县	0.0098	12	0.0952	2	0.0560	4	0.0116	7	0.0369	4

资料来源：根据《新疆统计年鉴》（2010~2020年）测算。

　　表5-13-3为2015年喀什地区各县域经济发展子系统发展指数得分情况。从表5-13-3中可以看出，2015年喀什地区创新子系统排名前三的县域分别为：塔什库尔干塔吉克自治县得分0.0725；麦盖提县得分0.0616；疏勒县得分0.0615。协调子系统排名前三的县域分别为：喀什市得分0.1095；莎车县得分0.1088；巴楚县得分0.0831。绿色子系统排名前三的县域分别为：塔什库尔干塔吉克自治县得分0.1334；疏勒县得分0.0694；岳普湖县得分0.0595。开放子系统排名前三的县域分别为：喀什市得分0.0449；伽师县得分0.0240；泽普县得分0.0185。共享子系统排名前三的县域分别为：喀什市得分0.0724；塔什库尔干塔吉克自治县得分0.0691；叶城县得分0.0422。

表5-13-3　2015年喀什地区各县域子系统发展指数

地区	创新		协调		绿色		开放		共享	
	分值	次序	分值	次序	分值	次序	分值	次序	分值	次序
塔什库尔干塔吉克自治县	0.0725	1	0.0425	11	0.1334	1	0.0099	12	0.0691	2
麦盖提县	0.0616	2	0.0709	7	0.0402	9	0.0168	7	0.0272	6
疏勒县	0.0615	3	0.0503	10	0.0694	2	0.0127	11	0.0143	12
岳普湖县	0.0606	4	0.0405	12	0.0595	3	0.0182	4	0.0208	8
英吉沙县	0.0536	5	0.0749	4	0.0363	10	0.0171	6	0.0182	11
伽师县	0.0483	6	0.0672	8	0.0421	8	0.0240	2	0.0194	9
喀什市	0.0477	7	0.1095	1	0.0255	12	0.0449	1	0.0724	1
莎车县	0.0452	8	0.1088	2	0.0555	4	0.0139	10	0.0225	7
叶城县	0.0440	9	0.0747	5	0.0501	5	0.0179	5	0.0422	3
巴楚县	0.0376	10	0.0831	3	0.0314	11	0.0146	9	0.0344	4
疏附县	0.0356	11	0.0747	5	0.0435	7	0.0150	8	0.0184	10
泽普县	0.0323	12	0.0629	9	0.0441	6	0.0185	3	0.0293	5

资料来源：根据《新疆统计年鉴》（2010~2020年）测算。

　　表5-13-4为2019年喀什地区各县域经济发展子系统发展指数得分情况。从表5-13-4中可以看出，2019年喀什地区创新子系统排名前三的县域分别为：塔什库尔干塔吉克自治县得分0.1313；岳普湖县得分0.0616；麦盖提县得分0.0565。协调子系统排名前三的县域分别为：喀什市得分0.1680；疏附县得分0.1229；巴楚县得分0.1013。绿色子系统排名前三的县域分别为：塔什库尔干塔吉克自治县得分0.1912；英吉沙县得分0.0739；疏附县得

分 0.0566。开放子系统排名前三的县域分别为：喀什市得分 0.0410；巴楚县得分 0.0311；泽普县得分 0.0246。共享子系统排名前三的县域分别为：喀什市得分 0.1211；巴楚县得分 0.0858；塔什库尔干塔吉克自治县得分 0.0456。

表 5-13-4　2019 年喀什地区各县域子系统发展指数

地区	创新		协调		绿色		开放		共享	
	分值	次序	分值	次序	分值	次序	分值	次序	分值	次序
塔什库尔干塔吉克自治县	0.1313	1	0.0544	12	0.1912	1	0.0109	12	0.0456	3
岳普湖县	0.0616	2	0.0845	8	0.0422	7	0.0168	6	0.0296	8
麦盖提县	0.0565	3	0.0988	4	0.0182	11	0.0163	7	0.0253	9
疏勒县	0.0516	4	0.0783	9	0.0292	10	0.0159	8	0.0421	4
叶城县	0.0472	5	0.0899	6	0.0388	8	0.0228	4	0.0341	7
伽师县	0.0465	6	0.0748	10	0.0297	9	0.0124	11	0.0206	11
喀什市	0.0434	7	0.1680	1	0.0180	12	0.0410	1	0.1211	1
英吉沙县	0.0378	8	0.0706	11	0.0739	2	0.0154	9	0.0194	12
泽普县	0.0284	9	0.0851	7	0.0487	6	0.0246	3	0.0370	5
巴楚县	0.0272	10	0.1013	3	0.0532	5	0.0311	2	0.0858	2
莎车县	0.0267	11	0.0945	5	0.0561	4	0.0211	5	0.0239	10
疏附县	0.0243	12	0.1229	2	0.0566	3	0.0153	10	0.0370	5

四、喀什地区经济发展空间格局与演变

2009～2019 年喀什市、塔什库尔干塔吉克自治县、叶城县、莎车县、泽普县、英吉沙县、巴楚县、疏附县、伽师县、疏勒县、岳普湖县、麦盖提县的经济发展质量均呈现波动上升的趋势。

五、喀什地区经济高质量发展对策与建议

（1）塔什库尔干塔吉克自治县、泽普县、巴楚县、莎车县、疏附县应通过加大人才引进力度与科研经费投入等措施来提升地区创新水平；

（2）喀什地区应更加注重各县域经济平衡发展，促进地区协调发展；

（3）岳普湖县、麦盖提县、疏勒县、叶城县、伽师县、喀什市应注重经济绿色转型；

（4）塔什库尔干塔吉克自治县、麦盖提县、疏勒县、伽师县、英吉沙县应加大经济开放力度；

（5）岳普湖县、麦盖提县、叶城县、伽师县、英吉沙县、莎车县应该注重协调发展，使发展成果全民共享。

六、小结

从 2009～2019 年喀什地区经济发展的主要成就来看：在经济发展方面，喀什地区 GDP 从 2009 年的 284.24 亿元，增至 2019 年的 1048.32 亿元，增长了 2.69 倍，年均增长率为 13.94%，整体呈现平稳上升趋势。喀什地区人均 GDP 从 2009 年的 7085 元，增至 2019 年的 22647 元，增长了 2.20 倍，年均增长率为 12.32%，整体呈现平稳上升趋势。在投资方面，喀什地区固定资产投资从 2009 年的 219.37 亿元，增至 2017 年的 1145.78 亿元，增长了 4.22 倍，年均增长率为 22.95%，整体呈现平稳上升趋势。在金融发展方面，喀什地区项目贷款余额从 2009 年的 81.80 亿元，增至 2019 年的 891.76 亿元，增长了 9.90 倍，年均增长率为 26.96%，整体呈现平稳上升趋势。在进出口贸易方面，喀什地区进出口贸易总额从 2009 年的 59.84 亿元，增至 2019 年的 146.34 亿元，增长了 1.45 倍，年均增长率为 9.35%，整体呈现波动上升趋势。在市场发展方面，喀什地区全社会销售品零售总额从 2009 年的 70.11 亿元，增至 2019 年的 260.34 亿元，增长了 2.71 倍，年均增长率为 14.02%，整体呈现平稳上升趋势。在居民收入方面，喀什地区平均工资从 2009 年的 25713 元，增至 2019 年的 73369 元，增长了 1.85 倍，年均增长率为 11.05%，整体呈现平稳上升趋势。在社会就业方面，喀什地区城镇失业率从 2009 年的 3.95%，降至 2019 年的 3.14%，整体呈现波动下降趋势。在工业化发展方面，喀什地区工业化发展水平从 2009 年的 0.17，增至 2019 年的 0.19，整体呈现倒"U"型上升趋势。在能源利用效率方面，喀什地区能源消耗从 2009 年的 0.38 万吨标准煤/亿元，降至 2019 年的 0.11 万吨标准煤/亿元，下降了 71.05%，整体呈现平稳下降趋势。在产业结构高级化方面，喀什地区产业结构高级化值从 2009 年的 2.46，升至 2019 年的 2.76，总体呈"U"型变化趋势。

从 2009～2019 年喀什地区经济发展质量时序特征来看：从总体来看，喀什地区经济高质量发展指数总体呈现波动上升的趋势。其中，2018 年是 2009～2019 年经济高质量发展指数最高的一年，经济高质量发展指数为 0.33；2011 年是 2009～2019 年经济高质量发展指数最低的一年，经济高质量发展指数为 0.17。2009～2019 年喀什地区创新子系统得分最高的是 2015 年，得分为 0.015；协调子系统得分最高的是 2019 年，得分为 0.138；共享子系统得分最高的是 2018 年，得分为 0.097；开放子系统得分最高的是 2016 年，得分为 0.066；绿色子系统得分最高的是 2013 年，得分为 0.045。从各县域来看，2019 年喀什地区创新子系统排名前三的县域分别为：塔什库尔干塔吉克自治县，得分 0.1313；岳普湖县，得分 0.0616；麦盖提县，得分 0.0565。

综上所述，本节从喀什地区概况出发，通过经济发展、社会投资、金融发展、对外贸易、市场发展、居民收入、社会就业、工业化水平、能源利用效率和产业结构高级化水平共十个方面描述了喀什地区经济发展的主要成就，并对喀什地区经济高质量发展质量时序特征、空间格局与演变两方面进行了分析，最终给出了相应的发展对策与建议。

第十四节 和田地区经济高质量发展评价

一、和田地区概况[①]

和田地区位于新疆维吾尔自治区最南端，南枕昆仑山与西藏自治区相连，北部深入塔克拉玛干沙漠腹地与阿克苏地区阿瓦提县接壤，东部与巴音郭楞蒙古自治州且末县毗连，西南越喀喇昆仑山与克什米尔地区毗邻。和田地区山地占33.3%，沙漠戈壁占63%，绿洲仅占3.7%，且被沙漠和戈壁分割成大小不等的300多块。和田市距首府乌鲁木齐市1513千米，全地区辖7县1市，91个乡镇。

和田地区南部雄伟的昆仑高山呈弧形横贯东西，峰峦重叠，山势险峻。北坡为浅丘低山区，峡谷遍布，南坡则山势转缓。山脉高峰一般海拔为6000米左右，最高达7000米以上。由于气候干燥，山脉荒漠高度一般达3300米，个别地段可达5000米，南北坡雪线分别在6000米和5500米以上。在昆仑与喀喇昆仑的地理分界处断裂形成林齐塘洼地，发育着现代盐湖与盐碱沼泽，形成高山湖泊。

和田地区属干旱荒漠性气候，年均降水量只有35毫米，年均蒸发量达2480毫米，四季多风沙，年沙尘天气220天以上，月均降尘124吨/平方千米。境内有大小河流36条，年径流量74亿立方米。河流季节反差极大，夏季洪涝，秋冬严重干旱，春季极为缺水，4~5月来水量仅占全年的7%。

二、和田地区经济发展主要成就

（1）经济发展方面：和田地区国内生产总值（GDP）从2009年的88.58亿元，增至2019年的377.65亿元，增长了3.26倍，年均增长率为15.60%，呈现上升变化趋势。值得关注的是，2016~2019年和田地区GDP出现逐年上升趋势，从236.33亿元增长至377.65亿元，年均增长率为16.91%，实现了连续三年高速增长。和田地区人均GDP从2009年的4583元，增至2019年的14923元，增长了2.26倍，年均增长率为12.53%，呈波动上升变化趋势。值得关注的是，2016~2019年和田地区人均GDP呈现逐年上升趋势，从9901元增长至14923元，年均增长率为14.65%，实现了连续三年快速增长。

（2）投资方面：和田地区全社会固定资产投资从2009年的76.11亿元，增至2017年的471.92亿元，增长了5.20倍，年均增长率为25.62%，呈上升变化趋势。值得关注的是，2016~2017年和田地区全社会固定资产投资呈现上升趋势，从346.73亿元增长至471.92亿元，增长率为36.11%。

（3）金融发展方面：和田地区各项目贷款余额从2009年的26.41亿元，增至2019年的

---

① 资料来源：和田地区行政公署官网 https：//xjht.gov.cn/。

293.59 亿元，增长了 10.12 倍，年均增长率为 27.23%，总体呈现上升趋势。值得关注的是，2016~2019 年和田地区各项目贷款余额总体呈现上升趋势，从 227.62 亿元增长至293.59 亿元，年均增长率为 8.85%。

（4）对外贸易方面：和田地区进出口贸易总额从 2009 年的 0.05 亿元，增长至 2019 年的 7.72 亿元，增加了 153.40 倍，年均增长率为 65.53%，呈现波动上升趋势。值得关注的是，2016~2019 年和田地区进出口贸易总额总体呈现上升趋势，从 1.24 亿元增加至 7.72 亿元，年均增长率为 83.96%。

（5）市场发展方面：和田地区全社会销售品零售总额从 2009 年的 18.49 亿元，增至2019 年的 63.67 亿元，增长了 2.44 倍，年均增长率为 13.16%，大致呈现逐年上升的趋势。值得关注的是，2016~2019 年和田地区全社会销售品零售总额总体呈现逐年上升的变化趋势，从 37.59 亿元增加至 63.67 亿元，年均增长率为 19.20%。

（6）居民收入方面：和田地区在岗职工平均工资从 2009 年的 26445 元，增至 2019 年的70913 元，增长了 1.68 倍，年均增长率为 10.37%，呈现逐年上升的变化趋势。值得关注的是，2016~2019 年和田地区在岗职工平均工资呈现逐年上升的变化趋势，从 55789 元增至70913 元，年均增长率为 8.32%，实现了连续三年稳步增长。

（7）社会就业方面：用和田地区城镇失业率来表征社会就业情况，城镇失业率越低，社会就业就越充分。和田地区城镇失业率从 2009 年的 4.00%，降至 2019 年的 2.70%，减少了 32.50%，年均城镇失业率为 2.79%，总体呈现波动下降的趋势。值得关注的是，2016~2019 年和田地区城镇失业率大致呈现波动变化趋势，最低点为 2018 年，城镇失业率为2.26%，最高点为 2019 年，城镇失业率为 2.70%。

（8）工业化发展方面：和田地区工业化发展水平从 2009 年的 0.16，降至 2019 年的0.15，降低了 6.25%，年均工业化发展水平为 0.17，总体呈下降趋势。值得关注的是，2016~2019 年和田地区工业化发展水平呈现波动变化趋势，年均工业化水平为 0.17。

（9）能源利用效率方面：用单位地区生产总值能耗来表征能源利用效率，单位地区生产总值能耗值越小，能源利用效率越大，反之亦然。和田地区单位地区生产总值能耗值从2009 年的 0.23 万吨标准煤/亿元，降至 2019 年的 0.14 万吨标准煤/亿元，降低了 39.13%，年均单位地区生产总值能耗值为 0.17 万吨标准煤/亿元，总体呈波动下降的变化趋势；由此可见，2009~2019 年和田地区能源利用效率快速提升。值得关注的是，2016~2019 年和田地区单位地区生产总值能耗值呈现波动下降的变化趋势，从 0.18 万吨标准煤/亿元下降至0.14 万吨标准煤/亿元，年均单位地区生产总值能耗值为 0.15 万吨标准煤/亿元。

（10）产业结构高级化方面：和田地区产业结构高级化值从 2009 年的 2.92，增至 2019年的 4.40，提高了 0.51 倍，年均产业结构高级化值为 3.18，总体呈波动上升的变化趋势。值得关注的是，2016~2019 年和田地区产业结构高级化值呈现上升趋势，从 3.70 上升至4.40，年均产业结构高级化值为 3.69。

1. 和田地区、人均 GDP 分析

图 5-14-1 为 2009~2019 年和田地区 GDP 及变化趋势。如图所示，和田地区 GDP 从2009 年的 88.58 亿元，增至 2019 年的 377.65 亿元，增长了 3.26 倍，年均增长率为15.60%，呈上升变化趋势。其中，2010~2015 年 GDP 呈现快速增长趋势，2016 年增速有所放缓，2016~2019 年呈现逐年上升趋势。具体来讲，自 2010 年突破 100 亿元以来，经济总

量快速提升，2015 年突破 200 亿元，2018 年突破 300 亿元，达到 305.57 亿元。从增长率看，总体呈现波动下降再上升的趋势。其中，2019 年增长率达到峰值，较 2018 年和田地区 GDP 增长了 23.59%，2016 年的增长率最低，较 2015 年和田地区 GDP 增长了 0.97%。值得关注的是，2016～2019 年和田地区 GDP 出现逐年上升趋势，从 236.33 亿元增长至 377.65 亿元，年均增长率为 16.91%，实现了连续三年高速增长。

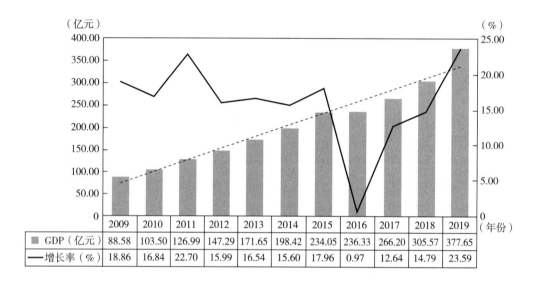

	2009	2010	2011	2012	2013	2014	2015	2016	2017	2018	2019
■ GDP（亿元）	88.58	103.50	126.99	147.29	171.65	198.42	234.05	236.33	266.20	305.57	377.65
━ 增长率（%）	18.86	16.84	22.70	15.99	16.54	15.60	17.96	0.97	12.64	14.79	23.59

图 5-14-1　2009～2019 年和田地区 GDP 及变化趋势

资料来源：《新疆统计年鉴》（2010～2020 年）。

图 5-14-2 为 2009～2019 年和田地区人均 GDP 及变化趋势。如图所示，和田地区人均 GDP 从 2009 年的 4583 元，增至 2019 年的 14923 元，增长了 2.26 倍，年均增长率为 12.53%，呈波动上升变化趋势。其中，2009～2015 年人均 GDP 呈现快速增长趋势，2016 年下降至 9901 元，2016～2019 年呈现逐年上升趋势。具体来讲，自 2010 年突破 5000 元以来，

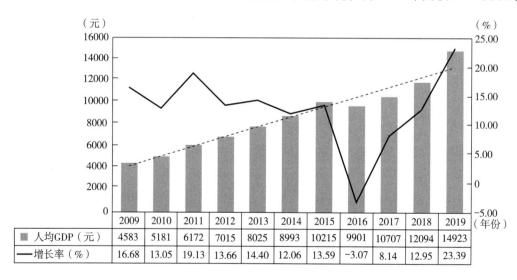

	2009	2010	2011	2012	2013	2014	2015	2016	2017	2018	2019
■ 人均 GDP（元）	4583	5181	6172	7015	8025	8993	10215	9901	10707	12094	14923
━ 增长率（%）	16.68	13.05	19.13	13.66	14.40	12.06	13.59	-3.07	8.14	12.95	23.39

图 5-14-2　2009～2019 年和田地区人均 GDP 及变化趋势

资料来源：《新疆统计年鉴》（2010～2020 年）。

人均 GDP 快速提升，2015 年突破 10000 元，达到 10215 元。从增长率看，总体呈现波动下降再上升的趋势。其中，2019 年增长率达到峰值，较 2018 年和田地区人均 GDP 增长了 23.39%，2016 年的增长率最低，较 2015 年和田地区人均 GDP 下降了 3.07%。值得关注的是，2016~2019 年和田地区人均 GDP 呈现逐年上升趋势，从 9901 元增长至 14923 元，年均增长率为 14.65%，实现了连续三年快速增长。

2. 和田地区固定资产投资分析

图 5-14-3 为 2009~2017 年和田地区全社会固定资产投资及变化趋势。如图所示，和田地区全社会固定资产投资从 2009 年的 76.11 亿元，增至 2017 年的 471.92 亿元，增长了 5.20 倍，年均增长率为 25.62%，呈上升变化趋势。其中，2010~2015 年全社会固定资产投资大致呈现快速增长趋势，2016 年增速有所放缓，2016~2017 年呈现上升趋势。具体来讲，自 2011 年突破 100 亿元以来，2014 年突破 200 亿元，2015 年突破 300 亿元，达到 328.49 亿元。从增长率看，总体呈现波动变化趋势。其中，2011 年增长率达到峰值，较 2010 年和田地区全社会固定资产投资增长了 43.27%，2016 年的增长率最低，较 2015 年和田地区全社会固定资产投资增长了 5.55%。值得关注的是，2016~2017 年和田地区全社会固定资产投资呈现上升趋势，从 346.73 亿元增长至 471.92 亿元，增长率为 36.11%。

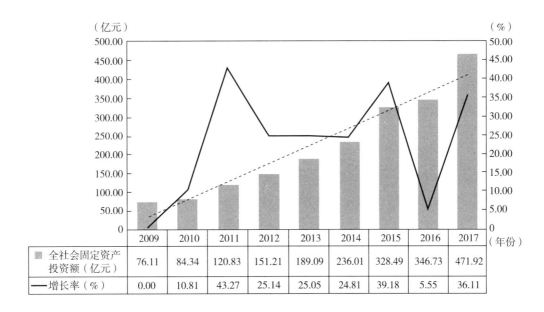

	2009	2010	2011	2012	2013	2014	2015	2016	2017
全社会固定资产投资额（亿元）	76.11	84.34	120.83	151.21	189.09	236.01	328.49	346.73	471.92
增长率（%）	0.00	10.81	43.27	25.14	25.05	24.81	39.18	5.55	36.11

图 5-14-3　2009~2017 年和田地区全社会固定资产投资及变化趋势

资料来源：《新疆统计年鉴》（2010~2020 年）。

3. 和田地区金融发展分析

图 5-14-4 为 2009~2019 年和田地区各项目贷款余额及变化趋势。如图所示，和田地区各项目贷款余额从 2009 年的 26.41 亿元，增至 2019 年的 293.59 亿元，增长了 10.12 倍，年均增长率为 27.23%，总体呈现上升趋势。其中，2009~2017 年各项目贷款余额呈现逐年快速增长趋势；2018~2019 年增速有所放缓。具体来讲，自 2013 年突破 100 亿元以来，2016 年突破 200 亿元，2017 年突破 300 亿元，达到 309.19 亿元。从增长率看，总体呈现波动下降的趋势。其中，2011 年的增长率达到峰值，较 2010 年和田地区各项目贷款余额增长了

64.39%，2018年的增长率最低，较2017年和田地区各项目贷款余额下降了11.75%。值得关注的是，2016～2019年和田地区各项目贷款余额总体呈现上升趋势，从227.62亿元增长至293.59亿元，年均增长率为8.85%。

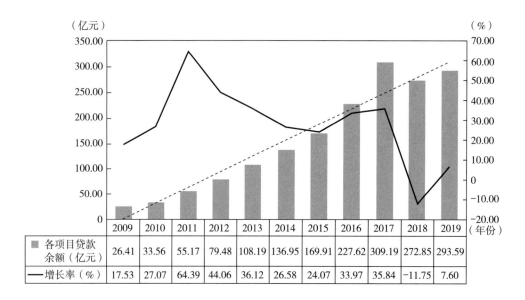

	2009	2010	2011	2012	2013	2014	2015	2016	2017	2018	2019
各项目贷款余额（亿元）	26.41	33.56	55.17	79.48	108.19	136.95	169.91	227.62	309.19	272.85	293.59
增长率（%）	17.53	27.07	64.39	44.06	36.12	26.58	24.07	33.97	35.84	-11.75	7.60

图 5-14-4　2009～2019年和田地区各项目贷款余额及变化趋势

资料来源：《新疆统计年鉴》（2010～2020年）。

4. 和田地区进出口贸易发展分析

图5-14-5为2009～2019年和田地区进出口贸易总额及变化趋势。如图所示，和田地区进出口贸易总额从2009年的0.05亿元，增至2019年的7.72亿元，增加了153.40倍，年均增长率为65.53%，呈现波动上升趋势。具体来讲，自2013年突破0.5亿元以来，2016年突破1亿元，2018年突破2亿元，达到2.21亿元。从增长率看，总体呈现波动上升的趋势。其中，2010年增长率达到峰值，较2009年和田地区进出口贸易总额增长了860.00%，2009年的增长率最低，较2008年和田地区进出口贸易总额下降了98.69%。值得关注的是，2016～2019年和田地区进出口贸易总额总体呈现上升趋势，从1.24亿元增加至7.72亿元，年均增长率为83.96%。

5. 和田地区市场发展分析

图5-14-6为2009～2019年和田地区全社会销售品零售总额及变化趋势。如图所示，和田地区全社会销售品零售总额从2009年的18.49亿元，增至2019年的63.67亿元，增长了2.44倍，年均增长率为13.16%，大致呈现逐年上升的趋势。其中，2009～2015年全社会销售品零售总额呈现快速增长趋势，2016～2018年增速有所下降。具体来讲，自2010年突破20亿元以来，2017年突破40亿元，2019年突破60亿元，达到63.67亿元。从增长率看，总体呈现波动变化趋势。其中，2019年的增长率达到峰值，较2018年和田地区全社会销售品零售总额增长了40.24%，2016年的增长率最低，较2015年和田地区全社会销售品零售总额增加了4.24%。值得关注的是，2016～2019年和田地区全社会销售品零售总额总体呈现逐年上升的变化趋势，从37.59亿元增加至63.67亿元，年均增长率为19.20%。

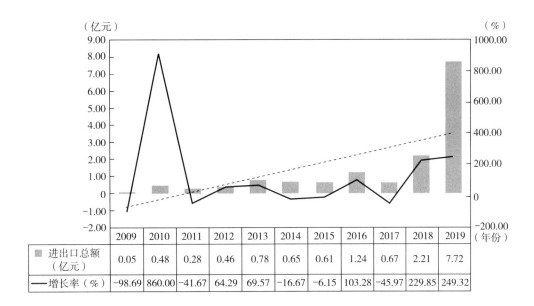

图 5-14-5　2009~2019 年和田地区进出口贸易总额及变化趋势

资料来源:《新疆统计年鉴》(2010~2020 年)。

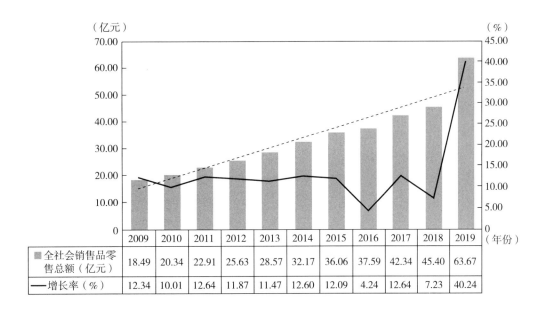

图 5-14-6　2009~2019 年和田地区全社会销售品零售总额及变化趋势

资料来源:《新疆统计年鉴》(2010~2020 年)。

6. 和田地区居民收入分析

图 5-14-7 为 2009~2019 年和田地区在岗职工平均工资及变化趋势。如图所示,和田地区在岗职工平均工资从 2009 年的 26445 元,增至 2019 年的 70913 元,增长了 1.68 倍,年均增长率为 10.37%,呈现逐年上升的变化趋势。具体来讲,自 2010 年突破 30000 元以来,2018 年突破 60000 元,达到 63234 元。从增长率看,总体呈现波动趋势。其中,2012 年增长率达到峰值,较 2011 年和田地区在岗职工平均工资增长了 29.80%,2016 年的增长率最低,较 2015 年和田地区在岗职工平均工资减少了 0.07%。值得关注的是,2016~2019 年和

田地区在岗职工平均工资呈现逐年上升的变化趋势，从55789元增至70913元，年均增长率为8.32%，实现了连续三年稳步增长。

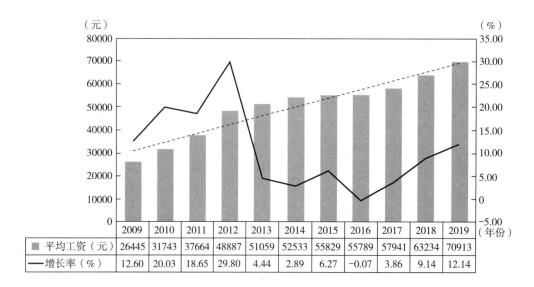

图5-14-7　2009~2019年和田地区在岗职工平均工资及变化趋势

资料来源：《新疆统计年鉴》（2010~2020年）。

7. 和田地区社会就业分析

图5-14-8为2009~2019年和田地区城镇失业率情况，用和田地区城镇失业率来表征社会就业情况，城镇失业率越低，社会就业就越充分。如图所示，和田地区城镇失业率从2009年的4.00%，降至2019年的2.70%，减少了32.50%，年均城镇失业率为2.79%，总体呈现波动下降的趋势。值得关注的是，2016~2019年和田地区城镇失业率大致呈现波动变化趋势，最低点为2018年，城镇失业率为2.26%，最高点为2019年，城镇失业率为2.70%。

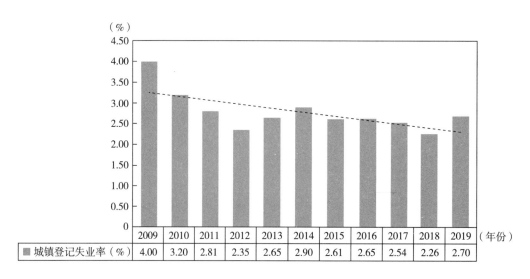

图5-14-8　2009~2019年和田地区城镇失业率

资料来源：《新疆统计年鉴》（2010~2020年）。

8. 和田地区工业化发展水平

图 5-14-9 为 2009~2019 年和田地区工业化发展情况。如图所示，和田地区工业化发展水平从 2009 年的 0.16，降至 2019 年的 0.15，降低了 6.25%，年均工业化发展水平为 0.17，总体呈波动下降趋势。值得关注的是，2016~2019 年和田地区工业化发展水平呈现波动变化趋势，年均工业化水平为 0.17。

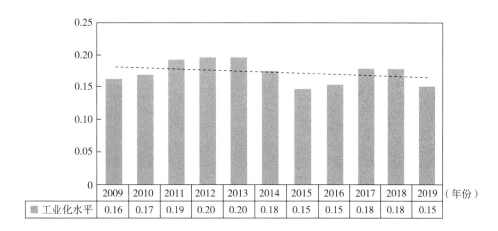

	2009	2010	2011	2012	2013	2014	2015	2016	2017	2018	2019	（年份）
■ 工业化水平	0.16	0.17	0.19	0.20	0.20	0.18	0.15	0.15	0.18	0.18	0.15	

图 5-14-9　2009~2019 年和田地区工业化发展水平

资料来源：根据《新疆统计年鉴》（2010~2020 年）测算。

9. 和田地区能源利用效率分析

图 5-14-10 为 2009~2019 年和田地区能源利用效率情况，用单位地区生产总值能耗来表征能源利用效率，单位地区生产总值能耗值越小，能源利用效率越大，反之亦然。如图所示，和田地区单位地区生产总值能耗值从 2009 年的 0.23 万吨标准煤/亿元，降至 2019 年的 0.14 万吨标准煤/亿元，降低了 39.13%，年均单位地区生产总值能耗值为 0.17 万吨标准

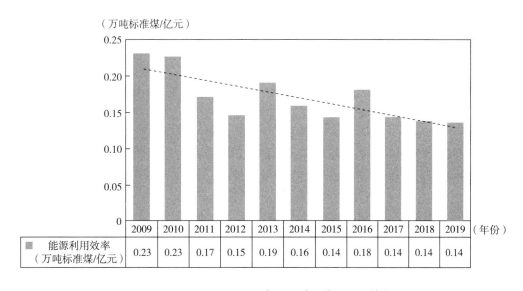

（万吨标准煤/亿元）

	2009	2010	2011	2012	2013	2014	2015	2016	2017	2018	2019	（年份）
■ 能源利用效率 （万吨标准煤/亿元）	0.23	0.23	0.17	0.15	0.19	0.16	0.14	0.18	0.14	0.14	0.14	

图 5-14-10　2009~2019 年和田地区能源利用效率

资料来源：根据《新疆统计年鉴》（2010~2020 年）测算。

煤/亿元，总体呈波动下降的变化趋势。由此可见，2009~2019年和田地区能源利用效率快速提升。值得关注的是，2016~2019年和田地区单位地区生产总值能耗值呈现波动下降的变化趋势，从0.18万吨标准煤/亿元下降至0.14万吨标准煤/亿元，年均单位地区生产总值能耗值为0.15万吨标准煤/亿元。

10. 和田地区产业结构高级化分析

图5-14-11为2009~2019年和田地区产业结构高级化情况。如图所示，和田地区产业结构高级化值从2009年的2.92，增至2019年的4.40，提高了0.51倍，年均产业结构高级化值为3.18，总体呈波动上升的变化趋势。值得关注的是，2016~2019年和田地区产业结构高级化值呈现上升趋势，从3.70上升至4.40，年均产业结构高级化值为3.69。

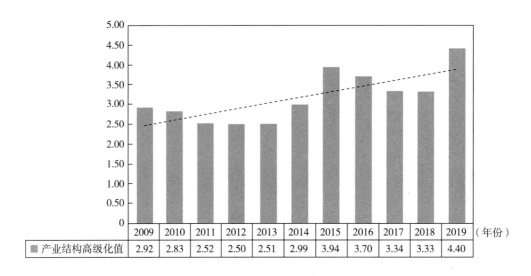

	2009	2010	2011	2012	2013	2014	2015	2016	2017	2018	2019
■产业结构高级化值	2.92	2.83	2.52	2.50	2.51	2.99	3.94	3.70	3.34	3.33	4.40

图5-14-11　2009~2019年和田地区产业结构高级化

资料来源：根据《新疆统计年鉴》（2010~2020年）测算。

三、和田地区经济发展质量时序特征

1. 和田地区经济高质量发展指数

图5-14-12为2009~2019年和田地区经济高质量发展指数。如图所示，和田地区经济高质量发展指数从2009年的0.20，增至2019年的0.43，增加了1.15倍，年均经济高质量发展指数为0.35，总体呈波动上升的变化趋势。值得关注的是，2016~2019年和田地区经济高质量发展指数呈现波动下降趋势，从0.47下降至0.43，年均产业结构高级化值为0.46，可见，2016~2019年产业结构高级化发展较为稳定。

2. 和田地区经济子系统发展指数

图5-14-13为2009~2019年和田地区经济发展质量得分情况。如图所示，2009~2019年和田地区创新子系统得分最高的是2017年，得分为0.087。值得关注的是，2016~2019年和田地区经济发展质量创新子系统得分整体呈现波动下降趋势，从0.085降至0.042。2009~2019年和田地区协调子系统得分最高的是2018年，得分为0.246。值得关注的是，2016~2019年和田地区经济发展质量协调子系统得分呈现波动上升趋势，从0.192升至0.241。

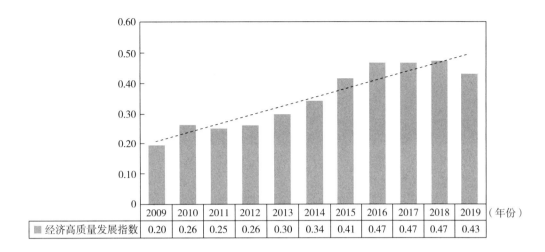

图 5-14-12 2009~2019 年和田地区经济高质量发展指数

资料来源：根据《新疆统计年鉴》（2010~2020 年）测算。

2009~2019 年和田地区共享子系统得分最高的是 2018 年，得分为 0.121。值得关注的是，2016~2019 年和田地区经济发展质量共享子系统得分整体呈现下降趋势，从 0.121 降至 0.070。2009~2019 年和田地区开放子系统得分最高的是 2019 年，得分为 0.040。值得关注的是，2016~2019 年和田地区经济发展质量开放子系统得分呈现波动上升趋势，从 0.033 升至 0.040。2009~2019 年和田地区绿色子系统得分最高的是 2018 年，得分为 0.044。值得关注的是，2016~2019 年和田地区经济发展质量绿色子系统得分整体呈现波动趋势，最高得分为 0.044，最低得分为 0.034。

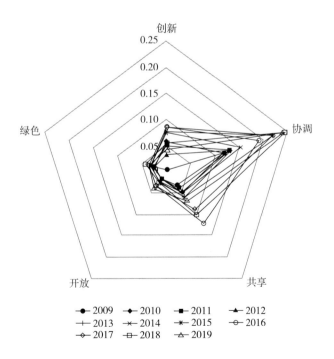

图 5-14-13 2009~2019 年和田地区经济发展质量分维度评价

资料来源：根据《新疆统计年鉴》（2010~2020 年）测算。

3. 和田地区各县域经济高质量发展指数

表5-14-1和图5-14-14为2009~2019年和田地区各县域经济发展质量得分情况。从表及图可以看出，2009年和田市经济高质量发展指数为0.340；和田县经济高质量发展指数为0.249；于田县经济高质量发展指数为0.230。2015年和田市经济高质量发展指数为0.322；墨玉县经济高质量发展指数为0.291；和田县经济高质量发展指数为0.274。2019年策勒县经济高质量发展指数为0.501；和田市经济高质量发展指数为0.355；民丰县经济高质量发展指数为0.277。从整体来看，2009~2019年和田地区各县域经济高质量发展指数得分整体均呈上升态势。

表5-14-1 2009年、2015年、2019年和田地区县域经济高质量发展指数

地区	2009年		2015年		2019年	
	分值	次序	分值	次序	分值	次序
和田市	0.340	1	0.322	1	0.355	2
和田县	0.249	2	0.274	3	0.259	4
于田县	0.230	3	0.250	5	0.253	5
策勒县	0.227	4	0.227	7	0.501	1
墨玉县	0.205	5	0.291	2	0.228	8
皮山县	0.189	6	0.242	6	0.238	7
洛浦县	0.186	7	0.220	8	0.253	5
民丰县	0.172	8	0.263	4	0.277	3

资料来源：根据《新疆统计年鉴》（2010~2020年）测算。

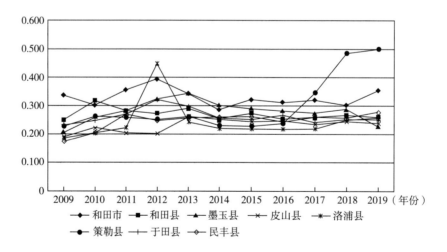

图5-14-14 2009~2019年和田地区各县域经济发展质量变化趋势

资料来源：根据《新疆统计年鉴》（2010~2020年）测算。

4. 和田地区各县域子系统发展指数

表5-14-2为2009年和田地区各县域经济发展子系统发展指数得分情况。从表5-14-2中可以看出，2009年和田地区创新子系统排名前三的县域分别为：和田县和洛浦县并列得分0.035；策勒县得分0.034。协调子系统排名前三的县域分别为：和田市得分0.154；于田

县得分0.131；策勒县得分0.118。绿色子系统排名前三的县域分别为：和田县得分0.084；皮山县得分0.037；策勒县得分0.033。开放子系统排名前三的县域分别为：和田市得分0.038；于田县得分0.033；洛浦县得分0.016。共享子系统排名前三的县域分别为：和田市得分0.090；民丰县得分0.045；策勒县得分0.030。

表5-14-2　2009年和田地区各县域子系统发展指数

地区	创新		协调		绿色		开放		共享	
	分值	次序	分值	次序	分值	次序	分值	次序	分值	次序
和田市	0.033	4	0.154	1	0.026	5	0.038	1	0.090	1
和田县	0.035	1	0.099	6	0.084	1	0.007	8	0.024	6
于田县	0.015	7	0.131	2	0.023	8	0.033	2	0.028	4
策勒县	0.034	3	0.118	3	0.033	3	0.011	6	0.030	3
墨玉县	0.022	5	0.116	4	0.028	4	0.012	5	0.027	5
皮山县	0.019	6	0.106	5	0.037	2	0.010	7	0.017	8
洛浦县	0.035	1	0.091	7	0.025	7	0.016	3	0.018	7
民丰县	0.014	8	0.073	8	0.026	5	0.014	4	0.045	2

资料来源：根据《新疆统计年鉴》（2010~2020年）测算。

表5-14-3为2015年和田地区各县域经济发展子系统发展指数得分情况。从表5-14-3中可以看出，2015年创新子系统排名前三的县域分别为：和田县得分0.086；墨玉县得分0.054；洛浦县得分0.045。协调子系统排名前三的县域分别为：墨玉县得分0.165；和田市得分0.145；皮山县得分0.139。绿色子系统排名前三的县域分别为：民丰县得分0.071；策勒县得分0.033；于田县得分0.031。开放子系统排名前三的县域分别为：和田市得分0.035；墨玉县得分0.018；于田县得分0.017。共享子系统排名前三的县域分别为：和田市得分0.087；民丰县得分0.052；于田县得分0.035。

表5-14-3　2015年和田地区各县域子系统发展指数

地区	创新		协调		绿色		开放		共享	
	分值	次序	分值	次序	分值	次序	分值	次序	分值	次序
和田市	0.035	8	0.145	2	0.019	8	0.035	1	0.087	1
和田县	0.086	1	0.133	4	0.028	4	0.010	7	0.017	8
于田县	0.042	4	0.126	5	0.031	3	0.017	3	0.035	3
策勒县	0.038	7	0.112	6	0.033	2	0.011	6	0.034	4
墨玉县	0.054	2	0.165	1	0.025	6	0.018	2	0.028	5
皮山县	0.042	4	0.139	3	0.028	4	0.008	8	0.025	7
洛浦县	0.045	3	0.109	7	0.025	6	0.012	5	0.028	5
民丰县	0.041	6	0.083	8	0.071	1	0.015	4	0.052	2

资料来源：根据《新疆统计年鉴》（2010~2020年）测算。

表5-14-4为2019年和田地区各县域经济发展子系统发展指数得分情况。从表5-14-4

中可以看出，2019年和田地区创新子系统排名前三的县域分别为：策勒县得分0.267；和田县得分0.064；洛浦县得分0.057。协调子系统排名前三的县域分别为：和田市得分0.185；皮山县得分0.140；和田县得分0.138。绿色子系统排名前三的县域分别为：策勒县得分0.062；民丰县得分0.052；于田县得分0.038。开放子系统排名前三的县域分别为：和田市得分0.035；墨玉县得分0.018；于田县得分0.017。共享子系统排名前三的县域分别为：和田市得分0.087；民丰县得分0.052；于田县得分0.035。

表5-14-4　2019年和田地区各县域子系统发展指数

地区	创新		协调		绿色		开放		共享	
	分值	次序	分值	次序	分值	次序	分值	次序	分值	次序
和田市	0.029	8	0.185	1	0.023	7	0.035	1	0.087	1
和田县	0.064	2	0.138	3	0.024	5	0.010	7	0.017	8
于田县	0.039	6	0.112	5	0.038	3	0.017	3	0.035	3
策勒县	0.267	1	0.128	4	0.062	1	0.011	6	0.034	4
墨玉县	0.044	4	0.109	7	0.024	5	0.018	2	0.028	5
皮山县	0.044	4	0.140	2	0.018	8	0.008	8	0.025	7
洛浦县	0.057	3	0.096	8	0.028	4	0.012	5	0.028	5
民丰县	0.038	7	0.111	6	0.052	2	0.015	4	0.052	2

资料来源：根据《新疆统计年鉴》（2010～2020年）测算。

四、和田地区经济发展空间格局与演变

从总体来看，2009～2019年经济发展质量均呈现波动上升趋势的有：洛浦县、策勒县、皮山县、民丰县；经济发展质量均呈现波动变化趋势的有：和田市、和田县、于田县、墨玉县。其中，策勒县的年均经济发展质量高于其他县（市），在和田地区各县域经济发展质量中排名第一，和田市的年均发展质量高于民丰县，排名第二。

五、和田地区经济高质量发展对策与建议

从创新、协调、绿色、开放、共享五个维度看，和田市、民丰县、于田县应更注重创新发展；洛浦县、墨玉县、民丰县应更注重协调发展；皮山县、和田市、墨玉县应更注重绿色发展；和田县、策勒县、皮山县应更注重开放发展；皮山县、和田县、墨玉县应更注重共享发展；进而更好地促进和田地区经济高质量发展。

六、小结

从2009～2019年和田地区经济发展的主要成就来看：在经济发展方面，和田地区GDP从2009年的88.58亿元，增至2019年的377.65亿元，增长了3.26倍，年均增长率为15.60%，呈现上升变化趋势。人均GDP从2009年的4583元，增至2019年的14923元，增

长了 2.26 倍，年均增长率为 12.53%，呈波动上升趋势。在投资方面，和田地区全社会固定资产投资从 2009 年的 76.11 亿元，增至 2017 年的 471.92 亿元，增长了 5.20 倍，年均增长率为 25.62%，呈上升趋势。在金融发展方面，和田地区各项目贷款余额从 2009 年的 26.41 亿元，增至 2019 年的 293.59 亿元，增长了 10.12 倍，年均增长率为 27.23%，总体呈现上升趋势。在对外贸易方面，和田地区进出口贸易总额从 2009 年的 0.05 亿元，增长至 2019 年的 7.72 亿元，增加了 153.40 倍，年均增长率为 65.53%，呈现波动上升趋势。在市场发展方面，和田地区全社会销售品零售总额从 2009 年的 18.49 亿元，增至 2019 年的 63.67 亿元，增长了 2.44 倍，年均增长率为 13.16%，大致呈现逐年上升的趋势。在居民收入方面，和田地区在岗职工平均工资从 2009 年的 26445 元，增至 2019 年的 70913 元，增长了 1.68 倍，年均增长率为 10.37%，呈现逐年上升的变化趋势。在社会就业方面，和田地区城镇失业率从 2009 年的 4.00%，降至 2019 年的 2.70%，减少了 32.50%，年均城镇失业率为 2.79%，总体呈现波动下降的趋势。在工业化发展方面，和田地区工业化发展水平从 2009 年的 0.16，降至 2019 年的 0.15，降低了 6.25%，年均工业化发展水平为 0.17，总体呈下降趋势。在能源利用效率方面，和田地区单位地区生产总值能耗值从 2009 年的 0.23 万吨标准煤/亿元，降至 2019 年的 0.14 万吨标准煤/亿元，降低了 39.13%，年均单位地区生产总值能耗值为 0.17 万吨标准煤/亿元，总体呈波动下降的变化趋势。在产业结构高级化方面，和田地区产业结构高级化从 2009 年的 2.92，增至 2019 年的 4.40，提高了 0.51 倍，年均产业结构高级化值为 3.18，总体呈波动上升的变化趋势。

根据 2009~2019 年和田地区经济发展质量时序特征，从总体来看，和田地区经济高质量发展指数从 2009 年的 0.20，增至 2019 年的 0.43，增加了 1.15 倍，年均经济高质量发展指数为 0.35，总体呈波动上升的变化趋势。2009~2019 年和田地区创新子系统得分最高的是 2017 年，得分为 0.087；协调子系统得分最高的是 2018 年，得分为 0.246；共享子系统得分最高的是 2018 年，得分为 0.121；开放子系统得分最高的是 2019 年，得分为 0.040；绿色子系统得分最高的是 2018 年，得分为 0.044。从各县域来看，2009 年和田地区经济高质量发展指数为 0.20，其中，和田市经济高质量发展指数为 0.340；和田县经济高质量发展指数为 0.249；于田县经济高质量发展指数为 0.230。2015 年和田地区经济高质量发展指数为 0.41，其中，和田市经济高质量发展指数为 0.322；墨玉县经济高质量发展指数为 0.291；和田县经济高质量发展指数为 0.274。2019 年和田地区经济高质量发展指数为 0.43，其中，策勒县经济高质量发展指数为 0.501；和田市经济高质量发展指数为 0.355；民丰县经济高质量发展指数为 0.277。

综上所述，本节从和田地区概况出发，通过经济发展、社会投资、金融发展、对外贸易、市场发展、居民收入、社会就业、工业化水平、能源利用效率和产业结构高级化十个方面描述了和田地区经济发展的主要成就，并对和田地区经济发展质量时序特征、空间格局与演变两方面进行了分析，给出了相应的发展对策与建议。

第三篇

专题篇

第六章
新疆旅游业高质量发展研究

第一节　新疆旅游经济运行特征与空间格局

一、新疆旅游经济发展"趋稳向好"

新疆旅游经济①发展"趋稳向好"蓬勃发展的态势为各地、州、市旅游业的发展奠定了良好的基础。如图6-1-1所示，2019年，新疆实现旅游收入3625亿元，比上年增长40.61%。2018年实现旅游收入2578亿元，同比增长41.42%，2016~2019年新疆旅游收入快速增长，增速分别为36.85%、30.21%、41.42%、40.61%，均高于新疆国内生产总值增长速度和第三产业增长速度。新疆旅游业在波动中"趋稳"，整体而言，新疆旅游收入刚性

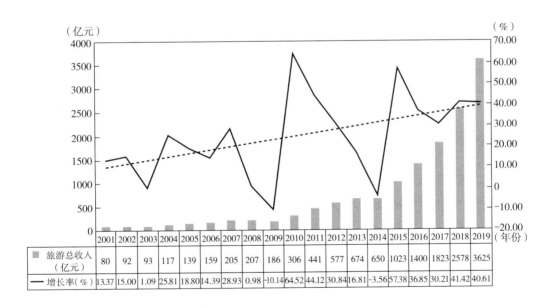

	2001	2002	2003	2004	2005	2006	2007	2008	2009	2010	2011	2012	2013	2014	2015	2016	2017	2018	2019
旅游总收入（亿元）	80	92	93	117	139	159	205	207	186	306	441	577	674	650	1023	1400	1823	2578	3625
增长率(%)	13.37	15.00	1.09	25.81	18.80	14.39	28.93	0.98	-10.14	64.52	44.12	30.84	16.81	-3.56	57.38	36.85	30.21	41.42	40.61

图6-1-1　新疆2001~2019年旅游总收入与增长率

资料来源：《新疆统计年鉴》（2002~2020年）。

---

①　区域旅游经济运行一般评价指标有旅游总收入、旅游收入增长率、旅游收入占国内生产总值（GDP）比重、旅游收入占第三产业比重等，本书鉴于数据可得性，主要从旅游总收入及占比评价区域旅游产业经济发展情况。

增长但增长率呈波动趋势，呈现"趋稳向好"态势，且旅游收入和旅游人数爆发式双增长。新疆将旅游业作为战略性支柱产业发展的产业政策优势逐渐显现，并为各地、州、市旅游业发展奠定了良好的政策支持和环境保障。

结合增长趋势线可见，新疆旅游接待人次呈稳步增长态势（如图6-1-2所示），增长率在2009年、2014年受国内外环境影响出现短暂负增长，其余年份均呈现快速增长趋势；自2014年之后，新疆旅游市场快速发展，接待人数增长明显，一方面，得益于国内旅游市场的迅速膨胀，另一方面，入境旅游市场也有所发展。从旅游市场结构看，新疆旅游市场以国内旅游市场为主体。

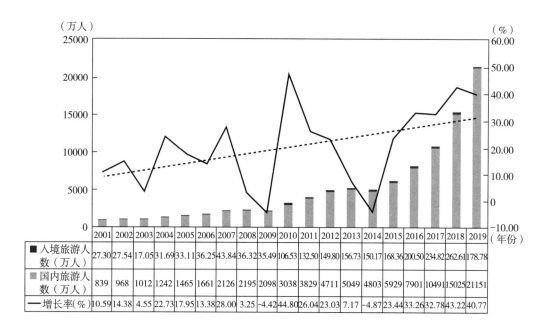

图6-1-2　2001~2019年新疆旅游接待人数及变化情况

资料来源：《新疆统计年鉴》（2002~2020年）。

二、新疆旅游三大市场稳步上升

新疆国内旅游市场在稳定红利的影响下逐渐回升，并出现爆发式增长。如图6-1-3和图6-1-4所示，新疆旅游收入自2001年的72亿元增加到2019年的4147亿元，增长了44.31倍，年均增长率为23.60%；国内旅游收入总量基本呈现稳步增长趋势，但较上年增长率呈震荡趋势，两次较大的波动出现在2009年和2014年，2010年受奥运会影响带动国内旅游需求增加，来疆国内旅游人数增多，收入增加；之后至2013年，收入持续增加；但增长速度下降，到2014年国内旅游接待人数与收入较上年均有下降；2015年随着国内旅游人数的增加，新疆国内旅游收入逐步增加，有回升趋势。新疆旅游市场结构以国内市场为主，国际市场为辅，疆内出境旅游市场较小。国内旅游收入占新疆旅游总收入比重从2001年的90.00%增长到2018年的96.86%，2019年下降至86.02%。

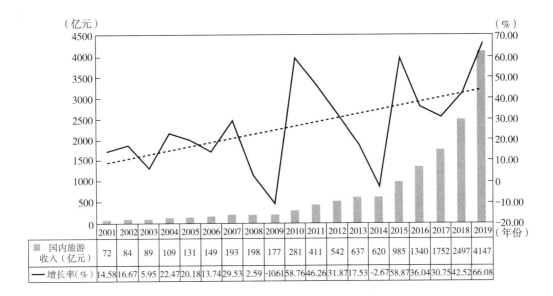

	2001	2002	2003	2004	2005	2006	2007	2008	2009	2010	2011	2012	2013	2014	2015	2016	2017	2018	2019
国内旅游收入（亿元）	72	84	89	109	131	149	193	198	177	281	411	542	637	620	985	1340	1752	2497	4147
增长率（%）	14.58	16.67	5.95	22.47	20.18	13.74	29.53	2.59	-10.61	58.76	46.26	31.87	17.53	-2.67	58.87	36.04	30.75	42.52	66.08

图 6-1-3　2001~2019 年新疆国内旅游收入与变化

资料来源：《新疆统计年鉴》（2002~2020 年）。

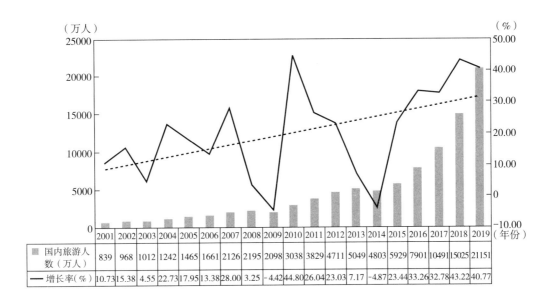

	2001	2002	2003	2004	2005	2006	2007	2008	2009	2010	2011	2012	2013	2014	2015	2016	2017	2018	2019
国内旅游人数（万人）	839	968	1012	1242	1465	1661	2126	2195	2098	3038	3829	4711	5049	4803	5929	7901	10491	15025	21151
增长率（%）	10.73	15.38	4.55	22.73	17.95	13.38	28.00	3.25	-4.42	44.80	26.04	23.03	7.17	-4.87	23.44	33.26	32.78	43.22	40.77

图 6-1-4　2001~2019 年新疆国内旅游人数

资料来源：《新疆统计年鉴》（2002~2020 年）。

新疆入境旅游发展势头良好，2014 年后入境旅游接待人数稳步增长，入境旅游收入在波动中快速回升。如图 6-1-5 和图 6-1-6 所示，2018 年，新疆入境旅游收入为 122272 万美元，达到峰值，与上年相比增长 15.96%；2019 年，新疆入境旅游收入下降至 58600 万美元，较上年下降了 52.07%；新疆入境旅游收入在波动中增加，但增长速度波动较大；2018 年，入境旅游人数达 263 万人，达到峰值，与上年相比增长 11.84%；2019 年，入境旅游人数下降至 179 万人，下降了 31.92%；2001~2019 年年均增长速度为 11.08%。可见，新疆入境旅游受 2003 年和 2008 年影响分别出现波谷，2009 年、2010 年回升之后又受到影响，2012~2014 年逐年下降，随着稳定红利的释放，入境旅游有回升趋势。

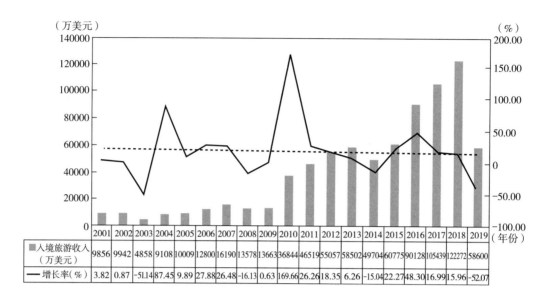

入境旅游收入（万美元）	9856	9942	4858	9108	10009	12800	16190	13578	13663	36844	46519	55057	58502	49704	60775	90128	105439	122272	58600
增长率（%）	3.82	0.87	-51.14	87.45	9.89	27.88	26.48	-16.13	0.63	169.66	26.26	18.35	6.26	-15.04	22.27	48.30	16.99	15.96	-52.07

图 6-1-5　2001~2019 年新疆入境旅游收入与增长

资料来源：《新疆统计年鉴》（2002~2020 年）。

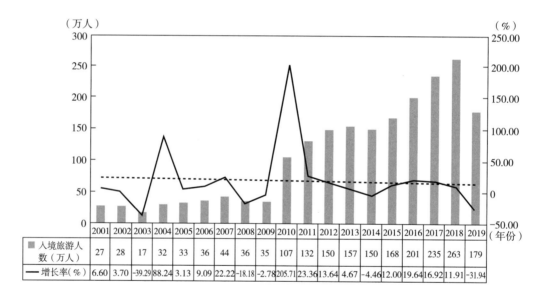

入境旅游人数（万人）	27	28	17	32	33	36	44	36	35	107	132	150	157	150	168	201	235	263	179
增长率（%）	6.60	3.70	-39.29	88.24	3.13	9.09	22.22	-18.18	-2.78	205.71	23.36	13.64	4.67	-4.46	12.00	19.64	16.92	11.91	-31.94

图 6-1-6　2001~2019 年新疆入境旅游人数

资料来源：《新疆统计年鉴》（2002~2020 年）。

　　新疆出境旅游市场尚在培育。如图 6-1-7 所示，2017 年，新疆疆内出境旅游人数为 32896 人，占新疆年末城镇人口的 0.27%；2018 年，新疆疆内出境旅游人数下降至 10279 人，进入谷底；2019 年，新疆疆内出境旅游人数上升至 13708 人，占新疆年末城镇人口的 1.04%。从发展趋势来看，呈现震荡变化趋势；2003 年、2009 年处于波谷位置，2006 年和 2015 年处于波峰，新疆出境游市场受国内、国际经济和社会形势影响波动较大。可见，新疆出境游市场尚在培育，在三大市场中发展最弱。

　　综上，新疆旅游总收入增长迅速，其增速高于新疆 GDP 的增长速度和第三产业的增长速度。从国内市场、入境市场和出境市场三大市场的结构来看，新疆旅游收入仍以国内旅游

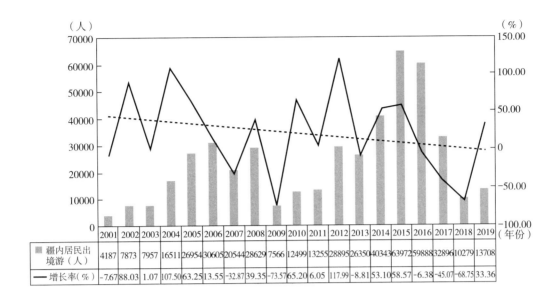

图 6-1-7 2000~2019 年新疆疆内居民出境游人数

资料来源:《新疆统计年鉴》(2002~2020 年)。

为主,且增速明显,但波动较大;入境市场占比较平稳,增速缓慢,波动较少;新疆出境游市场十分薄弱,尚在培育中。综合旅游收入与三大市场接待人数的变化,反映了新疆旅游业在波动中"趋稳"且有旅游收入和接待人次"上扬"的趋势。

三、新疆旅游经济全国排序分析

如图 6-1-8 所示,2019 年,新疆旅游总收入为 3625.31 亿元,排在 30 个省份的第 23 位,排在西北五省的第二位;排在第一位的是上海,之后依次为广东、江苏、贵州、四川、山东等;新疆旅游外汇收入为 454 百万美元,排在全国的第 24 位,排在西北五省的第二位;第一位的是广东,之后依次为福建、上海、北京、云南、江苏等省份(见图 6-1-9)。2019

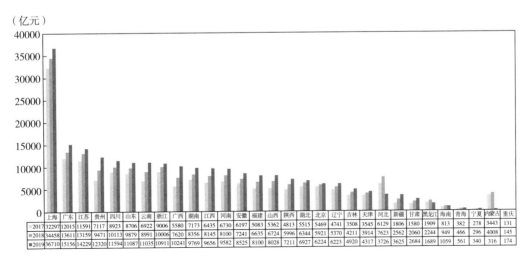

图 6-1-8 2017~2019 年 30 个省份旅游总收入排序

资料来源:《新疆统计年鉴》(2018~2020 年)。

年新疆国内旅游蓬勃发展，国内接待人数为15805.36万人次，排在全国的第22位；国内旅游收入3594亿元，排在全国的第23位，排在西北五省的第二位（见图6-1-10）；整体而言，新疆旅游业发展仍有较大的上升空间。

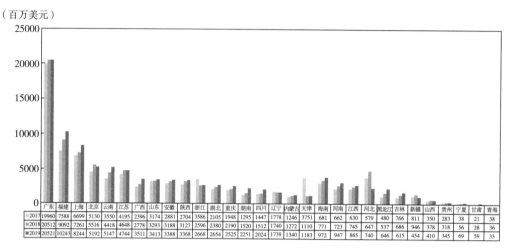

图6-1-9　2017~2019年30个省份旅游外汇收入排序

资料来源：《新疆统计年鉴》（2018~2020年）。

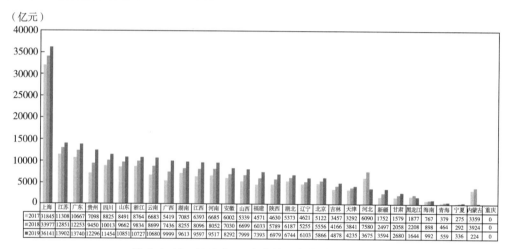

图6-1-10　2019年30个省份国内旅游收入排序

资料来源：《新疆统计年鉴》（2020年）。

四、旅游经济发展空间格局

应用ArcGIS空间分析技术对全国旅游经济发展的空间格局进行分析。我国旅游经济发展呈现"东南高、西北低"的空间格局特征。从2011年第一梯队有上海市，第三梯队有江苏、浙江、广东等东南沿海城市，发展至2015年第三梯队沿长江经济带向内陆延伸；至2019年第一、第二梯队覆盖整个东南部省份，且山东、山西、河南加入到第二梯队中，中西部的广西、四川、云南也加入到第二梯队中，东北的辽宁和吉林进入第三梯队，整体上呈现出由东南向西北发展的态势。结合标准差椭圆的分析，发现我国旅游经济呈现自东南沿海向西南延展发展的趋势，2011~2019年旅游收入标准差椭圆长轴向西南偏移，短轴向西北方向延展，整体呈现由东南向中西部延伸的趋势。

我国国内旅游市场空间格局与旅游整体市场空间分布相似，大致呈现"东南高、西北低"的空间格局特征，并出现了由 2011 年的零星分布到 2019 年第一、第二梯队集中连片分布的格局特征。2019 年新疆、甘肃进入第三梯队，国内旅游发展进入新的阶段。

结合标准差椭圆的分析发现国内旅游市场仍然是以长三角为中心沿长江经济带延伸发展，整体西移的发展趋势仍然显著。

我国入境旅游市场并未形成集聚态势，2019 年第一梯队为东部沿海的广东、福建，位于第二梯队的是经济发达的江浙及人文旅游资源富集的山东、陕西、云南和广西，整体呈现分散发展的趋势，由此可见，入境旅游的发展特征有别于国内旅游。新疆、甘肃、青海等省份位于第四梯队。结合标准差椭圆的分析，发现入境旅游市场标准差椭圆长轴呈现南北走向，从椭圆重心移动轨迹看具有明显的向南延展趋势。可见，入境旅游市场主要沿东南沿海分布。

应用 ArcGIS 空间分析技术对全国旅游从业规模的空间格局进行分析。我国旅游从业规模大致呈现"东南高、西北低"的空间格局特征。2011 年第一梯队和第二梯队的省份集中在东部沿海，有山东、江苏、浙江、上海、广东、福建、湖南；2015 年东中部大部分省份进入第一、第二梯队，旅游业从业规模均在 8 万以上；至 2019 年，仅有山东、四川、湖南、广东为第一梯队，河南、江苏、安徽、浙江为第二梯队，旅游从业规模均在 8 万以上；其余东中部省份旅游从业规模下降，集聚态势消失。结合标准差椭圆的分析，发现我国旅游从业规模大致呈现南北走向，向西南偏移发展的趋势。2011~2019 年旅游从业标准差椭圆长轴向西南偏移延展，集中在东中部省份。

应用 ArcGIS 空间分析技术对全国旅游资源禀赋的空间格局进行分析。我国旅游资源禀赋呈现"华东高、川贵高、四周低"的空间格局特征。2011 年旅游从业人数高的区域仅有位于第一梯队的山东和周边位于第二梯队的河北、河南、江苏、浙江、安徽等，其余省份位于第三、第四梯队；发展至 2019 年，四川和广西进入第一梯队，第二梯队成员众多，仅有吉林、陕西、青海、重庆和云南、甘肃位于第三梯队和第四梯队。结合标准差椭圆的分析，发现我国旅游资源禀赋在空间上分布较为均衡，只有个别省份较少，其余省份旅游资源禀赋均呈现平稳发展的态势；标准差椭圆长轴与短轴差异不大，形态饱满呈现较为均衡的态势；从迁移轨迹看，2019 年旅游资源禀赋标准差椭圆较 2011 年略向西南偏移。

第二节 新疆旅游经济高质量指数分析

本节选取 2011~2019 年旅游产业发展数据构建旅游产业高质量指数评价指标体系，分析全国 30 个省份及新疆各地、州、市旅游高质量指数变化情况，以期为提高经济发展质量提供科学参考。

一、研究方法

1. 旅游经济景气评价指标体系构建
旅游高质量指数概念与表征高质量指数的测度通常使用扩散指数法和合成指数法，两种方法都能预测经济循环的转折点，其中，合成指数法能进一步反映经济循环波动的具体程度，故本书采用合成指数法来测度全国各省份旅游产业高质量指数，如表6-2-1和表6-2-2所示。

表6-2-1 旅游业高质量指数指标体系（一）

一级指标	二级指标	单位
旅游发展规模	接待入境过夜游客人数	万人次
	旅游外汇收入	百万美元
	国内旅游人数	万人数
	国内旅游收入	亿元
旅游接待规模	星级饭店数量	家
	星级饭店客房数	间
	星级饭店床位数	张
	旅行社数	家
	旅游景区数	家
旅游服务供给	高星级酒店占比	%
	旅游景区接待游客人数	亿人次
旅游投资能力	星级饭店固定资产原价	千元
	旅行社固定资产原价	千元
旅游就业能力	星级饭店就业人员数	人
	旅行社就业人员数	人
	旅游景区就业人员数	人
旅游发展效率	星级饭店全员劳动生产率	千元/人
	星级饭店百元固定资产创营业收入	元
	入境过夜游客人均天消费构成——购物+游览	%
	入境过夜游客平均停留天数	天
	入境外国人过夜游客人均天消费	美元/人/天
	星级饭店客房出租率	%
	景区门票收入占比	%
旅游企业盈利能力	星级饭店营业收入	千元
	旅行社营业收入	千元
	旅游景区营业收入	亿元
旅游禀赋发展能力	旅游资源禀赋	—

注：指标体系用于省级旅游产业高质量指数评价。

资料来源：根据文献整理得到。

表6-2-2 旅游业高质量指数指标体系（二）

一级指标	二级指标	单位
旅游发展规模	旅游总收入	亿元
	入境旅游收入	万美元
	国内旅游消费	亿元
	入境旅游接待人数	人

一级指标	二级指标	单位
旅游接待规模	旅行社	个
	星级宾馆	个
	客房	间
	床位数	张
旅游经济效益	旅游贡献率	%
经济产业环境	第二产业占比	%

注：指标体系用于新疆地、州、市旅游产业高质量指数评价。

2. 研究方法

在指标体系构建后，为克服权重设定的主观性与不科学性，采用定基极差熵权法来测算旅游产业高质量指数，主要原因是虽然熵权法可以通过指标的信息熵，较好地解决权重设定的主观性；但熵权法在处理面板数据时具有一定的局限性，只能通过截面数据加权得到综合指数，仅具有相对的空间横向比较，不具有跨年度的时间纵向可比性，而定基极差熵权法可以弥补这一不足，具体计算分为以下几个步骤：

第 1 步，对旅游高质量指数指标体系中的第 t 年原始数据 x_{ij}^t 进行极差标准化处理，以消除不同测度指标在数量级和量纲上的不一致。

$$Y_{ij}^t = \begin{cases} \dfrac{x_{ij}^t - \min(x_{ij}^t)}{\max(x_{ij}^t) - \min(x_{ij}^t)}, & X_{ij}^t \text{ 为正向指标} \\[3mm] \dfrac{\max(x_{ij}^t) - x_{ij}^t}{\max(x_{ij}^t) - \min(x_{ij}^t)}, & X_{ij}^t \text{ 为负向指标} \end{cases} \quad i \in [1, n], j \in [1, m] \quad (6\text{-}1)$$

在式（6-1）中，i 表示测算单元，j 表示测度指标；x_{ij}^t 表示旅游产业高质量指数第 t 年的原始指标值，Y_{ij}^t 表示第 t 年标准化后的指标值；$\min(x_{ij}^t)$ 与 $\max(x_{ij}^t)$ 表示 x_{ij}^t 的最小值与最大值。

第 2 步，计算旅游产业高质量指数指标体系中各指标的信息熵 E_j^t。

$$E_j^t = \ln \frac{1}{n} \sum_{i=1}^{n} \left[\left(Y_{ij}^t \Big/ \sum_{i=1}^{n} Y_{ij}^t \right) \ln \left(Y_{ij}^t \Big/ \sum_{i=1}^{n} Y_{ij}^t \right) \right] \quad (6\text{-}2)$$

在式（6-2）中，$E_j^t \in [0, 1]$，当信息熵越小、离散程度越大时，表明指标提供的信息量越大，指标权重就大；反之权重则越小。

第 3 步，计算旅游产业高质量指数指标权重 W_j^t，权重值越大，贡献越大。

$$W_j^t = \frac{(1 - E_j^t)}{\sum_{j=1}^{m} (1 - E_j^t)} \quad (6\text{-}3)$$

第 4 步，以样本的初始时间 2011 年为基年，用定基极差法处理原始数据。

$$X_j^t = \frac{x_j^t - x_{j,min}^{2010}}{x_{j,max}^{2010} - x_{j,min}^{2010}} \quad (6\text{-}4)$$

在式（6-4）中，X_j^t 表示指标 j 在第 t 年经过定基极差法处理后的无量纲化指标值，x_j^t 为指标 j 在 t 年的原始值，$x_{j,min}^{2010}$ 和 $x_{j,max}^{2010}$ 分别是指标 j 在基准年份所有单元的原始数据的最小值和最大值。

第 5 步，用熵权法确定的指标权重 W_j^t 和定基极差法处理后的无量纲化指标值 X_j^t 进行加权，计算旅游产业高质量指数的综合指数 S_i^t。

$$S_i^t = \sum_{j=1}^{m} \left(W_j^t \times X_j^t \right) \tag{6-5}$$

3. 数据来源

指标数据来源于《中国旅游统计年鉴》《新疆统计年鉴》及各省份统计年鉴和统计公报。

二、新疆旅游经济高质量指数排序及空间

根据旅游经济高质量指数指标体系，应用定基极差熵权法测度全国 30 个省份的旅游经济高质量指数，如图 6-2-1 所示。2017~2019 年中国旅游经济高质量指数整体呈现上升发展趋势，高质量指数不断提升。其中，2019 年，广东旅游经济高质量指数为 1.49，排在第一位，并呈逐年上升趋势。排在第二位的是山东，旅游经济高质量指数为 1.00，较上年略有调整；之后依次为四川、浙江、湖南、江苏、上海等省份。西北五省中陕西排在第 15 位，旅游经济高质量指数为 0.57，较上年显著上升；新疆旅游经济高质量指数为 0.26，排在全国第 23 位，西北第二位。

结合图 6-2-2 继续分析新疆旅游经济高质量指数变化趋势发现：2011~2019 年新疆旅游产业高质量指数呈显著上升趋势，趋势线呈现上升性特征；上升幅度较大，从 2011 年的 0.19，上升至 2019 年的 0.26；上升了 36.84%；从变化趋势看，呈现波动上升特征，其中，最低值分别出现在 2011 年和 2014 年，2014 年后呈逐年上升趋势，至 2019 年达到峰值，为 0.26。整体而言，新疆近年来旅游产业高质量指数不断提升，新疆旅游业发展能力和景气性进入新的格局。

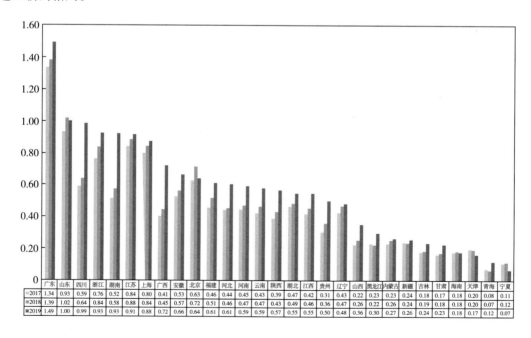

	广东	山东	四川	浙江	湖南	江苏	上海	广西	安徽	北京	福建	河北	河南	云南	陕西	湖北	江西	贵州	辽宁	山西	黑龙江	内蒙古	新疆	吉林	甘肃	海南	天津	青海	宁夏
2017	1.34	0.93	0.59	0.76	0.52	0.84	0.80	0.41	0.53	0.63	0.46	0.44	0.45	0.43	0.39	0.47	0.42	0.31	0.43	0.22	0.23	0.23	0.24	0.18	0.17	0.18	0.20	0.08	0.11
2018	1.39	1.02	0.64	0.84	0.58	0.88	0.84	0.45	0.57	0.72	0.51	0.46	0.47	0.47	0.43	0.49	0.46	0.36	0.47	0.26	0.22	0.26	0.24	0.19	0.18	0.18	0.20	0.07	0.12
2019	1.49	1.00	0.99	0.93	0.93	0.91	0.88	0.72	0.66	0.64	0.61	0.61	0.59	0.59	0.57	0.55	0.55	0.50	0.48	0.36	0.30	0.27	0.26	0.24	0.23	0.18	0.17	0.12	0.07

图 6-2-1 2017~2019 年全国 30 个省份旅游业高质量指数排序

资料来源：根据《新疆统计年鉴》（2018~2020 年）测算。

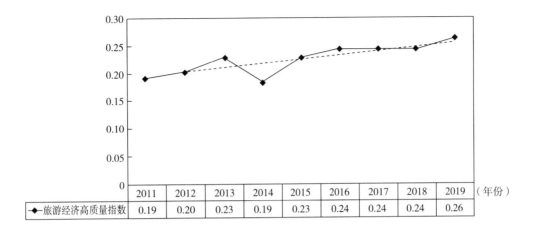

图 6-2-2　2011~2019 年新疆旅游经济高质量指数变化趋势

资料来源：根据《新疆统计年鉴》（2012~2020 年）测算。

三、新疆各地、州、市旅游高质量指数排序及空间特征

根据前文旅游经济高质量指数指标体系，应用定基极差熵权法测度新疆 14 个地、州、市的旅游经济高质量指数，如图 6-2-3 所示。2017~2019 年新疆各地、州、市旅游经济高质量指数整体呈现提升态势，高质量指数不断提升。其中，2019 年，乌鲁木齐市的旅游经济高质量指数为 1.79，排在第一位。排在第二位的是伊犁州直属县（市），旅游经济高质量指数为 1.39，较上年略有调整；之后依次为昌吉州、阿勒泰地区、吐鲁番市、巴州等地、州、市。2017 年、2018 年新疆旅游产业高质量指数最高的是伊犁州直属县（市），分别为 1.36 和 2.40，均高于乌鲁木齐市；2019 年略有调整，下降至 1.39，排在第二位；其余地、州、

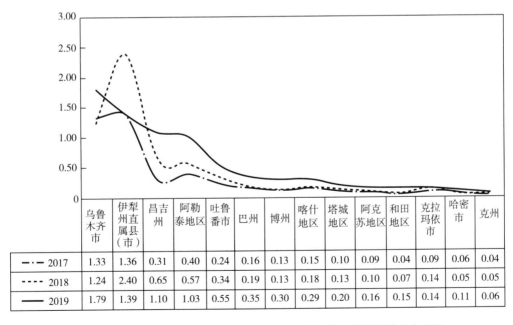

图 6-2-3　2017~2019 年新疆各地、州、市旅游经济高质量指数变化趋势

资料来源：根据《新疆统计年鉴》（2018~2020 年）测算。

州、市旅游产业高质量指数均呈现逐年上升趋势。新疆旅游产业高质量指数最小值出现在克州，为0.06；这与克州旅游业发展整体水平有关。可见，新疆各地、州、市旅游产业高质量指数也整体呈现上扬趋势，处在不断提升的时期，但各地、州、市出现较大的差异。

进一步分析新疆旅游经济高质量指数空间演变格局发现：2011～2019年新疆旅游经济景气程度出现向西北偏移且聚敛的趋势。从标准差椭圆的偏移看，2011年旅游经济景气标准差椭圆呈东北—西南走向，2019年旅游经济景气标准差椭圆横轴向西北偏移趋势明显；从聚敛程度看，2019年较2011年旅游经济景气标准差椭圆逐年收窄，并向北疆收敛；可见，近几年受北疆旅游业快速发展影响，新疆旅游产业高质量指数偏向北疆。

第三节　新疆旅游经济高质量发展对策建议

新疆经济高质量发展是"十四五"时期的重要建设目标。当前，新疆旅游业战略性支柱产业的地位凸显，为进一步培育、推进和发挥新疆旅游业战略性产业的先发优势和支柱产业的经济效应，推动新疆旅游业向高质量发展转型升级，建议如下：

一、改善旅游投资营商环境

尽快出台新疆地方关于文旅发展"点状供地"的实施办法，建议文旅厅、自然资源厅、发改委、工信部等部门成立新疆文旅发展用地推进会。一是充分研究国家土地、林草保护、生态环境保护相关制度和法规，明确界定新疆文旅发展生态保护红线，即明确"红线之上不可为"的范围；参照四川等省份做法，尽快研究出台新疆地方关于文旅发展"点状供地"、自然保护区外围区域的"开天窗"政策及实施办法，形成对全疆旅游投资与开发的土地利用及使用的有效指导意见，以缓解新疆旅游业快速发展与旅游投资用地受限的矛盾。

二是尽快研究出台一揽子新疆旅游业招商引资优惠政策，包括地上交通等基础设施的配套，用水、用电、用气等公共服务与资源使用参照工业园区收费标准制定优惠政策，实施本地用工补贴或享受税收减免等政策，改善旅游投资营商环境。

二、多措并举切实提升新疆旅游目的地接待服务水平

一是多部门协同，推动铁路、公路、航空多式联运的无缝衔接，开通旅游团队安检、防疫绿色快速通道，推行"一码畅行"，使"旅长游短"向"旅短游长"发展。

二是加快培养旅游专业管理人才和服务人员，提高全疆旅游行业综合服务水平；从而打破游客对新疆"风景美、服务差"的刻板印象，营造愉悦、舒适的旅游目的地氛围，一定程度上弥补远离客源市场且"旅长游短"不足，推动新疆旅游业高质量发展。

三是加强旅行社、酒店、景区、民宿、农家乐、旅游交通等相关从业人员培训，提高其服务意识、服务技能、服务水平，真正做到用"润物细无声"的高品质服务让客人满意、留住客人，让客人游过还想再来。

四是整顿旅游市场秩序，加强旅游商品质量监管。特别是加强口岸免税店旅游商品品质监管，避免个别商铺沦为假冒伪劣商品的洼地，杜绝严重损害消费者利益和旅游目的地形象的事件发生。

三、刺激消费，充分发挥高品质旅游消费对旅游经济的拉动作用

一是为撬动北疆旅游消费需求，推动"新疆人民游新疆"，建议实施持新疆籍身份证的游客购买景区（点）门票优惠50％的优惠政策，改变对"门票经济"的严重依赖，吸引多种经营，激发市场活力，扩大旅游惠民政策的社会效应和经济效应。

二是丰富旅游产品供给。加快"新疆礼物"市场化发展进程，围绕新疆旅游形象定位，推出一批展示新疆形象、体现新疆味道、讲述新疆故事、演绎丝路历史与现代文明发展的新疆特色旅游商品；培育新疆礼物本土化生产能力，对旅游商品研发、设计、生产商实行税收优惠减免政策，延长本地旅游商品生产链。

三是提高对口援疆旅游专列、旅游包机的实际旅游消费能力。推动对口援疆旅游专列、旅游包机由注重旅游接待规模到旅游消费能力的转变，通过文旅体验项目扩面增容，使游客放慢旅游节奏，稳定客源，增加消费，形成可持续的、高品质的送客入疆机制。

四、加强旅游就业带动性研究

充分发挥旅游业藏富于民的特性，加强新疆文化旅游产业关联效应研究，提出旅游拉动就业指导性意见；加强新疆文化旅游产业富民增收效应研究，提出新疆文化旅游业"牵一带二举三"（牵动一产、带动二产、托举三产）增收致富的指导意见。

旅游业对就业有较强的带动性，是当前各地政府推动旅游业发展带动就业的政策制定依据。但新疆旅游业综合就业带动性并不强，是新疆"十四五"期间推动旅游业发展中不可忽视的问题。因此，加强旅游就业带动研究，掌握旅游就业的产业结构分布、区域分布，探寻旅游就业带动效应及其规律，有助于更好指导新疆旅游业发展，引导旅游业发挥增加就业的优势。

五、全面激发新疆旅游兴疆的政策效应，推动新疆旅游经济高质量一体化发展

一是加强新疆旅游经济发展的空间布局与规划研究。充分认识空间非均衡的两面性，重视旅游经济发展快速的地、州、市如乌鲁木齐市、昌吉州、伊犁州直属县（市）、阿勒泰地区等核心节点的辐射带动作用，充分发挥核心节点城市的涓滴效应，打造旅游资源空间分布合理、多样互补的旅游目的地体系。

二是加快旅游基础设施建设，构建立体、多元的旅游交通网络，特别是努力提高核心节点城市与南疆、东疆之间的旅游集散能力，从而打造"点—轴—面"式的高品质旅游廊道。

六、加快旅游新业态的培育与创新

推进冰雪旅游、研学旅游、红色旅游、工业旅游等发展，规避旅游业脆弱性的特点，不断创新发展旅游新业态，实现旅游业可持续发展。

一是尽快出台地方关于推动冰雪旅游、研学旅游、红色旅游及工业旅游等发展的奖扶政策，持续助力相关业态的创新和发展，丰富旅游业态类型，形成持续的、立体的旅游目的地吸引力。

二是编制新疆全域冰雪旅游发展规划及指导意见。针对新疆具有优质滑雪资源的地区制定专门性的规划指导意见和进行建设投资指导，加快冰雪旅游开发与雪场建设速度，加强周边基础配套服务设施及旅游接待设施建设，形成对冰雪旅游服务接待的有效、高质量供给。在乌鲁木齐市和阿勒泰地区推行室内或人造滑雪体验场馆，丰富休闲业态，培育市场需求。

三是引进国内外冰雪旅游安全救援体制。安全无小事，滑雪旅游本身就是专业性强、高风险的旅游运动。随着冰雪旅游的快速发展，大量游客涌入滑雪场，对新疆建设完善中的滑雪场是极大的挑战。因此，引入国内外冰雪旅游安全救援体制，引进先进的雪场安全管理理念与管理办法，组建专门的应急管理与安全救援队伍，配备专门的安全救援、求救设施设备，建立危机公关小组等是每一个滑雪场正式运营必须具备的要件。

七、设立旅游业促进专项基金，加强政、产、学、研联动

一是统筹整合建立旅游兴疆战略研究中心，吸引各大中专院校、科研院所相关领域专家参与，具体研究新疆文化旅游发展亟待解决的关键问题，为出台相关政策提供决策参考。

二是加快新疆旅游基础数据库、案例库等信息平台建设研究，科学合理布局底层基础数据监测架构，研究完善新疆旅游数据统计口径，支撑新疆文化旅游大数据建设，为尽快研究提出新疆文化旅游产业评价指标体系，定期发布新疆文化旅游产业高质量指数奠定基础。

三是建立新疆丝绸之路旅游学院，打造新疆旅游人才联合培养基地。建议以新疆大学旅游学院为牵头单位，整合新疆各高校旅游院系力量，建设旅游管理人员高管培训基地、旅游从业人员职业技能和能力提升继续教育培训基地、旅游本硕博人才梯度发展培养基地。

第七章
新疆企业高质量发展研究

当前，我国经济发展步入新时代，高质量发展成为经济发展的主旋律，创新、协调、绿色、开放、共享发展的理念将贯穿于整个经济转型发展过程。企业作为国家宏观经济发展的微观主体，作为中观产业发展的基本组织，国家宏观经济的高质量发展最终需要通过企业的高质量发展来实现。无论是推动经济发展方式转变、经济结构优化和增长动力转换，还是实施质量变革、效率变革和动力变革，都离不开企业的主体性作用，其成功与否的关键在于企业，在于能否实现企业高质量发展。因而，企业高质量发展在我国经济转型和经济发展的过程中扮演着重要角色。

对于企业高质量发展的认识，需要从质量的本源含义入手。高质量发展，顾名思义既要注重"量"的提高，也要注重"质"的发展。从宏观上看，高质量发展在经济层面的提出即由高速增长阶段转向高质量发展阶段，说明高质量发展是区别于高速增长的一种经济发展状态，包括经济发展的高质量、改革开放的高质量、城乡发展的高质量、生态环境的高质量和人民生活的高质量。类似地，企业高质量发展也可以认为是企业发展的一种新状态，即企业实现或处于高水平、高层次、卓越的企业发展质量的状态。除此之外，企业发展追求经济价值和社会价值高水平、高效率的创造，企业高质量发展既是一个状态性概念，又是一个过程性概念，是合意的企业发展目标状态和可持续发展范式的选择。因而，在对企业高质量发展进行衡量时，需要从多个维度、多个角度进行研究。

第一节　研究设计

考虑到数据的可获取性以及完整性，本章将以新疆上市公司为研究对象，对新疆企业高质量发展进行研究。首先，对新疆57家上市公司20多年（1999~2020年）的发展情况进行概述，分别从上市公司总量、上市公司空间分布以及上市公司产业分布方面进行相关论述。其次，选取2015~2019年36家新疆上市公司作为研究样本，运用SPSS软件，分别从企业规模、企业能力以及企业结构三大方面构建企业高质量发展指标体系，进一步对企业高质量发展进行相关研究。

对于企业高质量发展指标体系的构建，通过参考其他学者的做法，从企业规模、企业能力以及企业结构方面进行考量，如表7-1-1所示。

表 7-1-1　企业高质量发展指标体系

一级指标	二级指标	三级指标
企业规模	资产规模	总资产
	人口规模	员工总数
企业能力	盈利能力	销售净利率
		成本费用利用率
	偿债能力	流动比率
		速动比率
	管理能力	存货周转天数
		应收账款周转率
		净资产增长率
	成长能力	研发人员数量占比
		研发费用占营业收入比例
		每股营业收入
		每股收益
企业结构	资本结构	有形资产/总资产
		资产负债率

一、企业规模

对于企业规模，选取总资产和员工总数进行衡量。企业总资产是指企业拥有或控制的、能够带来经济利益的全部资产，在一定程度上能够反映企业的规模；对于企业员工总数，一般情况下，员工人数越多，企业规模越大。

二、企业能力

对于企业能力，本书从企业盈利能力、偿债能力、营运能力以及成长能力四方面进行衡量。

企业盈利能力选取的是销售净利率和成本费用利用率。销售净利率是指企业实现净利润与销售收入的对比关系，用以衡量企业在一定时期获取销售收入的能力，该指标反映能够取得多少营业利润，因而销售净利率正向影响企业盈利能力。成本费用利用率是企业一定时期利润总额与成本、费用总额的比率，该指标表明每付出一元成本费用可获得多少利润，体现了经营耗费所带来的经营成果。该项指标越高，利润就越大，企业的经济效益就越好。

企业偿债能力选取企业流动比率和速动比率进行度量。流动比率是流动资产对流动负债的比率，用来衡量企业流动资产在短期债务到期以前，可以变为现金用于偿还负债的能力，一般来说，比率越高，说明企业资产的变现能力越强，短期偿债能力亦越强；反之则弱。速动比率是指速动资产对流动负债的比率。它是衡量企业流动资产中可以立即变现用于偿还流动负债的能力，一般情况下，速动比率越高，企业偿债能力越强。

企业营运能力选取的是存货周转天数和应收账款周转率来衡量。存货周转天数是指企业从取得存货开始，至消耗、销售为止所经历的天数。通过企业一定时期（通常为 1 年）内销售成本与平均存货之间的比例关系计算得到。周转天数越少，说明存货变现的速度越快，存货占用资金时间越短，存货管理工作的效率越高。应收账款周转率是企业在一定时期内赊销净收入与平均应收账款余额之比，它是衡量企业应收账款周转速度及管理效率的指标。

企业成长能力代表的是企业未来的发展前途，分别用净资产增长率、研发人员数量占比、研发费用占营业收入比例、每股营业收入和每股收益来衡量。净资产增长率是指企业本期净资产增加额与上期净资产总额的比率。净资产增长率反映了企业资本规模的扩张速度，是衡量企业总量规模变动和成长状况的重要指标。研发人员数量占比和研发费用占营业收入比例体现了企业在创新方面的投入。每股收益即每股盈利（Earning Per Share，EPS），又称每股税后利润、每股盈余，指税后利润与股本总数的比率，是普通股股东每持有一股所能享有的企业净利润或需承担的企业净亏损。每股收益通常被用来反映企业的经营成果，衡量普通股的获利水平及投资风险，是投资者等信息使用者据以评价企业盈利能力、预测企业成长潜力，进而做出相关经济决策的重要的财务指标之一。

三、企业结构

对于企业结构的考察，主要研究的是企业的资本结构，分别用有形资产与总资产的比值、资产负债率表示。总资产是指某一经济实体拥有或控制的、能够带来经济利益的全部资产。有形资产是以具体物质产品形态存在的资产，包括生产有形资产和非生产有形资产。资产负债率是期末负债总额除以资产总额的百分比，也就是负债总额与资产总额的比例关系，资产负债率反映在总资产中有多大比例是通过借债来筹资的，也可以衡量企业在清算时保护债权人利益的程度，其能反映债权人所提供的资本占全部资本的比例，也被称为举债经营比率。如果资产负债比率达到 100% 或超过 100%，说明公司已经没有净资产或资不抵债。

第二节　新疆上市公司发展现状

一、上市公司总量特征

1993 年新疆宏源信托投资股份有限公司（简称"宏源证券"）（000562）在深圳证券交易所上市，新疆首家上市公司由此诞生。随着新疆经济的不断发展，上市公司的数量也呈现迅速增长的态势，越来越多的新疆公司在上交所和深交所上市。

2020 年统计数据显示，新疆上市公司数量达到了 59 家，其中，在上海证券交易所上市的新疆公司有 31 家，在深圳证券交易所上市的新疆公司有 28 家（含创业板上市的新疆公司有 6 家，在中小板上市的新疆公司 14 家）。

新疆上市公司逐步实现规模的不断扩大，具体变化情况如图 7-2-1 所示。由图 7-2-1

可知，从 1999 年到 2020 年这 20 年的时间跨度中，新疆上市公司的数量呈逐年上升趋势，从 1999 年之前只有 12 家上市公司逐年递增到 2020 年 57 家上市公司，新疆上市公司的数量在不断增加，详细增长情况为：1999 年之前新疆上市公司总数为 12 家，1999 年新增上市公司 4 家，新疆上市公司总数为 16 家；2000 年新增上市公司 4 家，新疆上市公司总数为 20 家；2001 年新增上市公司 2 家，新疆上市公司总数为 22 家；2002 年新增上市公司 2 家，新疆上市公司总数为 24 家；2003 年新增上市公司 3 家，新疆上市公司总数为 27 家；2004 年新增上市公司 1 家，新疆上市公司总数为 28 家；2005 年新增上市公司 0 家，新疆上市公司总数为 28 家；2006 年新增上市公司 2 家，新疆上市公司总数为 30 家；2007 年新增上市公司 1 家，新疆上市公司总数为 31 家；2008 年新增上市公司 2 家，新疆上市公司总数为 33 家；2009 年新增上市公司 2 家，新疆上市公司总数为 35 家；2010 年新增上市公司 2 家，新疆上市公司总数为 37 家；2011 年新增上市公司 1 家，新疆上市公司总数为 38 家；2012 年新增上市公司 2 家，新疆上市公司总数为 40 家；2013 年新增上市公司 0 家，新疆上市公司总数为 40 家；2014 年新增上市公司 1 家，新疆上市公司总数为 41 家；2015 年新增上市公司 3 家，新疆上市公司总数为 44 家；2016 年新增上市公司 4 家，新疆上市公司总数为 48 家；2017 年新增上市公司 4 家，新疆上市公司总数为 52 家；2018 年新增上市公司 3 家，新疆上市公司总数为 55 家；2019 年新增上市公司 0 家，新疆上市公司总数为 55 家；2020 年新增上市公司 2 家，新疆上市公司总数为 57 家。

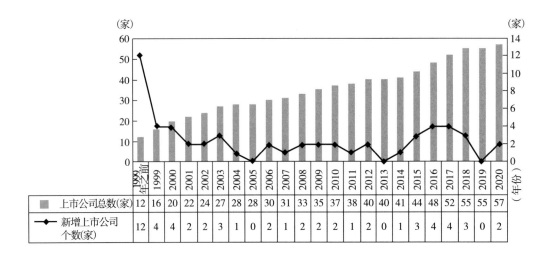

图 7-2-1　新疆上市公司总数分析

资料来源：Wind 数据库。

二、上市公司空间分布特征

1. 地理位置分析

分析 1999~2020 年新疆上市公司地理位置信息，可知新疆上市公司 20 多年来逐年发展的空间分布格局。本书以 10 年左右为一阶段，分析近 20 多年来，新疆上市公司在 1999 年、2010 年以及 2020 年这三个时间点上市公司区位变动信息。

第一个时间点为 1999 年，新疆上市公司的数量为 16 家，上市公司的地址主要分布在天山北坡城市群，其中上市公司所在地，北疆主要以乌鲁木齐市和五家渠市为主，涵盖塔城地区、克拉玛依市、石河子市、昌吉回族自治州等地区，南疆主要以和田地区和阿拉尔市为主。

第二个时间点为 2010 年，新疆上市公司累计数量为 37 家，与 1999 年相比，上市公司数量增加了 21 家，累计增加的上市公司地点中南疆主要在天山北坡城市群，其中在克拉玛依市上市的公司不断增加，上市公司所在地为乌鲁木齐市的分布密集程度增加，南疆上市公司所在地增加了巴音郭楞蒙古自治州和铁门关市。

第三个时间点为 2020 年，新疆上市公司累计数量为 57 家，与 2010 年相比，上市公司数量增加了 20 家，累计增加的上市公司地点中南疆主要在天山北坡城市群，其中上市公司所在地主要以乌鲁木齐市为主，带动周边的昌吉回族自治州、石河子市、五家渠市、克拉玛依市、塔城地区等的公司发展，至此南疆大部分城市均有上市公司，包括阿克苏地区、阿拉尔市、喀什地区、和田地区、巴音郭楞蒙古自治州以及铁门关市。

2. 椭圆分布分析

本书主要采用加权标准差椭圆和加权标准距离方法，基于 1999～2020 年新疆上市公司的空间区位（经纬度），用不同时期对应的上市公司所在地为指标值表示相应的权重，计算每 5 年新疆上市公司所在地空间分布的标准差椭圆和标准距离。

1999～2020 年新疆上市公司空间分布总体呈现"东（略偏北）—西（略偏南）"的空间格局。分布在空间分布标准差椭圆内部的地区是天山北坡城市群，可以看出，乌鲁木齐市、昌吉回族自治州、石河子市在上市公司所在地中占主导地位。总的来说，新疆上市公司空间分布格局表现出明显的演化特征，可概括为向南移动，且空间缩小。

在分布重心变化方面，1999～2020 年，比较 5 个时期的标准差椭圆数据，发现中心经纬度并没有发生较大变动，新疆上市公司重心空间位置一直在昌吉回族自治州，在东—西方向上，自 1999 年，新疆上市公司重心基本保持向东移动的趋势，在南—北方向上，1999～2020 年，新疆上市公司重心基本保持不变。

在分布范围变化方面，1999～2020 年，新疆上市公司空间分布范围在波动中呈现出明显的缩小趋势，椭圆面积波动范围为 $27.24 \times 10^5 km^2 \sim 20.16 \times 10^5 km^2$。其中，2005～2010 年，新疆上市公司空间分布范围缩小趋势显著，虽然在 2010～2020 年出现一定的波动，但随后继续保持稳定的缩小趋势。

表 7-2-1 进一步展示了标准差椭圆数据。由表 7-2-1 可知，1999～2020 年，新疆上市公司空间分布标准差椭圆长半轴总体减小，短半轴总体缩短。其中，1999～2015 年，长半轴保持减小趋势，短轴也呈缩短趋势。这表明新疆上市公司在南—北方向上呈由北向南收缩状态，在东—西方向上呈由西向东收缩状态，且南—北向的收缩趋势强于东—西向的收缩趋势。

表 7-2-1　新疆上市公司空间分布标准差椭圆数据

年份	椭圆面积（$10^5 km^2$）	中心经度	中心纬度	长半轴（km）	短半轴（km）	旋转角（度）	重心位置
1999	27.2419	86.1410	43.5221	4.2566	2.0374	59.6784	昌吉回族自治州
2005	26.2331	86.1687	43.4288	3.7897	2.2036	62.4889	昌吉回族自治州

续表

年份	椭圆面积 （$10^5 km^2$）	中心经度	中心纬度	长半轴 （km）	短半轴 （km）	旋转角 （度）	重心位置
2010	21.6008	86.4447	43.5692	3.4118	2.0155	64.3893	昌吉回族自治州
2015	20.1680	86.5548	43.5620	3.4574	1.8570	64.9228	昌吉回族自治州
2020	21.9694	86.6283	43.4832	3.7549	1.8626	63.2070	昌吉回族自治州

资料来源：根据 ArcGIS 测算结果整理。

在分布方向变化方面，1999～2020 年，新疆上市公司空间分布标准差椭圆旋转角在波动中有增大的趋势。其变化主要分为以下三个阶段：1999～2010 年、2010～2015 年和 2015～2020 年。旋转角增大表明，相对于西北部城市，位于天山北坡城市群中的东南部城市对新疆上市公司空间分布的拉动作用增强。

3. 小结

通过采用标准差椭圆的方法，对新疆上市公司 1999～2020 年的空间区位进行分析，发现新疆上市公司空间分布总体呈现"东（略偏北）—西（略偏南）"的空间格局，新疆上市公司在南—北方向上呈由北向南收缩状态，在东—西方向上呈由西向东收缩状态，且南—北向的收缩趋势强于东—西向的收缩趋势，相对于西北部城市，位于天山北坡城市群中的东南部城市对新疆上市公司空间分布的拉动作用增强。

三、上市公司产业分布特征

1. 总量、增速分析

图 7-2-2 就新疆上市公司产业分布总量进行了描述。由图 7-2-2 可知，1999～2020 年新疆上市公司中一二三产业总量呈逐渐增加的趋势。其中，1999 年新疆上市公司中，第一产业的公司数量有 1 家，第二产业的公司数量有 10 家，第三产业的公司数量有 5 家；2005 年新疆上市公司中，第一产业的公司数量有 3 家，第二产业的公司数量有 19 家，第三产业的公司数量有 6 家；2010 年新疆上市公司中，第一产业的公司数量有 4 家，第二产业的公司数量有 26 家，第三产业的公司数量有 7 家；2015 年新疆上市公司中，第一产业的公司数量有 5 家，第二产业的公司数量有 31 家，第三产业的公司数量有 8 家；2020 年新疆上市公司中，第一产业的公司数量有 5 家，第二产业的公司数量有 39 家，第三产业的公司数量有 13 家。

图 7-2-3 对新疆上市公司各产业增长速度进行了描述。由图 7-2-3 可知，1999～2020 年，新疆上市公司中第一产业公司的增长速度呈"L"型变化，最高点出现在 1999～2005 年，最低点出现在 2016～2020 年；1999～2020 年，新疆上市公司中第二产业公司的增长速度呈"V"型变化，最高点出现在 1999～2005 年，最低点出现在 2011～2015 年；1999～2020 年，新疆上市公司中第三产业公司的增长速度呈"V"型变化，最高点出现在 2016～2020 年，最低点出现在 2011～2015 年。

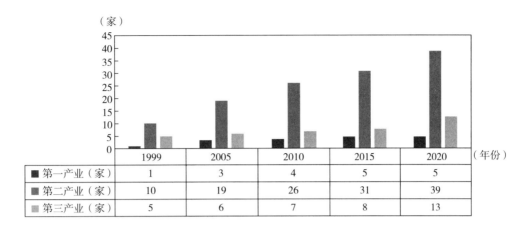

图 7-2-2　1999~2020 年新疆上市公司产业分布总量分析

资料来源：根据 Wind 数据库测算。

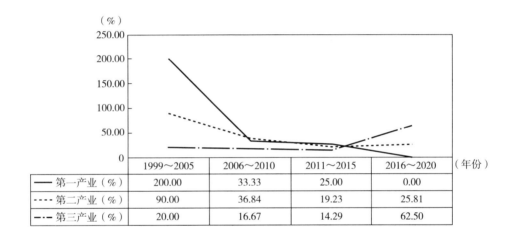

图 7-2-3　1999~2020 年新疆上市公司各产业增长速度分析

资料来源：根据 Wind 数据库测算。

2. 各产业占比分析

图 7-2-4 分别展示了 1999 年、2010 年以及 2020 年各产业占比情况。由图 7-2-4 可知，1999 年，第二产业上市公司的数量为 10 家，占新疆上市公司总数量的 62.50%；第三产业上市公司的数量为 5 家，占新疆上市公司总数量的 31.25%；第一产业上市公司的数量为 1 家，占新疆上市公司总数量的 6.25%。2010 年，第二产业上市公司的数量为 26 家，占新疆上市公司总数量的 70.27%；第三产业上市公司的数量为 7 家，占新疆上市公司总数量的 18.92%；第一产业上市公司的数量为 4 家，占新疆上市公司总数量的 10.81%。2020 年，第二产业上市公司的数量为 39 家，占新疆上市公司总数量的 68.42%；第三产业上市公司的数量为 13 家，占新疆上市公司总数量的 22.81%；第一产业上市公司的数量为 5 家，占新疆上市公司总数量的 8.77%。

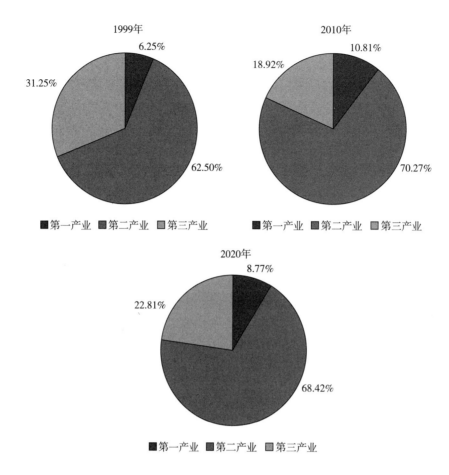

图7-2-4 新疆上市公司各产业占比分析

资料来源：根据 Wind 数据库测算。

3. 小结

1999~2020 年新疆上市公司产业总量呈不断增加的趋势，其中，第二产业上市公司的数量占新疆上市公司数量的比重均超过 60%，且第二产业公司的增长速度呈"V"型变化，最高点出现在 1999~2005 年，最低点出现在 2011~2015 年；第三产业上市公司的数量占新疆上市公司数量的比重在 20% 左右波动，且第三产业公司的增长速度呈"V"型变化，最高点出现在 2016~2020 年，最低点出现在 2011~2015 年；第一产业上市公司的数量占新疆上市公司数量的比重在 10% 左右波动，且第一产业公司的增长速度呈"L"型变化，最高点出现在 1999~2005 年，最低点出现在 2016~2020 年。

四、上市公司行业分布特征

1. 总量、增速分析

图 7-2-5 展示了新疆上市公司行业分布情况。如图 7-2-5 所示，1999~2020 年各行业新疆上市公司的数量不断增加。其中，1999 年新疆上市公司累计数量为 16 家，其中，制造业公司 10 家，农、林、牧、渔业公司 1 家，批发和零售业公司 2 家，金融业公司 1 家，租赁和商务服务业公司 1 家，科学研究和技术服务业公司 1 家；2005 年新疆上市公司累计数

量为 28 家，制造业公司 16 家，电力、热力、燃气及水生产和供应业公司 1 家，农、林、牧、渔业公司 3 家，采矿业公司 2 家，批发和零售业公司 3 家，金融业公司 1 家，租赁和商务服务业公司 1 家，科学研究和技术服务业公司 1 家；2010 年新疆上市公司累计数量为 37 家，制造业公司 21 家，电力、热力、燃气及水生产和供应业公司 1 家，农、林、牧、渔业公司 4 家，采矿业公司 3 家，批发和零售业公司 3 家，金融业公司 1 家，建筑业公司 1 家，租赁和商务服务业公司 1 家，卫生和社会工作公司 1 家，科学研究和技术服务业公司 1 家；2015 年新疆上市公司累计数量为 44 家，制造业公司 24 家，电力、热力、燃气及水生产和供应业公司 2 家，农、林、牧、渔业公司 5 家，采矿业公司 4 家，批发和零售业公司 3 家，金融业公司 2 家，建筑业公司 1 家，租赁和商务服务业公司 1 家，卫生和社会工作公司 1 家，科学研究和技术服务业公司 1 家；2020 年新疆上市公司累计数量为 57 家，制造业公司 26 家，电力、热力、燃气及水生产和供应业公司 6 家，农、林、牧、渔业公司 5 家，采矿业公司 5 家，批发和零售业公司 4 家，金融业公司 2 家，建筑业公司 2 家，信息传输、软件和信息技术服务业公司 2 家，租赁和商务服务业公司 1 家，卫生和社会工作公司 1 家，交通运输、仓储和邮政业公司 1 家，科学研究和技术服务业公司 1 家，水利、环境和公共设施管理业公司 1 家。

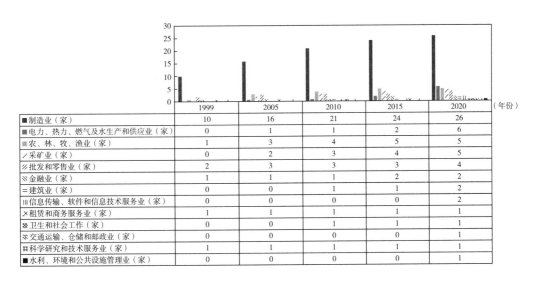

	1999	2005	2010	2015	2020	（年份）
■制造业（家）	10	16	21	24	26	
■电力、热力、燃气及水生产和供应业（家）	0	1	1	2	6	
▨农、林、牧、渔业（家）	1	3	4	5	5	
╱采矿业（家）	0	2	3	4	5	
▨批发和零售业（家）	2	3	3	3	4	
▧金融业（家）	1	1	1	2	2	
＝建筑业（家）	0	0	1	1	2	
Ⅲ信息传输、软件和信息技术服务业（家）	0	0	0	0	2	
×租赁和商务服务业（家）	1	1	1	1	1	
▨卫生和社会工作（家）	0	0	1	1	1	
▨交通运输、仓储和邮政业（家）	0	0	0	0	1	
▯科学研究和技术服务业（家）	1	1	1	1	1	
■水利、环境和公共设施管理业（家）	0	0	0	0	1	

图 7-2-5　1999~2020 年新疆上市公司行业分布总量分析

资料来源：根据 Wind 数据库测算。

图 7-2-6 展示了新疆上市公司 1999~2020 年行业增长速度。由图 7-2-8 可知，1999~2020 年，新疆上市公司中制造行业的增长速度呈"L"型变化，最高点出现在 1999~2005 年，最低点出现在 2016~2020 年；1999~2020 年，新疆上市公司中电力、热力、燃气及水生产和供应行业公司的增长速度呈稳步上升状态，最高点出现在 2016~2020 年；1999~2020 年，新疆上市公司中农、林、牧、渔行业公司的增长速度呈"L"型变化，最高点出现在 1999~2005 年，最低点出现在 2016~2020 年。

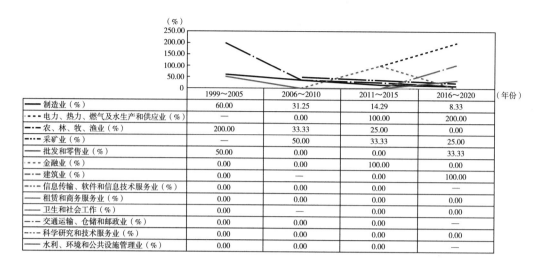

（%）	1999~2005	2006~2010	2011~2015	2016~2020
——制造业（%）	60.00	31.25	14.29	8.33
----电力、热力、燃气及水生产和供应业（%）	—	0.00	100.00	200.00
——农、林、牧、渔业（%）	200.00	33.33	25.00	0.00
----采矿业（%）	—	50.00	33.33	25.00
——批发和零售业（%）	50.00	0.00	0.00	33.33
----金融业（%）	0.00	0.00	100.00	0.00
——建筑业（%）	0.00	—	0.00	100.00
----信息传输、软件和信息技术服务业（%）	0.00	0.00	0.00	—
----租赁和商务服务业（%）	0.00	0.00	0.00	0.00
——卫生和社会工作（%）	0.00	—	0.00	0.00
----交通运输、仓储和邮政业（%）	0.00	0.00	0.00	—
----科学研究和技术服务业（%）	0.00	0.00	0.00	0.00
——水利、环境和公共设施管理业（%）	0.00	0.00	0.00	—

图 7-2-6　1999~2020 年新疆上市公司行业增长速度分析

资料来源：根据 Wind 数据库测算。

2. 各产业占比分析

图 7-2-7 展示了新疆上市公司 1999 年、2010 年和 2020 年产业分布情况。由图 7-2-7 可知，1999 年，制造业公司占新疆上市公司数量的 66.67%，批发和零售业公司占新疆上市公司数量的 13.33%，金融业公司占新疆上市公司数量的 6.67%，租赁和商务服务业公司占新疆上市公司数量的 6.67%，科学研究和技术服务业公司占新疆上市公司数量的 6.67%。2010 年，制造业公司占新疆上市公司数量的 58.33%，农、林、牧、渔业公司占新疆上市公司数量的 11.11%，采矿业公司占新疆上市公司数量的 8.33%，批发和零售业公司占新疆上市公司数量的 8.33%，金融业公司占新疆上市公司数量的 2.78%，建筑业公司占新疆上市公司数量的 2.78%，租赁和商务服务业公司占新疆上市公司数量的 2.78%，卫生和社会工作公司占新疆上市公司数量的 2.78%，科学研究和技术服务业公司占新疆上市公司数量的 2.78%。2020 年，制造业公司占新疆上市公司数量的 45.61%，电力、热力、燃气及水生产和供应业公司占新疆上市公司数量的 10.53%，农、林、牧、渔业公司占新疆上市公司数量的 8.77%，采矿业公司占新疆上市公司数量的 8.77%，批发和零售业公司占新疆上市公司数量的 7.02%，金融业公司占新疆上市公司数量的 3.51%，建筑业公司占新疆上市公司数量的 3.51%，信息传输、软件和信息技术服务业公司占新疆上市公司数量的 3.51%，租赁和商务服务业公司占新疆上市公司数量的 1.75%，卫生和社会工作公司占新疆上市公司数量的 1.75%，交通运输、仓储和邮政业公司占新疆上市公司数量的 1.75%，科学研究和技术服务业公司占新疆上市公司数量的 1.75%，水利、环境和公共设施管理业公司占新疆上市公司数量的 1.75%。

3. 小结

总体来看，1999~2020 年，新疆企业涉及的行业越来越多元，且新疆上市公司中各行业的数量不断增加，其中，行业数量排名前五的为：制造业公司，电力、热力、燃气及水生产和供应业公司，农、林、牧、渔业公司，采矿业公司，批发和零售业公司。

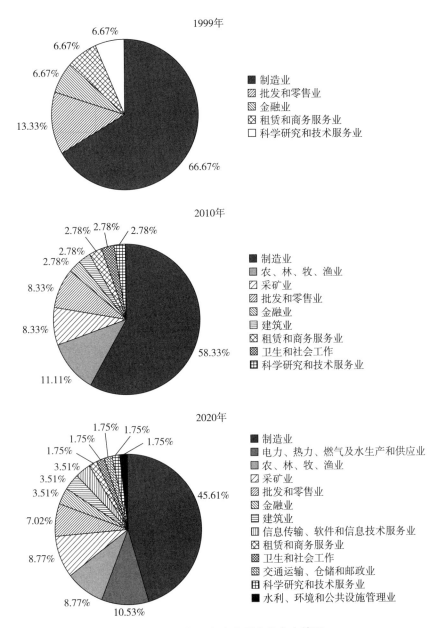

图 7-2-7 新疆上市公司产业分布情况

资料来源：根据 Wind 数据库测算。

第三节 新疆企业高质量发展评价

一、上市公司高质量发展研究

1. 整体概况

根据前文的指标选取，构建了新疆上市公司高质量发展指数，并对 2015～2019 年新疆

36家上市公司高质量发展指数进行了测度，结果如图7-3-1所示。

通过图7-3-1可以看出，2015~2019年，新疆上市公司高质量发展指数平均值呈现出上下起伏波动态势。2015年，新疆上市公司高质量发展指数平均值为-0.03；2016年，新疆上市公司高质量发展指数平均值为0.10，与2015年相比增长了433.33%；2017年，新疆上市公司高质量发展指数平均值为0.10，与2016年相比未发生变化；2018年，新疆上市公司高质量发展指数平均值为-0.13，与2017年相比下降了230.00%；2019年，新疆上市公司高质量发展指数平均值为-0.04，与2018年相比上升了69.23%。

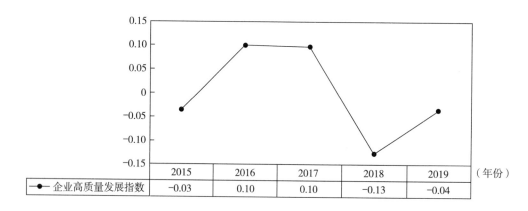

图7-3-1　2015~2019年企业高质量发展指数
资料来源：根据 Wind 数据库测算。

从整体上看，2015~2019年新疆上市公司高质量发展指数平均值呈现出"N"型变化，最高点出现在2016年和2017年，平均指数为0.10，最低点出现在2018年，平均指数为-0.13。

2. 企业高质量发展排名

前文对新疆上市公司高质量发展情况进行了整体的概述，为了更进一步对各个企业有所了解，本节将按照高质量指数对企业进行排名，并对排名前五的企业进行分析。企业排名情况如表7-3-1所示。

表7-3-1　企业高质量发展排名

排名	2015 年		2017 年		2019 年	
	企业	指数	企业	指数	企业	指数
1	*ST 拉夏	0.69	中油工程	0.94	德展健康	1.29
2	特变电工	0.59	*ST 拉夏	0.68	*ST 中葡	0.98
3	金风科技	0.30	中泰化学	0.66	中油工程	0.81
4	西部建设	0.29	特变电工	0.66	中泰化学	0.64
5	*ST 中葡	0.28	德展健康	0.64	特变电工	0.61

资料来源：作者测算得到。

由表7-3-1可知，排名前五的企业2015~2019年发生了较大的变化。2015~2017年，*ST拉夏和特变电工依旧位于排名前五的企业中，分别由原来的第一名和第二名变为第二名和并列第三名。相较而言，金风科技、西部建设和*ST中葡三个企业跌出前五，中油工程、中泰化学和德展健康挤进前五，分别位于第一名、第三名和第五名。

2017~2019年，德展健康、中油工程、中泰化学和特变电工依旧位于排名前五的企业中，分别由原来的第五名、第一名、并列第三名变为第一名、第三名、第四名和第五名。相较而言，*ST拉夏跌出前五，*ST中葡重新挤进前五，位于第二名。

从整体上看，2015~2019年，在排名前五的企业中，只有特变电工始终位于前五名，其余四个企业（*ST拉夏、*ST中葡、金风科技、西部建设）均发生变化，被中油工程、中泰化学和德展健康替代，*ST中葡于2019年重新挤进前五名。

为了探究企业高质量发展发生变化的原因，接下来将对企业规模、企业能力以及企业结构三方面进行研究。

二、上市公司企业规模发展研究

1. 整体概况

根据前文的指标选取，构建了新疆上市公司企业规模指数，并对2015~2019年新疆36家上市公司企业规模指数进行了测度，结果如图7-3-2所示。

通过图7-3-2可以看出，2015~2019年，新疆上市公司企业规模指数平均值呈现出上升态势。2015年，新疆上市公司企业规模指数平均值为-0.17；2016年，新疆上市公司企业规模指数平均值为-0.01，与2015年相比增长了94.12%；2017年，新疆上市公司企业规模指数平均值为0.05，与2016年相比增长了600.00%；2018年，新疆上市公司企业规模指数平均值为0.07，与2017年相比增长了40.00%；2019年，新疆上市公司企业规模指数平均值为0.06，与2018年相比下降了14.29%。

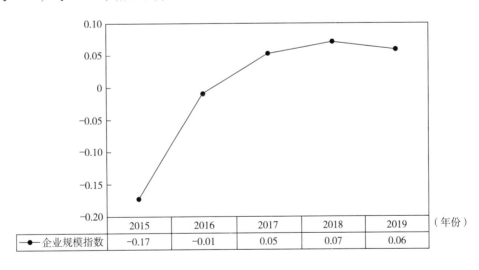

	2015	2016	2017	2018	2019	（年份）
企业规模指数	-0.17	-0.01	0.05	0.07	0.06	

图 7-3-2　2015~2019 年企业规模指数

资料来源：根据 Wind 数据库测算。

从整体上看，2015~2019年，新疆上市公司企业规模指数最高点出现在2018年，平均指数为0.07，最低点出现在2015年，平均指数为-0.17。新疆上市公司企业规模指数整体呈现出增长态势，增长了135.29%。

2. 企业规模排名

前文对新疆上市公司企业规模情况进行了整体的概述，为了更进一步对各个企业有所了解，本节将按照企业规模指数对企业进行排名，并对排名前五的企业进行分析。企业排名情况如表7-3-2所示。

表7-3-2　企业规模排名

次序	2015 年		2017 年		2019 年	
	企业	指数	企业	指数	企业	指数
1	特变电工	2.16	中油工程	4.79	中油工程	4.70
2	*ST 拉夏	1.65	特变电工	2.45	特变电工	2.94
3	中泰化学	1.11	中泰化学	1.93	金风科技	2.41
4	金风科技	1.06	*ST 拉夏	1.88	中泰化学	2.11
5	广汇能源	0.77	金风科技	1.69	广汇能源	0.92

资料来源：根据 Wind 数据库测算。

由表7-3-2可知，2015～2019年，排名前五的企业有所变化。2015～2017年，特变电工、*ST拉夏、中泰化学和金风科技依旧位于排名前五的企业中。

2017～2019年，中油工程、特变电工、金风科技和中泰化学依旧位于排名前五的企业中。

从整体上看，2015～2019年，在排名前五的企业中，只有特变电工、中泰化学和金风科技始终位于企业规模前五名。

三、上市公司企业能力发展研究

1. 整体概况

根据前文的指标选取，构建了新疆上市公司企业能力指数，并对2015～2019年新疆36家上市公司企业能力指数进行了测度，结果如图7-3-3所示。

通过图7-3-3可以看出，2015～2019年，新疆上市公司企业能力指数平均值呈现出上下起伏波动态势。2015年，新疆上市公司企业能力指数平均值为-0.06；2016年，新疆上市公司企业能力指数平均值为0.14，与2015年相比增长了333.33%；2017年，新疆上市公司企业能力指数平均值为0.04，与2016年相比下降了71.43%；2018年，新疆上市公司企业能力指数平均值为-0.16，与2017年相比下降了500.00%；2019年，新疆上市公司企业能力指数平均值为0.04，与2018年相比增长了125.00%。

从整体上看，2015～2019年新疆上市公司企业能力指数平均值呈现出"N"型变化，最高点出现在2016年，平均指数为0.14，最低点出现在2018年，平均指数为-0.16。新疆上市公司企业能力指数整体呈现出增长态势，增长了166.67%。

2. 企业能力排名

前文对新疆上市公司企业能力情况进行了整体的概述，为了更进一步对各个企业有所了解，本节将按照企业能力指数对企业进行排名，并对排名前五的企业进行分析。企业排名情况如表7-3-3所示。

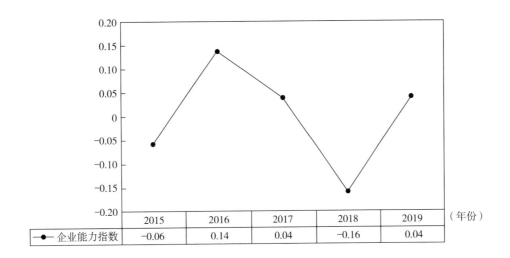

	2015	2016	2017	2018	2019	（年份）
——●—— 企业能力指数	-0.06	0.14	0.04	-0.16	0.04	

图 7-3-3　2015～2019 年企业能力指数

资料来源：根据 Wind 数据库测算。

表 7-3-3　企业能力排名

次序	2015 年		2017 年		2019 年	
	企业	得分	企业	得分	企业	得分
1	新研股份	1.12	德展健康	1.05	德展健康	2.18
2	*ST 麦趣	0.40	熙菱信息	0.45	立昂技术	1.11
3	金风科技	0.34	金风科技	0.41	*ST 百花	0.75
4	熙菱信息	0.28	立昂技术	0.30	*ST 中葡	0.67
5	伊力特	0.24	伊力特	0.23	伊力特	0.48

资料来源：根据 Wind 数据库测算。

由表 7-3-3 可知，排名前五的企业 2015～2019 年发生了较大的变化。2015～2017 年，金风科技、熙菱信息和伊力特依旧位于排名前五的企业中。

2017～2019 年，德展健康、立昂技术和伊力特依旧位于排名前五的企业中。

从整体上看，2015～2019 年，在排名前五的企业中，只有伊力特始终位于前五名。

四、上市公司企业结构发展研究

1. 整体概况

根据前文的指标选取，构建了新疆上市公司企业结构指数，并对 2015～2019 年新疆 36 家上市公司企业结构指数进行了测度，结果如图 7-3-4 所示。

通过图 7-3-4 可以看出，2015～2019 年，新疆上市公司企业结构指数平均值呈现出下降态势。2015 年，新疆上市公司企业结构指数平均值为 0.15；2016 年，新疆上市公司企业结构指数平均值为 0.20，与 2015 年相比上升了 33.33%；2017 年，新疆上市公司企业结构指数平均值为 0.21，与 2016 年相比增长了 5.00%；2018 年，新疆上市公司企业结构指数平均值为 -0.10，与 2017 年相比下降了 155.00%；2019 年，新疆上市公司企业结构指数平均值为-0.46，与2018年相比下降了360.00%。

从整体上看，2015～2019年新疆上市公司企业结构指数最高点出现在2017年，平均指数为0.21，最低点出现在2019年，平均指数为-0.46。新疆上市公司企业结构指数整体呈现出下降态势，下降了406.67%。

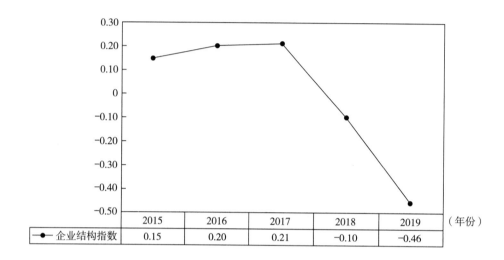

图7-3-4　2015～2019年企业结构指数

资料来源：根据Wind数据库测算。

2. 企业结构排名

前文对新疆上市公司企业结构情况进行了整体的概述，为了更进一步对各个企业有所了解，本节将按照企业结构指数对企业进行排名，并对排名前五的企业进行分析。企业排名情况如表7-3-4所示。

表7-3-4　企业结构排名

次序	2015年		2017年		2019年	
	企业	得分	企业	得分	企业	得分
1	伊力特	0.80	德展健康	1.05	*ST中葡	1.09
2	*ST麦趣	0.72	*ST中葡	0.91	德展健康	1.08
3	天润乳业	0.58	*ST麦趣	0.78	*ST百花	0.36
4	天康生物	0.57	伊力特	0.76	伊力特	0.19
5	*ST中葡	0.56	西部黄金	0.62	*ST麦趣	0.18

资料来源：根据Wind数据库测算。

由表7-3-4可知，排名前五的企业2015～2019年发生了较大的变化。2015～2017年，伊力特、*ST麦趣和*ST中葡依旧位于排名前五的企业中。

2017～2019年，*ST中葡、德展健康、伊力特和*ST麦趣依旧位于排名前五的企业中。

从整体上看，2015～2019年，在排名前五的企业中，只有伊力特、*ST麦趣和*ST中葡始终位于前五名。

五、小结

通过对新疆上市公司高质量发展指数以及其三个维度的对比分析，可以看出新疆上市公司高质量发展指数的变化趋势与企业能力的变化高度重合，这说明企业高质量发展主要受企业发展能力的影响，企业的盈利能力、偿债能力、管理能力和成长能力均会显著影响企业高质量发展水平。

参考文献

［1］张晓磊，赵海涵，胡列曲．基于数据挖掘的产业景气指数构建与实证研究——以生态旅游产业为例［J］．生态经济，2018，34（9）：155-160.

［2］刘改芳，李亚茹，吴朝阳．区域旅游业景气指数实证分析——以山西省为例［J］．经济问题，2017（10）：109-115.

［3］哈尔滨商业大学商业景气指数研究团队，姚凤阁，齐丹丹，等．基于景气测度的黑龙江省旅游业景气指数研究［J］．商业研究，2017（9）：1-6.

［4］孙赫，王晨光．山东省旅游景区景气指数研究［J］．商业经济研究，2015（1）：123-125.

［5］唐承财．中国遗产地旅游景气指数测评及提升模式［J］．资源科学，2013，35（12）：2344-2351.

［6］成英文，张辉．城市入境旅游景气指数构建研究——以北京为例［J］．旅游科学，2013，27（5）：76-85.

［7］雷平．中国外国游客入境旅游市场景气指数的编制与应用［J］．旅游学刊，2009，24（11）：36-41.

［8］张凌云，庞世明，刘波．旅游景气指数研究回顾与展望［J］．旅游科学，2009，23（5）：21-28.

［9］雷平．构建中国入境旅游景气指数刻不容缓［J］．旅游学刊，2009，24（6）：5-6.

［10］戴斌，阎霞，黄选．中国旅行社产业景气周期的指数化研究［J］．旅游学刊，2007（9）：35-40.